Recht –
schnell erfasst

Springer
Berlin
Heidelberg
New York
Hongkong
London
Mailand
Paris
Tokio

Michael Neu

Gesellschaftsrecht

Schnell erfasst

 Springer

Reihenherausgeber
Dipl.-Jur. Claas Hanken
Dr. iur. Detlef Kröger

Autor
Dr. Michael Neu
Weststraße 82
33615 Bielefeld
info@neu-rechtsanwalt.de

Graphiken
Dirk Hoffmann

ISSN 1431-7559
ISBN 3-540-20433-4 Springer-Verlag Berlin Heidelberg New York

Bibliografische Information Der Deutschen Bibliothek
Die Deutsche Bibliothek verzeichnet diese Publikation in der Deutschen Nationalbibliografie;
detaillierte bibliografische Daten sind im Internet über <http://dnb.ddb.de> abrufbar.

Springer-Verlag ist ein Unternehmen von Springer Science+Business Media

springer.de

© Springer-Verlag Berlin Heidelberg 2004

Umschlaggestaltung: design & production GmbH, Heidelberg
Fotografie: Studio Seekamp, Bremen

SPIN 10969212   64/3130/DK-5 4 3 2 1 0 – Gedruckt auf säurefreiem Papier

Vorwort

Das Gesellschaftsrecht ist in der wirtschaftlichen Praxis von erheblicher Bedeutung. Zahlreiche unternehmerische Fragen berühren dieses Rechtsgebiet. Zu nennen sind hier Fragen wie: »Welches ist die für unser Vorhaben günstigste Gesellschaftsform und wie gründet man die gewählte Gesellschaft?« oder »Wer haftet für die entstanden Verbindlichkeiten?« Demjenigen, der sich mit diesen Fragen beschäftigen will (oder muss), fällt ein Einstieg in das Gesellschaftsrecht oft nicht leicht. Grund dafür ist, dass die gesetzlichen Vorschriften nicht in einem Gesetzeswerk zusammengefasst, sondern auf viele Einzelgesetze verteilt sind. Diese mangelnde Übersichtlichkeit spiegelt sich leider auch in vielen Darstellungen dieses Rechtsgebietes wieder. Sie bieten dem Einsteiger häufig keine überschaubare Struktur, die beim Lesen gewonnen Erkenntnisse einzuordnen. Für jemanden, der sich in ein neues Rechtsgebiet einarbeiten will, ist aber gerade das zwingend notwendig. Ein abstraktes Auswendiglernen von Rechtsfragen ist schwierig, aufwendig und bringt keinen nachhaltigen Erfolg.

Basis dieses Buches ist eine klare Struktur, welche die verschiedenen Gesellschaftstypen verständlich und anschaulich darstellt. Die Gliederung aller Gesellschaftsformen ist, soweit dies möglich war, identisch. Zunächst wird auf die Grundlagen einer Gesellschaft eingegangen, anschließend wird der Gründungsvorgang dargelegt. Im Weiteren folgen Punkte wie z.B. Gesellschaftsvermögen und Haftung. Die Darstellung einer Gesellschaftsform schließt jeweils mit der Beendigung der Gesellschaft. Dem Leser soll damit erleichtert werden, ein systematisches Wissen aufzubauen, das ihm hilft, Zusammenhänge zu verstehen. Gleichzeitig erhält er eine in sich geschlossene Darstellung dieses Rechtsgebietes. Das Buch ist in einer leicht verständlichen Sprache abgefasst und weist einen engen Praxisbezug auf. Daneben ist es mit den bewährten Elementen der »Schnell erfasst«-Reihe, wie Gesetzestexten, Beispielen und Grafiken, versehen. Das Buch richtet sich demzufolge an Praktiker, Studenten und Interessierte, die sich einen Überblick verschaffen und ein Verständnis für die Systematik dieses Rechtsgebiets gewinnen wollen.

Besonders danken möchte den Personen, die mich bei der Erstellung dieses Buches unterstützt haben, insbesondere meinem Lektor Michael Schäfer und den beiden Herausgebern Claas Hanken und Dr. iur. Detlef Kröger.

Bielefeld, Februar 2004   Michael Neu

Inhaltsübersicht

Zivil- recht		Öffentliches Recht	
Bürgerliches Recht Das Recht des täglichen Lebens. Es regelt die privaten Lebensverhältnisse aller Personen untereinander	**Arbeitsrecht** Das Sonderrecht der Arbeitnehmer. Es regelt die Beziehungen zwischen Arbeitnehmer und Arbeitgeber	**Verfassungsrecht** Die Verfassung legt die Grundordnung des Staates und die Grundsätze des gesellschaftlichen Zusammenlebens fest	**Europarecht** In West- und Zentraleuropa geltendes inter- und supranationales Recht mit teilweise erheblichen innerstaatlichen Wirkungen
Vom Überblick zum Durchblick! Das Geheimnis des Lernens ist nicht, wie häufig praktiziert, möglichst viel Wissen in sich hineinzuschaufeln, sondern Zusammenhänge zu verstehen. Alle Bücher dieser Reihe liefern einen schnellen Einstieg in die Methodik und die Anwendung des juristischen »Handwerkszeuges« eines jeden Rechtsgebietes.	**Handelsrecht** Das Sonderrecht der Kaufleute und der Handelsgesellschaften. Es regelt die »großen« Geschäfte des Wirtschaftslebens	**Verwaltungsrecht** Es bestimmt die Beziehungen zwischen staatlichen Organen (Behörden) sowie zwischen Staat und Bürgern	**Strafrecht** Es regelt Umfang und Inhalt der Strafbefugnisse des Staates gegenüber den seiner Hoheitsgewalt unterstellten Personen
	Gesellschaftsrecht Das Recht der privatrechtlichen Personenvereinigungen, die zur Erreichung eines bestimmten gemeinsamen Zwecks durch Rechtsgeschäft begründet werden		**Steuerrecht** Es regelt die staatlichen Befugnisse (Finanzamt) der Steuererhebung gegenüber allen steuerpflichtigen Personen

Grundlagen

1. Der Begriff des Gesellschaftsrechts

Der Begriff des Gesellschaftsrechts ist für jemanden, der sich zum ersten Mal mit diesem Gebiet beschäftigt, zunächst ausgesprochen unklar. Diese Unsicherheit entsteht, weil schon der erste Teil des Wortes, nämlich der Ausdruck »Gesellschaft« für den Einsteiger konturlos ist. Zwar ist jeder Mensch im Laufe seines Lebens schon mit Gesellschaften in Berührung gekommen, fast jedem sind z. B. die Kürzel AG oder OHG geläufig, trotzdem fehlt es in der Regel an einer konkreten Vorstellung, was eine solche Gesellschaft ist. Das dürfte in erster Linie daran liegen, dass der Begriff Gesellschaft im allgemeinen Sprachgebrauch für alle Organisationen oder Unternehmen verwandet wird, die am öffentlichen Leben teilnehmen. Zum besseren Verständnis sollte man sich daher zunächst auf den natürlichen Vorgang zurückziehen, der Grundlage einer jeden Gesellschaft ist.

DIE GESELLSCHAFT

Es finden sich mehrere Personen zusammen, um ein gemeinsames Ziel zu verfolgen. Auf dieser Grundlage wird der Begriff Gesellschaftsrecht gemeinhin folgendermaßen definiert:

Definition des Gesellschaftsrechts

Gesellschaftsrecht ist das Recht der privatrechtlichen Personenvereinigungen, die zur Erreichung eines bestimmten gemeinsamen Zwecks durch Rechtsgeschäft begründet werden.

Das Gesellschaftsrecht befasst sich unter anderem mit:

- der Zulässigkeit,
- der Gründung,
- der inneren Organisation,
- der Haftung,
- und der Beendigung von Gesellschaften.

Entsprechend der vorgenannten Definition sind folgende Organisationsformen – anders als häufig vermutet – keine Gesellschaften im Sinne des Privatrechts:

*   Stiftungen (§§ 80 ff. BGB)
    Die Stiftung ist keine Personenvereinigung, sondern ein Sondervermögen.
*   Körperschaften des öffentlichen Rechts, wie z. B. Bund, Länder, Gemeinden und Anstalten
    Bei den Körperschaften des öffentlichen Rechts handelt es sich nicht um eine <u>private</u> Personenvereinigung.
*   Die eheliche Gemeinschaft
    Bei der Ehe mangelt es an einem Zweck im Sinne des Gesellschaftsrechts.
*   Die Erbengemeinschaft (§§ 2032 ff. BGB)
    Die Erbengemeinschaft wird nicht durch ein Rechtsgeschäft begründet, sondern durch eine Verfügung von Todes wegen.

Nicht zum Gesellschaftsrecht gehört die steuerliche Behandlung von Gesellschaften. Dies ist Teil des Steuerrechts. Der Rechtanwender, muss sich aber darüber im Klaren sein, dass das Gesellschaftsrecht auf das engste mit dem Steuerrecht verbunden ist. Die Gestaltung von Gesellschaftsverträgen hat oftmals unmittelbare steuerliche Auswirkungen. Es kann daher nur jedem, der sich mit der Vertragsgestaltung im Gesellschaftsrecht befasst, geraten werden, einen Steuerjuristen hinzuzuziehen, wenn er nicht selbst über entsprechende Kenntnisse verfügt.

Verhältnis Steuer- und Gesellschaftsrecht

2. Personengesellschaften und Körperschaften

Das Gesellschaftsrecht ist in mehreren Gesetzen, wie z. B. dem bürgerlichen Gesetzbuch (BGB), dem Handelsgesetzbuch (HGB) oder Sondergesetzen kodifiziert. Dort finden sich Regelungen über zahlreiche Gesellschaftsformen bzw. Gesellschaftstypen. Diese verschiedenen Gesellschaftsformen stehen aber nicht beziehungslos nebeneinander, sondern bauen auf zwei im BGB geregelten Grundtypen auf.

Formen der
Personengesellschaft

Die Gesellschaft bürgerlichen Rechts (GbR) ist die Grundform der **Personengesellschaften**. Weitere Personengesellschaften sind:

- die offene Handelsgesellschaft (OHG)
- die Kommanditgesellschaft (KG)
- die stille Gesellschaft (StG)
- die Partnerschaft
- die europäische wirtschaftliche Interessenvereinigung (EWIV)

Nach der Vorstellung des Gesetzgebers sind Personengesellschaften ein Zusammenschluss von wenigen Mitgliedern. Grundlage dieser Verbindung ist das gegenseitige Vertrauen der Gesellschafter. Personengesellschaften weisen daher folgende Merkmale auf:

Merkmale der
Personengesellschaften

Die Gesellschafter sind geborene Organe der jeweiligen Gesellschaft (Prinzip der Selbstorganschaft). Nur die Gesellschafter sind zur organschaftlichen Geschäftsführung oder Vertretung der Gesellschaft berechtigt. Eine Bestellung von Dritten als Organ ist in der Regel nicht zulässig.

- Die Führung der Geschäfte unterliegt der Einstimmigkeit.
- Der Tod eines der Mitglieder hat die Auflösung der Gesellschaft zur Folge.
- Die Gesellschafter haften für die Verbindlichkeiten der Gesellschaft mit ihrem Privatvermögen.

Der eingetragene Verein ist die Grundform der **Körperschaften**. Häufig wird auch der Begriff der juristischen Person anstelle von Körperschaft verwendet.

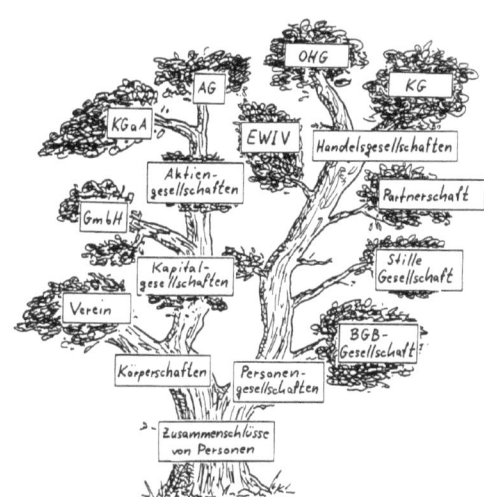

PERSONENGESELLSCHAFTEN UND KÖRPERSCHAFTEN

Weitere Körperschaften sind:

- die Gesellschaft mit beschränkter Haftung (GmbH)
- die Aktiengesellschaft (AG)
- die eingetragene Genossenschaft (eG)

Der gesetzlichen Ausgestaltung der Körperschaften liegt der Gedanke zugrunde, dass sich möglichst viele Menschen an einer solchen Gesellschaft beteiligen sollen. Sie sind demzufolge nicht auf eine persönliche Mitarbeit der Gesellschafter ausgerichtet. Die Gesellschafter haben stattdessen einen finanziellen Beitrag zu leisten. Die Körperschaften weisen daher folgende Merkmale auf:

Formen der Körperschaft

- Bei den Körperschaften ist es zulässig, Nichtmitglieder als Organe zu bestellen (Prinzip der Fremdorganschaft).
- Die Willensbildung innerhalb der Körperschaft unterliegt dem Mehrheitsprinzip.
- Für die Verbindlichkeiten haftet nur das Vermögen der Körperschaft. Eine Haftung der Mitglieder besteht in der Regel nicht.

Merkmale der Körperschaften

Neben den Personengesellschaften und den Körperschaften gibt es noch die Gruppe der Mischformen, oftmals auch als Typenvermischung bezeichnet. Bei Mischformen werden zwei Gesellschaftsformen miteinander verbunden. Bekannteste Vertreterin dieser Gruppe ist die in der Praxis häufig vorkommende GmbH & Co. KG. Die Bezeichnung Mischform ist allerdings nicht ganz zutreffend, da sich die Gesellschaften ihrem Wesen nach entweder den Personengesell-

Mischformen von Personengesellschaften und Körperschaften

schaften oder den juristischen Personen zuordnen lassen. So ist die GmbH und Co. KG ihrer Struktur nach eine Kommanditgesellschaft, da sich eine Gesellschaft mit beschränkter Haftung an einer Kommanditgesellschaft beteiligt.

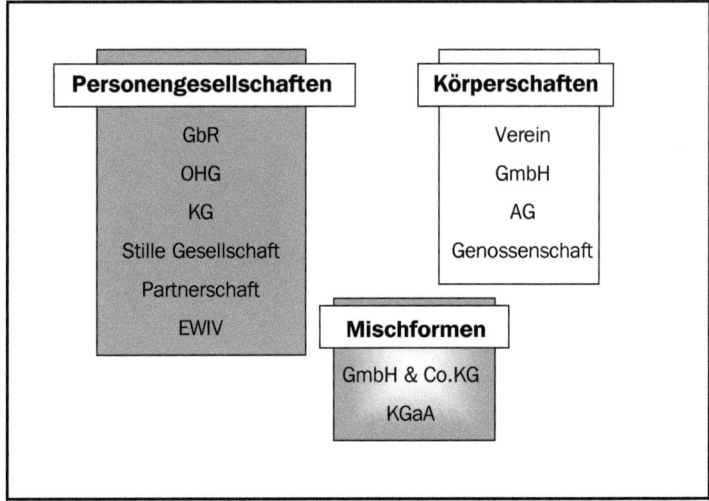

Die Einteilung der Gesellschaftsformen in Personengesellschaften und juristische Personen ist nicht nur akademischer Natur. Auf die Grundsätze und gesetzlichen Regelungen der jeweiligen Grundform ist immer wieder zurückzugreifen. Besonders deutlich wird dies bei den Personengesellschaften. Hier führen gesetzliche Verweisungen immer wieder zur GbR. Ein gutes Beispiel hierfür ist die OHG. Sie ist primär im Handelsgesetzbuch in den §§ 105 ff. geregelt. § 105 Abs. 3 bestimmt aber, dass ergänzend die Vorschriften des BGB anzuwenden sind.

Für die OHG gelten auch die BGB-Vorschriften

§ 105 HGB

Anwendbarkeit des BGB

(3) Auf die offene Handelsgesellschaft finden, soweit nicht in diesem Abschnitt ein anderes vorgeschrieben ist, die Vorschriften des Bürgerlichen Gesetzbuches über die Gesellschaft Anwendung.

Vergleichbares gilt für die Kommanditgesellschaft. Auch hier gibt es Sonderregelungen in den §§ 161 HGB. § 161 Abs. 2 HGB verweist ergänzend auf die Vorschriften der offenen Handelsgesellschaft.

§ 161 HGB

Anwendbarkeit der OHG-Vorschriften

(2) Soweit nicht in diesem Abschnitt ein anderes vorgeschrieben ist, finden auf die Kommanditgesellschaft die für die offene Handelsgesellschaft geltenden Vorschriften Anwendung.

Die Vorschrift des § 105 Abs. 3 HGB verweist dann wiederum auf die Normen über die Gesellschaft bürgerlichen Rechts. Bei den Personengesellschaften liegt demnach ein Stufenverhältnis vor, wobei die Gesellschaft bürgerlichen Rechts die Basis bildet.

Für die KG gelten die OHG- und die BGB-Vorschriften

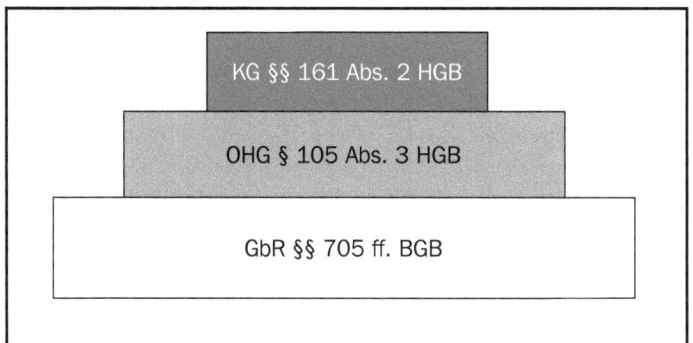

Bei den Körperschaften wird der Rückgriff auf die Grundform, den eingetragenen Verein, nicht so deutlich. Hier fehlen gesetzliche Anordnungen, vereinsrechtliche Vorschriften anzuwenden. Die Rechtsprechung zieht aber einzelne Vorschriften und Grundsätze bei anderen Gesellschaftsformen analog heran.

3. Innen- und Außengesellschaften

Neben der Unterteilung zwischen Personengesellschaften und Körperschaften ist auch zwischen Innen- und Außengesellschaften zu unterscheiden. Außengesellschaften treten im Verhältnis zu Dritten in Erscheinung und nehmen am Rechtsverkehr teil.

Außengesellschaften treten gegenüber Dritten in Erscheinung

Beispiel: Die Anwälte S und M sind bisher als Einzelanwälte tätig. Um ihre Mandanten künftig besser beraten zu können, schließen sie sich zur Sozietät »S & M« zusammen. Sie mieten im Namen der Gesellschaft Räume, bestellen ein entsprechendes Türschild und lassen Briefpapier drucken.

Innengesellschaften treten im Gegensatz zu Außengesellschaften gegenüber Dritten nicht in Erscheinung. Bei der Innengesellschaft handeln die Gesellschafter nur in eigenem Namen, für den Geschäftspartner ist nicht erkennbar, dass eine Gesellschaft besteht.

Innengesellschaften treten gegenüber Dritten nicht in Erscheinung

Beispiel: Der selbständige Programmierer M hat ein Internetportal entwickelt, in dem Pkws angeboten werden können. Leider fehlen M die Kontakte zu Autohäusern, um genug Anzeigenkunden zu werben. Der Autohändler T bietet M an dies zu übernehmen, wenn dieser mit ihm eine Gesellschaft gründet und die Einnahmen teilt. Allerdings dürfe die Gesellschaft nicht nach Außen auftreten, da die anderen Autohändler keine Anzeigen in Auftrag gäben, wenn sie wüssten, dass er, T, davon profitiere. M willigt ein und tritt nachdem T ihm die notwendigen Kontakte geschaffen hat als Einzelkaufmann gegenüber den Anzeigenkunden auf.

Nicht jeder Gesellschaftstypus kann in Form einer Innen- oder Außengesellschaft betrieben werden

Nicht alle Gesellschaftsformen können als Innen- oder Außengesellschaft geführt werden. Alle Personengesellschaften, die ein Handelsgewerbe betreiben, wie die offene Handelsgesellschaft oder die Kommanditgesellschaft, sind zwangsläufig eine Außengesellschaften. Sie setzen eine gemeinschaftliche Firma, also einen Namen, unter dem die Geschäfte betrieben werden, voraus. Gleiches gilt für alle Körperschaften, sie sind daher ebenfalls zwingend Außengesellschaften. Bei der stillen Gesellschaft (§§ 230 ff. HGB) ist es umgekehrt. Sie kann nur als Innengesellschaft geführt werden.

§ 230 HGB

Begriff und Wesen der stillen Gesellschaft

(2) Der Inhaber wird aus den in dem Betriebe geschlossenen Geschäften allein berechtigt und verpflichtet.

Aus § 230 Abs. 2 HGB ist zu entnehmen, dass nur der Geschäftsinhaber im eigenen Namen auftritt und verpflichtet wird. Dass heißt, dass er Rechtsgeschäfte, wie z. B. dem Kauf von Waren, nur in seinem Namen abschließt und folglich auch nur er die Lieferung verlangen kann bzw. die Ware bezahlen muss. Würde er für die Gesellschaft auftreten, wäre dies keine stille Gesellschaft mehr, sie wäre ja nach Außen bekannt gemacht.

4. Gesellschaftsvertrag und Rechtsform

Entsprechend der allgemeinen Definition des Gesellschaftsrechts liegt jeder Gesellschaft ein Rechtsgeschäft zu Grunde. Bei der Gesellschaft ist dies ein schuldrechtlicher Vertrag. Der Gesellschaftsvertrag wird je nach Gesellschaftsform unterschiedlich bezeichnet. Bei den Personengesellschaften bleibt es in der Regel bei dem Begriff Gesellschaftsvertrag. Eine Ausnahme bilden die Partnerschaft (Partnerschaftsvertrag) und die Europäische wirtschaftliche Interessenvereinigung (Gründungsvertrag). Bei den Körperschaften wird der Begriff Satzung verwendet. Ausnahmen sind die Gesellschaft mit beschränkter Haftung (Gesellschaftsvertrag) und die eingetragene Genossenschaft (Statut).

Die Bezeichnungen für den Gesellschaftsvertrag richten sich nach der Gesellschaftsform

4.1. Rechtsformzwang

Im Bereich des Schuldrechts herrscht Privatautonomie. Die Vertrags-
parteien müssen sich hier nicht an bestimmte Vertragstypen halten,
sondern können selbst welche schaffen. Im Bereich des Gesellschaftsrechts ist dies anders. Die Vertragsschließenden sind in der Wahl der
Gesellschaftsform nicht beschränkt, sie können aber keinen neuen   *Bedeutung des*
Gesellschaftstyp schaffen. Im deutschen Gesellschaftsrecht gilt dcr *Rechtsformzwanges*
Rechtsformzwang (numerus clausus).

*Beispiel: K, S und U wollen eine Gesellschaft gründen, die Beratungs-
leistungen im IT-Bereich erbringt. Da aber keiner der Beteiligten
wirklich an die Geschäftsidee glaubt schrecken alle vor einer persönlichen Haftung zurück. Gleichzeitig fehlt ihnen aber das Kapital eine
Körperschaft zu gründen. Daher verfallen sie auf den Gedanken eine
Personengesellschaft zu gründen, bei der keiner der Gesellschafter
persönlich haftet. Das deutsche Recht kennt aber keine Personengesellschaft bei der die persönliche Haftung der Gesellschafter ausgeschlossen ist. K, S und U haben eine neue Gesellschaftsform geschaffen. Da Rechtsformzwang herrscht liegt keine wirksame Gründung vor.*

Diese Einschränkung der Dispositionsfreiheit resultiert aus dem
Interesse der Gläubiger an klaren Verhältnissen. Sie müssen wissen,
wer bei welcher Gesellschaftsform haftet und wer die Gesellschaft
nach Außen vertreten darf. Eine schrankenlose Vertragsfreiheit würde
diesem Interesse zuwider laufen.

In jüngerer Zeit kam es allerdings zu einer Aufweichung des Rechtsformzwanges. In der so genannten Centros-Entscheidung (NJW 1999,
2027 ff.) hat der Europäische Gerichtshof (EuGH) festgelegt, dass
Mitgliedsstaaten aufgrund der Niederlassungsfreiheit (Art. 43, 48 EG)
die Eintragung und Errichtung einer Zweigniederlassung, einer in
einem anderen EU-Staat wirksam errichteten Gesellschaft, nicht
verbieten dürfen.

*Beispiel: Eine in England tätige »private limited company« errichtet
eine Zweigniederlassung in Düsseldorf.*

Nach inzwischen überwiegender Meinung resultiert daraus, dass alle
Gesellschaften, die nach dem Recht eines Mitgliedstaates wirksam
gegründet wurden, in den anderen EU-Staaten als rechtlich existent
anzusehen sind, also auch ihren Sitz in diese Staaten verlegen können
(siehe auch BGH, Der Betrieb 2003, 2695). Zur endgültigen Klärung
dieser Frage, soll eine EU-Richtlinie beitragen. Der Entwurf liegt der
Europäischen Kommission bereits seit 1998 vor.

4.2. Die Gestaltung von Gesellschaftsverträgen

Wie festgestellt, stehen in Deutschland nur bestimmte Gesellschaftsformen zur Verfügung. Es stellt sich nun die Frage, in wie weit die Vertragsschließenden von den gesetzlichen Normen bei der Gestaltung der Gesellschaftsverträge abweichen können, diese also dispositiv sind.

Beispiel: Häufig sind die Gesellschafter mit den Vertretungsregeln für die Gesellschaft nicht einverstanden und möchten etwas anderes vereinbaren.

Eine pauschale Antwort auf die Frage, welche Bereiche im Gesellschaftsrecht dispositiv sind und welche nicht, ist nur schwer möglich. Dies ist abhängig von der gewählten Gesellschaftsform und der konkret in Rede stehenden gesetzlichen Vorschrift. Grundsätzlich muss man hier zwischen Personengesellschaften und juristischen Personen unterscheiden.

Vertragsgestaltung bei Personengesellschaften

Bei den Personengesellschaften besteht ein Gestaltungsspielraum bezüglich der inneren Struktur der Gesellschaften. Man bezeichnet diesen Bereich auch als Innenverhältnis. Soweit das so genannte Außenverhältnis, die Rechtsbeziehungen zu Dritten, wie z. B. Gläubigern betroffen sind, verbleiben in der Regel wenige Gestaltungsmöglichkeiten. Dritte sollen auf bestimmte Regelungen im Verhältnis zur Gesellschaft vertrauen können.

Beispiel: Wer mit einer Personengesellschaft Geschäfte macht, weiß, dass deren Gesellschafter auch persönlich haften. Auf diesen Grundsatz muss der Vertragspartner vertrauen können.

Es überrascht daher nicht, dass bei der stillen Gesellschaft, die nicht nach außen auftritt, ein großer Gestaltungsspielraum bleibt. Nach allgemeiner Auffassung sind nur wenige Bestimmungen, nämlich die §§ 231 Abs. 2, 2. Halbsatz, 232 Abs. 3, 234 Abs. 1 S. 2, 236 Abs. 2 HGB zwingendes Recht.

Vertragsgestaltung bei Körperschaften

Bei Körperschaften ist die Gestaltung des Außenverhältnisses ausgeschlossen, und auch im Innenverhältnis sind die Möglichkeiten stark eingeschränkt. Am wenigsten Raum für abweichende Vereinbarungen besteht bei der Aktiengesellschaft. Nach § 23 Abs. 5 AktG sind diese nur zulässig, wenn das Gesetz dies vorsieht.

§ 23 AktG

Feststellung der Satzung

(5) Die Satzung kann von den Vorschriften dieses Gesetzes nur abweichen, wenn es ausdrücklich zugelassen ist. Ergänzende Bestimmungen der Satzung sind zulässig, es sei denn, daß dieses Gesetz eine abschließende Regelung enthält.

4.3. Die Auslegung von Gesellschaftsverträgen

Nachdem die Rechtsformwahl und die Gestaltungsmöglichkeiten behandelt wurden, stellt sich im Weiteren die Frage, nach welcher Methode die geschlossenen Gesellschaftsverträge im Fall von Streitigkeiten auszulegen sind. Auch hier ist wieder zwischen den Personengesellschaften und den Körperschaften zu unterscheiden, wobei die nachfolgenden Ausführungen nur eine grobe Richtschnur bieten können, da Einzelfragen stark umstritten sind.

Personengesellschaften sind unter anderem dadurch gekennzeichnet, dass ihr Bestand von den Gesellschaftern abhängt. Beispielsweise führt der Tod eins Gesellschafters bei der GbR nach § 727 Abs. 1 BGB zur Auflösung der Gesellschaft, wenn nicht etwas anderes im Gesellschaftsvertrag vereinbart ist. Daher hat bei Personengesellschaften eine subjektive Auslegung zu erfolgen, solange nur die Gründungsgesellschafter beteiligt sind. Grundlage sind die allgemeinen Auslegungsgrundsätze der §§ 133, 157 BGB. Danach ist prinzipiell der Parteiwille maßgeblich. Verändert sich der Personenbestand, Gesellschafter scheiden aus oder neue kommen hinzu, ist der Gesellschaftsvertrag objektiv auszulegen. Der Parteiwille ist nun nicht mehr zu beachten. Stattdessen hat eine Auslegung nach dem Inhalt zu erfolgen, wie z. B. dem Wortlaut des Gesellschaftsvertrages oder dem systematischen Zusammenhang der umstrittenen Formulierung. Der Wechsel von der subjektiven zur objektiven Auslegungsmethode resultiert daraus, dass die neuen Gesellschafter den Willen der Gründer nicht kennen und sich bei Ihrem Eintritt in die Gesellschaft nur an dem Wortlaut der getroffenen Vereinbarung orientieren können.

Bei Körperschaften ist immer die objektive Auslegungsmethode anzuwenden. Der Bestand einer juristischen Person hängt nicht von den Gründungsmitgliedern ab. Nach der Vorstellung des Gesetzgebers sollen sie vielen Mitgliedern zugänglich sein. Der Gesellschaftsvertrag wird daher zu einer »körperschaftlichen Verfassung« der juristischen Person, die objektiv auszulegen ist.

Auslegung von Gesellschaftsverträgen bei Personengesellschaften

Auslegung von Gesellschaftsverträgen bei Körperschaften

5. Wiederholungsfragen

1.   Wie würden Sie Gesellschaftsrecht definieren? Lösung S. 2

2.   Zwischen welchen beiden Gruppen von Gesellschaftstypen wird unterschieden? Lösung S. 4

3.   Welche Merkmale weisen Personengesellschaften auf? Lösung S. 4

4.   Welche Merkmale weisen Körperschaften auf? Lösung S. 5

5.   Was ist eine Mischform? Lösung S. 5

6.   Welche gesetzlichen Vorschriften finden auf die Kommanditgesellschaft Anwendung? Lösung S. 6

7.   Was ist eine Innengesellschaft? Lösung S. 7

8.   Was ist eine Außengesellschaft? Lösung S. 7

9.   Kann jede Gesellschaft als Innen- oder Außengesellschaft geführt werden? Lösung S. 8

10. Welche Bezeichnungen gibt es noch für den Gesellschaftsvertrag? Lösung S. 8

11. Was bedeutet Rechtsformzwang? Lösung S. 9

12. In wie weit darf bei Personengesellschaften vom Gesetz abgewichen werden? Lösung S. 10

13. In wie weit darf bei Körperschaften vom Gesetz abgewichen werden? Lösung S. 10

14. Wie werden Gesellschaftsverträge von Personengesellschaften ausgelegt? Lösung S. 11

15. Wie werden Gesellschaftsverträge von Körperschaften ausgelegt? Lösung S. 11

Die Personengesellschaften

1. Gesellschaft bürgerlichen Rechts und offene Handelsgesellschaft

Die Gesellschaft bürgerlichen Rechts (GbR) und die offene Handelsgesellschaft (OHG) sind stark miteinander verwandt. Aufgrund einer kürzlich erfolgten Änderung der Rechtsprechung haben sich beide Rechtsformen noch weiter angenähert. Inzwischen sind auch zahlreiche Vorschriften der OHG analog auf die GbR anzuwenden. Im folgendem werden die beiden Gesellschaften daher gemeinsam behandelt.

1.1. Grundlagen

1.1.1. GbR

Die Gesellschaft bürgerlichen Rechts ist eine Gesamthandsgemeinschaft. Gesamthandsgemeinschaft bedeutet, dass das Gesellschaftsvermögen ein gemeinschaftliches Vermögen der Gesellschafter ist. Viele Jahre war es umstritten, ob die Gesamthandsgemeinschaft teilrechtsfähig ist, also Trägerin von Rechten und Pflichten sein kann. Mit dem Urteil vom 29.01.2001 des Bundesgerichtshofes (NJW 2001, 1056 ff.) steht die Teilrechtsfähigkeit nunmehr fest. Die GbR kann somit z. B. Verträge schließen oder Mitglied einer anderen juristischen Person sein. Die zitierte Entscheidung hat die theoretischen Grundlagen der bisherigen Rechtsprechung zur Rechtsfähigkeit und somit zum gesamten Außenverhältnis der Gesellschaft vollkommen verändert. Es kann dem Praktiker bei der Lösung eines Problems aus diesem Bereich daher nur geraten werden ausschließlich Literatur heranzuziehen, die nach dieser Entscheidung erscheinen ist. Im Sog der Entscheidung zur Rechtsfähigkeit hat der Bundesgerichtshof der GbR die Parteifähigkeit nach § 50 ZPO im Zivilprozess zuerkannt. Die Grundbuchfähigkeit jedoch wurde auch nach der BGH-Entscheidung von der Rechtsprechung weiterhin verneint. Noch nicht geklärt ist die Frage, ob die GbR auch erbfähig ist.

Die GbR ist teilrechtsfähig – sie kann Trägerin von Rechten und Pflichten sein

Die Gesellschaft bürgerlichen Rechts ist in der Praxis sehr verbreitet. Vor allem bei den freien Berufen nimmt sie eine dominierende Stellung ein. Zum einen liegt dies daran, dass die freien Berufe kein Gewerbe betreiben und ihnen damit die Personenhandelsgesellschaften verschlossen sind. Zum anderen haben standesrechtliche Vorschriften lange Zeit eine Berufsausübung in einer körperschaftlichen Gesellschaftsform verhindert. Die größten Gesellschaften bürgerlichen Rechts bilden die großen Sozietäten von Rechtsanwälten, Steuer-

Bedeutung der GbR in der Praxis

beratern und Wirtschaftsprüfern, die international tätig sind und oftmals über mehr als 100 Gesellschafter und 1.000 Angestellte verfügen. Des Weiteren ist sie als Organisationsform für Arbeitsgemeinschaften, die im Baugewerbe Großprojekte durchführen, sehr beliebt.

Die Gesellschaft bürgerlichen Rechts ist in den §§ 705 ff. BGB geregelt. Wichtigste Vorschrift ist § 705 BGB.

§ 705 BGB

Inhalt des Gesellschaftsvertrages

Durch den Gesellschaftsvertrag verpflichten sich die Gesellschafter gegenseitig, die Erreichung eines gemeinsamen Zweckes, in der durch den Vertrag bestimmten Weise zu fördern, insbesondere die vereinbarten Beiträge zu leisten.

§ 705 BGB nennt somit die drei Voraussetzungen der GbR:

Voraussetzungen der GbR

- ein Vertrag, muss mindestens zwischen zwei Personen geschlossen werden
- der Vertrag muss auf die Verfolgung eines gemeinsamen Zwecks ausgerichtet sein
- alle Vertragspartner müssen sich verpflichten, diesen Zweck zu fördern

Die genannten Voraussetzungen können im Alltag schnell erfüllt sein, so dass eine Gesellschaft bürgerlichen Rechts entstehen kann.

Beispiel: A und B entschließen sich gemeinsam nach Feierabend eine Computerreparaturwerksatt zu betreiben.

So etwas kommt häufig vor, ohne dass den Beteiligten dies überhaupt klar ist, dass sie eine GbR bilden.

Beispiel: Die Studenten A, B und C vereinbaren, in den nächsten Semesterferien gemeinsam nach Südfrankreich zu fahren. A stellt seinen PKW zur Verfügung B sein Zelt und C kauft Lebensmittel ein.

In diesem Fall verfolgen solche Gesellschaften einen einmaligen oder vorübergehenden Zweck, wie hier die Urlaubsfahrt. Infolgedessen heißen sie auch Gelegenheitsgesellschaften. Andere Beispiele für Gelegenheitsgesellschaften sind Fahr- und Wettgemeinschaften.

Gesellschafter einer GbR können alle natürlichen Personen, Körperschaften und Personengesellschaften sein

Die GbR setzt, wie sich aus § 705 BGB ergibt, einen Vertrag zwischen mindestens zwei Beteiligten voraus. Gesellschafter können natürliche Personen, Körperschaften und auch andere Personengesellschaften sein. Die §§ 705 ff. BGB sehen keine bestimmte Form für den Gesellschaftsvertrag vor. Diese kann sich aber aus anderen Vorschriften ergeben.

Beispiel: Verpflichtet sich ein Gesellschafter, ein Grundstück in die Gesellschaft einzubringen, bedarf dieser Vertrag nach § 311b BGB der notariellen Beurkundung.

Auf den Gesellschaftsvertrag finden die Vorschriften über Rechtsgeschäfte des Allgemeinen Teils des BGB Anwendung. Das bedeutet, dass auch die Nichtigkeits- und Anfechtungstatbestände gelten. Ist ein derartiger Tatbestand erfüllt, wäre der Abschluss des Gesellschaftsvertrags aufgrund der gesetzlichen Vorschriften von Anfang an als nichtig anzusehen (ex-tunc-Wirkung). Im Fall der Nichtigkeit des Gesellschaftsvertrages müssten die erbrachten Leistungen somit entsprechend der §§ 812 ff. BGB rückabgewickelt werden. Das beträfe zum einen das Innenverhältnis, also das Verhältnis zwischen den Gesellschaftern. Zum anderen wäre das Außenverhältnis betroffen. Alle Geschäfte die mit Dritten getätigt worden sind, müssten ebenfalls rückabgewickelt werden. Eine solche Rückabwicklung ist in der Praxis kaum durchführbar.

Beispiel: A und B betreiben einen kleinen Kiosk. Beide haben zu diesem Zweck Räume angemietet, Geld in die gemeinsame Kasse eingezahlt und ein Darlehen aufgenommen. Drei Monate betreiben sie den Kiosk und verkaufen dabei ca. 15.000 Sachen. Anschließend ficht A den Gesellschaftsvertrag erfolgreich nach §§ 142, 119 BGB an. Sämtliche Verträge müssten rückabgewickelt werden, was praktisch unmöglich sein dürfte.

Um dieses Problem sachgerecht zu lösen, hat die Rechtsprechung die Grundsätze über die fehlerhafte Gesellschaft entwickelt. Diese gelten auch für die OHG, die KG und die stille Gesellschaft. Bei Körperschaften ist Rechtsfigur der fehlerhaften Gesellschaft nicht so bedeutsam. Die Grundsätze der fehlerhaften Gesellschaft gelten dort nur bis zur Eintragung in das Handelsregister. Nach der Eintragung ist eine Beseitigung der Gesellschaft zum Schutz des Rechtsverkehrs nur noch in dem wenigen vom Gesetz vorgesehenen Fällen möglich.

> Grundsätze der
> fehlerhaften
> Gesellschaft

Liegt eine fehlerhafte Gesellschaft vor, führt dies zu folgenden Konsequenzen:

- Die Gesellschaft ist zunächst als wirksam zu behandeln. Hierbei sind sämtliche gesellschaftsrechtlichen Vorschriften anzuwenden.
- Die Gesellschaft kann aber für die Zukunft beseitigt werden. Bei der GbR durch eine Kündigung nach § 723 Abs. 1 S. 2, 3, bei der OHG und der KG durch eine Auflösungsklage nach § 133 HGB.

Das Vorliegen einer fehlerhaften Gesellschaft ist an folgende Voraussetzungen geknüpft:

- Es muss ein fehlerhafter Gesellschaftsvertrag vorliegen. Die Beteiligten müssen Willenserklärungen abgegeben haben, die auf den Abschluss eines Gesellschaftsvertrages gerichtet sind.
- Der Gesellschaftsvertrag muss in Vollzug gesetzt worden sein. Der Bundesgerichtshof lässt die Bildung des Gesellschaftsvermögens hier ausreichen.
- Der fehlerhaften Gesellschaft dürfen keine überwiegenden Interessen einzelner oder der Allgemeinheit entgegenstehen. Das wäre der Fall, wenn der Gesellschaftsvertrag gegen ein gesetzliches Verbot (§ 134 BGB) verstößt oder sittenwidrig ist (§ 138 BGB). Keine Anwendung finden die Regeln über die fehlerhafte Gesellschaft auch, wenn nicht(voll)geschäftsfähige beteiligt sind. Deren Schutz steht in diesem Fall im Vordergrund.

Die Regeln über die fehlerhafte Gesellschaft gelten auch bei fehlerhaften Vertragsänderungen und bei einem fehlerhaften Beitritt zu einer Gesellschaft.

Als gemeinsamer Zweck im Sinne das § 705 BGB, der von den Gesellschaftern verfolgt wird, kommt jeder erlaubte Zweck in Frage. Hierbei kann es sich um einen wirtschaftlichen oder ideellen Zweck handeln. Keinen ausreichenden Zweck stellt das gemeinsame Halten einer Sache dar (Miteigentum). Beim Miteigentum an einer Sache nutzt jeder der Beteiligten den Gegenstand nämlich nur für seine Zwecke.

Beispiel: F und D haben sich vor mehreren Jahren einen Vertikutierer für ihre Rasenflächen gekauft, weil sie es leid waren, diesen in ihrem örtlichen Gartencenter immer ausleihen zu müssen. Der Vertikutierer steht bei D im Gartenhäuschen und wird nur von F und D genutzt. F und D haben nur ein Eigeninteresse, sie nutzen den Vertikutierer nämlich nur, um ihre eigene Rasenfläche zu bearbeiten. Ein gemeinsam verfolgter Zweck existiert nicht. Beide wären aber eine GbR, wenn sie das Gerät auch an Dritte vermieten würden. Dann bestände ein gemeinsamer Zweck erwerbswirtschaftlicher Art.

Bei Miteigentum finden statt der §§ 705 ff BGB die Vorschriften über die Bruchteilsgemeinschaft (§§ 741 ff. BGB) Anwendung.

Ein paritätisches Rechtsverhältnis stellt ebenfalls keinen ausreichenden Zweck dar. Ein paritätisches Rechtsverhältnis ist ein Austauschvertrag, bei der eine Partei als Gegenleistung eine Gewinnbeteiligung erhält.

Beispiel: F gewährt U ein Darlehen, dass dieser nicht zurückzuzahlen braucht. Stattdessen erhält er eine Gewinnbeteiligung von 5 %.

Marginalien:

Voraussetzungen der fehlerhaften Gesellschaft

Gesellschaftszweck der GbR kann jeder erlaubte Zweck sein

Die Bruchteilsgemeinschaft ist keine GbR

Ein paritätisches Rechtsverhältnis begründet keine GbR

Bei paritätischen Rechtsverhältnissen stehen die Interessen des einzelnen im Vordergrund. Jeder wirtschaftet auf eigene Rechung.

Auch bei der nichtehelichen Lebensgemeinschaft fehlt es an einem gemeinsamen Zweck im Sinne des § 705 BGB. Im Mittelpunkt stehen hier die persönlichen Beziehungen und nicht die Absicht rechtlich verbindliche Regelungen zu treffen. Die Bildung einer GbR ist hier nur möglich, wenn ein über das Zusammenleben hinausgehender Zweck existiert.

Im Gesellschaftsvertrag muss eine Förderpflicht der Gesellschafter vereinbart sein. Die Förderung erfolgt durch die Leistung eines irgendwie gearteten Beitrages.

Beiträge der Gesellschafter

(1) Die Gesellschafter haben in Ermangelung einer anderen Vereinbarung gleiche Beiträge zu leisten.

Der Beitrag kann aus allen denkbaren Leistungen bestehen.

Beispiel: Überlassung von Räumen, Einbringung von Rechten, wie Patente oder Geschmacksmuster, Übernahme von Bürgschaften

In der Praxis steht die Überlassung von Geldbeträgen natürlich im Vordergrund.

1.1.2. OHG

Die offene Handelsgesellschaft ist, wie die GbR, eine Gesamthandsgemeinschaft. Sie ist geregelt in den §§ 105 ff HGB. Aufgrund der Verweisung in § 105 Abs. 2 HGB auf die BGB Vorschriften, weist sie die gleichen Merkmale auf. Es bedarf eines Vertrages, ein gemeinsamer Zweck muss verfolgt werden, und es muss eine Förderpflicht der Gesellschafter bestehen. Gesellschafter einer OHG können alle natürlichen und juristischen Personen sein. Auch alle Personenhandelsgesellschaften und die GbR können sich beteiligen.

Anders als bei der GbR stand bei der OHG die Rechtsfähigkeit der Gesellschaft nie in Frage. § 124 Abs. 1 HGB stellt klar, dass die OHG teilrechtsfähig ist.

Marginalien:

Die »gewöhnliche« nichteheliche Lebensgemeinschaft ist keine GbR

Vereinbaren einer Förderpflicht

§ 706 BGB

Die OHG ist eine Gesamthandsgemeinschaft

Die OHG ist teilrechtsfähig

§ 124 HGB

Rechtliche Selbständigkeit

(1) Die offene Handelsgesellschaft kann unter ihrer Firma Rechte erwerben und Verbindlichkeiten eingehen, Eigentum und andere dingliche Rechte an Grundstücken erwerben, vor Gericht klagen und verklagt werden.

Das Wesen der OHG erschließt sich aus § 105 Abs. 1 HGB.

§ 105 HGB

Begriff der OHG

(1) Eine Gesellschaft, deren Zweck auf den Betrieb eines Handelsgewerbes unter gemeinschaftlicher Firma gerichtet ist, ist eine offene Handelsgesellschaft, wenn bei keinem der Gesellschafter die Haftung gegenüber den Gesellschaftsgläubigern beschränkt ist.

Gesellschaftszweck einer OHG ist das Betreiben eines Handelsgewerbes

Eine OHG unterscheidet sich demzufolge von der GbR, weil ein qualifizierter Zweck verfolgt wird. Es muss nämlich ein Handelsgewerbe unter gemeinschaftlicher Firma betrieben werden. § 105 Abs. 2 HGB definiert genauer, wann eine OHG vorliegt.

§ 105 HGB

Begriff der OHG

(2) Eine Gesellschaft, deren Gewerbebetrieb nicht schon nach § 1 Abs. 2 Handelsgewerbe ist oder die nur eigenes Vermögen verwaltet, ist offene Handelsgesellschaft, wenn die Firma des Unternehmens in das Handelsregister eingetragen ist. § 2 Satz 2 und 3 gilt entsprechend.

§ 105 Abs. 2 HGB verweist im ersten Teil auf § 1 Abs. 2 HGB. Eine Gesellschaft die dessen Voraussetzungen erfüllt, ist automatisch eine OHG. § 1 Abs. 2 HGB ordnet an, dass bei einem bestimmten Umfang des Gewerbetriebes ein Handelsgewerbe betrieben wird.

§ 1 HGB

Istkaufmann

(2) Handelsgewerbe ist jeder Gewerbebetrieb, es sei denn, dass das Unternehmen nach Art und Umfang einen in kaufmännischer Weise eingerichteten Geschäftsbetrieb nicht erfordert.

Eine GbR kann automatisch zur OHG werden

Erfordert das Handelsgewerbe der Gesellschaft nach Art und Umfang einen in kaufmännischer Weise eingerichteten Gewerbebetrieb, liegt also automatisch eine OHG vor. Dieses Regelung kann dazu führen, dass eine GbR durch ihr Wachstum, und ohne, dass die Gesellschafter dies wissen, zur OHG wird. Es ist aber auch der umgekehrte Fall denkbar.

Beispiel: M und P betreiben nebenberuflich nach Feierabend einen kleinen Computerhandel in einer leer stehenden Garage von M. Der Umsatz liegt im Monat bei etwa 1.500,– €. Vier Jahre später ist die Gesellschaft deutlich vergrößert. Sie hat inzwischen 10 Mitarbeiter, ein Gebäude wurde gemietet und ein kleiner Fuhrpark angeschafft. Der monatliche Umsatz liegt bei ca. 35.000,– €. Vier Jahre später ist die Gesellschaft wieder geschrumpft. Die Gesellschaft beschäftigt keine Mitarbeiter mehr und die Geschäftsräume befinden sich in der Wohnung des P. und der monatliche Umsatz hat wieder den Ausgangswert von ca. 1.500,– € erreicht. Zunächst bildeten M und P eine GbR, da es sich um ein kleines Unternehmen handelt, dass geringe Umsätze aufweist. Vier Jahre später ist aus der GbR eine OHG geworden. Das Unternehmen tätigt erhebliche Umsätze, es besteht ein umfangreiches Betriebs- und Anlagekapital und in der Folge eine kaufmännische Buchführung. Vier Jahre später hat sich die OHG aufgrund der Schrumpfung wieder in eine GbR umgewandelt.

Die Umwandlung der Gesellschaft von der GbR zur OHG und umgekehrt erfolgt identitätswahrend. Eine Übertragung des Gesellschaftsvermögens ist nicht notwendig.

Überschreitet der Umfang der Geschäftstätigkeit nicht die Schwelle des § 1 Abs. 2 HGB, entsteht gemäß § 105 Abs. 2 i. V. m. § 2 Satz 1 HGB eine OHG nur, wenn dieses Kleingewerbe in das Handelsregister eingetragen wird. Gleiches gilt für den Betrieb einer Land- und Forstwirtschaft nach § 3 HGB oder wenn eigenes Vermögen verwaltet wird (siehe § 105 Abs. 2 HGB).

Zusammenfassend ist also festzuhalten, dass eine OHG entsteht, wenn deren Zweck

- auf den Betrieb eines Handelsgewerbes nach § 1 Abs. 2 HGB gerichtet ist oder
- das Handelsgewerbe, der land- und forstwirtschaftliche Betrieb oder die eigene Vermögensverwaltung in das Handelsregister eingetragen werden.

Die OHG ist, da sie ein Handelsgewerbe betreibt, immer eine Handelsgesellschaft und somit nach § 6 Abs. 1 HGB auch Kaufmann.

Die OHG ist Kaufmann nach § 6 Abs. 1 HGB

Handelsgesellschaften

§ 6 HGB

(1) Die in betreff der Kaufleute gegebenen Vorschriften finden auch auf die Handelsgesellschaften Anwendung.

Wie jeder Kaufmann ist auch die OHG in das Handelsregister einzutragen.

§ 106 HGB	**Anmeldung zum Handelsregister**

(1) Die Gesellschaft ist bei dem Gericht, in dessen Bezirke sie ihren Sitz hat, zur Eintragung in das Handelsregister anzumelden.

(2) Die Eintragung hat zu enthalten:

1. den Namen, Vornamen, Geburtsdatum und Wohnort jedes Gesellschafters;
2. die Firma der Gesellschaft und den Ort, wo sie ihren Sitz hat;
3. den Zeitpunkt, mit welchem die Gesellschaft begonnen hat;
4. die Vertretungsmacht der Gesellschafter

Die Anmeldung ist von sämtlichen Gesellschaftern, unabhängig von der Geschäftsführungs- und Vertretungsmacht, vorzunehmen

§ 108 HGB	**Anmeldung durch alle Gesellschafter**

(1) Die Anmeldungen sind von sämtlichen Gesellschaftern zu bewirken.

Die Bedeutung der OHG hat in den letzten Jahren beständig abgenommen. Sie wird zunehmend von der GmbH verdrängt. Wesentlicher Grund dafür ist, dass die Gesellschafter der OHG persönlich mit ihrem gesamten Privatvermögen haften. Verbreitet ist sie noch bei kleineren und mittleren Unternehmen, vor allem im Bereich des Handwerks.

Wie in § 105 Abs. 1 HGB vorgeschrieben, muss das Handelsgewerbe unter einer gemeinschaftlichen Firma betrieben werden. Die Zulässigkeit der Firmenbezeichnung richtet sich nach den allgemeinen Vorschriften der §§ 19 ff. HGB.

1.2. Entstehung und Wirksamkeit

1.2.1. GbR

Entstehung der GbR

Die GbR entsteht mit Abschluss des Gesellschaftsvertrages, der die beschriebenen Inhalte aufweist. Es ist natürlich möglich, eine aufschiebende Bedingung zu vereinbaren, so dass die Gesellschaft erst mit Eintritt der Bedingung entsteht.

Beispiel: W und F vereinbaren im Gesellschaftsvertrag die Bildung einer GbR für den Fall, dass F die erwartete Steuerrückzahlung erhält, damit er seinen Beitrag leisten kann.

1.2.2. OHG

Bei der OHG ist die Situation etwas differenzierter. Es ist zwischen dem Innenverhältnis und dem Außenverhältnis zu unterscheiden. Im Innenverhältnis entsteht eine OHG durch den Abschluss eines Gesellschaftsvertrages mit dem entsprechenden Inhalt.

Entstehung der OHG

Entstehung der OHG im Innenverhältnis

Gesellschaftsvertrag

§ 109 HGB

(1) Das Rechtsverhältnis der Gesellschafter untereinander richtet sich zunächst nach dem Gesellschaftsvertrage; [...]

Im Innenverhältnis herrscht somit ein Gleichlauf mit der GbR. Im Außenverhältnis ist § 123 HGB maßgeblich:

Wirksamkeit im Verhältnis zu Dritten

§ 123 HGB

(1) Die Wirksamkeit der offenen Handelsgesellschaft tritt im Verhältnisse zu Dritten mit dem Zeitpunkt ein, in welchem die Gesellschaft in das Handelsregister eingetragen wird.

(2) Beginnt die Gesellschaft ihre Geschäfte schon vor der Eintragung, so tritt die Wirksamkeit mit dem Zeitpunkte des Geschäftsbeginns ein, soweit nicht aus § 2 oder § 105 Abs. 2 sich ein anderes ergibt.

(3) Eine Vereinbarung, daß die Gesellschaft erst mit einem späteren Zeitpunkt ihren Anfang nehmen soll, ist Dritten gegenüber unwirksam.

§ 123 Abs. 1 HGB bestimmt, dass die OHG auf jeden Fall mit der Eintragung in das Handelsregister im Außenverhältnis wirksam wird. Die Gesellschaft kann nach § 123 Abs. 2 HGB aber auch schon vor der Eintragung Wirksamkeit erlangen. Voraussetzung dafür ist zunächst, dass die Gesellschaft ihre Geschäfte begonnen hat. Geschäftsbeginn ist gegeben, wenn im Namen der OHG gehandelt wird und dies im Einvernehmen mit sämtlichen Gesellschaftern erfolgt ist. Der zweite Teil des § 123 Abs. 2 HGB mit dem Verweis § 105 Abs. 2 und § 2 HGB ist sprachlich etwas missglückt. Der Verweis stellt eigentlich nur klar, dass die Geschäftstätigkeit der OHG nach Art und Umfang einen eingerichteten Geschäftsbetrieb erfordern muss. Die OHG wird also im Außenverhältnis auch ohne Eintragung wirksam, wenn ihr Handelsgewerbe einen gewissen Umfang erreicht. Erreicht sie diesen Umfang nicht, erlangt sie eine Wirksamkeit nur nach § 123 Abs. 1 HGB, also der Eintragung in das Handelsregister. Bis zu diesem Zeitpunkt wird das Kleingewerbe in der Form der GbR betrieben. Wie § 123 Abs. 3 HGB festlegt kann von dieser gesetzlichen Regelung durch eine Vereinbarung im Außenverhältnis nicht abgewichen werden. Im Innenverhältnis besteht Gestaltungsfreiheit.

Wirksamkeit im Außenverhältnis

1.3. Geschäftsführung und Vertretung

1.3.1. GbR

Eine GbR kann selbst nicht handeln. Sie braucht natürliche Personen, die für sie aktiv sind. Das Gesetz unterscheidet hier zwischen der Geschäftsführung und der Vertretung.

§ 709 BGB

Gemeinschaftliche Geschäftsführung

(1) Die Führung der Geschäfte der Gesellschaft steht den Gesellschaftern gemeinschaftlich zu; für jedes Geschäft ist die Zustimmung aller Gesellschafter erforderlich.

Definition des Begriffs »Geschäftsführung«

Zur Geschäftsführung gehören sämtliche Handlungen, die der Förderung des Gesellschaftszweckes dienen. Die Geschäftsführung bestimmt, ob ein Gesellschafter im Innenverhältnis berechtigt ist, bestimmte Handlungen vorzunehmen. Das können tatsächliche Handlungen sein, wie z. B.:

- die Festlegung von Organisationsabläufen
- die Planung und Durchführung von Marketingaktionen
- die Teilnahme an Mitarbeitergesprächen
- die Entscheidung über den Kauf einer Maschine

Die Geschäftsführung umfasst aber auch die Vornahme von rechtsgeschäftlichen Handlungen, wie z. B.:

- den Abschluss von Arbeitsverträgen
- den Kauf einer Maschine
- die Kündigung von Verträgen

Die rechtsgeschäftlichen Handlungen sind zugleich aber auch Handlungen, die das Außenverhältnis der Gesellschaft berühren. Diese kann ein Gesellschafter nur vornehmen, wenn er mit Vertretungsmacht handelt, sonst sind sie schwebend unwirksam. Hier besteht folglich ein Berührungspunkt mit den Regeln über die Vertretung der Gesellschaft.

Differenzierung zwischen Geschäftsführung und Vertretung

Eine Handlung kann zugleich eine Maßnahme zur Geschäftsführung und der Stellvertretung sein. Einzelne Maßnahmen können also nicht nur der Geschäftsführung oder der Stellvertretung zugeordnet werden. Die Geschäftsführung beschäftigt sich mit der Frage der internen Verantwortlichkeit und die Stellvertretung um die Außenwirksamkeit dieser vorgenommenen Handlung.

Nicht von der Geschäftsführung umfasst sind Geschäfte, die die Rechtsbeziehungen zwischen den Gesellschaftern berühren (Grundlagengeschäfte).

Grundlagengeschäfte sind beispielsweise Änderungen des Gesellschaftsvertrages oder die Auflösung der Gesellschaft.

§ 709 Abs. 1 BGB ordnet die gemeinschaftliche Geschäftsführung aller Gesellschafter an (Gesamtgeschäftsführungsbefugnis). Jede Geschäftsführungsmaßnahme bedarf der Zustimmung aller Gesellschafter.

Beispiel: E, G, und R sind Gesellschafter der Z-GmbH. R möchte gerne die internen Organisationsabläufe in der Gesellschaft verändern. Auf einer Gesellschafterversammlung verweigert E die Zustimmung zu diesem Plan, während G und R dafür sind. Die Gesellschaft darf mangels der Zustimmung von E nicht umorganisiert werden.

Das gesetzlich vorgesehene Einstimmigkeitsprinzip ist nur für kleine Gesellschaften geeignet, für große ist es untauglich.

Beispiel: Eine Anwalts-GbR mit mehr als 100 Gesellschaftern, verteilt auf 30 Standorte in der Welt, wird selten eine Einstimmigkeit erreichen. Die Gesellschaft wäre praktisch handlungsunfähig.

§ 709 BGB ist dispositiv. Die Gesellschafter können andere Regelungen vereinbaren. Enthält der Gesellschaftsvertrag eine Klausel, nach der die Mehrheit der Stimmen maßgeblich ist, ist im Zweifel die Mehrheit der Gesellschafter gemeint. Es ist also in Geschäftsführungsfragen nach Köpfen abzustimmen, wobei die Mehrheit der Geschäftsführungsmaßnahme zustimmen muss.

Gemeinschaftliche Geschäftsführung § 709 BGB

(2) Hat nach dem Gesellschaftsvertrag die Mehrheit der Stimmen zu entscheiden, so ist die Mehrheit im Zweifel nach der Zahl der Gesellschafter zu berechnen.

In der Praxis wird meistens vereinbart, dass die Mehrheit nach der Höhe der Einlagen zu berechen ist.

Beispiel: A ist mit einer Einlage von 1.000,– €, B mit 5.000,– € und C mit 10.000,– € an der D-GbR beteiligt. C verfügt folglich immer über die Mehrheit der Stimmen, da seine Einlage 62,5 % des Einlagevermögens ausmacht.

Die Geschäftsführung kann auch einem oder mehreren Gesellschaftern übertragen werden. Denkbar ist, dass einem Gesellschafter Einzelgeschäftsführungsbefugnis oder mehreren Gesellschaftern Einzel- bzw. Gesamtvertretungsbefugnis erteilt wird. Wird hiervon Gebrauch gemacht, sind die verbliebenen Gesellschafter nicht zur Geschäftsführung befugt.

Marginalien:
Gemeinschaftliche Geschäftsführung aller Gesellschafter

Vertragliche Gestaltungsmöglichkeiten

§ 710 BGB

Übertragung der Geschäftsführung

Ist in dem Gesellschaftsvertrag die Führung der Geschäfte einem Gesellschafter oder mehreren Gesellschaftern übertragen, so sind die übrigen Gesellschafter von der Geschäftsführung ausgeschlossen. Ist die Geschäftsführung mehreren Gesellschaftern übertragen, so findet die Vorschrift des § 709 entsprechende Anwendung.

Beispiel: A, F und X sind Gesellschafter einer GbR. Laut Gesellschaftsvertrag sind nur F und X geschäftsführungsbefugt. Nach § 710 BGB ist A somit von der Geschäftsführung ausgeschlossen. Wenn im Gesellschaftsvertrag nichts anderes vereinbart ist, sind beide nach §§ 710 i. V. m. 709 Abs. 1 BGB nur zur gemeinschaftlichen Geschäftsführung berechtigt. Da beiden dies zu umständlich ist, haben beide im Gesellschaftsvertrag durchgesetzt, dass sie einzelgeschäftsführungsbefugt sind und somit alleine alle Geschäftsführungshandlungen vornehmen können.

Ist ein Gesellschafter einzelgeschäftsführungsberechtigt, kann jeder zur Geschäftsführung berufene Gesellschafter der Vornahme des Geschäftes widersprechen.

§ 711 BGB

Widerspruchsrecht

Steht nach dem Gesellschaftsvertrag die Führung der Geschäfte allen oder mehreren Gesellschaftern in der Art zu, dass jeder allein zu handeln berechtigt ist, so kann jeder der Vornahme eines Geschäftes durch den anderen widersprechen. Im Falle des Widerspruchs muss das Geschäft unterbleiben.

WIDERSPRUCHSRECHT

Allerdings hat dieser Widerspruch keine Außenwirkung gegenüber Dritten. Die Vertretungsmacht wird vom Widerspruch nicht berührt. In diesem Fall steht der Schutz des Dritten im Vordergrund. Ein Rechtsgeschäft wird mit dem Widerspruch folglich nicht schwebend unwirksam nach § 177 I BGB. Kannte der Dritte hingegen den Widerspruch, ist er nicht schutzwürdig und das Geschäft ist nicht wirksam. Da der geschäftsführende Gesellschafter seine Geschäftsführungspflichten verletzt hat, macht er sich im Innenverhältnis nach § 280 I BGB schadensersatzpflichtig. Das Widerspruchsrecht der anderen geschäftsführenden Gesellschafter kann vertraglich abbedungen werden.

Das Gesetz sieht auch die Möglichkeit des Entzugs der Geschäftsführung durch die anderen Gesellschafter vor. Mittels eines Beschlusses der Gesellschafter ist es möglich bei Vorliegen eines wichtigen Grundes oder einer Unfähigkeit zur Geschäftsführung, einem zur Geschäftsführung berechtigten Gesellschafter, diese zu entziehen. Nach § 712 Abs. 2 BGB ist der zur Geschäftsführung berechtigte Gesellschafter seinerseits befugt, diese zu kündigen.

Entziehung und Kündigung der Geschäftsführung § 712 BGB

(1) Die einem Gesellschafter durch den Gesellschaftsvertrag übertragene Befugnis zur Geschäftsführung kann ihm durch einstimmigen Beschluss oder, falls nach dem Gesellschaftsvertrag die Mehrheit der Stimmen entscheidet, durch Mehrheitsbeschluss der übrigen Gesellschafter entzogen werden, wenn ein wichtiger Grund vorliegt; ein solcher Grund ist insbesondere grobe Pflichtverletzung oder Unfähigkeit zur ordnungsgemäßen Geschäftsführung.

(2) Der Gesellschafter kann auch seinerseits die Geschäftsführung kündigen, wenn ein wichtiger Grund vorliegt; [...]

Eine weitere wichtige Vorschrift im Rahmen der Geschäftsführung ist § 713 BGB. Sie bestimmt, dass sich die Rechte und Pflichten der geschäftsführenden Gesellschafter teilweise nach den Vorschriften über den Auftrag richten.

Rechte und Pflichten der geschäftsführenden Gesellschafter bestimmen sich nach dem Auftragsrecht

Rechte und Pflichten der geschäftsführenden Gesellschafter § 713 BGB

Die Rechte und Verpflichtungen der geschäftsführenden Gesellschafter bestimmen sich nach den für den Auftrag geltenden Vorschriften der §§ 664 bis 670, soweit sich nicht aus dem Gesellschaftsverhältnis etwas anderes ergibt.

Aus dem Verweis ergeben sich die nachfolgenden Konsequenzen:

- Der geschäftsführende Gesellschafter darf Aufgaben nicht an Dritte übertragen, es sei denn dies wird ihm gestattet (§§ 713, 664 BGB).
- Der geschäftsführende Gesellschafter ist an Weisungen gebunden, es sei denn, dass er den Umständen nach annehmen darf, dass die Gesellschafter bei Kenntnis der Sachlage die Abweichung billigen würden (§§ 713, 665 BGB)
- Der geschäftsführende Gesellschafter ist rechenschaftspflichtig (§§ 713, 666 BGB).
- Der geschäftsführende Gesellschafter muss alles, was er durch die Geschäftsführung erlangt, herausgeben (§§ 713, 667 BGB). Dies sind alle Sachen und Rechte, die er im inneren Zusammenhang mit der Geschäftsführung erhalten hat, wie z. B. Schriftstücke oder Provisionen von Dritten.
- Der geschäftsführende Gesellschafter hat Zinsen zu zahlen, wenn er Gelder der Gesellschaft für eigene Zwecke verwendet (§§ 713, 668 BGB).
- Der geschäftsführende Gesellschafter kann einen Vorschuss von der Gesellschaft verlangen, wenn er diesen zur Erledigung seiner Aufgaben benötigt. (§§ 713, 669 BGB).
- Der geschäftsführende Gesellschafter kann den Ersatz seiner Aufwendungen verlangen (§§ 713, 670).

Die GbR wird gemäß der §§ 164 ff. BGB vertreten

Die rechtsgeschäftliche Vertretung der Gesellschaft gegenüber Dritten erfolgt durch die Gesellschafter. Sie sind die organschaftlichen Vertreter der Gesellschaft. Die Stellvertretung richtet sich grundsätzlich nach den §§ 164 ff BGB. Das heißt, dass der Vertreter

- eine eigene Willenserklärung,
- im fremden Namen abgeben muss
- und dabei im Rahmen seiner Vertretungsmacht handelt.

Die letzte der genannten Voraussetzungen wird durch eine gesellschaftsrechtliche Spezialvorschrift, nämlich § 714 BGB modifiziert. § 714 BGB legt fest, wer Vertretungsmacht besitzt.

§ 714 BGB

Vertretungsmacht

Soweit einem Gesellschafter nach dem Gesellschaftsvertrag die Befugnis zur Geschäftsführung zusteht, ist er im Zweifel auch ermächtigt, die anderen Gesellschafter Dritten gegenüber zu vertreten.

Gesamtvertretung der GbR durch alle Gesellschafter

§ 714 BGB koppelt die Vertretungsmacht an die Geschäftsführungsbefugnis. Ein Gesellschafter, der zur Geschäftsführung befugt ist, verfügt auch über Vertretungsmacht. Es besteht aber lediglich eine

Gesamtvertretung aller Gesellschafter. Nur alle Gesellschafter zusammen können die GbR wirksam vertreten. Wie sich aus der Vorschrift selbst ergibt, können abweichende Vereinbarungen im Gesellschaftsvertrag getroffen werden. Genau wie bei der Geschäftsführung ist es möglich, eine Gesamtvertretungsbefugnis von einigen Gesellschaftern oder Einzelvertretungsbefugnis zu vereinbaren.

Beispiel: A, G, H und Z sind Gesellschafter einer GbR. A und G haben kein Interesse, die Gesellschaft zu vertreten. Laut Gesellschaftsvertrag sind sie nicht zur Vertretung befugt, ihnen wird keine Vertretungsmacht eingeräumt. Nach § 714 BGB wären H und Z gesamtvertretungsbefugt und dürften die Gesellschaft nur gemeinsam vertreten. Weil dies zu umständlich ist, sieht der Gesellschaftsvertrag für beide Einzelvertretungsvollmacht vor, das heißt, dass jeder die Gesellschaft alleine vertreten darf.

Die Vertretungsmacht kann einem Gesellschafter auch wieder entzogen werden. Die hierfür maßgebliche Vorschrift § 715 BGB orientiert sich an § 712 BGB. Die Entziehung der Vertretungsmacht ist nur bei vorliegen eines wichtigen Grundes möglich.

Entzug der Vertretungsmacht

Entziehung der Vertretungsmacht   **§ 715 BGB**

Ist im Gesellschaftsvertrag ein Gesellschafter ermächtigt, die anderen Gesellschafter Dritten gegenüber zu vertreten, so kann die Vertretungsmacht nur nach Maßgabe des § 712 Abs. 1 und, wenn sie in Verbindung mit der Befugnis zur Geschäftsführung erteilt worden ist, nur mit dieser entzogen werden.

1.3.2. OHG

Das HGB enthält in den §§ 114 bis 117 von dem BGB abweichende Regelungen für die OHG. Nach § 114 Abs. 1 HGB sind alle Gesellschafter an der Geschäftsführung beteiligt.

Geschäftsführung   **§ 114 HGB**

(1) Zur Führung der Geschäfte der Gesellschaft sind alle Gesellschafter berechtigt und verpflichtet.

Im Unterschied zur GbR herrscht bei der OHG aber das Prinzip der Einzelgeschäftsführungsbefugnis.

Einzelgeschäftsführungsbefugnis bei der OHG

Geschäftsführung durch mehrere Gesellschafter   **§ 115 HGB**

(1) Steht die Geschäftsführung allen oder mehreren Gesellschaftern zu, so ist jeder von Ihnen allein zu handeln berechtigt; widerspricht jedoch

ein anderer geschäftsführender Gesellschafter der Vornahme einer Handlung, so muß diese unterbleiben.

Einschränkung der Geschäftsführungsbefugnis

Der Umfang dieser Einzelgeschäftsführungsbefugnis beschränkt sich aber auf Handlungen, die der gewöhnliche Betrieb dieser OHG erfordert.

§ 116 HGB

Umfang der Geschäftsführungsbefugnis

(1) Die Befugnis zur Geschäftsführung erstreckt sich auf alle Handlungen, die der gewöhnliche Betrieb des Handelsgewerbes der Gesellschaft mit sich bringt.

Beispiele für gewöhnliche Geschäfte: Mitarbeitergespräche, Erteilung einer Handlungsvollmacht, Aufnahme von üblichen Krediten, Abgabe von Angeboten

Will ein geschäftsführender Gesellschafter eine Handlung vornehmen, die diese Grenze überschreitet, muss er einen Gesellschafterbeschluss herbeiführen.

§ 116 HGB

Umfang der Geschäftsführungsbefugnis

(2) Zur Vornahme von Handlungen, die darüber hinausgehen, ist ein Beschluß sämtlicher Gesellschafter erforderlich.

Beispiele für außergewöhnliche Geschäfte: Erhebliche Umorganisation der Gesellschaft, Kauf von Grundstücken, die Eingehung von Spekulationsgeschäften, Betriebsspaltung.

Nicht von den Bestimmungen über die Geschäftsführungsbefugnis eingeschlossen sind Grundlagengeschäfte. Diese erfordern Änderungen des Gesellschaftsvertrages, dieses Erfordernis kann auch durch einen Beschluss nach § 116 Abs. 2 HGB nicht umgangen werden.

Erteilung einer Prokura bedarf der Zustimmung aller geschäftsführenden Gesellschafter

Die Erteilung der Prokura ist an und für sich ein gewöhnliches Geschäft im Sinne des § 116 I HGB. Trotzdem ordnet § 116 Abs. 3 HGB die Zustimmung aller geschäftsführenden Gesellschafter an. Der Widerruf der Prokura kann hingegen von jedem geschäftsführenden Gesellschafter alleine vorgenommen werden.

§ 116 HGB

Umfang der Geschäftsführungsbefugnis

(3) Zur Bestellung eines Prokuristen bedarf es der Zustimmung aller geschäftsführenden Gesellschafter, es sei denn, daß Gefahr im Verzug ist. Der Widerruf der Prokura kann von jedem der zur Erteilung oder zur Mitwirkung bei der Erteilung befugten Gesellschafter erfolgen.

Wie § 115 Abs. 1 2. Halbsatz HGB zu entnehmen ist, besteht auch bei der OHG ein Widerspruchsrecht der anderen geschäftsführenden Gesellschafter. Wie bei der GbR hat der Widerspruch im Außenverhältnis keine Rechtswirkung. Die Vertretungsmacht bleibt hiervon unberührt. Im Innenverhältnis macht sich der geschäftsführende Gesellschafter aber nach § 280 I BGB schadensersatzpflichtig.

Soll einem geschäftsführenden Gesellschafter die Befugnis zur Geschäftsführung entzogen werden, ist dies nur durch eine gerichtliche Entscheidung möglich.

Entziehung der Geschäftsführungsbefugnis   § 117 HGB

Die Befugnis zur Geschäftsführung kann einem Gesellschafter auf Antrag der übrigen Gesellschafter durch gerichtliche Entscheidung entzogen werden, wenn ein wichtiger Grund vorliegt; ein solcher Grund ist insbesondere grobe Pflichtverletzung oder Unfähigkeit zur ordnungsgemäßen Geschäftsführung.

Die Bestimmungen über die Geschäftsführung sind allesamt dispositiv. Es ist daher auch möglich eine Gesamtgeschäftsführungsbefugnis zu vereinbaren oder bestimmte Gesellschafter von der Geschäftsführung auszunehmen. Das gilt auch für das Widerspruchsrecht und die Entziehung der Geschäftsführungsbefugnis.

Die Vertretung der OHG erfolgt auf der Basis der §§ 164 ff. BGB, wobei die Vertretungsmacht in den §§ 125 bis 127 HGB geregelt ist. Jeder Gesellschafter ist <u>alleine</u> zur Vertretung der Gesellschaft berechtigt.

Die OHG wird gemäß der §§ 164 ff. BGB vertreten

Jeder Gesellschafter ist einzelvertretungsberechtigt

Vertretung der Gesellschaft   § 125 HGB

(1) Zur Vertretung der Gesellschaft ist jeder Gesellschafter ermächtigt, wenn er nicht durch den Gesellschaftsvertrag von der Vertretung ausgeschlossen ist.

Beispiel: P, D und X sind geschäftsführende Gesellschafter der W-OHG. X entdeckt auf einer Geschäftsfahrt einen Restposten Büromöbel und kauft, obwohl die W-OHG diese nicht benötigt, im Namen der Gesellschaft Büromöbel im Wert von 10.000,– €. Der Kaufvertrag ist wirksam zustande gekommen. X hat die entsprechende Willenserklärung im Namen der W-OHG abgegeben und handelt hierbei auch im Rahmen seiner Vertretungsmacht, die ihm von § 125 HGB gewährt wird.

Die Gesellschafter können im Gesellschaftsvertrag von § 125 Abs. 1 HGB abweichen.

§ 125 HGB

Vertretung der Gesellschaft

(2) Im Gesellschaftsvertrage kann bestimmt werden, daß alle oder mehrere Gesellschafter nur in Gemeinschaft zur Vertretung der Gesellschaft ermächtigt sein sollen (Gesamtvertretung). Die zur Gesamtvertretung berechtigten Gesellschafter können einzelne von ihnen zur Vornahme bestimmter Geschäfte oder bestimmter Arten von Geschäften ermächtigen. Ist der Gesellschaft gegenüber eine Willenserklärung abzugeben, so genügt die Abgabe gegenüber einem der zur Mitwirkung bei der Vertretung befugten Gesellschafter.

(3) Im Gesellschaftsvertrage kann bestimmt werden, daß die Gesellschafter, wenn nicht mehrere zusammen handeln, nur in Gemeinschaft mit einem Prokuristen zur Vertretung der Gesellschaft ermächtigt sein sollen. [...]

Gestaltungsmöglichkeiten im Gesellschaftsvertrag

Nach § 125 Abs. 2 HGB ist es also möglich, eine so genannte »echte Gesamtvertretung« zu vereinbaren. In diesem Fall können nur alle geschäftsführenden Gesellschafter die Gesellschaft gemeinsam vertreten, wie Satz 3 festlegt, gilt dies aber nicht beim Empfang von Willenserklärungen, hier besteht weiterhin eine Einzelvertretungsbefugnis.

Gemäß § 125 Abs. 3 HGB kann auch eine »unechte Gesamtvertretung« im Gesellschaftsvertrag vereinbart werden. Dann ist ein geschäftsführender Gesellschafter nur mit einem Prokuristen zusammen zur Vertretung ermächtigt. Es gilt aber weiterhin, dass auch eine Gesamtvertretung aller der geschäftsführenden Gesellschafter möglich sein muss. Aufgrund der Selbstorganschaft müssen die geschäftsführenden Gesellschafter auch in der Lage sein, die Gesellschaft gemeinschaftlich zu vertreten. Eine Vertragsgestaltung, die eine Vertretung nur mit einem Prokuristen zulässt und gleichzeitig eine Gesamtvertretung der Gesellschafter ausschließt, wäre nicht zulässig.

Beispiel: D und F sind Gesellschafter der W-OHG. P ist Prokurist. Es ist zulässig zu vereinbaren, dass D die Gesellschaft nur zusammen mit P vertreten darf. Gleiches gilt für F. Es muss aber auch eine gemeinschaftliche Vertretung der Gesellschaft durch D und F möglich sein. Diese von P abhängig zu machen, ist wegen des Grundsatzes der Selbstorganschaft nicht zulässig.

Der Umfang der Vertretungsmacht richtet sich nach § 126 Abs. 1 HGB.

§ 126 HGB

Umfang der Vertretungsmacht

(1) Die Vertretungsmacht der Gesellschafter erstreckt sich auf alle gerichtlichen und außergerichtlichen Geschäfte und Rechtshandlungen

einschließlich der Veräußerung und Belastung von Grundstücken sowie der Erteilung und des Widerrufs der Prokura.

Im Außenverhältnis kann der Umfang der Vertretungsmacht durch eine Vereinbarung zwischen den Gesellschaftern nicht beschränkt werden.

Interne Absprachen der Gesellschafter haben keine Außenwirkung

Umfang der Vertretungsmacht
§ 126 HGB

(2) Eine Beschränkung des Umfangs der Vertretungsmacht ist Dritten gegenüber unwirksam; dies gilt insbesondere von der Beschränkung, daß sich die Vertretung nur auf gewisse Geschäfte oder Arten von Geschäften erstrecken oder dass sie nur unter gewissen Umständen oder für eine gewisse Zeit oder an einzelnen Orten stattfinden soll.

Eine Abrede, die die Vertretungsmacht beschränkt, ist im Innenverhältnis zulässig. Setzt sich ein Gesellschafter darüber hinweg, macht er sich nach § 280 I BGB schadensersatzpflichtig.

Schadensersatzpflicht des Gesellschafters

Für den Entzug der Vertretungsmacht bedarf es einer gerichtlichen Entscheidung.

Entziehung der Vertretungsmacht
§ 127 HGB

Die Vertretungsmacht kann einem Gesellschafter auf Antrag der übrigen Gesellschafter durch gerichtliche Entscheidung entzogen werden, wenn ein wichtiger Grund vorliegt; ein solcher Grund ist insbesondere grobe Pflichtverletzung oder Unfähigkeit zur ordnungsgemäßen Vertretung der Gesellschaft.

1.4. Gesellschaftsvermögen

1.4.1. GbR

Mit Entstehung der GbR wird in den meisten Fällen auch ein Gesellschaftsvermögen gebildet. Dies trägt die Bezeichnung Gesamthands- oder Sondervermögen. Zentrale Vorschrift zum Gesellschaftsvermögen ist § 718 BGB.

Die GbR ist eine Gesamthandsgemeinschaft

Gesellschaftsvermögen
§ 718 BGB

(1) Die Beiträge der Gesellschafter und die durch die Geschäftsführung für die Gesellschaft erworbenen Gegenstände werden gemeinschaftliches Vermögen der Gesellschafter (Gesellschaftsvermögen).

(2) Zu dem Gesellschaftsvermögen gehört auch, was auf Grund eines zu dem Gesellschaftsvermögen gehörenden Rechtes oder als Ersatz für die Zerstörung, Beschädigung oder Entziehung eines zu dem Gesellschaftsvermögen gehörenden Gegenstandes erworben wird.

Das Gesellschaftsvermögen besteht somit aus

Bestandteile des Gesellschaftsvermögens

*   den Beiträgen der Gesellschafter,
*   den Gegenständen, die durch die Geschäftsführung erworben werden,
*   den erworbenen Surrogaten, also allem, was aufgrund eines Rechts oder als Ersatz für die Zerstörung, Beschädigung oder Entziehung eines zu dem Gesellschaftsvermögen gehörenden Gegenstandes erworben wird.

Beiträge bilden Gesellschaftsvermögen

Die Beiträge der Gesellschafter bilden das Gesellschaftsvermögen. Das können Geldbeträge sein, es ist aber auch möglich, dass der Beitrag aus der Einbringung von Sachen oder Rechten sowie der Leistung von Diensten besteht.

§ 706 BGB

Beiträge der Gesellschafter

(2) Sind vertretbare oder verbrauchbare Sachen beizutragen, so ist im Zweifel anzunehmen, dass sie gemeinschaftliches Eigentum der Gesellschafter werden sollen. [...]

(3) Der Beitrag eines Gesellschafters kann auch in der Leistung von Diensten bestehen.

Beispiel: Der Gesellschafter ist Inhaber der Marke »Jotami« und hat sich im Gesellschaftsvertrag verpflichtet, der Gesellschaft die Marke zur Nutzung zu überlassen.

Erbringung des Beitrages

Der geschuldete Beitrag ist nicht automatisch Teil des Gesellschaftsvermögens. Bewegliche Sachen sind nach §§ 929 ff. BGB, Grundstücke nach §§ 873, 925 BGB und Forderungen und Rechte nach §§ 398, 413 BGB an die Gesellschaft zu übertragen. Sind Beiträge vereinbart, ist der Anspruch der Gesellschaft auf Erbringung des Beitrages gegen den Gesellschafter mit dem Eintritt der Wirksamkeit der Gesellschaft ein Bestandteil des Gesellschaftsvermögens.

Beispiel: A und B haben sich im Gesellschaftsvertrag verpflichtet, einen Geldbetrag von jeweils 2.000,– € zu leisten. Der Gesellschaftsvertrag tritt zum 1. September 2003 in Kraft. Ab diesem Zeitpunkt besteht das Gesellschaftsvermögen aus den beiden Ansprüchen der Gesellschaft gegen A und B über jeweils 2.000,– €.

Alle durch die Geschäftsführung erworbenen Gegenstände gehören zum Gesellschaftsvermögen

Zum Gesellschaftsvermögen gehören auch sämtliche Gegenstände, die durch die Geschäftsführung für die Gesellschaft erworben werden. Der Begriff der Geschäftsführung ist im vorherigen Abschnitt (Die Personengesellschaft, 1.3 Geschäftsführung und Vertretung) erläutert worden. »Gegenstände« im Sinne des § 718 Abs. 1 BGB sind alle Sachen und Rechte.

Beispiele: Büromöbel, Gebrauchsgewährung von Räumen auf Grund eines Mietvertrages, Patentrechte

Unter Erwerb ist sowohl der rechtsgeschäftliche als auch der originäre Rechtserwerb nach §§ 946 ff. BGB (Verbindung, Vermischung, Verarbeitung) zu verstehen. Für die Gesellschaft werden diese Gegenstände erworben, wenn im Namen der Gesellschaft gehandelt wird. Handelt ein geschäftsführender Gesellschafter im eigenen Namen erwirbt er den jeweiligen Gegenstand selbst.

Nach § 718 Abs. 2 BGB gehören auch Surrogate zum Gesellschaftsvermögen. Das sind zunächst alle Arten von Sach- und Rechtsfrüchten sowie Erträge.

Surrogate sind Teil des Gesellschaftsvermögens

Beispiele: Eine GbR hat eine kleine Apfelbaumplantage gepachtet. Die geernteten Äpfel sind Früchte, die zum Gesellschaftsvermögen der GbR gehören.

Des Weiteren gehört auch jeglicher Ersatz für die Zerstörung, Beschädigung oder Entziehung eines zu dem Gesellschaftsvermögen gehörenden Gegenstandes zum Vermögen.

Beispiele: Aus den Büroräumen einer GbR werden drei Rechner gestohlen. Da die Gesellschaft versichert ist, erhält sie 2.000,– € von der Versicherung. Die 2.000,– € sind Bestandteil des Gesellschaftsvermögens.

Das Gesellschaftsvermögen ist nach § 719 Abs. 1 BGB ein Gesamthandvermögen. Der einzelne Gesellschafter hat keine Verfügungsgewalt mehr über die Vermögensgegenstände der GbR.

Gesamthänderische Bindung

§ 719 BGB

(1) Ein Gesellschafter kann nicht über seinen Anteil an dem Gesellschaftsvermögen und an den einzelnen dazu gehörenden Gegenständen verfügen; er ist nicht berechtigt, Teilung zu verlangen.

Wichtigste gesetzliche Anordnung des § 719 Abs. 1 BGB ist zunächst, dass ein Gesellschafter nicht mehr frei über seinen Gesellschaftsanteil verfügen kann. Dies ist kein absolutes oder relatives Verfügungsverbot. Die Verfügung ist lediglich schwebend unwirksam.

Keine Verfügungen eines Gesellschafters über seinen Anteil am Gesellschaftsvermögen

Beispiel: W ist zu 25 % an einer GbR beteiligt. Da er sich gerne zur Ruhe setzen will, verkauft er den Geschäftsanteil und überträgt diesen anschließend nach §§ 413, 398 BGB an den Käufer. Nach § 719 Abs. 1 BGB ist das Geschäft schwebend unwirksam, durch Zustimmung der anderen Gesellschafter tritt eine Wirksamkeit ein.

Die Vorschrift ist dispositiv. Im Gesellschaftsvertrag können andere Regelungen vereinbart werden. In der Praxis ist dies aber relativ selten der Fall, da die GbR auf die persönliche Mitarbeit der Gesellschafter angelegt ist und die anderen Gesellschafter nicht plötzlich mit unbekannten Personen zusammenarbeiten wollen.

Keine Verfügungen eines Gesellschafters über einzelne Vermögensgegenstände

Weiterhin ist es nach § 719 Abs. 1 1Hs. 2. Alt. BGB auch nicht mehr möglich, über einzelne Vermögensgegenstände zu verfügen. Hierbei handelt es sich um ein absolutes Verfügungsverbot.

Beispiel: W ist Gesellschafter der P-GbR. Bei einem Kundentermin in den Räumen äußert der Kunde ein Kaufinteresse an einem Bild, das im Besprechungsraum hängt. W verkauft und übereignet dem Kunden kurzer Hand das Bild. Die Verfügung ist nach § 134 BGB nichtig.

Kein Teilungsverlangen eines Gesellschafters

Nach § 719 Abs. 1 2 Halbsatz BGB kann kein Gesellschafter die Teilung des Gesellschaftsvermögens verlangen. Auch dies ist ein zwingendes Verfügungsverbot.

Beispiel G, P und Y sind zu je 1/3 an der T-GbR beteiligt. G verlangt, dass jeder der drei Gesellschafter einen Gegenstand im Wert von 2.000,– € von der Gesellschaft erhält. G möchte ein Laptop, P und Y sollen ein Bild bzw. eine Büroeinrichtung erhalten. Ein derartiges Teilungsverlangen ist wegen § 719 Abs. 1 2. Halbsatz BGB nicht zulässig.

§ 719 Abs. 2 BGB schützt das Gesellschaftsvermögen vor der Aufrechnung von Schuldnern, die gleichzeitig Inhaber einer Forderung gegen einen der Gesellschafter sind.

§ 719 BGB

Gesamthänderische Bindung

(2) Gegen eine Forderung, die zum Gesellschaftsvermögen gehört, kann der Schuldner nicht eine ihm gegen einen einzelnen Gesellschafter zustehende Forderung aufrechnen.

Beispiel: D schuldet der T-GbR noch 2.000,– €. Gleichzeitig hat er gegen den Gesellschafter P noch eine Forderung in gleicher Höhe. Eine Aufrechung ist wegen § 719 Abs. 2 BGB nicht möglich.

1.4.2. OHG

Auch bei der OHG gelten im Hinblick auf das Gesellschaftsvermögen die §§ 718, 719 BGB

Nach § 105 Abs. 3 HGB gelten die Vorschriften über das Gesellschaftsvermögen der GbR auch für die OHG. Sonderregelungen für die OHG sind im HGB nicht enthalten. Die zur GbR gemachten Ausführungen gelten somit auch in vollem Umfang für die OHG.

1.5. Haftung

1.5.1. Grundlagen

Für den Nichtjuristen ist die Frage, wer für Verbindlichkeiten der Gesellschaft haftet, immer eine der spannendsten Fragen des Gesellschaftsrechts. Bei der GbR und OHG kommen als Haftungssubjekte die Gesellschaft und die Gesellschafter in Frage.

Für Verbindlichkeiten der Gesellschaft haftet immer die Gesellschaft selbst. Für die GbR hat der BGH dies mit seiner Entscheidung über die Teilrechtsfähigkeit eindeutig geklärt. Will ein Gläubiger die Zwangsvollstreckung betreiben, bedarf es nach § 736 ZPO eines gegen alle Gesellschafter gerichteten Titels.

Die GbR haftet selbst für ihre Verbindlichkeiten

Zwangsvollstreckung gegen die BGB-Gesellschaft   **§ 736 ZPO**

Zur Zwangsvollstreckung in das Gesellschaftsvermögen einer nach § 705 des Bürgerlichen Gesetzbuches eingegangenen Gesellschaft ist ein gegen alle Gesellschafter ergangenes Urteil erforderlich.

Nach dem Wechsel zur Akzessorietätstheorie lässt der BGH bei der Zwangsvollstreckung in das Gesellschaftsvermögen, abweichend von § 736 ZPO, einen Titel gegen die Gesellschaft ausreichen.

Bei der OHG stand die Teilrechtsfähigkeit wegen § 124 Abs. 1 HGB niemals in Frage. Zur Zwangsvollstreckung in das Gesellschaftsvermögen ist ein Titel gegen die Gesellschaft notwendig.

Zwangsvollstreckung in das Gesellschaftsvermögen   **§ 124 HGB**

(2) Zur Zwangsvollstreckung in das Gesellschaftsvermögen ist ein gegen die Gesellschaft gerichteter vollstreckbarer Schuldtitel erforderlich.

Die Frage der Rechtsfähigkeit der Gesellschaft ist immer auch eng verknüpft mit der Haftung der Gesellschafter. Die genannte Entscheidung des BGH zur GbR hatte daher nicht nur Auswirkungen auf die Rechtsfähigkeit, sondern hat auch die Haftung der Gesellschafter für Verbindlichkeiten der Gesellschaft auf eine neue dogmatische Grundlage gestellt. Bis zu diesem Zeitpunkt folgte der BGH der so genannten »Doppelverpflichtungstheorie«. Neuerdings leitet er eine akzessorische Haftung der GbR-Gesellschafter, aus dem »Wesen und Zweck« des Gesellschaftsverhältnisses her. Die akzessorische Haftung ist dem Gesetz nicht unbekannt. Bei der OHG ist sie in § 128 HGB kodifiziert.

GbR-Gesellschafter haften akzessorisch für die Gesellschaftsverbindlichkeiten

§ 128 HGB   **Persönliche Haftung der Gesellschafter**

Die Gesellschafter haften für die Verbindlichkeiten der Gesellschaft den Gläubigern als Gesamtschuldner persönlich. [...]

Die Gesellschafter haften demzufolge im vollen Umfang für die Gesellschaftsschulden. Der BGH hat aber in seiner Entscheidung zur GbR nicht, wie dies oftmals in der Literatur geschieht, auf eine analoge Anwendung von § 128 HGB zurückgegriffen. Die akzessorische Haftung ergibt sich, wie bereits gesagt, vielmehr ausschließlich aus dem »Wesen und Zweck« des Gesellschaftsverhältnisses. Trotzdem können die Grundsätze der OHG-Vorschriften auch für die GbR herangezogen werden, da von einem Gleichlauf auszugehen ist. Die nachfolgende Darstellung bezieht sich daher nur noch auf die Bestimmungen zur OHG und geht nur bei Abweichungen auf die GbR ein.

PERSÖNLICHE HAFTUNG DES GESELLSCHAFTERS

Aus § 128 HGB ergeben sich drei Voraussetzungen, die vorliegen müssen, damit eine persönlich Haftung der Gesellschafter für die Verbindlichkeiten der Gesellschaft gegeben ist:

Voraussetzungen der akzessorischen Haftung

- Es muss eine wirksame OHG vorliegen
- Es muss sich um eine Verbindlichkeit der Gesellschaft handeln
- Der in Anspruch Genommen muss Gesellschafter der OHG sein

Wann eine Gesellschaft wirksam geworden ist, wurde sowohl für die GbR als auch für die OHG im Abschnitt »Die Personengesellschaften, 1.2. Entstehung und Wirksamkeit« dargestellt.

§ 128 HGB findet bei allen Gesellschaftsverbindlichkeiten (§ 124 Abs. 1 HGB), unabhängig von dem Entstehungsgrund, Anwendung. Die Ansprüche können aus Vertrag, Delikt oder sonstigem öffentlichen oder privatem Recht resultieren. In den nachfolgenden Abschnitten wird noch auf einige dieser Bereiche eingegangen, da dort einige Detailprobleme bestehen.

Nach dem Wortlaut von § 128 HGB muss der in Anspruch genommene Gesellschafter der OHG sein. Diese Formulierung ist etwas ungenau. Aus dem Gesamtkontext von §§ 130, 160 HGB ergibt sich, dass damit gemeint ist, dass er bei Begründung der Verbindlichkeit Gesellschafter der OHG gewesen sein muss. Die Rechtsgrundlage der Verbindlichkeit muss zu diesem Zeitpunkt gelegt worden sein.

Beispiel: A und Z sind Gesellschafter der P-OHG. Im Namen der Gesellschaft mieten beide Geschäftsräume. Durch den Mietvertrag wird die Rechtsgrundlage für sämtliche Mietzinszahlungen gelegt. Die Fälligkeit der einzelnen Mietzinsforderungen spielt für die Frage, wann eine Rechtsgrundlage gelegt wurde, keine Rolle.

Sind die drei Voraussetzungen erfüllt, haftet der Gesellschafter akzessorisch für die Gesellschaftsverbindlichkeiten.

Beispiel: D und W sind Gesellschafter der Sporthandel-OHG. Ein Lieferant nimmt aus einem mit W im Namen der Sporthandel-OHG geschlossenen Kaufvertrag den Gesellschafter in Höhe von 1.500,– € in Anspruch. Der Lieferant kann D in genannter Höhe in Anspruch nehmen. Es besteht eine wirksame OHG. Es handelt sich um eine Gesellschaftsverbindlichkeit, da der Vertrag im Namen der Gesellschaft geschlossen wurde, und D war zum Zeitpunkt der Begründung der Verbindlichkeit schon Gesellschafter.

Damit ist aber noch nicht geklärt, welchen Inhalt die Schuld hat. Die Gesellschafter könnten verpflichtet sein, genau die gleiche Leistung zu erbringen wie die Gesellschaft (Erfüllungstheorie) oder ob sie für die Verpflichtung der Gesellschaft nur auf Geldersatz haften (Haftungstheorie). Diese Frage hat keine Bedeutung, wenn, wie im vorherigen Beispiel, die Gesellschaft eine Geldleistung zu erbringen hat, sie erlangt aber Bedeutung, wenn andere Leistungen zu erbringen sind.

Inhalt der akzessorischen Haftung
Erfüllungstheorie
Haftungstheorie

Beispiel: Die Z-OHG berät mittlere Unternehmen bei ihrer EDV-Planung. Ein persönlich haftender Gesellschafter ist A. Es besteht auch eine vertragliche Verpflichtung, die Y-GmbH zu beraten. Die Y nimmt den A persönlich in Anspruch. Plädiert man dafür, dass A genauso haftet wie die OHG, müsste er die Beratungsleistung erbringen. Geht man den anderen Weg, wäre A »nur« verpflichtet, eine Geldleistung im Gegenwert der Beratung zu erbringen.

Nach heute herrschender Meinung hat der Gesellschafter die Verbindlichkeit so zu erfüllen wie die Gesellschaft. Allerdings ist diese Pflicht begrenzt (modifizierte Erfüllungstheorie). Als Faustformel kann man

Modifizierte Erfüllungstheorie:
Der Gesellschafter haftet
genau wie die Gesellschaft
Ausnahme:
Unmöglichkeit und
Unzumutbarkeit

davon ausgehen, dass der Gesellschafter keine Erfüllung in natura mehr schuldet, wenn die Leistung für ihn unmöglich oder unzumutbar ist. In diesem Fall schuldet der Gesellschafter das Wertinteresse.

Beispiel: Eine OHG berät Kunden bei der Vermögensbildung und Finanzplanung und verwaltet auch Gelder von diesen. Der Kunde O möchte von seinem vertraglich festgelegten Recht auf Rechnungslegung Gebrauch machen und verlangt vom nicht geschäftsführenden Gesellschafter P eine Rechnungslegung. P als nicht geschäftsführenden Gesellschafter ist nicht in der Lage, Rechenschaft abzulegen, weil er keinen Einblick in die notwendigen Unterlagen erhält. P haftet daher auf das Wertinteresse.

Zu der Frage, wann eine Leistung unmöglich oder unzumutbar ist, gibt es zahllose Entscheidungen. In diesen stützt sich die Rechtsprechung auf unterschiedliche Grundsätze, um eine Unmöglichkeit oder Unzumutbarkeit festzustellen. Dem Leser kann daher nur geraten werden, in jedem Einzelfall diese Frage sorgfältig zu untersuchen.

Die Gesellschafter haften
neben der Gesellschaft

Nach § 128 BGB haftet der Gesellschafter unmittelbar. Der Gläubiger braucht nicht erst die Gesellschaft in Anspruch zu nehmen, sondern er kann sich gleich an die Gesellschafter wenden, um eine Befriedigung seiner Forderung zu erreichen.

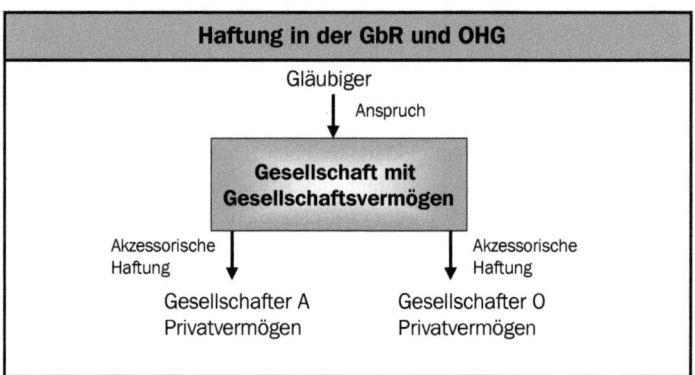

Haftung in der GbR und OHG

Gläubiger

↓ Anspruch

Gesellschaft mit Gesellschaftsvermögen

Akzessorische Haftung ↓   Akzessorische Haftung ↓

Gesellschafter A   Gesellschafter O
Privatvermögen   Privatvermögen

Die Haftung der
Gesellschafter ist
nicht beschränkt

Die Haftung ist auch nicht beschränkt auf den Anteil am Gesellschaftsvermögen. Jeder Gesellschafter haftet auch mit seinem gesamten Privatvermögen für die Verbindlichkeiten der Gesellschaft.

Die Gesellschafter haften
als Gesamtschuldner

Rechtsfolge des § 128 HGB ist ferner, dass die Gesellschafter als Gesamtschuldner gemäß der §§ 421 ff BGB haften. Der Gläubiger hat somit die Möglichkeit, einen Gesellschafter in Höhe der gesamten Schuld in Anspruch zu nehmen.

Gesamtschuldner

§ 421 BGB

Schulden mehrere eine Leistung in der Weise, dass jeder die ganze Leistung zu bewirken verpflichtet, der Gläubiger aber die Leistung nur einmal zu fordern berechtigt ist (Gesamtschuldner), so kann der Gläubiger die Leistung nach seinem Belieben von jedem der Schuldner ganz oder zu einem Teil fordern. Bis zur Bewirkung der ganzen Leistung bleiben sämtliche Schuldner verpflichtet.

Zahlt einer der Gesellschafter auf eine Schuld, wirkt die Erfüllung auch gegenüber den anderen Gesellschaftern. Der Leistende hat einen Ausgleichsanspruch gegen die Mitgesellschafter nach § 426 I BGB. Wobei sich die Höhe des einzelnen Anspruchs gegen den einzelnen Gesellschafter nach der Höhe der jeweiligen Verlustbeteiligung richtet, wenn nichts anderes vereinbart wurde (so genannter Anspruch »pro rata«).

Ausgleichsanspruch des Gesellschafters bei Leistung auf eine Gesellschaftsverbindlichkeit

Beispiel: A, B und C sind an der G-OHG zu jeweils einem Drittel beteiligt. A wird wegen einer Gesellschaftsschuld in Höhe von 3.000,– € in Anspruch genommen. Nach § 426 I BGB kann er einen Ausgleich nach der Verlustbeteiligung verlangen. A kann somit von B und C jeweils 1.000,– € fordern.

Der Ausgleichsanspruch gegen die Mitgesellschafter ist allerdings subsidiär zur Gesellschaft. Zunächst muss der leistende Gesellschafter die Befriedigung für seine Leistung von der Gesellschaft suchen. Zwischen den Gesellschaftern und der Gesellschaft besteht aber keine echte Gesamtschuld, weil die persönliche Haftung der Gesellschafter auf einer von der Gesellschaftsschuld deutlich getrennten Verbindlichkeit beruht. Gegen sie besteht somit auch kein Ausgleichsanspruch nach § 426 I BGB. Die Grundlagen des Anspruchs gegen die Gesellschaft werden im Abschnitt »Die Personengesellschaften, 1.6. Rechte und Pflichten der Gesellschafter« erörtert, weil es sich um Innenansprüche handelt.

Der Gesellschafter kann gegenüber dem Gläubiger sämtliche Einreden erheben, die ihm aus dem persönlichen Verhältnis zustehen. Daneben kann der Gesellschafter aber auch alle Einwendungen und Einreden geltend machen, die auch die Gesellschaft erheben könnte.

Einwendungen eines Gesellschafters

Einwendungen des Gesellschafters

§ 129 HGB

(1) Wird ein Gesellschafter wegen einer Verbindlichkeit der Gesellschaft in Anspruch genommen, so kann er Einwendungen, die nicht in seiner Person begründet sind, nur insoweit geltend machen, als sie von der Gesellschaft erhoben werden können.

Beispiel: Ein Gläubiger macht gegenüber einem Gesellschafter eine Verbindlichkeit der Gesellschaft geltend, die verjährt ist. Der Gesell-

schafter kann sich wegen § 129 Abs. 1 HGB auf die Einrede der Verjährung berufen und braucht nicht zu leisten.

Leistungsverweigerungsrecht des Gesellschafters

§ 129 Abs. 2 HGB gewährt dem Gesellschafter ein Leistungsverweigerungsrecht, solange die Gesellschaft das der Forderung zugrunde liegende Rechtsgeschäft anfechten könnte. Der Grund liegt darin, dass der Gesellschafter das Rechtsgeschäft nicht anfechten kann. Dies ist nur der Gesellschaft möglich. Macht die Gesellschaft von diesem Recht keinen Gebrauch, soll der Gesellschafter aber ein Leitungsverweigerungsrecht haben, um eine Durchsetzung des Anspruchs zu verhindern.

§ 129 HGB

Einwendungen des Gesellschafters

(2) Der Gesellschafter kann die Befriedigung des Gläubigers verweigern, solange der Gesellschaft das Recht zusteht, das ihrer Verbindlichkeit zugrunde liegende Rechtsgeschäft anzufechten.

Beispiel: X hat der T-OHG im Juni 2003 ein Kraftfahrzeug für 8.500,– € verkauft. Dabei hat er verschwiegen, dass es sich um einen Unfallwagen handelte. Die T-OHG erlangt hiervon am 18.07.2003 Kenntnis. X nimmt den Gesellschafter H wegen der Kaufpreisforderung in Anspruch. Die Gesellschaft hat den Kaufvertrag bisher noch nicht nach §§ 142, 123 BGB angefochten. H kann die Leistung wegen § 129 Abs. 2 HGB solange verweigern, wie der Gesellschaft das Recht zur Anfechtung zusteht. Dieses Recht endet nach § 124 Abs. 1 und 2 BGB am 18.07.2004.

Die Einwendung des § 129 Abs. 3 HGB

Eine weitere Einwendung bietet § 129 Abs. 3 HGB dem Gesellschafter.

§ 129 HGB

Einwendungen des Gesellschafters

(3) Die gleiche Befugnis hat der Gesellschafter, solange sich der Gläubiger durch Aufrechnung gegen eine fällige Forderung der Gesellschaft befriedigen kann.

Auslegung von § 129 Abs. 3 HGB

Der Wortlaut der Vorschrift ist misslungen und deswegen irreführend. Dem Wortlaut nach könnte der Gesellschafter die Leistung verweigern, wenn der Gläubiger sich auch durch eine Aufrechnung befriedigen könnte. Nach allgemeiner Auffassung ist die Bestimmung entgegen dem Wortlaut auf diesen Fall gerade nicht anwendbar. Aus dem Kontext des § 129 Abs. 3 ergibt sich, dass es wie in § 129 Abs. 1 und 2 HGB nur darauf ankommen kann, dass der Gesellschaft ein Recht zusteht. Sollte also der Gesellschaft eine Aufrechnungsmöglichkeit gegenüber dem Gläubiger zustehen, kann der Gesellschafter die Leistung verweigern.

Beispiel: Die T-OHG produziert Büromöbel. Vom Holzlieferanten H kauft sie Holz im Wert von 15.000,– €. Eine Woche später kauft der Holzlieferant H von der Gesellschaft Büromöbel zum Preis von 15.000,– €. Im individuell ausgehandelten Kaufvertrag ist die Aufrechnung durch H ausgeschlossen. H verlangt von O, einem persönlich haftenden Gesellschafter der T-OHG, die Bezahlung des Holzes. H kann die Zahlung verweigern, weil ihm ein Leistungsverweigerungsrecht nach § 129 Abs. 3 HGB zusteht. Die T-OHG könnte nämlich aufgrund ihrer Kaufpreisforderung, die aus dem Verkauf der Büromöbel resultiert, gegenüber H aufrechnen.

Die Haftung der Gesellschafter kann für die GbR und die OHG nicht durch eine Vereinbarung der Gesellschafter untereinander beseitigt werden. Für die GbR ergibt sich dies aus dem »Sinn und Zweck« des Gesellschaftsverhältnisses, bei der OHG ist dies ausdrücklich in § 128 Satz 1 HGB kodifiziert.

Interne Absprachen der Gesellschafter berühren die Haftung der Gesellschafter nicht

Persönliche Haftung der Gesellschafter

Die Gesellschafter haften für die Verbindlichkeiten der Gesellschaft den Gläubigern als Gesamtschuldner persönlich. Eine entgegenstehende Vereinbarung ist Dritten gegenüber unwirksam.

§ 128 HGB

Beispiel: In den Gesellschaftsvertrag einer OHG wird die Formulierung aufgenommen, dass nur die Gesellschaft für die entstandenen Verbindlichkeiten haften soll.

Eine Haftungsbeschränkung kann aber durch eine Vereinbarung mit Dritten erreicht werden. Bei der GbR ist eine individuelle vertragliche Vereinbarung notwendig, um die Haftung auszuschließen. Eine einseitige Erklärung der Gesellschafter ist nicht ausreichend. Die Verwendung des Kürzels »GbR mbH« führt folglich auch nicht zu einem Ausschluss der Gesellschafterhaftung. Auch bei der OHG ist eine ausdrückliche Vereinbarung notwendig.

Eine Haftung nach den dargelegten Grundsätzen kann sich auch aus einem gesetzten Rechtsschein ergeben. Wenn eine Gesellschaft wie eine GbR oder OHG auftritt, besteht auch eine Haftung entsprechend diesem Rechtsschein. Das gilt auch für »Scheingesellschafter«. Bei der Rechtsscheinhaftung ist zu unterscheiden zwischen dem Setzen eines Rechtsscheins durch Eintragung in das Handelsregister oder in »sonstiger Weise«. Im ersten Fall greift § 15 HGB ein. Wird eine in Wirklichkeit nicht existierende Gesellschaft oder fälschlich ein Gesellschafter im Handelsregister eingetragen, kann ein Dritter sich auf die bekannt gemachte Tatsache berufen. Dieser Fall ist aber eher selten, weil es aufgrund der Prüfung des Registergerichts in der Regel nicht zu einer

Haftung aufgrund des Rechtsscheins

unrichtigen Eintragung kommt. Meistens wird ein Rechtsschein in »sonstiger Weise« gesetzt.

Diese allgemeine Rechtsscheinhaftung ist an folgende Voraussetzungen geknüpft:

- Es muss ein Rechtsscheintatbestand gesetzt worden sein.
- Der in Anspruch genommene Gesellschafter muss diesen Rechtsschein gesetzt haben.
- Der betroffene Dritte muss gutgläubig gewesen sein.
- Der Rechtsschein muss ursächlich gewesen sein für die Handlung des Dritten.

Ein Rechtsscheintatbestand kann durch Worte, Taten oder stillschweigend gesetzt werden. Dadurch muss der Eindruck entstehen, dass fälschlicherweise eine Gesellschaft besteht oder eine Person Gesellschafter einer tatsächlich bestehenden Gesellschaft ist.

Der in Anspruch genommene muss den Rechtsschein zurechenbar durch ein Tun oder pflichtwidriges Unterlassen veranlasst haben. Ein pflichtwidriges Unterlassen ist gegeben, wenn dieser den Rechtsschein kennt und ihm ein Einschreiten zumutbar ist. Ein Verschulden ist nicht erforderlich.

Der Dritte muss gutgläubig gewesen sein. Er ist nicht gutgläubig, wenn er Kenntnis von der wahren Lage hatte oder aufgrund grober Fahrlässigkeit nicht kannte.

Der Dritte muss sich bei seinem geschäftlichen Verhalten auf den Rechtsschein verlassen haben. Der Rechtsschein muss zu seiner rechtsgeschäftlichen Handlung geführt haben. Daran mangelt es bei Forderungen, die aus unerlaubten Handlungen resultieren, wenn sie nicht im Zusammenhang mit dem geschäftlichen Verkehr stehen. Das ist beispielsweise bei einem Verkehrsunfall mit einem unbeteiligten Dritten gegeben.

Rechtsfolge ist die Gleichsetzung von Rechtsschein und Wirklichkeit.

Beispiel: Die H- GmbH tritt als OHG auf. Zwar wurde die OHG kürzlich in eine GmbH umgewandelt, der geschäftsführende Gesellschafter E will das alte Briefpapier aus Kostengründen noch aufbrauchen. Auf diesem Papier bestellt er Waren im Wert von 25.000,– € bei P. P liefert im Vertrauen auf die persönliche Haftung des E. Kurze Zeit später wird über das Vermögen der GmbH das Insolvenzverfahren eröffnet. P verlangt die Bezahlung der 25.000,– € von E. Normalerweise haften die GmbH-Gesellschafter wegen § 13 Abs. 2 GmbH nicht persönlich für Gesellschaftsverbindlichkeiten. E hat aber zurechenbar einen Rechtsschein der persönlichen Haftung für Gesellschaftsschulden gesetzt, weil er als OHG firmierte. Dieser Rechtsschein hat P

veranlasst, Waren zu verkaufen. E haftet nach den Grundsätzen der
Rechtsscheinhaftung i. V. m. §§ 128 S. 1 HGB persönlich.

1.5.2 Haftung für vertragliche Ansprüche

Wie erwähnt, werden im folgendem einige Probleme der Haftung der
Gesellschaft wie auch der Gesellschafter angesprochen. Hierbei unterscheidet man am besten zwischen den Rechtsgründen der Haftung.

Bei vertraglichen Erfüllungsansprüchen haftet die Gesellschaft, wenn
diese Verbindlichkeit wirksam begründet wurde, selbst und die Gesellschafter bei einer OHG nach § 128 S. 1 HGB. Die Grundsätze der
Gesellschafterhaftung gelten auch für die GbR.

Bei der Haftung für vertragliche Schadensersatzansprüche bestehen
aber sowohl für die GbR als auch für die OHG einige Besonderheiten.
Vertragliche Schadensersatzansprüche setzen immer ein Verschulden
voraus. Die Gesellschaft kann aber nicht selbst schuldhaft handeln, ihr
muss die Handlung einer anderen Person zugerechnet werden.

Zurechnung von Verschulden bei vertraglichen Ansprüchen

Beispiel: P und D sind Gesellschafter der P&D Computerhandel OHG.
P baut für die OHG vertragsgemäß beim Kunden F einige neue
Komponenten in einen Rechner ein, um diesen aufzurüsten. Dabei
beschädigt P fahrlässig beim Einbau andere Bestandteile des Compu-
ters. Es entsteht ein Schaden von 3.000,– €. F verlangt Schadensersatz
von der OHG. Ein Schadensersatzanspruch gegen die OHG könnte
sich aus § 280 I BGB ergeben. Es besteht ein Schuldverhältnis, P
handelte pflichtwidrig, und es ist ein Schaden entstanden. Fraglich ist
alleine, ob die OHG auch schuldhaft gehandelt hat. Die OHG kann
selbst nicht schuldhaft handeln. Es ist zu prüfen, ob ihr das fahrlässige
Verhalten des P zugerechnet werden kann.

Das schuldhafte Verhalten eines Gesellschafters wird der OHG nach
§ 31 BGB analog zugerechnet.

Haftung des Vereins für Organe
§ 31 BGB

Der Verein ist für den Schaden verantwortlich, den der Vorstand, ein
Mitglied des Vorstands oder ein anderer verfassungsmäßig berufener
Vertreter durch eine in Ausführung der ihm zustehenden Verrichtungen
begangene, zum Schadensersatz verpflichtende Handlung einem Dritte
zufügt.

Die Vorschrift stammt aus dem Vereinsrecht, gilt also somit nur für
Vereine. Die Rechtsprechung hat die Vorschrift zunehmend aber auch
bei fast allen anderen Gesellschaftsformen analog angewandt. Das gilt

auch für die OHG. Der Begriff des »verfassungsmäßigen Vertreters« wird ausgedehnt auf die Gesellschafter einer OHG. Wichtig ist die Formulierung »durch eine in Ausführung der ihm zustehenden Verrichtungen« begangene Handlung. Gemeint ist damit, dass ein sachlicher Zusammenhang zwischen der schädigenden Handlung und dem Aufgabenkreis bestehen muss. Ein zufälliger Zusammenhang soll nicht die Haftung der Gesellschaft nach sich ziehen.

Beispiel: Für das vorherige Beispiel hieße dies, dass das Verschulden des P der OHG nach § 31 BGB zugerechnet wird, weil dies in einen sachlichen Zusammenhang mit seiner für die OHG wahrgenommenen Aufgabe steht.

Eine starke Literaturmeinung will bei der Zurechung § 278 BGB, statt § 31 BGB heranziehen. Da auch hier die schädigende Handlung in einem sachlichen Zusammenhang stehen muss, führt dies in der Regel zum gleichen Ergebnis.

Ähnlich ist die Situation bei der GbR. Auch hier stehen sich die beiden Meinungen gegenüber. Anders als bei der OHG hat die Rechtsprechung die Anwendung von § 31 BGB aber immer abgelehnt. Die Rechtsprechung begründete dies mit der wenig ausgeprägten körperschaftlichen Struktur der GbR. Nach Einräumung der Teilrechtsfähigkeit ist diese Argumentation hinfällig geworden. Bei deliktischen Ansprüchen hat der BGH seine Rechtsprechung mit einem Urteil vom 24.02.2003 bereits geändert. Hier hält er § 31 BGB für anwendbar, da nach dem Umschwenken auf die Akzessorietätstheorie die GbR eine ausreichende Rechtsfähigkeit aufweist. In der Entscheidung lässt er weiterhin »durchblicken«, dass die Anwendung von § 31 BGB auf die GbR bei rechtsgeschäftlich begründeten Verbindlichkeiten allgemein anerkannt sei. Daher sollte der Leser von der Anwendbarkeit des § 31 BGB bei vertraglichen Ansprüchen ausgehen.

1.5.3. Haftung für unerlaubte Handlungen

Zurechnung von
Verschulden bei
deliktischen Ansprüchen

Ein weiterer Bereich ist die Haftung für unerlaubte Handlungen (§§ 823 ff. BGB). Bei der OHG wird eine unerlaubte Handlung der Gesellschaft ebenfalls nach § 31 BGB zugerechnet, wenn diese in einem Zusammenhang mit der wahrgenommenen Aufgabe steht.

Beispiel: H ist Gesellschafter der Malerfachbetrieb-OHG. H will beim Kunden K das Wohnzimmer streichen. Um zu K zu gelangen benutzt dieser die Treppe im entsprechenden Mietshaus. Auf einem Treppenabsatz verschüttet er aus Unachtsamkeit einen Großteil der Farbe. Der Eigentümer verlangt Schadensersatz. Die Malerfachbetrieb-OHG ist aus §§ 823 Abs. 1, 31 BGB zum Schadensersatz verpflichtet. Das Verhalten des H wird ihr zugerechnet, weil es in einem Zusammenhang mit der Aufgabe, das Wohnzimmer zu streichen, stand.

Keine Anwendung auf geschäftsführende Gesellschafter findet § 831 BGB.

Keine Anwendung von § 831 BGB auf Gesellschafter

Haftung für Verrichtungsgehilfen

§ 831 BGB

(1) Wer einen anderen zu einer Verrichtung bestellt, ist zum Ersatz des Schadens verpflichtet, den der andere in Ausführung der Verrichtung einem Dritten widerrechtlich zufügt. [...]

§ 831 BGB setzt voraus, dass der Handelnde Verrichtungsgehilfe ist. Verrichtungsgehilfe ist aber nur, wer weisungsgebunden ist. Beim geschäftsführenden Gesellschafter einer OHG ist dies aber gerade nicht der Fall, da er an der Spitze der Gesellschaft steht. Selbstverständlich ist § 831 BGB aber bei nicht geschäftsführenden Gesellschaftern oder sonstigen Hilfspersonen, die für eine OHG tätig sind, anwendbar. In diesem Fall haftet die OHG auf Schadensersatz.

Nach den §§ 823 ff. BGB haftet auch jeder Gesellschafter der OHG selbst für sein schuldhaftes Verhalten, die der Gesellschaft gemäß § 31 BGB zugerechnet werden.

Eigenhaftung der Gesellschafter

Für die GbR ist die rechtliche Situation seit der bereits erwähnten Entscheidung vom 24.02.2003 identisch. Entsprechend der nun vertretenen Akzessorietätstheorie hält der BGH § 31 BGB bei der GbR im Rahmen von deliktischen Handlungen für anwendbar und nimmt eine akzessorische Haftung der Gesellschafter auch für diese Verbindlichkeiten an. Für die Haftung der GbR nach § 831 BGB gilt das Gleiche wie für die OHG. § 831 BGB ist bei Gesellschaftern nicht anwendbar.

1.5.4. Haftung für bereicherungsrechtliche Ansprüche

Die Gesellschaft und die Gesellschafter der OHG haften bei bereicherungsrechtlichen Ansprüchen (§§ 812 ff. BGB) nach den dargelegten allgemeinen Grundsätzen.

Auch die GbR haftet für alle Verbindlichkeiten aus bereicherungsrechtlichen Ansprüchen. Bei der Haftung der Gesellschafter ist die Situation noch unklar. Bis zur Entscheidung über die akzessorische Haftung unterschied die Rechtsprechung für die GbR zwischen der Leistungs- und Nichtleistungskondiktion. Diese Unterscheidung ist jetzt hinfällig geworden, und es dürfte zu erwarten sein, dass die Gesellschafter entsprechend der akzessorischen Haftung für alle Verbindlichkeiten aus den §§ 812 ff. BGB wie bei der OHG haften.

1.5.5. Haftung für Ansprüche auf Übertragung von Besitz

Bei Ansprüchen auf Übertragung von Besitz haften die GbR und die OHG auf die Herausgabe. Sie sind selbst Besitzer der Sachen und üben diesen Besitz durch ihre Organe aus (Organbesitz). Für die Gesellschafter finden die Grundsätze der akzessorischen Haftung Anwendung. Allerdings ist zu beachten, dass der Gesellschafter den geforderten Gegenstand nur herausgeben kann, wenn er in seinem unmittelbaren oder mittelbaren Besitz ist. Andernfalls ist ihm die Herausgabe unmöglich bzw. unzumutbar und er haftet entsprechend den dargestellten Grundsätzen auf das Wertinteresse.

Beispiel: A hat einen Anspruch gegen die P-OHG auf Herausgabe eines Computers. Der Computer befindet sich im Besitz der OHG. Der nicht geschäftsführende Gesellschafter F wird von A auf Herausgabe des Computers in Anspruch genommen. Da A die Herausgabe des Gerätes nicht möglich ist, ist er nicht zur Herausgabe nach § 128 S. 1 HGB verpflichtet.

1.6. Rechte und Pflichten der Gesellschafter

Die Rechte und Pflichten der Gesellschafter ergeben sich primär aus dem Gesellschaftsvertrag. Die gesetzlichen Vorschriften sind weit gehend dispositiv und gelten nur, wenn keine vertraglichen Absprachen getroffen wurden. Die §§ 705 ff. BGB regeln die Rechtsbeziehungen für die GbR und in großem Umfang auch für die OHG. In den §§ 109 ff. HGB sind einige Sonderregeln für die OHG enthalten. Die Vorschriften des BGB gelten daher in erheblichem Umfang über § 105 Abs. 3 HGB auch für sie.

Bezüglich der Rechte und Pflichten der Gesellschafter wird zwischen Sozialansprüchen und Sozialverpflichtungen unterschieden. Grundlage ist die Sicht der Gesellschaft. Sozialansprüche sind Ansprüche der Gesellschaft gegen die Gesellschafter. Sozialverpflichtungen sind Ansprüche der Gesellschafter gegen die Gesellschaft.

> Unterscheidung zwischen Sozialansprüchen und Sozialverbindlichkeiten

1.6.1. Sozialansprüche

Die wichtigsten Sozialansprüche in der GbR und OHG sind:

*   Die Beitragspflicht der Gesellschafter
*   Treuepflicht der Gesellschafter
*   Die Pflicht zur Geschäftsführung

Sozialansprüche werden von der Gesellschaft geltend gemacht, da diese Trägerin von Rechten und Pflichten ist. Daneben ist auch der einzelne Gesellschafter berechtigt sie im eigenen Namen geltend zu machen (actio pro socio). Das ergibt sich aus § 705 BGB, nach dem sich die Gesellschafter »gegenseitig« verpflichtet haben. Der Gesellschafter kann aber nur die Leistung an die Gesellschaft verlangen, weil es sich um einen Anspruch der Gesellschaft handelt.

> Sozialansprüche sind Ansprüche der Gesellschaft gegenüber dem Gesellschafter

Der Anspruch auf Beitragsleistung ergibt sich aus § 705 BGB. Der Gesellschafter hat den vereinbarten Beitrag zu leisten. Das können Geldbeträge sein, es ist aber auch möglich, dass der Beitrag aus der Einbringung von Sachen oder Rechten sowie der Leistung von Diensten besteht. Der einzelne Gesellschafter hat seine Beitragspflicht gemäß § 362 BGB zu erfüllen. Bewegliche Sachen sind nach §§ 929 ff. BGB, Grundstücke nach §§ 873, 925 BGB und Forderungen und Rechte nach §§ 398, 413 BGB an die Gesellschaft zu übertragen. Dienste sind zu leisten.

> Die Gesellschaft hat einen Anspruch auf Leistung des Beitrages

Eine Nachschusspflicht des Gesellschafters zur Erhöhung des Beitrages oder zum Verlustausgleich besteht gemäß § 707 BGB nicht.

§ 707 BGB   **Erhöhung des vereinbarten Beitrags**

Zur Erhöhung des vereinbarten Beitrags oder zur Ergänzung der durch Verlust verminderten Einlage ist ein Gesellschafter nicht verpflichtet.

Auf die Beitragsleistungen finden grundsätzlich die §§ 241 ff. BGB Anwendung

Im Hinblick auf die Beiträge gelten die allgemeinen Bestimmungen über Schuldverhältnisse (§§ 241 ff. BGB). Bei einzelnen Normen besteht aber Streit, ob oder in welchen Umfang sie anwendbar sind.

Eingeschränkte Geltend-machung von § 320 BGB

Nach herrschender Meinung ist das Zurückbehaltungsrecht § 320 BGB auf Beitragsleistungen nur anwendbar, wenn es sich um eine Zwei-Personen-Gesellschaft handelt. Würde die Vorschrift auf Mehrpersonengesellschaften angewandt, könnte dies zu einer Lähmung der Gesellschaft führen, weil alle Gesellschafter mit Verweis auf einen Gesellschafter, der bisher nicht geleistet hat, die Leistung verweigern könnten.

Beispiel: A, G und F gründen eine OHG. A hat seinen Beitrag noch nicht geleistet, daher verweigern auch G und F unter Berufung auf § 320 BGB ihre eigene Leistung. Durch die Anwendung von § 320 BGB bleibt die OHG im »Frühstadium stecken«.

Bei der zweigliedrigen GbR oder OHG besteht diese Interessenlage nicht, daher steht der Anwendung von § 320 BGB nichts im Wege.

Rücktritt nur vor Invollzugsetzen der Gesellschaft möglich

Des Weiteren sind auch die §§ 323 f. BGB nur eingeschränkt anwendbar. Ein Rücktritt ist nur möglich, wenn die Gesellschaft noch nicht in Vollzug gesetzt wurde. Die Sondervorschriften über Kündigung der Gesellschaft (§ 723 I BGB) und die gerichtliche Auflösung (§§ 133, 134 HGB) gehen hier vor und würden umgangen, wenn die §§ 323 f. BGB nach dem Invollzugsetzen der Gesellschaft anwendbar wären.

Anwendung der kaufrechtlichen Bestimmungen im Fall der Sacheinlage

Ist im Gesellschaftsvertrag die Einbringung einer Sache vereinbart und der Gesellschafter erfüllt diese Verpflichtung mit einer mangelhaften Sache, sind die kaufrechtlichen Bestimmungen über Mängel analog anzuwenden. Einzelfragen sind allerdings stark umstritten.

Beispiel: Z hat sich per Gesellschaftsvertrag verpflichtet, einen neuen LKW als Beitrag einzubringen. Der von Z übereignete LKW ist 3 Jahre alt und nicht fahrtauglich. Nach § 439 I BGB kann die Gesellschaft die Nachlieferung oder Nachbesserung verlangen.

Bei Schadensersatz-ansprüchen ist § 708 BGB zu beachten

Resultiert aus einer Pflichtverletzung bei der Beitragsleistung ein Schadensersatzanspruch, z. B. aus §§ 280, 281, 282, 283, 286 BGB, ist § 708 BGB zu beachten.

Haftung der Gesellschafter § 708 BGB

Ein Gesellschafter hat bei der Erfüllung der ihm obliegenden Verpflichtungen nur für diejenige Sorgfalt einzustehen, welche er in eigenen Angelegenheiten anzuwenden pflegt.

Maßgeblich ist im Rahmen des Verschuldens also lediglich, ob der pflichtverletzende Gesellschafter seinen persönlichen Sorgfaltsmaßstab eingehalten hat. Die Vorschrift enthält eine Haftungsmilderung. Sie resultiert aus dem persönlichen Verhältnis der Gesellschafter. Jeder wird so genommen wie er ist, weil jeder sich den anderen ja auch ausgesucht hat.

Beispiel: E, G und P gründen eine Gesellschaft. Der Gesellschafter P ist für seine Schludrigkeit vor allem bei Zahlungen bekannt. P leistet seinen Geldbeitrag erst drei Monate nach dem vertraglich festgelegten Zahlungstermin, weil er dies immer wieder vergessen hat. Trotzdem scheidet ein Anspruch gemäß §§ 286, 280 I BGB auf Ersatz des entstandenen Verzugsschaden aus. P zahlt aus Schludrigkeit immer nur sehr schleppend, daher hat er nicht schuldhaft gehandelt.

§ 708 BGB gilt nicht nur für vertragliche Schuldverhältnisse zwischen den Gesellschaftern, sondern für gesetzliche, wie unerlaubte Handlungen, soweit sie im Zusammenhang mit dem Gesellschaftsverhältnis stehen.

Die Treuepflicht ergibt sich aus dem Gesellschaftsverhältnis. Sie beruht in einer Personengesellschaft auf der starken persönlichen Bindung zwischen den Gesellschaftern. Rechtsfolge der Treuepflicht sind Handlungs- und Unterlassungspflichten für die Gesellschafter. Möglich ist auch ein Schadensersatzanspruch aus § 280 I BGB unter Beachtung von § 708 BGB.

Die Gesellschafter unterliegen einer Treuepflicht

Vier Fallgruppen spielen in der Praxis die größte Rolle:

* Ausübung des Stimmrechts in bestimmter Weise
* Geschäftsführende Gesellschafter unterliegen einer verstärkten Treuepflicht
* Besondere Rücksicht bei der Geltendmachung von Ansprüchen gegen die Gesellschaft und deren Gesellschafter
* Wettbewerbsverbot der Gesellschafter

Unter Umständen kann es geboten sein, dass ein Gesellschafter sein Stimmrecht in einer bestimmten Weise ausüben muss.

Beispiel: E, D und K sind Gesellschafter der F-OHG. Die F-OHG ist in zwei Geschäftszweigen tätig. Zum einen betreibt sie eine Druckerei, zum anderen übernimmt sie die Verteilung von Prospekten, Handzet-

teln und ähnlichem. Der Druckereibetrieb ist wegen der hohen Fixkosten seit mehreren Jahren stark defizitär. In diesem Jahr gerät auch der Verteilbetrieb in eine Krise. Die Verluste aus beiden Bereichen sind für die Gesellschaft nicht länger als ein Jahr zu verkraften. E und D wollen den Druckereibetrieb einstellen, weil eine Besserung in diesem Bereich weder lang- noch mittelfristig zu erwarten ist. K weigert sich. K ist verpflichtet, der Einstellung zuzustimmen, da die wirtschaftliche Lage existenzbedrohend für die F-OHG ist.

Besondere Treuepflicht geschäftsführender Gesellschafter

Geschäftsführende Gesellschafter unterliegen einer besonderen Treuepflicht. Sie haben schädigende Geschäftsführungsmaßnahmen zu unterlassen und die Interessen der Gesellschaft in besonderem Maße zu wahren.

Beispiel: Der geschäftsführende Gesellschafter P verkauft seinem Sohn ein Fahrzeug der Gesellschaft zum Preis von 7.500,– €. Der PKW hat aber einen tatsächlichen Wert von 12.000,– €. P hat damit seine Geschäftsführerpflichten verletzt. Im Interesse der Gesellschaft wäre es gewesen, den PKW zum tatsächlichen Wert abzugeben.

Die Treuepflicht im Hinblick auf die Geltendmachung von Forderungen

Des Weiteren haben die Gesellschafter bei der Geltendmachung von Forderungen besondere Rücksicht auf die anderen Gesellschafter und die Gesellschaft zu nehmen. Die Treuepflicht kann dazu führen, dass ein Gesellschafter einen Anspruch nur eingeschränkt oder gar nicht geltend machen kann.

Beispiel: Im Gesellschaftsvertrag der T-OHG wird dem Mehrheitsgesellschafter U ein Gewinnvorab von vierteljährlich 30.000,– € zugesprochen. Im April 2003 ist die OHG in erheblichen Zahlungsschwierigkeiten. Eine Auszahlung des Gewinnvorab würde zur Zahlungsunfähigkeit führen. Um die Gesellschaft nicht in die Insolvenz zu treiben, darf U seinen Anspruch nicht geltend machen.

Die Treuepflicht beinhaltet ein Wettbewerbsverbot für die Gesellschafter

Bei der GbR ist das Wettbewerbsverbot nicht im Gesetz niedergelegt

Die Gesellschafter der GbR und OHG unterliegen aufgrund der Treuepflicht einem Wettbewerbsverbot, dürfen also nicht in Konkurrenz zur Gesellschaft tätig sein. Für die GbR finden sich keine ausdrücklichen Regelungen im Gesetz. Das Wettbewerbsverbot ergibt sich aus dem Gesellschaftsverhältnis. Ein Gesellschafter kann sich nicht zur Förderung des Gesellschaftszweckes verpflichten und gleichzeitig durch das Betreiben eines Konkurrenzunternehmens die Gesellschaft »sabotieren«. Die Gesellschaft hat einen Anspruch auf Unterlassung und gegebenenfalls auf Schadensersatz nach den allgemeinen Grundsätzen.

Bei der OHG ist das Wettbewerbsverbot in § 112 HGB niedergelegt

Für die OHG ist das Wettbewerbsverbot gesetzlich festgeschrieben.

Wettbewerbsverbot

(1) Ein Gesellschafter darf ohne Einwilligung der anderen Gesellschafter weder in dem Handelszweig der Gesellschaft Geschäfte machen noch an einer anderen gleichartigen Handelsgesellschaft als persönlich haftender Gesellschafter teilnehmen.

Das Wettbewerbsverbot gilt für alle OHG-Gesellschafter, unabhängig davon, ob diese an der Geschäftsführung beteiligt sind oder nicht. Es beginnt mit der Mitgliedschaft in der Gesellschaft und endet mit dem Ausscheiden. Die Vorschrift enthält zwei Alternativen.

Alle Gesellschafter unterliegen Wettbewerbsverbot

Einem Gesellschafter ist es nach § 112 Abs. 1 1.Alt. HGB verboten, Geschäfte im gleichen Handelszweig zu machen. Der Begriff »Geschäftemachen«, ist weit auszulegen und umfasst die Teilnahme am wirtschaftlichen Verkehr im weitesten Sinne. Dabei spielt es keine Rolle, ob der Gesellschafter auf eigene oder fremde Rechnung tätig wird. Mit »Handelszweig« ist der gleiche Markt gemeint. Dies ist weitgehender als der Gesellschaftszweck oder der Unternehmensgegenstand. Die Alternative ist mithin bereits gegeben, wenn der Gesellschafter auf dem für die Gesellschaft relevanten Markt tätig ist.

Keine Geschäfte im gleichen Handelszweig

§ 112 Abs. 1 2.Alt. HGB verbietet die Beteiligung an einer gleichartigen Handelsgesellschaft nur dem persönlich haftender Gesellschafter. Die Beteiligung als Kommanditist an einer KG oder als Gesellschafter an einer GmbH ist somit nicht erfasst. Eine gleichartige Handelsgesellschaft ist wie in der ersten Alternative gegeben, wenn sich die beiden Gesellschaften auf einem relevanten Markt als Wettbewerber gegenüberstehen.

Keine Beteiligung an gleichartiger Handelsgesellschaft

§ 112 Abs. 1 HGB bestimmt, dass die anderen Gesellschafter in eine Konkurrenztätigkeit einwilligen können. § 112 Abs. 2 HGB enthält eine unwiderlegliche Vermutung, wann die Einwilligung erteilt wurde.

Die anderen OHG-Gesellschafter können in eine Konkurrenztätigkeit einwilligen

Wettbewerbsverbot

(2) Die Einwilligung zur Teilnahme an einer anderen Gesellschaft gilt als erteilt, wenn den übrigen Gesellschaftern bei Eingehung der Gesellschaft bekannt ist, daß der Gesellschafter an einer anderen Gesellschaft als persönlich haftender Gesellschafter teilnimmt, und gleichwohl die Aufgabe dieser Beteiligung nicht ausdrücklich bedungen wird.

Die Vermutung besteht nur, wenn alle Gesellschafter bei Abschluss des Gesellschaftsvertrages die Beteiligung kennen und die Aufgabe der Beteiligung nicht ausdrücklich vereinbart wird. Ausdrücklich ist eine

Vereinbarung nur, wenn sich das den abgegebenen Erklärungen entnehmen lässt.

Die Gesellschaft hat einen nicht im Gesetz niedergelegten Unterlassungsanspruch gegen den in Wettbewerb zur OHG getretenen Gesellschafter. Die weiteren Rechtsfolgen eines Verstoßes gegen das Wettbewerbsverbot sind in § 113 HGB geregelt.

Die OHG kann von dem Gesellschafter Unterlassung verlangen

§ 113 HGB

Verletzung des Wettbewerbsverbotes

(1) Verletzt ein Gesellschafter die ihm nach § 112 obliegende Verpflichtung, so kann die Gesellschaft Schadensersatz fordern; sie kann statt dessen von dem Gesellschafter verlangen, daß er die für die eigene Rechnung gemachten Geschäfte als für Rechnung der Gesellschaft eingegangen gelten lasse und die aus Geschäften für fremde Rechnung bezogene Vergütung herausgebe oder seinen Anspruch auf die Vergütung abtrete.

Die OHG kann Schadensersatz verlangen

Die OHG hat ein Eintrittsrecht in das vom Gesellschafter getätigte Geschäft

Die OHG kann nach § 113 Abs. 1, 1. Halbsatz HGB Schadensersatz verlangen, wobei ein Verschulden gegeben sein muss. Hier ist § 708 BGB zu berücksichtigen. Ferner gewährt § 113 Abs. 1 2. Halbsatz HGB ein Eintrittsrecht der OHG in das getätigte Geschäft. Das Eintrittsrecht hat keine Außenwirkung, die Gesellschaft wird nicht Vertragspartner des Dritten. Im Grunde handelt es sich daher um einen Anspruch auf Gewinnherausgabe.

Zur Geltendmachung der in § 113 Abs. 1 HGB genannten Ansprüche ist ein Gesellschafterbeschluss notwendig.

§ 113 HGB

Verletzung des Wettbewerbsverbotes

(2) Über die Geltendmachung dieser Ansprüche beschließen die übrigen Gesellschafter.

§ 113 Abs. 3 HGB enthält eine besondere Verjährungsregelung.

§ 113 HGB

Verletzung des Wettbewerbsverbotes

(3) Die Ansprüche verjähren in drei Monaten von dem Zeitpunkt an, in welchem die übrigen Gesellschafter von dem Abschlusse des Geschäfts oder von der Teilnahme des Gesellschafters an einer anderen Gesellschaft Kenntnis erlangen; sie verjähren ohne Rücksicht auf diese Kenntnis in fünf Jahren von ihrer Entstehung an.

Bei der GbR und OHG besteht für die Gesellschafter eine Pflicht zur Geschäftsführung

In einer GbR oder OHG sind die Gesellschafter, soweit dies vertraglich nicht anders vereinbart ist, zur Geschäftsführung verpflichtet. Da die Geschäftsführung bereits ausführlich behandelt wurde (Abschnitt »Die Personengesellschaften, 1.3. Geschäftsführung und Vertretung«), wird an dieser Stelle auf umfassende Ausführungen zur Ausgestaltung der Geschäftsführung verzichtet. Aus dem Verweis von § 713 BGB auf die Auftragsvorschriften der §§ 664 bis 670 BGB ergeben sich zahlreiche Pflichten, die der geschäftsführende Gesellschafter einer GbR oder OHG zu beachten hat. Eine Verletzung dieser Pflichten kann unter anderem Schadensersatzansprüche der Gesellschaft nach sich ziehen, bei denen § 708 BGB zu beachten ist.

1.6.2. Sozialverpflichtungen

Sozialverpflichtungen sind Ansprüche des einzelnen Gesellschafters gegen die Gesellschaft. Hierbei ist zwischen Vermögens- und Mitverwaltungsrechten des Gesellschafters zu unterscheiden.

Sozialverbindlichkeiten sind Ansprüche der Gesellschafter gegenüber der Gesellschaft

Die wichtigsten Vermögensrechte sind:

*   Die Beteiligung am Gewinn und Verlust
*   Die Erstattung von Aufwendungen

Die wichtigsten Mitverwaltungsrechte sind:

*   Das Stimmrecht
*   Das Informations- und Kontrollrecht
*   Das Recht zur Geschäftsführung

Die Mitverwaltungsrechte sind im Gegensatz zu den Vermögensrechten nicht übertragbar.

Nichtübertragbarkeit der Gesellschafterrechte

§ 717 BGB

Die Ansprüche, die den Gesellschaftern aus dem Gesellschaftsverhältnis gegeneinander zustehen, sind nicht übertragbar. Ausgenommen sind die einem Gesellschafter aus seiner Geschäftsführung zustehenden Ansprüche, soweit deren Befriedigung vor der Auseinandersetzung verlangt werden kann, sowie Ansprüche auf einen Gewinnanteil oder auf dasjenige, was dem Gesellschafter bei der Auseinandersetzung zukommt.

Der Gesellschafter hat einen Anspruch auf die Verteilung des Gewinns. Die §§ 721 f. BGB enthalten Bestimmungen über die Verteilung von Gewinnen und Verlusten für die GbR. Sie sind dispositiv und gelangen nur selten zur Anwendung, da in der Praxis andere Verteilungsschlüssel bevorzugt werden.

Der Gesellschafter hat einen Anspruch auf Gewinnverteilung

In einer GbR richtet sich die Verteilung von Gewinn und Verlust nach § 722 Abs. 1 BGB.

§ 722 BGB

Gewinn und Verlustverteilung

(1) Sind die Anteile der Gesellschafter am Gewinn und Verlust nicht bestimmt, so hat jeder Gesellschafter ohne Rücksicht auf die Art und Größe seines Beitrages einen gleichen Anteil am Gewinn und Verlust.

In der GbR sind Gewinn und Verlust nach Köpfen zu verteilen

Die Bestimmung legt fest, dass Gewinn und Verlust nach Köpfen zu verteilen sind.

Beispiel: A, F, und G sind Gesellschafter der W-GbR. Die Gesellschaft erwirtschaftet einen Gewinn von 6.000,– € im Jahr 2002. Nach § 722 Abs. 1 BGB erhält jeder Gesellschafter 2.000,– €.

In der Praxis wird der Gewinn meistens entsprechend der geleisteten Einlage verteilt. Ist nur eine vertragliche Absprache über die Aufteilung des Gewinns oder Verlustes getroffen, gilt diese Absprache nach § 722 Abs.2 BGB auch für den nicht vertraglich geregelten Fall.

§ 722 BGB

Anteile am Gewinn und Verlust

(2) Ist nur der Anteil am Gewinn oder am Verlust bestimmt, so gilt die Bestimmung im Zweifel für Gewinn und Verlust.

Zeitpunkt der Gewinn- und Verlustverteilung

Ein Gesellschafter kann eine Verteilung von Gewinn und Verlust erst nach der Auflösung der Gesellschaft verlangen. Bei länger bestehenden Gesellschaften erfolgt eine jährliche Gewinn- und Verlustverteilung

§ 721 BGB

Gewinn und Verlustverteilung

(1) Ein Gesellschafter kann den Rechnungsabschluss und die Verteilung des Gewinns und Verlusts erst nach der Auflösung der Gesellschaft verlangen.

(2) Ist die Gesellschaft von längerer Dauer, so hat der Rechnungsabschluss und die Gewinnverteilung im Zweifel am Schluss jedes Geschäftsjahres zu erfolgen.

Keine Verlustausgleichspflicht des Gesellschafters

Sollten Verluste entstanden sein, besteht für den einzelnen Gesellschafter gemäß § 707 BGB keine Verpflichtung, den Verlust auszugleichen.

Gewinn- und Verlustverteilung in der OHG

Für die OHG ist die Gewinn- und Verlustverteilung in den §§ 120-122 HGB geregelt. Wie bei der GbR sind auch diese abbedingbar. Die Gewinn- und Verlustverteilung erfolgt in drei Schritten:

- Erstellung einer Bilanz (§ 120 Abs. 1 HGB)
- Ermittlung des Gewinn- und Verlustanteils (§ 121 HGB)
- Verrechnung mit dem Kapitalkonto des betreffenden Gesellschafters (§ 120 Abs. 2 HGB)

Nach jedem Geschäftsjahr ist zunächst eine Bilanz nach Maßgabe der §§ 238 ff. HGB aufzustellen.

Gewinn und Verlust

§ 120 HGB

(1) Am Schlusse jedes Geschäftsjahres wird auf Grund der Bilanz der Gewinn und der Verlust des Jahres ermittelt und für jeden Gesellschafter sein Anteil daran berechnet.

Ergibt sich nach der Bilanzaufstellung ein Gewinn, steht jedem Gesellschafter ein Anteil in Höhe von 4 % seines Kapitalanteils zu (Vorabdividende). Ein darüber hinaus gehender Gewinn ist nach Köpfen zu verteilen. Eine Verlustverteilung erfolgt nur nach Köpfen.

In der OHG erhält jeder Gesellschafter einen Anteil von 4 % in Höhe seines Kapitalanteils- der Rest wird nach Köpfen verteilt

Verteilung von Gewinn und Verlust

§ 121 HGB

(1) Von dem Jahresgewinne gebührt jedem Gesellschafter zunächst ein Anteil in Höhe von vier vom Hundert seines Kapitalanteils. Reicht der Jahresgewinn hierzu nicht aus, so bestimmen sich die Anteile nach einem entsprechend niedrigeren Satze.

(2) [...]

(3) Derjenige Teil des Jahresgewinns, welcher die nach den Absätzen 1 und 2 zu berechnenden Gewinnanteile übersteigt, sowie der Verlust eines Geschäftsjahres wird unter den Gesellschaftern nach Köpfen verteilt.

Der so ermittelte Anteil am Gewinn oder Verlust wird auf dem Kapitalkonto des Gesellschafters verbucht.

Dem OHG-Gesellschafter wird der Gewinn nicht ausbezahlt

Gewinn und Verlust

§ 120 HGB

(2) Der einem Gesellschafter zukommende Gewinn wird dem Kapitalanteile des Gesellschafters zugeschrieben; der auf einen Gesellschafter entfallende Verlust sowie das während des Geschäftsjahres auf dem Kapitalanteil entnommene Geld wird davon abgeschrieben.

Hierbei handelt es sich aber nur um einen buchhalterischen Vorgang. Eine Auszahlung von Beträgen erfolgt nur bei Entnahmen des Gesellschafters nach § 122 HGB. Soweit nichts Abweichendes vereinbart ist, ist eine Entnahme bis zu einem Betrag von bis zu 4 % seines letztjährigen Kapitalanteils zulässig. Wenn es die OHG nicht offensichtlich schädigt, kann er einen die 4 % übersteigenden Betrag bis zur Höhe seines letzten Jahresgewinns entnehmen.

Der OHG-Gesellschafter kann Entnahmen tätigen

§ 122 HGB

Entnahmen

(1) Jeder Gesellschafter ist berechtigt, aus der Gesellschaftskasse Geld bis zu Betrage von vier vom Hundert seines für das letzte Geschäftsjahr festgestellten Kapitalanteils zu seinen Lasten zu erheben und, soweit es nicht zum offenbaren Schaden der Gesellschaft gereicht, auch die Auszahlung seines den bezeichneten Betrag übersteigenden Anteils am Gewinne des letzten Jahres zu verlangen.

(2) Im übrigen ist ein Gesellschafter nicht befugt, ohne Einwilligung der anderen Gesellschafter seinen Kapitalanteil zu vermindern.

Geschäftsführende GbR-Gesellschafter haben einen Anspruch auf Aufwendungsersatz

Nach §§ 713 i. V. m. 670 BGB haben geschäftsführende Gesellschafter einer GbR Anspruch auf Ersatz ihrer Aufwendungen. Der Aufwendungsersatz ist an folgende Voraussetzungen geknüpft:

- Ein geschäftsführender Gesellschafter muss eine Aufwendung getätigt haben.
- Die Aufwendung muss im Rahmen der Geschäftsführungstätigkeit erfolgt sein.
- Der geschäftsführende Gesellschafter musste die Aufwendung den Umständen nach für erforderlich halten dürfen.

Aufwendungen sind nur freiwillige Vermögensopfer

Unter Aufwendungen sind nur <u>freiwillige</u> Vermögensopfer zu verstehen.

Beispiel: Der geschäftsführende Gesellschafter P, ist mit dem einzigen Lieferwagen der S-GbR im Rahmen einer Dienstfahrt unterwegs. Während dieser Fahrt tankt er für 50,– € und bezahlt den Betrag zunächst »aus eigener Tasche«. P hat einen Anspruch in Höhe von 50,– € gegen die S-GbR. Er hat getankt und freiwillig den Rechungsbetrag verauslagt.

Ein Gesellschafter, der eine Gesellschaftsschuld tilgt hat ebenfalls aus §§ 713 i. V. m. 670 BGB einen Anspruch auf Erstattung des gezahlten Betrages gegen die Gesellschaft.

Beispiel: An der E-GbR sind A, D und O als Gesellschafter beteiligt. Der geschäftsführende Gesellschafter D wird vom Gläubiger K aufgrund der akzessorischen Haftung für Gesellschaftsverbindlichkeiten in Höhe von 3.000,– € in Anspruch genommen. Nach Zahlung des Betrages hat er einen Anspruch in Höhe von 3.000,– € gegen die E-GbR.

Auf den ersten Blick könnte man glauben, dass die Tilgung einer Gesellschaftsschuld eher unfreiwillig erfolgt und damit auch kein Ersatzanspruch gegeben ist. Der Gesellschafter zahlt aufgrund der akzessorischen Haftung und somit aus einem Zwang heraus. Um die

Freiwilligkeit der Leistung bejahen zu können, zieht die Rechtsprechung das Innenverhältnis der Gesellschaft heran. Die Rechtsprechung geht davon aus, dass nach dem Innenverhältnis keine Pflicht des Gesellschafters zur Tilgung von Gesellschaftsschulden besteht. Haften soll alleine die Gesellschaft. Dies ergibt sich zumindest konkludent aus dem jeweiligen Gesellschaftsvertrag.

Die Begleichung einer Gesellschaftsschuld ist ein freiwilliges Vermögensopfer

Bei Tilgung einer Gesellschaftsschuld muss der leistende Gesellschafter zunächst Ersatz bei der GbR suchen. Seine Mitgesellschafter darf er aufgrund der Treuepflicht erst subsidiär aus § 426 I BGB nur anteilig in Höhe ihrer Verlustbeteiligung in Anspruch nehmen (Abschnitt »Die Personengesellschaften, 1.5. Haftung«).

Beispiel: Ausgehend von dem vorherigen Beispiel muss sich D zunächst an die E-GbR wenden und die Zahlung von 3.000,– € verlangen. Stehen der Gesellschaft keine ausreichenden Mittel zur Verfügung, kann D die beiden Gesellschafter A und O jeweils in Höhe von 1.000,– € in Anspruch nehmen.

Erleidet der geschäftsführende Gesellschafter Schäden, kann dies ebenfalls ein freiwilliges Vermögensopfer darstellen. Die Rechtsprechung sieht in der Übernahme eines typischen Schadensrisikos im Rahmen der Geschäftsführungstätigkeit bereits ein freiwilliges Vermögensopfer. Der erlittene Schaden muss dann eine Verwirklichung dieses Risikos darstellen. Andernfalls handelt es sich nicht um ein freiwilliges Vermögensopfer.

Ein Schaden ist ein freiwilliges Vermögensopfer – wenn sich ein typisches Schadensrisiko der Geschäftsführung verwirklicht

Beispiel: Die F-GbR berät Bauherren und Eigentümer von im Bau befindlichen und fertigen Gebäuden bei Feuchtigkeitsproblemen. Der geschäftsführende Gesellschafter H nutzt seinen Privatwagen, um die Baustellen und Häuser zu erreichen, da die GbR über keinen PKW verfügt. Während einer Besprechung beschädigt ein nicht mehr festzustellender Maurer den PKW des H. H bekommt den Schaden von der F-GbR nach §§ 713 i. V. m. 670 BGB erstattet. H hat ein freiwilliges Vermögensopfer erbracht. Er hat im Rahmen seiner Tätigkeit für die GbR freiwillig seinen PKW bei dem Besuch von Baustellen genutzt. Dies birgt das typische Risiko eines Baustellenunfalls. Es hat sich ein tätigkeitsspezifisches Risiko verwirklicht.

Nicht ersetzt werden Schäden, die durch das allgemeine Lebensrisiko, wie der »normalen« Teilnahme am Straßenverkehr entstehen.

Beispiel: Hätte H, aus dem vorherigen Beispiel, nur einen »normalen« Unfall im Straßenverkehr gehabt, hätte sich nur das allgemeine Risiko

des Straßenverkehrs verwirklicht. Das Vermögensopfer wäre nicht freiwillig erfolgt.

Aufwendungen müssen im unmittelbaren Zusammenhang mit der Geschäftsführung stehen

Die Aufwendung erfolgt im Rahmen der Geschäftsführungstätigkeit, wenn sie im unmittelbaren Zusammenhang mit dieser stand.

Erforderlichkeit der Aufwendungen

Ersatzfähig sind Aufwendungen, wenn der geschäftsführende Gesellschafter sie für erforderlich halten durfte. Hier ist ein subjektiv-objektiver Maßstab anzulegen. Die Aufwendungen waren erforderlich, wenn ein sorgfältig prüfender Gesellschafter sie zum Zeitpunkt der Entstehung für erforderlich halten durfte.

Ersatz von Aufwendungen in der OHG

Bei der OHG gibt es mit § 110 HGB eine von den GbR Bestimmungen abweichende Regelung.

§ 110 HGB

Ersatz für Aufwendungen und Verluste

(1) Macht der Gesellschafter in den Gesellschaftsangelegenheiten Aufwendungen, die er den Umständen nach für erforderlich halten darf, oder erleidet er unmittelbar durch seine Geschäftsführung oder aus Gefahren, die mit ihr untrennbar verbunden sind, Verluste, so ist ihm die Gesellschaft zum Ersatz verpflichtet.

(2) Aufgewendetes Geld hat die Gesellschaft von der Zeit der Aufwendung an zu verzinsen.

Nach § 110 HGB haben alle Gesellschafter, nicht nur die geschäftsführenden, einen Ersatzanspruch.

Nach der Vorschrift wird in zwei Fällen Ersatz gewährt:

- bei Aufwendungen
- bei Verlusten

Beim Aufwendungsersatz ergeben sich kaum Abweichungen zur GbR. § 110 HGB stellt die gleichen Voraussetzungen auf wie §§ 713 i. V. m. 670 BGB. Allerdings fallen erlittene Schäden hier nicht unter den Begriff der Aufwendung.

Erleidet ein OHG-Gesellschafter Schäden ist dies kein freiwilliges Vermögensopfer

Daneben werden auch Verluste erstattet. Verluste sind unfreiwillige Vermögensopfer. Dies sind z. B. Personen-, Sach- und Vermögensschäden. Weitere Voraussetzung ist, dass eine untrennbare Verbundenheit zwischen dem Verlust und der Geschäftsführung besteht. Das heißt, dass das Risiko der Geschäftsführung zu dem Verlust geführt haben muss. Nicht ausreichend ist eine Realisierung des allgemeinen Lebensrisikos. § 110 Abs. 1 HGB gelangt bei der GbR damit zum gleichen Ergebnis bei Schäden wie §§ 713 i. V. m. 670 BGB. Schäden sind im Rahmen des § 110 Abs. 1 HGB aber nicht unter den Begriff Aufwendungen, sondern unter Verluste zu subsumieren.

Die übrigen Tatbestandsmerkmale entsprechen den bei der GbR behandelten.

Das Stimmrecht erlaubt dem GbR-Gesellschafter, an der Willensbildung innerhalb der Gesellschaft teilzunehmen. Die Willensbildung erfolgt durch Beschlüsse.

Gesellschafter sind Inhaber eines Stimmrechts

Beschlussgegenstand kann bei der GbR sein:

*   Änderungen des Gesellschaftsvertrages
*   Maßnahmen der Geschäftsführung (§ 709 BGB)
*   sonstige Gesellschaftsangelegenheiten (z. B. §§ 712 Abs. 1, 715 BGB)

In den gesetzlich angeordneten Fällen ist ein Beschluss zwingend erforderlich. Oftmals sind im Gesellschaftsvertrag explizit weitere Angelegenheiten genannt, die einen Beschluss erfordern. Eine bestimmte Form ist bei Gesellschafterbeschlüssen gesetzlich nicht vorgeschrieben. Beschlüsse können somit z. B. in einer Versammlung, fernmündlich oder schriftlich gefasst werden.

Wer an den Beschlussfassungen teilnimmt, hängt vom Beschlussgegenstand ab. In Angelegenheiten der Geschäftsführung sind nur die geschäftsführenden Gesellschafter zu beteiligen. Bei anderen Beschlussgegenständen sind alle Gesellschafter mitwirkungsbefugt.

Gesellschafterbeschlüsse sind bei der GbR einstimmig zu fassen. Eine andere Regelung im Gesellschaftsvertrag zu vereinbaren ist zulässig. In der Praxis wird meistens das Mehrheitsprinzip vereinbart. Bei besonders wichtigen Beschlussgegenständen ist dann eine qualifizierte Mehrheit oder Einstimmigkeit notwendig.

Beschlüsse sind einstimmig zu fassen

Das Stimmrecht wird durch Abgabe einer empfangsbedürftigen Willenserklärung ausgeübt. Die Stimme ist persönlich abzugeben, eine Stellvertretung ist nicht zulässig. Der Gesellschaftsvertrag kann etwas anderes bestimmen.

Eine Stellvertretung ist bei der Stimmabgabe unzulässig

In bestimmten Fällen ist ein Gesellschafter von der Beschlussfassung ausgeschlossen. Bei der Entziehung der Geschäftsführung (§ 712 Abs. 1 BGB) und der Entziehung der Vertretungsmacht (§ 715 BGB) darf der betroffene Gesellschafter nicht mitstimmen. Ferner ist ein Gesellschafter nicht stimmberechtigt, wenn er Richter in eigener Sache wäre. In analoger Anwendung von § 47 Abs. 4 GmbHG ist ein Gesellschafter nicht stimmberechtigt, wenn es um Beschlüsse geht, bei denen er

Kein Stimmrecht des betroffenen Gesellschafters bei der Entziehung der Geschäftsführung und Vertretung

entlastet, oder von einer Verbindlichkeit befreit wird, oder wenn ein Anspruch gegen ihn geltend gemacht werden soll.

Charakter des Beschlusses

Der Beschluss ist ein Rechtsgeschäft eigener Art, bei dem gleichgerichtete Willenserklärungen abgegeben werden. Das heißt, dass sowohl die einzelne Willenserklärung als auch der Beschluss Mängel aufweisen können. Die Unwirksamkeit einer einzelnen Stimme führt nur dann zur Unwirksamkeit des Beschlusses, wenn die abgegebene Stimme für diesen ursächlich war. Das ist der Fall, wenn Einstimmigkeit notwendig war oder bei vertraglicher Vereinbarung von Mehrheitsentscheidungen, wenn die Stimme zur Mehrheit notwendig war. Der Beschluss selbst kann nach allgemeinen Vorschriften, wie z.B. §§ 134, 138 BGB nichtig sein.

Unterscheidung:
Mängel der abgegebenen
Willenserklärung
Mängel des Beschlusses

Sonderregeln für die OHG

Bei der OHG gelten im Wesentlichen die bei der GbR dargelegten Grundsätze. Das HGB enthält noch einige Sondertatbestände bei denen ein Gesellschafterbeschluss notwendig ist:

- außergewöhnliche Geschäftsführungsmaßnahmen (§ 116 Abs. 2 HGB)
- Geltendmachung von Ansprüchen wegen der Verletzung des Wettbewerbsverbots (§113 Abs. 1 HGB)
- Auflösung der Gesellschaft (§ 131 Abs. 1 Nr. 2)
- Ausscheiden eines Gesellschafters (§ 131 Abs. 3 Nr. 6)

Nach § 119 Abs. 1 HGB werden Beschlüsse einstimmig und formfrei gefasst. Haben die Gesellschafter im Gesellschaftsvertrag vereinbart, dass die Mehrheit der Stimmen ausreicht, ist im Zweifel die Mehrheit der Gesellschafter gemeint.

§ 119 HGB

Beschlussfassung

(1) Für die von den Gesellschaftern zu fassenden Beschlüsse bedarf es der Zustimmung aller zur Mitwirkung bei der Beschlussfassung berufenen Gesellschafter.

(2) Hat nach dem Gesellschaftsvertrage die Mehrheit der Stimmen zu entscheiden, so ist die Mehrheit im Zweifel nach der Zahl der Gesellschafter zu berechnen.

Dem GbR-Gesellschafter
steht ein Kontrollrecht zu

§ 716 Abs. 1 BGB gewährt den Gesellschaftern, auch dem nicht zur Geschäftsführung berechtigten, ein Kontrollrecht.

§ 716 BGB

Kontrollrecht der Gesellschafter

(1) Ein Gesellschafter kann, auch wenn er von der Geschäftsführung ausgeschlossen ist, sich von den Angelegenheiten der Gesellschaft persönlich unterrichten, die Geschäftsbücher und die Papiere der

Gesellschaft einsehen und sich aus ihnen eine Übersicht über den Stand des Gesellschaftsvermögens anfertigen.

Der Gesellschafter hat somit folgende Rechte:

- Persönliche Unterrichtung
- Einsicht in Geschäftsbücher und Papiere
- Anfertigung einer Vermögensübersicht

Es besteht kein grundsätzlicher Anspruch auf Auskunftserteilung. Die Rechtsprechung billigt ein Auskunftsrecht nur zu, wenn der Gesellschafter aufgrund der genannten Rechte keine Klarheit über die Angelegenheiten der Gesellschaft erlangt.

Die Ausübung der Rechte steht unter dem Gebot der Treuepflicht. Dies gilt insbesondere für die Zeit, den Ort und die Art und Weise der Rechtsausübung.

Beispiel: Eine Einsichtnahme zur Unzeit, wie z. B. um drei Uhr morgens kann nicht begehrt werden.

§ 716 Abs. 1 BGB kann abbedungen werden. § 716 Abs. 1 legt allerdings fest, dass der Gesellschafter seine Rechte trotzdem geltend machen kann, wenn der Verdacht unredlicher Geschäftsführung besteht.

Kontrollrecht der Gesellschafter

(2) Eine dieses Recht ausschließende oder beschränkende Vereinbarung steht der Geltendmachung des Rechtes nicht entgegen, wenn Grund zu der Annahme unredlicher Geschäftsführung besteht.

§ 716 BGB

Die Gesellschafter der OHG besitzen ein Kontrollrecht aus § 118 HGB. Inhaltlich ist die Bestimmung praktisch deckungsgleich mit § 716 BGB.

Kontrollrecht der Gesellschafter

(1) Ein Gesellschafter kann, auch wenn er von der Geschäftsführung ausgeschlossen ist, sich von den Angelegenheiten der Gesellschaft persönlich unterrichten, die Handelsbücher und die Papiere der Gesellschaft einsehen und sich aus ihnen eine Bilanz und einen Jahresabschluss anfertigen.

(2) Eine dieses Recht ausschließende oder beschränkende Vereinbarung steht der Geltendmachung des Rechtes nicht entgegen, wenn Grund zu der Annahme unredlicher Geschäftsführung besteht.

§ 118 HGB

Marginalien:

Inhalt des Kontrollrechts

Kein grundsätzlicher Anspruch auf Auskunftserteilung

Kontrollrechte sind im Einklang mit der Treuepflicht auszuüben

Abbedingbarkeit des Kontrollrechts

Das Kontrollrecht des OHG-Gesellschafters

Ein Gesellschafter hat das Recht zur Geschäftsführung

Ein Gesellschafter hat nicht nur die Pflicht, sondern auch das Recht zur Geschäftsführung. Als geschäftsführender Gesellschafter kann er Einfluss auf die Geschicke der Gesellschaft nehmen, was vor allem vor dem Hintergrund der persönlichen Haftung einen hohen Stellenwert einnimmt. Die Wichtigkeit der Geschäftsführung wird dadurch unterstrichen, dass einem Gesellschafter die Befugnis zur Geschäftsführung nur unter den Voraussetzungen der § 712 Abs. 1 BGB bzw. § 117 HGB entzogen werden. Für die Einzelheit der Geschäftsführung kann auf den Abschnitt »Die Personengesellschaften, 1.3. Geschäftsführung und Vertretung« verwiesen werden.

1.7. Gesellschafterwechsel

Die Personengesellschaften sind in ihrem Bestehen an den unveränderten Personenbestand gebunden. Selbstverständlich kann ein Zusammenschluss von Personen nicht dauerhaft unverändert bestehen bleiben. Gesellschafter sterben, scheiden aus oder treten ein. Es stellt sich nun die Frage, wie sich diese Veränderungen im Personenbestand auf die Rechtsbeziehungen innerhalb der Gesellschaft und zu Dritten auswirken.

GESELLSCHAFTERWECHSEL

1.7.1. Eintritt eines neuen Gesellschafters

1.7.1.1. GbR

Eintritt erfordert die Mitwirkung aller Gesellschafter

Der Eintritt eines neuen Gesellschafters erfordert in der GbR die Zustimmung aller Gesellschafter. Zwischen den »alten« Gesellschaftern und dem Eintretenden muss ein Gesellschaftsvertrag (Aufnahmevertrag) geschlossen werden. Häufig ist der Eintritt auch mit dem Austritt eines Gesellschafters verbunden. Dann kommt es in der Praxis oftmals zu einem doppelten Vertragsschluss. Mit dem austretenden Gesellschafter wird ein Austrittsvertrag und mit dem neuen Gesellschafter ein Aufnahmevertrag geschlossen. Eine andere Möglichkeit ist, dass der ausscheidende Gesellschafter seine Mitgliedschaft nach §§ 398, 413 BGB überträgt. Auch die Übertragung bedarf der Zustimmung der übrigen Gesellschafter. Dieser Grundsatz ist allgemein anerkannt.

Durch den Eintritt wird die Identität der GbR nicht berührt. Dem neuen Gesellschafter wächst durch den Eintritt automatisch ein Anteil am Gesamthandsvermögen zu. Eine gesonderte Übertragung von Rechten ist nicht erforderlich.

Ein Eintritt verändert nicht die Identität der GbR

Der eintretende Gesellschafter haftet nach einer Entscheidung vom 7. April 2003 ergangenen Entscheidung mit seinem Privatvermögen akzessorisch für Altschulden der GbR (BGH Az. II ZR 56/02). Der BGH hat seine bisherige Rechtsprechung nach der Abkehr von der Doppelverpflichtungstheorie konsequent geändert und nimmt nun eine Haftung für Altverbindlichkeiten, wie sie § 130 I HGB für die OHG vorsieht, an. Allerdings gilt dies nur für Beitritte die nach der betreffenden Entscheidung erfolgen, da der BGH den Eintretenden einen Vertrauensschutz zubilligt. Für die Einzelheiten der Haftung wird auf den nachfolgenden Abschnitt der OHG verwiesen, da Haftung der Gesellschafter in dieser Frage bei beiden Gesellschaftsformen nunmehr gleich ausgestaltet ist.

Der eintretende GbR-Gesellschafter haftet auch für Altverbindlichkeiten

1.7.1.2. OHG

Tritt ein Gesellschafter in eine OHG ein, geschieht dies wie bei der GbR. Es kann ein Aufnahmevertrag geschlossen werden oder es kann eine Abtretung erfolgen.

Der Eintritt eines neuen Gesellschafters ist nach § 107 HGB beim Handelsregister anzumelden.

Anzumeldende Änderungen

§ 107 HGB

Wird die Firma einer Gesellschaft geändert oder der Sitz der Gesellschaft an einen anderen Ort verlegt, tritt ein neuer Gesellschafter in die Gesellschaft ein oder ändert sich die Vertretungsmacht eines Gesellschafters, so ist dies ebenfalls zur Eintragung in das Handelsregister anzumelden.

Der eintretende Gesellschafter haftet, wie bereits bei der GbR angesprochen nach § 130 Abs. 1 HGB für Altschulden der OHG.

Der eintretende OHG-Gesellschafter haftet auch für die Altverbindlichkeiten

§ 130 HGB   **Haftung des eintretenden Gesellschafters**

(1) Wer in eine bestehende Gesellschaft eintritt, haftet gleich den anderen Gesellschaftern nach Maßgabe der §§ 128 und 129 für die <u>vor seinem Eintritte begründeten Verbindlichkeiten</u> der Gesellschaft, ohne Unterschied, ob die Firma eine Änderung erleidet oder nicht.

(2) Eine entgegenstehende Vereinbarung ist Dritten gegenüber unwirksam.

Die Vorschrift hat folgende Tatbestandsvoraussetzungen:

- Bestehen einer OHG
- Eintritt in die OHG
- Vollzug des Eintritts

Ob eine OHG besteht, richtet sich nach den allgemeinen Regeln. Unter »Eintritt« ist die Aufnahme in die Gesellschaft durch Aufnahmevertrag, Anteilsübertragung oder Erbgang zu verstehen. Der Eintritt ist vollzogen, wenn er entsprechend § 123 HGB in das Handelsregister eingetragen wird oder die Geschäfte mit Zustimmung des neuen Gesellschafters fortgesetzt werden.

§ 130 Abs. 2 HGB ordnet an, dass eine Vereinbarung zwischen den Gesellschaftern die Haftung des Eintretenden gegenüber Gläubigern nicht beschränken kann. Es ist aber möglich haftungsbeschränkende Vereinbarungen mit den Gläubigern selbst zu treffen.

1.7.2 Austritt eines Gesellschafters

1.7.2.1. GbR

Grundsatz:
Das Ausscheiden von
Mitgliedern führt zur
Auflösung der GbR

Keine Auflösung der GbR
wenn eine Fortsetzungs-
klausel vereinbart ist

Die Personengesellschaften sind von ihrem Mitgliederbestand abhängig. Scheidet ein Gesellschafter aus, wird auch die Gesellschaft aufgelöst. Das gilt nicht, wenn im Gesellschaftsvertrag die Fortsetzung der Gesellschaft vereinbart ist. In der Praxis ist dies die Regel, um eine Unternehmenskontinuität zu gewährleisten. Daher wird im Folgenden erläutert, welche rechtlichen Folgen aus dem Ausscheiden bei gleichzeitiger Weiterführung der Gesellschaft resultieren. Es gibt mehrere Möglichkeiten des Ausscheidens.

Der in der Praxis häufigste Fall ist eine Vereinbarung mit den anderen Gesellschaftern.

Weitere Tatbestände für das Ausscheiden nennt § 736 Abs. 1 BGB.

Ausscheiden eines Gesellschafters

§ 736 BGB

(1) Ist im Gesellschaftsvertrag bestimmt, dass, wenn ein Gesellschafter kündigt oder stirbt, oder wenn das Insolvenzverfahren über sein Vermögen eröffnet wird, die Gesellschaft unter den übrigen Gesellschaftern fortbestehen soll, so scheidet bei dem Eintritt eines solchen Ereignisses der Gesellschafter, in dessen Person es eintritt, aus der Gesellschaft aus.

§ 736 Abs. 1 BGB nennt drei Gründe, wann ein Gesellschafter ausscheidet:

Gründe für ein Ausscheiden

- Kündigung durch den Gesellschafter
- Tod des Gesellschafters
- Eröffnung eines Insolvenzverfahrens über das Vermögen des Gesellschafters

Ferner kann es noch zu einem Ausscheiden kommen, weil ein Gesellschafter nach § 737 BGB aus der Gesellschaft ausgeschlossen wird.

Ausschluss von Gesellschaftern

Ausschluss eines Gesellschafters

§ 737 BGB

Ist im Gesellschaftsvertrag bestimmt, dass, wenn ein Gesellschafter kündigt, die Gesellschaft unter den übrigen Gesellschaftern fortbestehen soll, so kann ein Gesellschafter, in dessen Person ein die übrigen Gesellschafter nach § 723 Abs. 1 Satz 2 zur Kündigung berechtigender Umstand eintritt aus der Gesellschaft ausgeschlossen werden. [...]

Die Folgen des Austritts für das Innenverhältnis regelt § 738 BGB. Er gilt für alle Fälle des Ausscheidens.

Folgen des Ausscheidens

Auseinandersetzung beim Ausscheiden

§ 738 BGB

(1) Scheidet ein Gesellschafter aus der Gesellschaft aus, so wächst sein Anteil am Gesellschaftsvermögen den übrigen Gesellschaftern zu. Diese sind verpflichtet, dem Ausscheidenden die Gegenstände, die er der Gesellschaft zur Benutzung überlassen hat, nach Maßgabe des § 732 zurückzugeben, ihn von den gemeinschaftlichen Schulden zu befreien und ihm dasjenige zu zahlen, was er bei der Auseinandersetzung erhalten würde, wenn die Gesellschaft zur Zeit seines Ausscheidens aufgelöst worden wäre. Sind gemeinschaftliche Schulden noch nicht fällig, so können die übrigen Gesellschafter dem Ausscheidenden, statt ihn zu befreien, Sicherheit leisten.

(2) Der Wert des Gesellschaftsvermögens ist, soweit erforderlich, im Wege der Schätzung zu ermitteln.

Eine Rechtsfolge des § 738 Abs. 1 BGB ist, dass der Anteil des Ausscheidenden am Gesellschaftsvermögen automatisch den anderen

Gesellschaftern zuwächst. Dieser Vorgang wird auch Anwachsung genannt.

Beispiel: A, T und V bilden eine GbR. Jeder ist zu 1/3 beteiligt. V scheidet aus. A und T sind nun jeweils Inhaber der Hälfte des Gesellschaftsvermögens.

Ansprüche des
ausscheidenden
Gesellschafters

Weitere Folge des § 738 Abs. 1 BGB ist, dass der Ausscheidende folgende Ansprüche geltend machen kann:

- Rückgabe der zur Nutzung überlassenen Gegenstände
- Befreiung von gemeinschaftlichen Schulden
- Zahlung eines Abfindungsguthabens

Berechnung des
Abfindungsguthabens

Sittenwidrige Abfindungs-
vereinbarungen

Zur Berechung des zu zahlenden Abfindungsguthabens ist der Wert der Gesellschaft gemäß § 738 Abs. 1 BGB zu schätzen. Dies ist sehr ungenau. In der Regel werden daher in GbR-Verträgen vom Gesetz abweichende Vereinbarungen über die Berechung des Abfindungsguthabens getroffen. Hierbei ist problematisch, dass die Abfindungsbeträge oftmals im Verhältnis zum tatsächlichen Wert der Gesellschaft gering sind. Die Rechtsprechung hält zu niedrige Abfindungsvereinbarungen bei **wirtschaftlich tätigen** Gesellschaften gemäß § 138 BGB (sittenwidriges Rechtsgeschäft) für unzulässig und in der Folge für nichtig. Eine zu niedrige Abfindung verhindert die Ausübung des Kündigungsrechts, was sittenwidrig ist. Zur Beurteilung, ob eine Abfindung im Verhältnis zum Wert der Gesellschaft zu niedrig ist, ist alleine der Zeitpunkt des Vertragsschlusses maßgeblich. Nur wenn sich zu diesem Zeitpunkt ein Missverhältnis ergibt ist die Klausel sittenwidrig. Er ergibt sich ein grobes Missverhältnis erst im Laufe der Zeit durch den Wertzuwachs der Gesellschaft, ist nach dem Bundesgerichtshof eine ergänzende Vertragsauslegung, unter Berücksichtigung von § 242 BGB, vorzunehmen, bei der eine angemessene Abfindung zu ermitteln ist. Der BGH nimmt in diesem Fall eine so genannte geltungserhaltende Reduktion vor.

In einer Zwei-Personen-GbR
führt das Ausscheiden eines
Gesellschafters immer zur
Auflösung der Gesellschaft

Scheidet ein Gesellschafter aus einer zweigliedrigen GbR aus, besteht die Gesellschaft nicht weiter. Eine einzelne Person kann keine GbR bilden. Es kommt zur Auflösung der Gesellschaft und zur Auseinandersetzung über das Gesellschaftsvermögen. Es kann auch ein vertragliches Übernahmerecht eines Gesellschafters über das Gesellschaftsvermögen vereinbart werden. Ist ein Übernahmerecht vereinbart, geht das Gesellschaftsvermögen mit allen Aktiva und Passiva auf den Übernehmenden über. Der andere Gesellschafter kann die Ansprüche des § 738 Abs. 1 BGB geltend machen. Kommt es zu dem Ausschluss eines Gesellschafters nach § 737 BGB, besteht nach der Rechtsprechung ein gesetzliches Übernahmerecht des anderen Gesellschafters für das Gesellschaftsvermögen. Es gelten die gleichen Rechtsfolgen wie bei der vertraglich vereinbarten Übernahme.

Die Haftung des ausscheidenden GbR-Gesellschafters richtet sich aufgrund gesetzlicher Verweisung nach den OHG-Vorschriften, soweit dies sinngemäß möglich ist.

Die Haftung des ausscheidenden GbR-Gesellschafters richtet sich nach den OHG-Vorschriften

Nachhaftung

§ 736 BGB

(2) Die für Personenhandelsgesellschaften geltenden Regelungen über die Begrenzung der Nachhaftung gelten sinngemäß.

Für die OHG gibt es eine Enthaftungsvorschrift, die die akzessorische Haftung § 128 S. 1 HGB zeitlich begrenzt.

Haftung des ausscheidenden Gesellschafters; Fristen

§ 160 HGB

(1) Scheidet ein Gesellschafter aus der Gesellschaft aus, so haftet er für ihre bis dahin begründeten Verbindlichkeiten, wenn sie vor Ablauf von fünf Jahren nach dem Ausscheiden fällig und daraus Ansprüche gegen ihn in einer in § 197 Abs. 1 Nr. 3 bis 5 des Bürgerlichen Gesetzbuchs bezeichneten Art festgestellt sind oder eine gerichtliche oder behördliche Vollstreckungshandlung vorgenommen oder beantragt wird; bei öffentlich-rechtlichen Verbindlichkeiten genügt der Erlass eines Verwaltungsakts. Die Frist beginnt mit dem Ende des Tages, an dem das Ausscheiden in das Handelsregister des für den Sitz der Gesellschaft zuständigen Gerichts eingetragen wird. Die für die Verjährung geltenden §§ 204, 206, 210, 211 und 212 Abs. 2 und 3 des Bürgerlichen Gesetzbuches sind entsprechend anzuwenden.

(2) Einer Feststellung in einer in § 197 Abs. 1 Nr. 3 bis 5 des Bürgerlichen Gesetzbuchs bezeichneten Art bedarf es nicht, soweit der Gesellschafter den Anspruch schriftlich anerkannt hat.

Die Vorschrift ist, anders als der Wortlaut vermuten lässt, keine Anspruchsgrundlage, sondern eine Enthaftungsvorschrift. Diese Besonderheit macht den Umgang mit der Vorschrift für den Nichtjuristen schwierig. § 160 Abs. 1 HGB legt fest, wann eine Haftung gegeben ist, so dass zu prüfen ist, wann diese Haftung nicht mehr besteht. § 160 Abs. 1 HGB betrifft nur Fälle, in denen die Rechtsgrundlage für die Forderung während der Mitgliedschaft in der OHG gelegt wird. Andernfalls besteht überhaupt keine akzessorische Haftung.

§ 160 HGB ist eine Enthaftungsvorschrift

Wie bereits erwähnt (Abschnitt »Die Personengesellschaften, 1.5. Haftung«), wird eine Verbindlichkeit begründet, wenn die Rechtsgrundlage gelegt ist. Das ist der Fall, wenn ein Rechtsverhältnis entsteht, »aus dem sich ohne Hinzutreten weiterer rechtsgeschäftlicher Akte die einzelne Verbindlichkeit ergibt«. Ist eine entsprechende

Rechtsgrundlage gelegt, haftet der Gesellschafter nach § 160 Abs.1 S.1 HGB in zwei Fällen nicht:

- Wenn die Verbindlichkeit erst fünf Jahre nach dem Ausscheiden fällig wird (Fall 1)
- Wenn die Verbindlichkeit zwar innerhalb von fünf Jahren nach dem Ausscheiden fällig wird, sie aber nicht vor Ablauf von fünf Jahren in einer in § 197 Abs. 1 Nr. 3 bis 5 BGB bezeichneten Art festgestellt ist oder eine gerichtliche oder behördliche Vollstreckungshandlung vorgenommen oder beantragt wird (Fall 2)

Wird eine Verbindlichkeit fünf Jahre nach dem Ausscheiden fällig, haftet der Gesellschafter nicht (Fall 1). Ist die Verbindlichkeit innerhalb von fünf Jahren fällig, haftet der ehemalige Gesellschafter nur, wenn sie in einer nach § 197 Abs. 1 Nr. 3 bis 5 BGB bezeichneten Art gegenüber dem Gesellschafter festgestellt ist oder eine gerichtliche oder behördliche Vollstreckungshandlung vorgenommen oder beantragt wird (Fall 2). Der Wortlaut der Norm ist Ende 2001 geändert worden. Bis dahin war es nur erforderlich, die Forderung gerichtlich geltend zu machen. Nun muss es sich um einen titulierten Anspruch handeln. Der Anspruch muss rechtskräftig festgestellt oder in vollstreckbaren Vergleichen oder vollstreckbaren Urkunden verbrieft oder durch die im Insolvenzverfahren erfolgte Feststellung vollstreckbar sein. Einer Feststellung nach einer in § 197 Abs. 1 Nr. 3 bis 5 BGB bezeichneten Art bedarf es nach § 160 Abs. 2 HGB nicht, wenn der Anspruch schriftlich anerkannt ist.

Die Fünfjahresfrist beginnt nach § 160 Abs. 1 S. 2 HGB mit dem Eintragen des Ausscheidens in das Handelsregister. Diese Vorschrift macht bei der GbR keinen Sinn, weil sie nicht registerfähig ist und daher keine Eintragungen vorgenommen werden können, Wie sich aus § 736 Abs. 2 BGB ergibt, gilt die Vorschrift aber nur sinngemäß. Die Rechtsprechung stellt für die GbR auf den Zeitpunkt ab, an dem der betreffende Gläubiger von dem Ausscheiden Kenntnis erlangt.

Beispiel: Die K-GbR mietet seit dem 1. Januar 1999 Geschäftsräume von D. S scheidet am 30.06.1999 aus der K-GbR aus. D wird dies in einem Schreiben am 12. August 1999 mitgeteilt. Im Jahr 2003 werden die Mieten von Mai und Juni nicht bezahlt. Da D davon ausgeht, dass die Gesellschaft und die verbliebenen Gesellschafter mittellos sind, nimmt er S in Höhe der beiden Monatsmieten in Anspruch. Da die Forderung während der Mitgliedschaft in der GbR begründet wurde haftet D akzessorisch für die Verbindlichkeit. Es könnte aber eine Enthaftung nach § 736 Abs. 2 BGB i. V. m. § 160 Abs. 1 HGB gegeben sein. Eine Enthaftung ist nicht schon eingetreten, weil die Forderung erst fünf Jahre nach dem Ausscheiden fällig wurde (Fall 1). Nach

§ 579 II i. V. m. § 556 b BGB ist die Miete am dritten Werktag des Monats fällig, also am 3. Mai und 3. Juni 2003. Diese Fälligkeit liegt innerhalb der Fünfjahresfrist, die am 12. August 2004 endet. Eine Enthaftung tritt erst am 12. August 2004 ein, wenn die beiden Forderungen nicht in einer in § 197 Abs. 1 Nr. 3 bis 5 BGB bezeichneten Art innerhalb von fünf Jahren festgestellt sind (Fall 2). S haftet bis zu diesem Zeitpunkt noch in Höhe der beiden Monatsmieten.

1.7.2.1. OHG

Wie in einer GbR können die Gesellschafter das Ausscheiden eines Gesellschafters vereinbaren. Daneben enthält das HGB noch einige Sondervorschriften für das Ausscheiden von Gesellschaftern. Zu denken ist hier zunächst an § 131 Abs. 3 HGB. Dieser enthält eine Aufzählung, unter welchen Bedingungen ein OHG-Gesellschafter aus der Gesellschaft ausscheidet.

Gründe für das Ausscheiden eines Gesellschafters

Auflösungsgründe

(3) Folgende Gründe führen mangels abweichender vertraglicher Bestimmung zum Ausscheiden eines Gesellschafters:

1. Tod des Gesellschafters,
2. Eröffnung des Insolvenzverfahrens über das Vermögen des Gesellschafters,
2. Kündigung des Gesellschafters,
4. Kündigung durch den Privatgläubiger des Gesellschafters,
5. Eintritt von weiteren im Gesellschaftsvertrag vorgesehenen Fällen,
6. Beschluss der Gesellschafter

Der Gesellschafter scheidet mit dem Eintritt des ihn betreffenden Ereignisses aus, im Falle der Kündigung aber nicht vor Ablauf der Kündigungsfrist.

§ 131 HGB

Anders als die Überschrift vermuten lässt, führen dem Wortlaut entsprechend die aufgezählten Ereignisse nicht zur Auflösung der Gesellschaft, sondern nur zum Ausscheiden eines Gesellschafters. Der Gesetzgeber hat bei der OHG den Grundsatz der Auflösung im Fall des Ausscheidens aufgegeben. Die OHG bleibt trotz des Ausscheidens bestehen.

Grundsatz: Das Ausscheiden eines OHG-Gesellschafters lässt die Existenz der Gesellschaft unberührt

Besonders hinzuweisen ist auf § 131 Abs. 3 Nr. 4 HGB. Die Kündigung eines Privatgläubigers eines Gesellschafters führt zum Ausscheiden des betreffenden Gesellschafters. Die Bestimmung ist im Zusammenhang mit § 135 HGB zu sehen.

§ 135 HGB

Kündigung durch den Privatgläubiger

Hat ein Privatgläubiger eines Gesellschafters, nachdem innerhalb der letzten sechs Monate eine Zwangsvollstreckung in das bewegliche Vermögen des Gesellschafters ohne Erfolg versucht ist, auf Grund eines nicht bloß vorläufig vollstreckbaren Schuldtitels die Pfändung und Überweisung des Anspruchs auf dasjenige erwirkt, was dem Gesellschafter bei der Auseinandersetzung zukommt, so kann er die Gesellschaft ohne Rücksicht darauf, ob sie für bestimmte oder unbestimmte Zeit eingegangen ist, sechs Monate vor dem Ende des Geschäftsjahres zu diesem Zeitpunkt kündigen.

Nach § 135 HGB führte die Kündigung durch den Privatgläubiger zur Auflösung der Gesellschaft. Der Gesetzgeber hat diese Rechtsfolge mit § 131 Abs. 3 Nr. 4 HGB geändert. Der betreffende Gesellschafter scheidet aus der Gesellschaft aus, die OHG bleibt bestehen.

Ausschluss eines Gesellschafters

Neben den in § 131 Abs. 3 HGB genannten Fällen kann ein Gesellschafter auch durch ein gerichtliches Urteil gemäß § 140 Abs. 1 HGB aus der Gesellschaft ausgeschlossen werden, sofern ein wichtiger Grund nach § 133 HGB in der Person des Gesellschafters vorliegt.

§ 140 HGB

Ausschließung eines Gesellschafters

(1) Tritt in der Person des Gesellschafters ein Umstand ein, der nach § 133 für die übrigen Gesellschafter das Recht begründet, die Auflösung der Gesellschaft zu verlangen, so kann vom Gericht anstatt der Auflösung die Ausschließung dieses Gesellschafters aus der Gesellschaft ausgesprochen werden, sofern die übrigen Gesellschafter dies beantragen. Der Ausschließungsklage steht nicht entgegen, daß nach der Ausschließung nur ein Gesellschafter verbleibt.

§ 133 HGB

Auflösung durch gerichtliche Entscheidung

(1) Auf Antrag eines Gesellschafters kann die Auflösung der Gesellschaft vor dem Ablaufe der für ihre Dauer bestimmten Zeit oder bei einer für unbestimmte Zeit eingegangenen Gesellschaft ohne Kündigung durch gerichtliche Entscheidung ausgesprochen werden, wenn ein wichtiger Grund vorliegt.

(2) Ein solcher Grund ist insbesondere vorhanden, wenn ein anderer Gesellschafter eine von ihm nach dem Gesellschaftsvertrag obliegende wesentliche Verpflichtung vorsätzlich oder aus grober Fahrlässigkeit verletzt oder wenn die Erfüllung einer solchen Verpflichtung unmöglich wird.

> (3) Eine Vereinbarung, durch welche das Recht des Gesellschafters, die Auflösung der Gesellschaft zu verlangen, ausgeschlossen oder diesen Vorschriften zuwider beschränkt wird, ist nichtig.

Die Ausschließung muss das letzte Mittel sein. Vor einer solchen Klage sind mildere Mittel anzuwenden, wie der Entzug der Geschäftsführungsbefugnis.

Die Rechtsfolgen des Ausscheidens entsprechen denen der GbR. Es kommt zur Anwachsung und der Ausscheidende kann die Ansprüche des § 738 BGB gelten machen.

Rechtsfolgen des Ausscheidens

Scheidet ein Gesellschafter aus einer zweigliedrigen OHG aufgrund einer Ausschlussklage nach § 140 Abs. 1 S. 2 HGB aus, wird der verbleibende zum Einzelkaufmann. Alle Aktiva und Passiva gehen auf ihn über. Der Ausscheidende erhält einen Ausgleichsanspruch nach § 738 BGB. Insoweit ist die Situation vergleichbar mit der der GbR. In den Fällen des Ausscheidens nach § 131 Abs. 3 S. 1 Nr. 1-6 HGB geht das gesamte Vermögen ebenfalls automatisch auf den verbleibenden Gesellschafter über.

Ausscheiden aus einer zweigliedrigen Gesellschaft

Die Haftung des ausscheiden Gesellschafters richtet sich nach § 160 HGB. Wird eine Verbindlichkeit fünf Jahre nach dem Ausscheiden fällig, haftet der Gesellschafter nicht. Ist die Verbindlichkeit innerhalb von fünf Jahren fällig, haftet der ehemalige Gesellschafter länger als fünf Jahre nur, wenn sie in einer nach § 197 Abs. 1 Nr. 3 bis 5 BGB bezeichneten Art gegenüber dem Gesellschafter festgestellt ist oder eine gerichtliche oder behördliche Vollstreckungshandlung vorgenommen oder beantragt wird. Die 5-Jahresfrist beginnt mit der Eintragung in das Handelsregister. Für die Einzelheiten wird auf die Ausführungen zur GbR verwiesen (Abschnitt »Die Personengesellschaften, 1.7. Gesellschafterwechsel«).

Haftung des ausscheidenden Gesellschafters

1.7.3. Tod eines Gesellschafters

1.7.3.1. GbR

In der GbR führt der Tod eines Gesellschafters zur Auflösung der Gesellschaft. In der Praxis wird in den meisten Fällen aber eine Fortsetzungsklausel im Gesellschaftsvertrag vereinbart. Für die Gestaltung der Klausel gibt es mehrer Möglichkeiten.

Der Tod eines GbR-Gesellschafters führt zur Auflösung der Gesellschafter Ausnahme: Vereinbarung einer Fortsetzungsklausel

Es kann eine reine Fortsetzungsklausel in den Gesellschaftsvertrag aufgenommen werden. In diesem Fall scheidet der verstorbene Gesellschafter aus und die Gesellschaft wird mit den verbliebenen Gesell-

Die reine Fortsetzungsklausel

schaftern fortgeführt. Es gelten die allgemeinen Regeln über das Ausscheiden von Mitgliedern. Der Anteil am Gesellschaftsvermögen wächst den anderen Gesellschaftern zu, und dem oder den Erben stehen die Ansprüche nach § 738 BGB zu.

Die erbrechtliche Nachfolgeklausel

Komplizierter ist die Situation, wenn eine so genannte erbrechtliche Nachfolgeklausel verwendet wird. Von einer erbrechtlichen Nachfolgeklausel spricht man, wenn im Gesellschaftsvertrag vereinbart ist, dass der oder die Erben mit dem Ableben des Gesellschafters in dessen Position einrücken sollen. In diesem Fall wird zwischen der einfachen und qualifizierten Klausel unterschieden.

Die einfache erbrechtliche Nachfolgeklausel

Im Fall der einfachen erbrechtlichen Nachfolgeklausel ist vorgesehen, dass alle Erben in die Gesellschafterstellung eintreten. Dies ist unproblematisch, solange es einen Alleinerben gibt. Probleme entstehen aber, wenn mehrere Erben vorhanden sind. Nach §§ 2032, 2033 BGB bilden diese eine Erbengemeinschaft. Hier kommt es aber zu mehreren Widersprüchen zwischen gesellschafts- und erbrechtlichen Grundsätzen. Als Beispiel für einen Widerspruch ist hier zu nennen, dass die Erben vor der Auseinandersetzung nach § 2059 BGB nur beschränkt haften, was mit dem Grundsatz der akzessorischen Haftung bei Personengesellschaften unvereinbar ist. Nicht die Erbengemeinschaft wird daher Gesellschafter, sondern jeder Erbe erhält im Wege der Sondernachfolge entsprechend seiner Erbquote einen Anteil am Gesellschaftsanteil.

Beispiel: A und G sind jeweils zu 50 % an der O-GbR beteiligt. Der Gesellschaftsvertrag bestimmt, dass im Fall des Todes eines Gesellschafters die Erben an dessen Stelle treten. A verstirbt und seine Ehefrau T und sein einziger Sohn K sind zu gleichen Teilen Erben. T und K treten beide als Gesellschafter ein und erhalten jeweils die Hälfte des von A gehaltenen Gesellschaftsanteils. G ist folglich mit 50 % an der O-GbR beteiligt, T und K halten jeweils 25 %.

Die qualifizierte erbrechtliche Nachfolgeklausel

Eine qualifizierte erbrechtliche Nachfolgeklausel ist gegeben, wenn nicht alle Erben Gesellschafter werden sollen, sondern nur ein bestimmter. In die Gesellschaft rückt somit nur der im Gesellschaftsvertrag benannte Erbe ein. Dieser erhält den vollen Gesellschaftsanteil. Die Höhe seines Erbanteils findet auf der gesellschaftsrechtlichen Ebene keine Berücksichtigung. Die Miterben können Ausgleichsansprüche gegen den einrückenden Erben gemäß § 242 BGB geltend machen, wenn der Gesellschaftsanteil den Anteil, der sich aus der Erbquote ergibt, übersteigt. Ein Anspruch gegen die Gesellschaft besteht nicht.

Haftung des eintretenden Erben

Als nächstes stellt sich die Frage, in wie weit der einrückende Erbe für die Altverbindlichkeiten der Gesellschaft einzustehen hat. Bei der

Haftung des Erben muss zwischen der erbrechtlichen und der gesellschaftsrechtlichen Haftung unterschieden werden. Die erbrechtliche Haftung nach § 1967 BGB ist für alle bis zum Tode begründeten Verbindlichkeiten auf den Nachlass beschränkbar. Unklar ist augenblicklich noch, ob die Erben eines GbR-Gesellschafters bei Nachfolgeklauseln für die Altschulden der Gesellschaft, entsprechend den gesellschaftsrechtlichen Grundsätzen, mit ihrem Privatvermögen haften. Da es sich um einen normalen »Eintritt« haftet müssten diese entsprechend § 130 HGB auch für die Altverbindlichkeiten einstehen. Die Haftung könnte nicht begrenzt werden. Der Erbe hätte daher nur die Wahl zwischen einer unbeschränkten Haftung mit dem Privatvermögen oder dem Ausschlagen der gesamten Erbschaft. Bei der OHG bietet § 139 HGB eine Lösung für dieses Problem, der aber bei der GbR nicht entsprechend angewandt werden kann. Es bleibt daher abzuwarten, ob die Rechtsprechung § 130 HGB auch im beim Eintritt des Erben entsprechend anwendet. Das Ergebnis einer unbeschränkten Erbenhaftung erscheint bei der GbR jedenfalls nicht sachgerecht.

Daneben gibt es auch noch die Möglichkeit, eine Eintrittsklausel zu vereinbaren. Bei einer Eintrittsklausel wird die Gesellschaft beim Tode eines Gesellschafters fortgesetzt und eine Person, die nicht Erbe ist, erhält das Recht, in die Gesellschaft einzutreten. Die betreffende Person kann dieses Recht in Anspruch nehmen, muss es aber nicht. Nimmt sie es in Anspruch, gelten die dargestellten allgemeinen Regeln über den ein Ein- und Austritt (Abschnitt »Die Personengesellschaften 1.7. Gesellschafterwechsel«). Es ist nicht möglich, im Gesellschaftsvertrag zu vereinbaren, dass ein Nichterbe automatisch mit dem Tode eines Gesellschafters an seine Stelle tritt (sog. rechtsgeschäftliche Nachfolgeklausel). Dies wäre ein nicht zulässiger Vertrag zu Lasten Dritter, da die Gesellschafterstellung nicht nur Rechte sondern auch Pflichten mit sich bringt. Auch wenn die betreffende Person am Abschluss des Gesellschaftsvertrages beteiligt ist und er damit kein Dritter mehr ist, bestehen schwerwiegende Bedenken in der Rechtsprechung und Literatur ob der Zulässigkeit einer solchen Vereinbarung.

Die Eintrittsklausel

1.7.3.2. OHG

Grundsatz: Der Tod eines OHG-Gesellschafters berührt die Existenz der Gesellschaft nicht

Bezüglich der Vertragsgestaltung gilt für die OHG im Fall des Todes eines Gesellschafters nahezu das Selbe wie bei der GbR. Allerdings bedarf es bei der OHG keiner Fortsetzungsklausel. Sie bleibt gemäß § 131 Abs. 3 Nr. 1 HGB auch beim Tode eines Gesellschafters bestehen. Es können sowohl erbrechtliche Nachfolgeklauseln als auch Eintrittsklauseln im Gesellschaftsvertrag vereinbart werden. Erhebliche Unterschiede bestehen aber bei den Rechtsfolgen.

Haftung des eintretenden Erben

Der Eintretende haftet wie bei der GbR nach erbrechtlichen und gesellschaftsrechtlichen Grundsätzen. Der Erbe kann daher nach § 130 HGB für Altverbindlichkeiten der Gesellschaft von Gläubigern in Anspruch genommen werden. Die gesellschaftsrechtliche Haftung des § 130 HGB ist nicht beschränkbar. Auch hier taucht das bei der GbR bereits angesprochene Problem auf. Der Erbe könnte nur wählen zwischen einer unbeschränkten Haftung mit dem Privatvermögen oder dem Ausschlagen der gesamten Erbschaft, wenn das Gesetz, anders als bei der GbR, nicht eine Lösung für diese Zwickmühle anbieten würde. § 139 HGB ermöglicht es dem Erben, die Erbschaft anzunehmen und trotzdem kein übermäßiges Risiko einzugehen. Nach § 139 Abs. 1, 2, 3 HGB kann der Erbe innerhalb von drei Monaten verlangen, dass ihm die Stellung eines Kommanditisten eingeräumt wird. Das hat natürlich zur Folge, dass die OHG in eine KG umzuwandeln ist. Nehmen die anderen Gesellschafter den Antrag nicht an, kann er ohne Einhaltung einer Kündigungsfrist aus der Gesellschaft ausscheiden. Kommen sie seinem Antrag nach oder scheidet er aus der Gesellschaft aus, haftet er nach § 139 Abs. 4 HGB für die Altverbindlichkeiten der Gesellschaft nur nach erbrechtlichen Bestimmungen. Die erbrechtliche Haftung ist, wie bereits erwähnt, beschränkbar.

§ 139 HGB

Fortsetzung mit den Erben

(1) Ist im Gesellschaftsvertrage bestimmt, daß im Fall des Todes eines Gesellschafters die Gesellschaft mit dessen Erben fortgesetzt werden soll, so kann jeder Erbe sein Verbleiben in der Gesellschaft davon abhängig machen, daß ihm unter Belassung des bisherigen Gewinnanteils die Stellung eines Kommanditisten eingeräumt und der auf ihn fallende Teil der Einlage des Erblassers als seine Kommanditeinlage anerkannt wird.

(2) Nehmen die übrigen Gesellschafter einen dahingehenden Antrag des Erben nicht an, so ist dieser befugt, ohne Einhaltung einer Kündigungsfrist sein Ausscheiden aus der Gesellschaft zu erklären.

(3) Die bezeichneten Rechte können von dem Erben nur innerhalb einer Frist von drei Monaten nach dem Zeitpunkt, in welchem er von dem Anfalle der Erbschaft Kenntnis erlangt hat, geltend gemacht werden. [...]

(4) Scheidet innerhalb der Frist des Absatzes 3 der Erbe aus der Gesellschaft aus oder wird innerhalb der Frist die Gesellschaft aufgelöst oder dem Erben die Stellung eines Kommanditisten eingeräumt, so haftet er für die bis dahin entstandenen Gesellschaftsschulden nur nach Maßgabe der Haftung des Erben für Nachlassverbindlichkeiten betreffenden Vorschriften des bürgerlichen Rechtes.

(5) Der Gesellschaftsvertrag kann die Anwendung der Vorschriften der Absätze 1 bis 4 nicht ausschließen; es kann jedoch für den Fall, daß der Erbe sein Verbleiben in der von der Einräumung der Stellung eines Kommanditisten abhängig macht, sein Gewinnanteil anders als der des Erblasser bestimmt werden.

Die Regelung ist nach § 139 Abs. 5 1. Halbsatz BGB nicht dispositiv.

1.8. Beendigung der Gesellschaft

1.8.1. GbR

Eine GbR wird aufgelöst, wenn ein Beendigungsgrund eintritt. Im Einzelnen sind folgende Auflösungsgründe zu nennen:

Auflösungsgründe der GbR

- Auflösung durch Zeitablauf
- Beschluss der Gesellschafter
- § 723 I BGB Kündigung durch einen Gesellschafter (ohne Fortsetzungsvereinbarung)
- § 725 I BGB Kündigung durch Pfändungspfandgläubiger
- § 726 BGB Auflösung wegen Erreichens oder Unmöglichwerdens des Zwecks
- § 727 I Auflösung durch Tod eines Gesellschafters (ohne Fortsetzungsvereinbarung)
- § 728 I BGB Auflösung durch den Tod eines Gesellschafters

Eine Auflösung durch Zeitablauf ist bei wirtschaftlich tätigen Gesellschaften selten. In diesem Tätigkeitsbereich wird dies meistens nur bei projektbezogenen Verwaltungsgesellschaften vereinbart.

Auflösung durch Zeitablauf

Beispiel: Die D-GmbH und die F-GmbH wollen im Einkauf kooperieren, um Kosten zu sparen. Zu diesem Zweck wird für ein Jahr eine Projekt-GbR mit beiden Gesellschaften als Gesellschaftern gegründet, die die Möglichkeiten einer Kooperation untersuchen und diese gegebenenfalls planen soll.

Auflösung durch Gesellschafterbeschluss

Selbstverständlich kann eine Gesellschaft auch jederzeit durch einen <u>einstimmigen</u> Gesellschafterbeschluss aufgelöst werden.

Auflösung durch Kündigung

§ 723 Abs. 1 BGB bestimmt, dass Gesellschafter <u>die GbR</u> in bestimmten Fällen kündigen können.

§ 723 BGB

Kündigung durch Gesellschafter

(1) Ist die Gesellschaft nicht für eine bestimmte Zeit eingegangen, so kann jeder Gesellschafter sie jederzeit kündigen. Ist eine Zeitdauer bestimmt, so ist die Kündigung vor dem Ablauf der Zeit zulässig, wenn ein wichtiger Grund vorliegt. Ein wichtiger Grund liegt insbesondere vor,

1. wenn ein anderer Gesellschafter eine ihm nach dem Gesellschaftsvertrag obliegende wesentliche Verpflichtung vorsätzlich oder aus grober Fahrlässigkeit verletzt hat oder wenn die Erfüllung einer solchen Verpflichtung unmöglich wird,

2. wenn der Gesellschafter das 18. Lebensjahr vollendet hat.

Eine auf unbestimmte Zeit eingegangene Gesellschaft kann somit immer gekündigt werden. In Gesellschaftsverträgen ist diese Kündigungsmöglichkeit oft stark eingeschränkt. Sie darf aber nicht völlig ausgeschlossen werden. Bei zeitlich befristeten Gesellschaften ist die jederzeitige Kündigung ausgeschlossen. Sie darf nur bei Vorliegen eines wichtigen Grundes gekündigt werden. Ein wichtiger Grund besteht, wenn dem Kündigenden eine Fortsetzung der Gesellschaft nach Treu und Glauben nicht mehr zuzumuten ist. In § 723 Abs. 1 Satz 3 Nr. 1 BGB sind Fälle beispielhaft aufgezählt. § 723 Abs. 1 Satz 3 Nr. 2 BGB wirkt zunächst für den Nichtjuristen etwas merkwürdig. Er ist im Zusammenhang mit § 1629 a BGB zu sehen und dient dem Schutz des volljährig werdenden Gesellschafters. Ihm wird die Möglichkeit eingeräumt, seine Haftungsrisiken zu begrenzen. Die Gesellschaft wird im Fall der Kündigung nur aufgelöst, wenn keine Fortsetzung der Gesellschaft zwischen den verbliebenen Gesellschaftern vereinbart ist.

§ 725 BGB räumt auch einem Pfändungspfandgläubiger eines Gesellschafters das Recht ein, eine GbR zu kündigen.

§ 725 BGB

Kündigung durch Pfändungspfandgläubiger

(1) Hat ein Gläubiger eines Gesellschafters die Pfändung des Anteils des Gesellschafters an dem Gesellschaftsvermögen erwirkt, so kann er die Gesellschaft ohne Einhaltung einer Kündigungsfrist kündigen, sofern der Schuldtitel nicht bloß vorläufig vollstreckbar ist.

(2) Solange die Gesellschaft besteht, kann der Gläubiger die sich aus dem Gesellschaftsverhältnis ergebenden Rechte des Gesellschafters mit

Ausnahme des Anspruchs auf einen Gewinnanteil, nicht geltend machen.

Die Norm soll dem Gläubiger, der einen Gesellschaftsanteil hat pfänden lassen, bei der Vollstreckung helfen. Er kann aus der Pfändung keine Vermögensvorteile ziehen, mit Ausnahme der Geltendmachung des Gewinnanteils (§ 725 Abs. 2 BGB). Daher solle er die Gesellschaft kündigen können, um seine Befriedigung aus dem Gesellschaftsanteil zu erlangen.

§ 726 BGB legt fest, dass die Gesellschaft bei Zweckerreichung oder Unmöglichkeit der Erreichung des Gesellschaftszweckes aufgelöst wird.

Auflösung durch Zweckerreichung oder Unmöglichkeit der Zweckerreichung

Auflösung wegen Erreichens oder Unmöglichwerdens des Zweckes

§ 726 BGB

Die Gesellschaft endigt, wenn der vereinbarte Zweck erreicht oder dessen Erreichung unmöglich geworden ist.

Soweit im Gesellschaftsvertrag nicht Abweichendes vereinbart ist, kommt es zur Auflösung beim Tod eines Gesellschafters.

Auflösung durch Tod eines Gesellschafters

Auflösung durch den Tod eines Gesellschafters

§ 727 BGB

(1) Die Gesellschaft wird durch den Tod eines der Gesellschafter aufgelöst, sofern nicht aus dem Gesellschaftsvertrag sich ein anderes ergibt.

Die GbR ist seit 1999 insolvenzfähig und wird mit Eröffnung des Insolvenzverfahrens gemäß § 728 Abs. 1 BGB aufgelöst. Davon zu unterscheiden ist die Eröffnung des Insolvenzverfahrens über das Vermögen eines Gesellschafters (§ 728 Abs. 2 BGB), auch in diesem Fall wird die Gesellschaft aufgelöst.

Auflösung durch Eröffnung des Insolvenzverfahrens

Auflösung durch Insolvenz der Gesellschaft oder eines Gesellschafters

§ 728 BGB

(1) Die Gesellschaft wird durch die Eröffnung des Insolvenzverfahrens über das Vermögen der Gesellschaft aufgelöst. Wird das Verfahren auf Antrag des Schuldners eingestellt oder nach der Bestätigung eines Insolvenzplans, der den Fortbestand der Gesellschaft vorsieht, aufgehoben, so können die Gesellschafter die Fortsetzung der Gesellschaft beschließen.

(2) Die Gesellschaft wird durch die Eröffnung des Insolvenzverfahrens über das Vermögen eines Gesellschafters aufgelöst. Die Vorschrift des § 727 Abs. 2 Satz 2, 3 findet Anwendung.

Die Auflösung führt zur
Abwicklung der GbR

Mit Eintreten eines Auflösungsgrundes ist die GbR noch nicht beendet. Die ursprüngliche Gesellschaft wandelt sich zu einer Abwicklungsgesellschaft um, deren Gesellschaftszweck die Abwicklung, auch Liquidation genannt, ist. Das Auseinandersetzungsverfahren ist in den §§ 729 – 735 BGB geregelt.

Gegenstände sind an
Gesellschafter
zurückzugeben

Nach § 732 BGB sind zunächst die Gegenstände, die ein Gesellschafter der GbR zur Nutzung überlassen hat, zurückzugeben.

§ 732 BGB   Rückgabe von Gegenständen

Gegenstände, die ein Gesellschafter der Gesellschaft zur Benutzung überlassen hat, sind ihm zurückzugeben.

Gläubiger sind zu befriedigen

Nach der Rückgabe der Gegenstände ist das wesentliche Ziel der Liquidation, die Gläubiger der GbR zu befriedigen. Gemäß § 733 Abs. 1, 2 sind zunächst die Schulden zu tilgen und anschließend die Einlagen zurückzugewähren.

§ 733 BGB   Berichtigung der Gesellschaftsschulden; Erstattung der Einlagen

(1) Aus dem Gesellschaftsvermögen sind zunächst die gemeinschaftlichen Schulden mit Einschluss derjenigen zu berichtigen, welche den Gläubigern gegenüber unter den Gesellschaftern geteilt sind oder für welche einem Gesellschafter die übrigen Gesellschafter als Schuldner haften. Ist eine Schuld noch nicht fällig oder ist sie streitig, so ist das zur Berichtigung Erforderliche zurückzubehalten.

(2) Aus dem nach der Berichtigung der Schulden übrig bleibenden Gesellschaftsvermögen sind die Einlagen zurückzuerstatten. Für Einlagen, die nicht in Geld bestanden haben, ist der Wert zu ersetzen, den sie zur Zeit der Einbringung gehabt haben. Für Einlagen, die in der Leistung von Diensten oder in der Überlassung der Benutzung eines Gegenstandes bestanden haben, kann nicht Ersatz verlangt werden.

Gesellschafter haben eine
Nachschusspflicht damit alle
Gläubiger befriedigt werden
können

Reicht das Gesellschaftsvermögen hierzu nicht aus, besteht eine Nachschusspflicht gemäß § 735 BGB.

§ 735 BGB   Nachschusspflicht bei Verlust

Reicht das Gesellschaftsvermögen zur Berichtigung der gemeinschaftlichen Schulden und zur Rückerstattung der Einlagen nicht aus, so haben die Gesellschafter für den Fehlbetrag nach dem Verhältnis aufzukommen, nach welchem sie den Verlust zu tragen haben. Kann von einem Gesellschafter der auf ihn entfallende Beitrag nicht erlangt werden, so haben die übrigen Gesellschafter den Ausfall nach dem gleichen Verhältnis zu tragen.

Sollte hingegen ein Überschuss nach Berichtigung der Schulden und der Rückerstattung der Einlagen übrig bleiben, ist dieser unter den Gesellschaftern zu verteilen.

Ein Überschuss ist unter den Gesellschaftern aufzuteilen

Verteilung des Überschusses

§ 734 BGB

Verbleibt nach der Berichtigung der gemeinschaftlichen Schulden und der Rückerstattung der Einlagen ein Überschuss, so gebührt er den Gesellschaftern nach dem Verhältnis ihrer Anteile am Gewinn.

Mit dem Ende des Auseinandersetzungsverfahrens erlischt die GbR. Die Beendigung der Gesellschaft hat keinen Einfluss auf die persönliche akzessorische Haftung der Gesellschafter. Gemäß § 160 HGB haften diese auch noch nach der Beendigung der Gesellschaft.

Zum Abschluss des Liquidationsverfahrens erlischt die GbR

1.8.2. OHG

In § 131 Abs. 1 HGB sind die Auflösungsgründe der OHG aufgeführt. § 131 Abs. 2 nennt weitere für Gesellschaften, an denen keine natürlichen Personen beteiligt sind. Die Auflösungsgründe der GbR gelten nicht ergänzend.

Auflösungsgründe der OHG

Auflösungsgründe

§ 131 HGB

(1) Die offene Handelsgesellschaft wird aufgelöst:

1. durch Ablauf der Zeit, für welche sie eingegangen ist;

2. durch Beschluß der Gesellschafter;

3. durch Eröffnung des Insolvenzverfahrens über das Vermögen der Gesellschaft;

4. durch gerichtliche Entscheidung.

(2) Eine offene Handelsgesellschaft, bei der kein persönlich haftender Gesellschafter eine natürliche Person ist, wird ferner aufgelöst:

1. mit der Rechtskraft des Beschlusses, durch den die Eröffnung des Insolvenzverfahrens mangels Masse abgelehnt worden ist;

2. durch die Löschung wegen Vermögenslosigkeit nach § 141 a des Gesetzes über die Angelegenheiten der freiwilligen Gerichtsbarkeit.

Eine besondere Bedeutung hat § 131 Abs. 1 Nr. 4 HGB. Nach dem bereits erwähnten § 133 HGB kann ein Gesellschafter, bei Vorliegen eines wichtigen Grundes, die Auflösung der OHG durch eine richterliche Entscheidung verlangen.

Kündigung bei Vorliegen eines wichtigen Grundes

Die Liquidation bzw. Auseinandersetzung erfolgt im Wesentlichen wie bei der GbR. Die §§ 145 ff. HGB tragen vor allem der Tatsache

Die Auflösung hat die Liquidation zur Folge

Rechnung, dass eine Handelsgesellschaft liquidiert wird. Alle Gesell-schafter sind Liquidatoren der Gesellschaft (146 Abs. 1 HGB), soweit nicht anderes vereinbart wird.

§ 146 HGB

Bestellung der Liquidatoren

(1) Die Liquidation erfolgt, sofern sie nicht durch Beschluß der Gesell-schafter oder durch den Gesellschaftsvertrag einzelnen Gesellschaftern oder anderen Personen übertragen ist, durch sämtliche Gesellschafter als Liquidatoren. [...]

Sämtliche Liquidatoren sind in das Handelsregister einzutragen.

§ 148 HGB

Anmeldung der Liquidatoren

(1) Die Liquidatoren und ihre Vertretungsmacht sind von sämtlichen Gesellschaftern zur Eintragung in das Handelsregister anzumelden. Das gleiche gilt von jeder Änderung in den Personen der Liquidatoren oder in ihrer Vertretungsmacht. [...]

Verbindlichkeiten der OHG sind zu begleichen

Zunächst sind gemäß § 155 Abs. 1 HGB die Schulden zu begleichen, dann ist das Vermögen der OHG zu verteilen.

§ 155 HGB

Verteilung des Gesellschaftsvermögens

(1) Das nach Berichtigung der Schulden verbleibende Vermögen der Gesellschaft ist von den Liquidatoren nach dem Verhältnisse der Kapitalanteile, wie sie sich auf Grund der Schlußbilanz ergeben, unter die Gesellschafter zu verteilen.

Gesellschafter haben eine Nachschusspflicht damit alle Gläubiger befriedigt werden können

Nach § 105 Abs. 2 HGB i. V. m. § 735 BGB besteht eine Nachschuss-pflicht der Gesellschafter, wenn die Verbindlichkeiten das Vermögen übersteigen.

Mit Abschluss der Auseinandersetzung ist das Erlöschen der Gesell-schaft in das Handelsregister einzutragen.

§ 157 HGB

Anmeldung des Erlöschens

(1) Nach der Beendigung der Liquidation ist das Erlöschen der Firma von den Liquidatoren zur Eintragung in das Handelsregister anzu-melden.

2. Die Kommanditgesellschaft

2.1. Grundlagen

Die Kommanditgesellschaft (KG) ist geregelt in den §§ 161 bis 177 a HGB. Nach § 161 Abs. 2 HGB gelten die Vorschriften über die OHG entsprechend. Durch den Verweis nach § 105 Abs. 3 HGB sind auch die GbR-Bestimmungen anzuwenden. Die KG ist daher eine Gesellschaft im Sinn des § 705 BGB und somit auch Gesamthandsgemeinschaft. Nach § 161 Abs. 2 i. V. m. § 124 Abs. 1 HGB ist sie teilrechtsfähig und kann demzufolge Trägerin von Rechten und Pflichten sein. § 161 Abs. 2 HGB definiert die KG.

Begriff der KG   § 161 HGB

(1) Eine Gesellschaft, deren Zweck auf den Betrieb eines Handelsgewerbes unter gemeinschaftlicher Firma gerichtet ist, ist eine Kommanditgesellschaft, wenn bei einem oder bei einigen von den Gesellschaftern die Haftung gegenüber den Gesellschaftsgläubigern auf den Betrag einer bestimmten Vermögenseinlage beschränkt ist (Kommanditisten), während bei dem anderen Teile der Gesellschafter eine Beschränkung der Haftung nicht stattfindet (persönlich haftende Gesellschafter).

An der Bestimmung wird zweierlei deutlich. Zum einen, dass die KG eine Sonderform der OHG ist. Es müssen daher alle Begriffsmerkmale der OHG nach § 105 Abs. 1, 2 HGB vorliegen. Insbesondere muss ein Handelsgewerbe gemäß der schon bei der OHG erläuterten §§ 1-3 HGB betrieben werden. Zum anderen ist § 161 Abs. 2 HGB zu entnehmen, dass einige Gesellschafter unbeschränkt persönlich haften, andere aber nur beschränkt mit ihrer Vermögenseinlage. Die persönlich unbeschränkt haftenden Gesellschafter werden Komplementäre (Vollhafter) genannt, die beschränkt haftenden Gesellschafter Kommanditisten. Zusammenfassend kann daher festgehalten werden, dass eine KG nach §§ 161 Abs. 2, 105 HGB i. V. m. § 705 BGB an folgende Voraussetzungen geknüpft ist:

Die KG ist eine Sonderform der OHG

Unterscheidung zwischen Komplementären und Kommanditisten

Voraussetzungen der KG

- Ein Vertragsschluss zwischen mindestens zwei Personen.
- Der Vertrag muss auf die Verfolgung eines gemeinsamen Zwecks unter gemeinschaftlicher Firma ausgerichtet sein. Dies kann der Betrieb eines Handelsgewerbes nach § 1 Abs. 2 HGB sein oder ein Handelsgewerbe, ein land- und forstwirtschaftlicher Betrieb oder die eigene Vermögensverwaltung, die in das Handelsregister eingetragen werden.

- Alle Vertragspartner müssen sich verpflichten, den gemeinsamen Zweck zu fördern.
- Mindestens ein Gesellschafter haftet unbeschränkt, während bei wenigstens einem Gesellschafter die Haftung auf einen Betrag beschränkt ist.

Der Gesellschaftsvertrag kann formfrei geschlossen werden

Der Gesellschaftsvertrag der KG unterliegt keiner bestimmten Form. Aus dem Gesellschaftsvertrag muss sich aber die Haftungsbeschränkung des Kommanditisten entnehmen lassen. Es empfiehlt sich deswegen den Gesellschaftsvertrag schriftlich niederzulegen.

Im Hinblick auf die Förderpflicht gibt es keine Abweichungen zur OHG und GbR. Beitragsleistung kann jedes Tun oder Unterlassen sein, das zweckfördernd ist. Eine Geldleistung des Kommanditisten ist folglich nicht notwendig, wenn auch in der Praxis die Regel.

Die KG ist in das Handelsregister einzutragen

Die KG ist als Handelsgesellschaft in das Handelsregister einzutragen.

§ 162 HGB

Anmeldung zum Handelsregister

(1) Die Anmeldung der Gesellschaft hat außer den in § 106 Abs. 2 vorgesehenen Angaben die Bezeichnung der Kommanditisten und den Betrag der Einlage eines jeden von ihnen zu enthalten. [...]

Unterscheidung zwischen Haftsumme und Einlage

Da § 162 Abs. 1 Satz 1 HGB auf § 106 Abs. 2 HGB verweist, gibt es bei der Anmeldung zwischen KG und OHG kaum Abweichungen. Bei der Eintragung muss der Betrag der Einlage angegeben werden. Leider ist das Gesetz in dieser Frage ungenau. Diese Ungenauigkeit findet sich in fast allen KG-Vorschriften, die sich mit der Außenhaftung befassen, wieder. Gemeint ist damit nicht die im Innenverhältnis zu leistende Einlage, sondern die Haftsumme im Außenverhältnis. Zwischen beidem ist strikt zu unterscheiden. Die Haftsumme ist der Betrag, in dessen Höhe der Kommanditist gegenüber Dritten für Verbindlichkeiten der KG haftet. Die Einlage und die Haftsumme können auseinander fallen.

Die KG ist Formkaufmann

Als Handelsgesellschaft ist die KG nach § 6 Abs. 1 HGB Formkaufmann.

Die KG ist heute wohl die bedeutendste Personengesellschaft. Zahlreiche Familienunternehmen werden in der Rechtsform der KG geführt. Bei ihr besteht die Möglichkeit, viele Familienmitglieder an der Gesellschaft zu beteiligen, ohne dass diese persönlich haften oder mitarbeiten müssen. Ein bekanntes Familienunternehmen, das diesen Vorteil nutzt, ist die Oetker International KG, mit Sitz in Bielefeld.

Ferner bietet die KG die Möglichkeit Kapital zu sammeln. Eine besondere Form dieser Kapitalsammlung sind die so genannten »Publikumsgesellschaften«. Zahlreiche Anleger werden über Anzeigen, Anlageberater und Prospekte angesprochen, sich als Kommanditist bei einer solchen Publikums-KG zu beteiligen. Besonders beliebt sind Publikumsgesellschaften bei umfangreichen Immobilienprojekten.

2.2. Entstehung und Wirksamkeit

Aufgrund der Verweisung des § 161 Abs. 2 HGB gelten die Grundsätze der OHG (Abschnitt »Die Personengesellschaften, 1.2. Entstehung und Wirksamkeit«). Im Innenverhältnis wird die KG mit Abschluss des Gesellschaftsvertrages gemäß § 109 Abs. 1 HGB wirksam. Im Außenverhältnis richtet sich die Wirksamkeit nach § 123 HGB. Nach § 123 Abs. 1 HGB ist die KG im Außenverhältnis mit der Eintragung in das Handelsregister wirksam. Die Gesellschaft wird nach § 123 Abs. 2 HGB schon vor der Eintragung wirksam, wenn sie ihre Geschäfte begonnen hat.

Unterscheidung zwischen Innen- und Außenverhältnis

Nimmt die Gesellschaft vor der Eintragung ihre Geschäfte auf, hat dies für den Kommanditisten weit reichende Konsequenzen. Er haftet bis zur Eintragung gemäß § 176 Abs. 1 HGB unbeschränkt. Auf die Vorschrift wird im Zusammenhang mit der Haftung des Kommanditisten noch ausführlich eingegangen (Abschnitt »Die Personengesellschaften, 2.5. Haftung«).

Haftung des Kommanditisten vor der Eintragung in das Handelsregister

2.3. Gesellschaftsvermögen

Die §§ 161 ff. HGB, wie auch die §§ 105 HGB enthalten keine Sonderregeln zum Gesellschaftsvermögen. Auch bei der KG finden die §§ 718, 719 BGB Anwendung. Als Gesellschaftern steht den Kommanditisten das Gesellschaftsvermögen zur gesamten Hand zu. Im Hinblick auf das Gesellschaftsvermögen sind diese nicht schlechter gestellt als die Komplementäre.

2.4. Geschäftsführung und Vertretung

Die Kommanditisten sind von der Geschäftsführung nach § 164 HGB ausgeschlossen, da sich nach dem gesetzlichen Leitbild der Kommanditist an der Gesellschaft nur mit Kapital und nicht mit seiner Arbeitskraft beteiligt.

§ 164 HGB

Geschäftsführung

Die Kommanditisten sind von der Führung der Geschäfte der Gesellschaft ausgeschlossen; sie können einer Handlung der persönlich haftenden Gesellschafter nicht widersprechen, es sei denn, daß die Handlung über den gewöhnlichen Betrieb des Handelsgewerbes der Gesellschaft hinausgeht. Die Vorschriften des § 116 Abs. 3 bleiben unberührt.

Die Geschäftsführung erfolgt ausschließlich durch die Komplementäre

Die Geschäftsführung wird gemäß §§ 161 Abs. 2, 114 Abs. 1 HGB durch die Komplementäre ausgeübt. Die Komplementäre sind nach § 115 Abs. 1 HGB einzelgeschäftsführungsbefugt. Hiervon kann vertraglich abgewichen werden. Es bieten sich die gleichen Gestaltungsspielräume wie bei der OHG (Abschnitt »die Personengesellschaften, 1.4 Gesellschaftsvermögen«). Es kann eine Gesamtgeschäftsführungsbefugnis oder der Ausschluss von Komplementären von der Geschäftsführung vereinbart werden.

Widerspruchsrecht der Kommanditisten

Die Geschäftsführungsbefugnis erstreckt sich auf alle Geschäfte, die der gewöhnliche Betrieb des Handelsgewerbes mit sich bringt (§ 116 Abs. 1 HGB). Für ungewöhnliche Geschäfte ist die Zustimmung des Kommanditisten gemäß §§ 161 Abs. 2, 116 Abs. 2 HGB erforderlich. Nach dem Wortlaut des § 164 HGB verfügen Kommanditisten nur bei ungewöhnlichen Geschäften über ein Widerspruchsrecht. Nach herrschender Meinung bleibt aber § 116 Abs. 2 HGB anwendbar, da der Kommanditist nur von einem Widerspruchsrecht bei ungewöhnlichen Geschäften nicht ausreichend geschützt wäre. Wie bei der OHG berührt das Erfordernis der Zustimmung nur das Innenverhältnis. Ein gegenüber Dritten vorgenommenes Geschäft ist auch ohne Zustimmung wirksam.

Vertragliche Gestaltungsspielräume

Die Regelung des § 164 HGB ist dispositiv. Es ist möglich, Kommanditistenrechte im Rahmen der Geschäftsführung noch weiter einzuschränken. Beispielsweise kann das Stimmrecht bei der Zustimmung für außergewöhnliche Geschäfte vollständig ausgeschlossen werden. Es ist aber auch eine Ausweitung der Kommanditistenrechte möglich. Er kann an der Geschäftsführung beteiligt werden. Zulässig ist sogar, den Kommanditisten alleine mit der Geschäftsführung zu betrauen, wenn dem Komplementär die Rechte aus §§ 116 Abs. 2, 117 HGB zustehen.

Kommanditisten sind nicht zur organschaftlichen Vertretung der KG befugt

Nach § 170 HGB sind die Kommanditisten nicht zur Vertretung der KG befugt, sie haben keine Vertretungsmacht. Die Regelung des § 170 HGB ist nicht dispositiv. Ein Kommanditist kann niemals organschaftlicher Vertreter der KG sein.

Vertretung der KG

Der Kommanditist ist zur Vertretung der Gesellschaft nicht ermächtigt.

Die KG wird entsprechend der §§ 164 ff. BGB organschaftlich von den Komplementären vertreten. Gemäß §§ 161 Abs. 2, 125 Abs. 1 HGB besteht Einzelvertretungsvollmacht. Da die Grundsätze der OHG gelten, ist es auch möglich, eine echte oder unechte Gesamtvertretung zu vereinbaren oder einem Komplementär überhaupt keine Vertretungsmacht einzuräumen (Abschnitt »Die Personengesellschaften, 1.3. Geschäftsführung und Vertretung«). Allerdings darf dem einzigen Komplementär einer KG die Vertretungsmacht nicht entzogen werden. In diesem Fall wäre die KG ohne organschaftliche Vertretung, was unzulässig ist.

Die organschaftliche Vertretung erfolgt ausschließlich durch die Komplementäre

Dem Kommanditisten kann eine rechtsgeschäftliche Vertretungsmacht, wie z. B. Prokura oder Handlungsvollmacht eingeräumt werden. Eine solche Gestaltung bietet sich an, wenn der Kommanditist abweichend von § 164 HGB an der Geschäftsführung beteiligt ist.

Kommanditisten kann rechtsgeschäftliche Vertretungsmacht erteilt werden

2.5. Haftung

Für Verbindlichkeiten der KG haftet diese selbst, da sie nach §§ 161 Abs. 2, 124 Abs. 1 HGB teilrechtsfähig ist und somit Rechte erwerben und Verbindlichkeiten eingehen kann. Daneben haften die Komplementäre gemäß §§ 161 Abs. 1, 128 S. 1 HGB für alle Verbindlichkeiten der Gesellschaft persönlich, unbeschränkt und unmittelbar. Es gelten die gleichen Grundsätze wie bei der Haftung der OHG-Gesellschafter (Abschnitt »Die Personengesellschaften, 1.5. Haftung«)

Komplementäre haften wie OHG-Gesellschafter

Die Haftung des Kommanditisten ist abhängig von der Frage, ob die Eintragung in das Handelsregister erfolgt ist oder nicht. Die Kommanditisten haften bis zu Höhe ihrer Einlage den Gesellschaftern nach § 171 Abs. 1, 1. HS HGB unmittelbar, wenn die KG in das Handelsregister eingetragen ist. Diese Haftung erlischt mit der Erbringung der Einlage (§ 171 Abs. 1 2. HS HGB)

Haftung des Kommanditisten

Haftung des Kommanditisten

(1) Der Kommanditist haftet den Gläubigern der Gesellschaft bis zur Höhe seiner Einlage unmittelbar; die Haftung ist ausgeschlossen, soweit die Einlage geleistet ist.

Obwohl § 171 Abs. 1 HGB den Begriff »Einlage« verwendet, ist damit die bereits erwähnte Haftsumme gemeint. In der Höhe dieser Summe haftet der Kommanditist gegenüber Gläubigern. Nach §§ 171 Abs. 1,

Der Kommanditist haftet in Höhe der eingetragenen Haftsumme

161 Abs. 2, 128 S. 1 HGB haftet der Kommanditist wie die Komplementäre als Gesamtschuldner, die Haftung ist aber beschränkt auf die Höhe der Haftsumme. Die Haftung erlischt, wenn er einen Wert in dieser Höhe leistet. Eine Geldleistung ist nicht unbedingt erforderlich. Maßgeblich ist hier der Gesellschaftsvertrag.

Beispiel: Die P-KG ist in das Handelsregister eingetragen. Im Handelsregister ist der Kommanditist H mit einer Haftsumme von 10.000,– € eingetragen. Im Gesellschaftsvertrag ist vereinbart, dass H einen LKW zu diesem Wert einzubringen hat, was auch geschieht. Der Gesellschaftsgläubiger R hat eine Kaufpreisforderung gegenüber der P-KG von 20.000,– €. Er nimmt den H aus §§ 171 Abs. 1, 161 Abs. 2, 128 S. 1 HGB in Höhe der eingetragenen Haftsumme von 10.000,– € in Anspruch, um eine teilweise Befriedigung zu erlangen. H braucht nicht zu leisten, da er nach § 171 Abs. 1 2. HS HGB seine Haftsumme erbracht hat.

Erreicht eine eingebrachte Sacheinlage nicht den Wert der eingetragenen Haftsumme, haftet der Kommanditist gegenüber den Gläubigern in Höhe der Differenz. Der Wert der Sacheinlage ist objektiv zu schätzen.

Beispiel: Wenn der von H eingebrachte LKW nur einen objektiven Wert von 7.500,– € besitzt, besteht eine Differenz von 2.500,– € zu der eingetragenen Haftsumme. Es besteht daher eine Haftung nach § 171 Abs. 1, 1. Halbsatz HGB in Höhe von 2.500,– €.

Es ist möglich, dass die eingetragene Haftsumme und die intern als Beitrag zu leistende Einlage auseinander fallen. Die Haftsumme kann höher sein als der vereinbarte Beitrag. In diesem Fall ist nach § 172 Abs. 1 HGB gegenüber den Gläubigern die eingetragene Haftsumme maßgeblich.

Umfang der Haftung

(1) Im Verhältnisse zu den Gläubigern der Gesellschaft wird nach der Eintragung in das Handelsregister die Einlage eines Kommanditisten durch den in der Eintragung angegebenen Betrag bestimmt.

Die Gläubiger können die
Differenz zwischen
geleisteter Einlage und
Haftsumme verlangen

Die Gläubiger können vom Kommanditisten dann nach §§ 171 Abs. 1, 172 Abs. 1, 161 Abs. 2, 128 S. 1 HGB den Differenzbetrag zwischen der Einlage und der Haftsumme verlangen.

Beispiel: Im Gesellschaftsvertrag der F-KG ist die Einbringung eines LKW im Wert von 5.000,– € vereinbart. H leistet entsprechend. Die im Handelsregister eingetragene Haftsumme beträgt 10.000,– €. Der Gesellschaftsgläubiger R kann H in Höhe von 5.000,– € in Anspruch nehmen. Die eingetragene Haftsumme beträgt 10.000,– €, der geleistete Wert beträgt nur 5.000,– €. H hat die Differenz an R zu zahlen

Die Haftsumme kann sich während der Mitgliedschaft des Kommanditisten in der KG durch eine Änderung des Gesellschaftsvertrages erhöhen oder vermindern. Die Änderungen sind einzutragen.

Die Haftsumme kann jederzeit durch eine Veränderung des Gesellschaftsvertrages verändert werden

Anmeldung der Änderung der Einlage

§ 175 HGB

Die Erhöhung sowie die Herabsetzung einer Einlage ist durch die sämtlichen Gesellschafter zur Eintragung in das Handelsregister anzumelden. [...]

Ist eine Änderung nicht eingetragen, können sich Dritte nur darauf berufen, wenn eine Kundmachung in handelsüblicher Weise erfolgt.

Umfang der Haftung

§ 172 HGB

(2) Auf eine nicht eingetragene Erhöhung der aus dem Handelsregister ersichtlichen Einlage können sich die Gläubiger nur berufen, wenn die Erhöhung in handelsüblicher Weise kundgemacht oder ihnen in anderer Weise von der Gesellschaft mitgeteilt worden ist.

Beispiel: Die Gesellschafter der E-KG einigen sich darauf, dass die Haftsumme des Kommanditisten F von 5.000,– € auf 10.000,– € erhöht wird. Der Gläubiger Z nimmt den F vor der Eintragung und der Erbringung in Höhe der Differenz (5.000,– €) in Anspruch. Durch Dritte hat er zufällig von der Erhöhung gehört. Da die Erhöhung nicht kundgemacht wurde, kann Z den F wegen § 172 Abs. 2 nicht in Höhe der Differenz in Anspruch nehmen.

Wiederum kann sich der Kommanditist auf eine Herabsetzung der Haftsumme nicht berufen, solange sie nicht in das Handelsregister eingetragen ist. Auch hat eine Herabsetzung nur eine Wirkung für Forderungen, die nach der Eintragung begründet werden.

Herabsetzung der Einlage

§ 174 HGB

Eine Herabsetzung der Einlage eines Kommanditisten ist, solange sie nicht in das Handelsregister des Gerichts, in dessen Bezirk die Gesellschaft ihren Sitz hat, eingetragen ist, den Gläubigern gegenüber unwirksam; Gläubiger, deren Forderungen zur Zeit der Eintragung begründet waren, brauchen die Herabsetzung nicht gegen sich gelten zu lassen.

Interne Absprachen verändern die Haftung des Kommanditisten nicht. § 172 Abs. 3 HGB bringt dies zum Ausdruck. Die Vorschrift ist weit gehender als ihr Wortlaut vermuten lässt. Diese nennt explizit nur die

Absprachen zwischen den Gesellschafter über die Haftung des Kommanditisten entfalten keine Außenwirkung

Unwirksamkeit von Erlass- und Stundungsvereinbarungen gegenüber Gläubigern. Nach allgemeiner Auffassung ist die Bestimmung auf alle haftungsmindernden Vereinbarungen anzuwenden.

§ 172 HGB

Umfang der Haftung

(3) Eine Vereinbarung der Gesellschafter, durch die einem Kommanditisten die Einlage erlassen oder gestundet wird, ist den Gläubigern gegenüber unwirksam.

Rückzahlungen an den Kommanditisten gelten als Nichtleistung

Als Nichtleistung der Haftsumme im Sinne des § 171 Abs. 1 1.HS HGB sind gemäß § 172 Abs. 4 HGB die Rückzahlung der eingebrachten Werte und die Gewinnentnahme bei Verlusten zu sehen.

§ 172 HGB

Umfang der Haftung

(4) Soweit die Einlage eines Kommanditisten zurückbezahlt wird, gilt sie den Gläubigern gegenüber als nicht geleistet. Das gleiche gilt, soweit ein Kommanditist Gewinnanteile entnimmt, während sein Kapitalanteil durch Verlust unter den Betrag der geleisteten Einlage herabgemindert ist, oder soweit durch die Entnahme der Kapitalanteil unter den bezeichneten Betrag herabgemindert wird.

Die Vorschrift soll die Haftungsmasse der KG erhalten. Eine Rückzahlung ist daher schon gegeben, wenn der Leistung der KG keine gleichwertige Gegenleistung zufließt.

Beispiele für Rückzahlungen

Eine Rückzahlung kann z. B. sein:

*   Entnahmen aus der Gesellschaftskasse
*   Begleichung persönlicher Verbindlichkeiten des Kommanditisten durch die KG
*   Leistungen der KG an Dritte, die dann an den Kommanditisten leisten
*   Übermäßige Tätigkeitsvergütung für Dienste des Kommanditisten

§ 174 Abs. 4 S. 2 HGB ordnet an, dass ebenfalls keine Leistung im Sinn des § 171 Abs. 1 2. HS HGB vorliegt, wenn Gewinne entnommen werden, obwohl die Einlage durch einen Verlust bereits gemindert war.

Beispiel: Der Kommanditist F ist mit der Haftungssumme von 60.000,– € in das Handelsregister eingetragen. Der Betrag wurde von ihm geleistet. Im ersten Jahr macht die KG einen Verlust. Sein Kapitalanteil beträgt nur noch 50.000,– €. Im zweiten Jahr kann die KG einen Gewinn verbuchen. F lässt sich seinen Gewinnanteil von 10.000.– € vollständig auszahlen. F haftet nach §§ 171 Abs. 1, 174 Abs. 4 S. 2 HGB in Höhe von 10.000,– €. Seine Einlage gilt in dieser Höhe als nicht geleistet.

Nicht als Rückzahlung gilt, was sich ein Kommanditist in gutem Glauben als Gewinn auszahlen lässt, wenn die unrichtige Bilanz in gutem Glauben errichtet wurde. Dies bestimmt § 172 Abs. 5 HGB. Dem Wortlaut nach spricht die Vorschrift von dem »Zurückzahlen« von Gewinnen. Aus dem Kontext des § 172 HGB ergibt sich aber, dass die Haftung des Kommanditisten im Verhältnis zu den Gläubigern gemeint ist.

Keine Rückzahlung bei unrichtiger Bilanz und Gutgläubigkeit des Kommanditisten

Umfang der Haftung

(5) Was ein Kommanditist auf Grund einer in gutem Glauben errichteten Bilanz in gutem Glauben als Gewinn bezieht, ist er in keinem Falle zurückzuzahlen verpflichtet.

§ 172 HGB

Die Haftungssituation des Kommanditisten stellt sich anders dar, wenn die KG noch nicht eingetragen ist und ihre Geschäfte begonnen hat. In diesem Fall haftet ein Kommanditist nach § 176 Abs. 1 HGB wie ein Komplementär bis zur Eintragung der Gesellschaft, wenn er dem Geschäftsbeginn zugestimmt hat.

Haftung der Kommanditisten vor Eintragung

Haftung vor Eintragung

(1) Hat die Gesellschaft ihre Geschäfte begonnen, bevor sie in das Handelsregister des Gerichts, in dessen Bezirke sie ihren Sitz hat, eingetragen ist, so haftet jeder Kommanditist, der dem Geschäftsbeginne zugestimmt hat, für die bis zur Eintragung begründeten Verbindlichkeiten der Gesellschaft gleich einem persönlich haftenden Gesellschafter, es sei denn, dass seine Beteiligung als Kommanditist dem Gläubiger bekannt war. Diese Vorschrift kommt nicht zur Anwendung, soweit sich aus § 2 oder § 105 Abs. 2 ein anderes ergibt.

§ 176 HGB

Es müssen folgende Voraussetzungen für eine Haftung nach § 176 Abs. 1 HGB vorliegen:

Voraussetzungen der Haftung nach § 176 Abs. 1 HGB

- Es muss eine KG bestehen, die ein Handelsgewerbe im Umfang von § 1 HGB betreibt.
- Die KG muss ihre Geschäfte vor der Eintragung in das Handelsregister begonnen haben.
- Begründung der Verbindlichkeit zwischen Geschäftsbeginn und Eintragung des Eintritts in das Handelsregister
- Der Kommanditist muss dem Geschäftsbeginn zugestimmt haben.
- Die Beteiligung als Kommanditist darf dem Gläubiger nicht bekannt gewesen sein.

Dass es sich um eine KG handeln muss, die ein Gewerbe im Sinne des § 1 HGB betreibt, ergibt sich aus § 176 Abs. 1 S. 2 HGB. Die Vorschrift entspricht § 123 Abs. 2 HGB. Kleingewerbetreibende und

Gesellschaften, die eigenes Vermögen verwalten, sollen nicht unter diese Regelung fallen. Nicht ausdrücklich erwähnt ist § 3 HGB (Land- und Forstwirtschaft). Auch auf dieses Gewerbe ist die Vorschrift nicht anwendbar.

Die Geschäfte werden aufgenommen, wenn im Namen der Gesellschaft gehandelt wird. Das ist z. B. beim Einrichten von Konten, dem Einstellen von Personal oder dem Kauf von Maschinen und Rohstoffen der Fall.

Für die Begründung der Verbindlichkeit ist auch hier wieder maßgeblich, dass die entsprechende Rechtsgrundlage zwischen dem Geschäftsbeginn und der Eintragung gelegt worden ist.

Der Kommanditist muss dem Geschäftsbeginn zugestimmt haben. Die Zustimmung kann ausdrücklich oder durch schlüssiges Verhalten erklärt werden. Ein schlüssiges Verhalten kann beispielsweise in der Duldung der Aufnahme des Geschäftsbetriebes liegen.

Die Beteiligung als Kommanditist darf dem Gläubiger nicht bekannt gewesen sein. Gemeint ist damit, dass nur bei positiver Kenntnis von der Kommanditistenstellung die Haftung ausscheidet. Der Geschäftspartner muss wissen, dass eine bestimmte Person nur Kommanditist ist. Es ist nicht ausreichend, dass der Geschäftspartner aufgrund bestimmter Umstände hätte wissen müssen, dass der betreffende Gesellschafter Kommanditist ist. Unerheblich ist es auch, ob der Geschäftspartner überhaupt Kenntnis von der Person des Kommanditisten hatte. Auch wenn er beim Vertragsschluss nicht weiß, dass der Kommanditist überhaupt existiert, hat dies keine Auswirkungen.

Sind die Voraussetzungen des § 176 Abs. 1 HGB erfüllt, haftet der Kommanditist wie ein persönlich haftender Gesellschafter

Rechtsfolge des § 176 Abs. 1 HGB ist, dass der Kommanditist gleich einem persönlich haftenden Gesellschafter nach §§ 176 Abs. 1, 161 Abs. 2, 128 S. 1 HGB für die Verbindlichkeiten der KG, die zwischen dem Geschäftsbeginn und der Handelsregistereintragung begründet wurden, einzustehen hat. Das gilt allerdings nicht für Forderungen aus unerlaubten Handlungen. Normzweck des § 176 Abs. 1 HGB ist der Vertrauensschutz des Geschäftspartners. Bei unerlaubten Handlungen ist der Vertrauensschutz nicht relevant.

Beispiel: G und H gründen die Fahrradservice-KG. H ist Komplementär und H hat sich als Kommanditist mit einer Einlage von 10.000,– €
beteiligt. Bevor die KG eingetragen wird, kauft G – im Einvernehmen mit H – Fahrräder im Wert von 15.000,– € bei V. Da noch weitere Investitionen notwendig waren, verfügt die Gesellschaft nicht mehr über genug Kapital, um den Kaufpreis zu bezahlen. Auch G ist inzwi-

schen mittellos. V nimmt daher den H auf Zahlung von 10.000,– € in Anspruch. H haftet aus §§ 176 Abs. 1, 161 Abs. 2, 128 S. 1 HGB i. V. m. § 433 Abs. 2 BGB. Ausgangspunkt der Prüfung ist § 128 S. 1 HGB. Nach § 128 S. 1 HGB war H zum Zeitpunkt der Begründung der Verbindlichkeit der Gesellschaft persönlich haftender Gesellschafter. Es handelt sich um eine Gesellschaftsverbindlichkeit, da im Namen der KG gehandelt wurde. Dass H persönlich haftender Gesellschafter war, ergibt sich aus § 176 Abs. 1 HGB. Die Beteiligten haben eine KG gegründet. Diese hat ihre Geschäfte aufgenommen, indem Fahrräder gekauft wurden. H hat diesem Geschäftsbeginn zugestimmt und der Verkäufer hatte von der Kommanditistenstellung keine Kenntnis.

Die Praxis versucht die strenge Haftung des § 176 Abs. 1 HGB zu umgehen, in dem sie den Beitritt des Kommanditisten unter die aufschiebende Bedingung der Handelsregistereintragung stellt.

Vertragliche Gestaltungsmöglichkeit zur Umgehung der Haftung

Beispiel: Im Gesellschaftsvertrag einer KG könnte folgende Klausel enthalten sein: »Die Beteiligung des Kommanditisten X an der Kommanditgesellschaft steht unter der aufschiebenden Bedingung der Eintragung der Gesellschaft in das Handelsregister. Erst mit Eintritt dieses Ereignisses ist X Kommanditist der Gesellschaft.«

Eine besondere Problematik stellt die Rechtsscheinhaftung des Kommanditisten dar. Bei der GbR und OHG war auf die Grundsätze der Rechtsscheinhaftung hingewiesen worden (Abschnitt »Die Personengesellschaften, 1.5 Haftung«). Danach kann sich die Haftung eines Gesellschafters auch aus der Tatsache ergeben, dass der Rechtsschein gesetzt wird, dass eine bestimmte Gesellschaft oder ein Gesellschafter Mitglied einer Gesellschaft ist.

Haftung des Kommanditisten aufgrund Rechtsscheins

Das kann auch bei einer KG der Fall sein. Die Gesellschafter der KG haften dann nach den allgemeinen Regeln, die Komplementäre nach §§ 161 Abs. 1 i. V. m. § 128 S. 1 HGB und die Kommanditisten nach §§ 171 ff. HGB. Es besteht aber bei der Haftung nach § 176 Abs. 1 S. 1 HGB eine Besonderheit, wenn die »Schein-KG« noch nicht eingetragen ist. Die Vorschrift müsste in diesem Fall anwendbar sein, weil die Gesellschaft nicht eingetragen ist. Die Rechtsprechung lehnt dies ab. Allerdings stützte sich die Argumentation der Rechtsprechung auf § 19 Abs. 2, 4 HGB a. F., der ersatzlos gestrichen wurde. Trotzdem wird allgemein erwartet, dass die Rechtsprechung bei ihrer Auffassung bleibt.

Keine Anwendung des § 176 Abs. 1 HGB bei der »Schein-KG«

2.6. Rechte und Pflichten der Gesellschafter

Für den Komplementär und den Kommanditisten gelten gemäß § 161 Abs. 2 HGB die gleichen Rechte und Pflichten wie für den OHG-Gesellschafter, soweit im Gesellschaftsvertrag nichts Abweichendes vereinbart ist. Die §§ 164 ff. HGB enthalten für den Kommanditisten aber eine Reihe von Sonderregeln.

Für den Kommanditisten gelten die allgemeinen Treuepflichten. Allerdings besteht die Besonderheit, dass er nach § 165 HGB keinem Wettbewerbsverbot unterliegt.

§ 165 HGB

Wettbewerbsverbot

Die §§ 112 und 113 finden auf die Kommanditisten keine Anwendung.

Der »normale« Kommanditist unterliegt nicht dem Wettbewerbsverbot

Gemeint ist mit dem Kommanditisten im Sinn des § 165 HGB nur der »Normalkommanditist«, der dem gesetzlichen Leitbild entspricht. Hat der Kommanditist eine dem Komplementär vergleichbare Stellung, z. B. weil ihm die Geschäftsführung übertragen ist oder weil er aufgrund einer Mehrheitsbeteiligung weisungsbefugt ist, gelten nach der Rechtsprechung die §§ 112, 113 HGB auch für ihn. Die Vorschrift ist dispositiv. In der Praxis wird häufig ein Wettbewerbsverbot für den Kommanditisten vereinbart.

Der Kommanditist verfügt nur über ein »schwaches« Kontrollrecht

Dem Kommanditisten steht im Vergleich zum nicht zur Geschäftsführung berechtigten OHG-Gesellschafter nur ein eingeschränktes Kontrollrecht zu.

§ 166 HGB

Kontrollrecht

(1) Der Kommanditist ist berechtigt, die abschriftliche Mitteilung des Jahresabschlusses zu verlangen und dessen Richtigkeit unter Einsicht der Bücher und Papiere zu prüfen.

(2) Die in § 118 dem von der Geschäftsführung ausgeschlossenen Gesellschafter eingeräumten weiteren Rechte stehen dem Kommanditisten nicht zu.

(3) Auf Antrag eines Kommanditisten kann das Gericht, wenn wichtige Gründe vorliegen, die Mitteilung einer Bilanz und eines Jahresabschlusses oder sonstiger Aufklärungen sowie die Vorlegung der Bücher und Papiere jederzeit anordnen.

Nach § 166 Abs. 1 HGB kann ein Kommanditist eine Kopie des Jahresabschlusses verlangen. Jahresabschluss meint in diesem Zusammenhang die Handels- und die Steuerbilanz, einschließlich der Gewinn und Verlustrechnung. Diesen Jahresabschluss darf er durch Einsicht in die Bücher und Papiere überprüfen. Dies umfasst sämtliche Dokumente der Gesellschaft, auch Prüfungsberichte. Die Einsichtnahme darf nicht zur Unzeit erfolgen und muss in der Art und Weise angemessen sein. Das Einsichtsrecht ist persönlich auszuüben. Bevollmächtigte dürfen das Einsichtsrecht nur mit Zustimmung der anderen Gesellschafter wahrnehmen. Ein weitergehendes Kontrollrecht – »sonstige Aufklärung« – besteht nach § 166 Abs. 3 HGB nur, wenn wichtige Gründe vorliegen und das Gericht dies anordnet. Ein wichtiger Grund liegt vor, wenn eine sofortige Überwachung im Interesse des Kommanditisten geboten ist. Der Umfang des Kontrollrechts ist vom Einzelfall abhängig.

Inhalt des Kontrollrechts

Die §§ 167, 168 HGB enthalten Sonderregeln über die Gewinn- und Verlustbeteiligung des Kommanditisten. Die Berechnung des Gewinns erfolgt wie bei der OHG.

Gewinn- und Verlustbeteiligung des Kommanditisten

Gewinn und Verlust

§ 167 HGB

(1) Die Vorschriften des § 120 über die Berechnung des Gewinns oder Verlustes gelten auch für den Kommanditisten.

Vom Gewinn erhält jeder Gesellschafter, auch der Kommanditist, 4 % auf seinen Kapitalanteil. Ein Mehrgewinn wird nicht wie im Rahmen der OHG nach Köpfen, sondern in einem angemessenen Verhältnis verteilt. Hierbei ist zu berücksichtigen, dass die Komplementäre ihre Arbeitsleistung in die Gesellschaft einbringen.

Verteilung von Gewinn und Verlust

§ 168 HGB

(1) Die Anteile der Gesellschafter am Gewinne bestimmen sich, soweit der Gewinn den Betrag von vier vom Hundert der Kapitalanteile nicht übersteigt, nach den Vorschriften des §§ 121 Abs. 1 und 2.

(2) In Ansehung des Gewinns, welcher diesen Betrag übersteigt, sowie in Ansehung des Verlustes gilt, soweit nicht ein anderes vereinbart ist, ein den Umständen nach angemessenes Verhältnis der Anteile als bedungen.

Der Gewinn ist den Kapitalanteilen gutzuschreiben. Bei dem Kommanditisten ist die Höhe aber begrenzt. Die Gutschrift darf nach § 167 Abs. 2 HGB nur bis zur Höhe der Einlage erfolgen.

Ein Gewinn wird dem Kapitalanteil des Kommanditisten gutgeschrieben

§ 167 HGB

Gewinn und Verlust

(2) Jedoch wird der einem Kommanditisten zukommende Gewinn seinem Kapitalanteil nur so lange zugeschrieben, als dieser den Betrag der bedungenen Einlage nicht erreicht.

Überschreitet die Gutschrift die Einlagenhöhe, hat der Kommanditist einen Anspruch auf Auszahlung.

Kapitalentnahmen des Kommanditisten sind nicht zulässig

Der Kommanditist hat kein Entnahmerecht, wie der OHG-Gesellschafter. Nach § 169 Abs. 1 HGB besteht ein Anspruch des Kommanditisten auf Auszahlung des auf ihn entfallenden Gewinns. Das gilt nicht, wenn ein negatives Kapitalkonto besteht. In diesem Fall ist dies zunächst auszugleichen.

§ 169 HGB

Gewinnauszahlung

(1) § 122 findet auf den Kommanditisten keine Anwendung. Dieser hat nur Anspruch auf Auszahlung des ihm zukommenden Gewinns; er kann die Auszahlung des Gewinns nicht fordern, solange sein Kapitalanteil durch Verlust unter den auf die bedungene Einlage geleisteten Betrag herabgemindert ist oder durch die Auszahlung unter diesen Betrag herabgemindert werden würde.

Verluste müssen im angemessenen Verhältnis zwischen den Gesellschaftern verteilt werden

Verluste sind, wie § 168 Abs. 2 HGB entnommen werden kann, immer in einem angemessenen Verhältnis zu verteilen. Die Verluste sind mit dem Kapitalkonto des Kommanditisten zu verrechnen. Eine Nachschusspflicht besteht nicht. Überschreiten die Verluste die Einlage, nimmt der Kommanditist am Verlust nicht mehr teil.

§ 167 HGB

Gewinn und Verlust

(3) An dem Verluste nimmt der Kommanditist nur bis zum Betrage seines Kapitalanteils und seiner noch rückständigen Einlage teil.

2.7. Gesellschafterwechsel

Für die Komplementäre der KG gilt praktisch das Gleiche wie für die Gesellschafter der OHG. Insoweit wird auf die dortigen Ausführungen verwiesen. Die rechtliche Situation der Kommanditisten stellt sich hingegen abweichend dar.

Tritt ein Kommanditist in eine bestehende Gesellschaft ein, haftet er nach § 176 Abs. 2 HGB wie ein persönlich haftender Gesellschafter für die Zeit zwischen Eintritt und Eintragung in das Handelsregister. Das ergibt sich aus dem Verweis auf § 176 Abs. 1 HGB, der schon bei der Haftung des Kommanditisten erläutert wurde (Abschnitt »Die Personengesellschaften, 2.5. Haftung«).

Haftung des eintretenden Kommanditisten

Haftung vor Eintragung

§ 176 HGB

(2) Tritt ein Kommanditist in eine bestehende Handelsgesellschaft ein, so findet die Vorschrift des Absatzes 1 Satz 1 für die in der Zeit zwischen seinem Eintritt und dessen Eintragung in das Handelsregister begründeten Verbindlichkeiten der Gesellschaft entsprechende Anwendung.

Die Haftung nach § 176 Abs. 2 HGB ist an folgende Voraussetzungen geknüpft:

Voraussetzungen der Haftung gemäß § 176 Abs. 2 HGB

- Bestehen einer Handelsgesellschaft
- Eintritt des Gesellschafters als Kommanditist
- Begründung der Verbindlichkeit zwischen Eintritt und Eintragung des Eintritts in das Handelsregister
- Kommanditistenstellung war dem Gläubiger nicht bekannt

Durch die Verweisung auf § 176 I HGB entsteht zunächst der Eindruck, dass der Kommanditist als weitere Voraussetzung auch die Zustimmung zum Geschäftsbeginn erteilt haben muss. Nach allgemeiner Auffassung ist dieses Tatbestandsmerkmal aber entbehrlich. Da ein Gesellschafter in eine bereits tätige Gesellschaft eintritt, die in der Regel ihre Geschäfte immer weiterführt und nicht wegen des Eintrittes eines Gesellschafters unterbricht, kann es auf die Zustimmung des Kommanditisten nicht ankommen.

Keine Zustimmung des Kommanditisten zum Geschäftsbeginn erforderlich

Maßgeblich für den Eintritt in eine KG ist der Abschluss des Gesellschaftsvertrages. Auch hier kann der Eintritt mit dem Austritt eines anderen Kommanditisten verbunden werden. In diesem Fall werden ein Austritts- und ein neuer Gesellschaftsvertrag geschlossen. Es ist aber auch möglich, dass der »alte« Gesellschafter seinen Kommanditanteil gemäß §§ 398, 413 BGB überträgt. Dies ist möglich, wenn die anderen Gesellschafter dem zustimmen oder der Gesellschaftsvertrag dies vorsieht. Bei dieser Vorgehensweise gilt § 176 Abs. 2 HGB ebenfalls. Es ist daher ratsam, im Aufnahme- oder Abtretungsvertrag – je nach Vorgehensweise – eine aufschiebende Bedingung zu vereinbaren, nach der der Eintritt erst mit der Eintragung des Kommanditisten in das Handelsregister wirksam wird. Die übrigen Tatbestandsmerkmale sind schon aus der Erläuterung zu § 176 Abs. 1 HGB bekannt, so dass auf die entsprechenden Ausführungen verwiesen werden kann (Abschnitt »Die Personengesellschaften, 2.5. Haftung«).

Der Kommanditist haftet mit seiner Einlage auch für alle Altverbindlichkeiten der KG

Nach § 173 Abs. 1 HGB haftet der Kommanditist durch seinen Eintritt in eine bestehende KG mit seiner Einlage für alle Altschulden. Die Regelung ist durch eine Vereinbarung zwischen den Gesellschaftern nicht abdingbar.

§ 173 HGB

Haftung bei Eintritt als Kommanditist

(1) Wer in eine bestehende Handelsgesellschaft als Kommanditist eintritt, haftet nach Maßgabe der §§ 171 und 172 für die vor seinem Eintritte begründeten Verbindlichkeiten der Gesellschaft, ohne Unterschied, ob die Firma eine Änderung erleidet oder nicht.

(2) Eine entgegenstehende Vereinbarung ist Dritten gegenüber unwirksam.

Haftung des ausscheidenden Kommanditisten

Scheidet ein Kommanditist aus einer KG aus, haftet er nach §§ 161 Abs. 2, 160 HGB auch nach seinem Ausscheiden für die Verbindlichkeiten der Gesellschaft. Auf die entsprechenden Ausführungen zu dieser Vorschrift wird auf den Abschnitt »Die Personengesellschaften, 1.7. Gesellschafterwechsel« verwiesen. Grundlage der Haftung des Ausscheidenden sind weiterhin die §§ 171, 172 HGB. Es ist daher besonders § 174 Abs. 4 HGB zu beachten. Wird dem Kommanditisten mit dem Ausscheiden seine Einlage ausbezahlt, handelt es sich um eine Rückzahlung gemäß § 174 Abs. 4 HGB. Somit lebt die unmittelbare Haftung nach § 171 Abs. 1 HGB wieder auf und besteht im Rahmen des § 160 HGB fort.

Beispiel: A ist mit einer Einlage von 20.000,– € an der P-KG als einer von fünf Kommanditisten beteiligt. Die im Handelsregister eingetragene Haftsumme weist die gleiche Höhe wie die Einlage auf. A schließt mit den verbliebenen Gesellschaftern einen Austrittsvertrag und lässt sich die 20.000,– € auszahlen. Gemäß §§ 171 Abs. 1, 1. HS HGB haftet A jedem Gläubiger unmittelbar in Höhe der Haftsumme. Hiervon kann er sich nur befreien, wenn er nach § 171 Abs. 1 2. HS HGB die entsprechende Summe zahlt. A hat dies zwar bereits getan, durch die Auszahlung ist aber der Tatbestand des § 174 Abs. 4 HGB gegeben. Rechtsfolge ist, dass sie als nicht geleistet gilt, so dass die

Haftung in Höhe der Haftsumme wieder auflebt. Nach §§ 161 Abs. 2, 160 Abs. 1, 2 HGB haftet A für Verbindlichkeiten auch nach seinem Ausscheiden noch, wenn sie innerhalb von fünf Jahren fällig wurden. Länger als fünf Jahre haftet er, wenn die Verbindlichkeiten gerichtlich festgestellt worden sind. A kann somit in Höhe der Haftsumme im Rahmen des § 160 HGB von jedem Gläubiger auch noch nach seinem Ausscheiden in Anspruch genommen werden.

Diese Haftung kann vermieden werden, wenn der ausscheidende Gesellschafter seinen Kommanditanteil auf den neuen Gesellschafter nach §§ 398, 413 HGB überträgt. Der Dritte zahlt dafür eine entsprechende Vergütung. Es erfolgt also keine Zahlung von der Gesellschaft. Eine Rückzahlung im Sinne des § 172 Abs. 4 HGB ist somit nicht gegeben. Zu beachten ist aber, dass ein Rechtsnachfolgevermerk in das Handelsregister einzutragen ist. Geschieht dies nicht, könnte im Handelsregister gemäß § 15 HGB der Anschein entstehen, dass nur ein weiterer Kommanditist beigetreten sei. Da dieser mit der Abtretung auch in die Rechte des alten Kommanditisten eintritt, gilt seine Einlage als geleistet. Der alte Kommanditist wird hingegen so behandelt, als hätte er seine Einlage nicht geleistet. Die begrenzte Haftung lebt wieder auf.

Vertragliche Gestaltungsmöglichkeit zur Vermeidung der Haftung

Bei der OHG führt der Tod eines Gesellschafters zum Ausscheiden aus der Gesellschaft. Die Erben können Abfindungsansprüche geltend machen. Sie werden nur Gesellschafter, wenn eine Nachfolgeklausel im Gesellschaftsvertrag vereinbart ist. Dies gilt auch im Todesfall eines Komplementärs. Anders ist die Situation wenn ein Kommanditist verstirbt. Nach § 177 HGB wird die Gesellschaft nach dem Tod eines Kommanditisten automatisch mit den Erben auch ohne Nachfolgeklausel fortgesetzt.

Die KG wird beim Tod eines Kommanditisten auch ohne Nachfolgeklausel fortgesetzt

Tod eines Gesellschafters

§ 177 HGB

Beim Tod eines Kommanditisten wird die Gesellschaft mangels abweichender vertraglicher Bestimmung mit den Erben fortgesetzt.

Bei mehreren Erben wird nicht die Erbengemeinschaft Kommanditist, sondern jeder Erbe wird entsprechend seinem Erbteil im Wege der Sondererbfolge Kommanditist (siehe Abschnitt »Die Personengesellschaften, 1.7. Gesellschafterwechsel«). Ein Erbe haftet auf gesellschaftsrechtlicher Basis nach § 171 I 1 HS. 1, 173 HGB für die vor seinem Eintritt begründeten Verbindlichkeiten. § 176 Abs. 2 HGB findet keine Anwendung. Daneben besteht noch eine erbrechtliche Haftung nach §§ 2058 ff. BGB. Die Vorschrift ist dispositiv. Im Gesellschaftsvertrag kann vereinbart werden, dass ein Kommanditist

Verfahren bei mehreren Erben

mit dem Tode ausscheidet und der Erbe oder die Erben eine Abfindung erhalten. Es ist möglich, die Abfindung sogar vollständig auszuschließen.

2.8. Beendigung der Gesellschaft

Die Vorschriften über die KG enthalten keine Bestimmungen über die Beendigung der Gesellschaft. Es kann daher in vollem Umfang auf die Ausführungen zur OHG verwiesen werden (Abschnitt »Die Personengesellschaften, 1.8. Beendigung der Gesellschaft«).

3. Die stille Gesellschaft

3.1. Grundlagen

Die stille Gesellschaft ist in den §§ 230 – 236 HGB geregelt. Sie ist keine Handelsgesellschaft. Dies kann man schon an der Überschrift des zweiten Buches des HGB erkennen. Diese lautet: »Handelsgesellschaften und stille Gesellschaft«. Folglich finden die OHG-Vorschriften nur Anwendung, wenn explizit auf sie verwiesen wird. Die stille Gesellschaft ist eine Unterform der GbR, so dass die §§ 705 ff. BGB anwendbar sind. Hierbei ist aber zu beachten, dass die Vorschriften über das Außenverhältnis und über das Gesellschaftsvermögen abschließend in den §§ 230 ff. HGB geregelt sind. In diesen Bereichen ist kein Rückgriff auf die §§ 705 ff. BGB möglich.

Die stille Gesellschaft ist eine Unterform der GbR

Begriff und Wesen der stillen Gesellschaft definiert § 230 Abs. 1 HGB.

Begriff und Wesen der stillen Gesellschaft

§ 230 HGB

(1) Wer sich als stiller Gesellschafter an dem Handelsgewerbe, das ein anderer betreibt, mit einer Vermögenseinlage beteiligt, hat die Einlage so zu leisten, daß sie in das Vermögen des Inhabers des Handelsgeschäfts übergeht.

DER STILLE GESELLSCHAFTER

Aus § 230 Abs. 1 HGB geht hervor, dass die stille Gesellschaft eine Personengesellschaft ist, bei der sich eine Person am Handelsgewerbe

Charakter der stillen Gesellschaft

eines anderen mit einer (Vermögens-) Einlage beteiligt, die an den Inhaber übertragen wird.

Voraussetzungen der
stillen Gesellschaft

Nach §§ 230 Abs. 1 HGB i. V. m. § 705 BGB müssen folgende Voraussetzungen erfüllt sein, damit eine stille Gesellschaft vorliegt:

- Mindestens zwei Personen müssen einen Vertrag abgeschlossen haben.
- Der Vertrag muss auf die Verfolgung eines gemeinsamen Zwecks ausgerichtet sein. Gemeinsamer Zweck ist die Erzielung von Gewinn durch die Beteiligung an einem Handelsgewerbe.
- Förderung des gemeinsamen Zwecks durch die Vertragspartner. Bei dem stillen Gesellschafter durch Leistung der Einlage.

Der Vertrag wird zwischen dem Inhaber des Handelsgeschäfts und dem stillen Gesellschafter geschlossen. Der Inhaber muss Kaufmann sein. Das kann auch eine OHG oder KG sein. Will sich eine juristische Person, wie GmbH oder AG, beteiligen, ist es nicht ausreichend, dass sie Formkaufmann nach § 6 HGB ist. Die Körperschaft muss tatsächlich ein Handelsgewerbe betreiben. Die stille Gesellschaft ist immer nur zweigliedrig. Beteiligen sich mehrere stille Gesellschafter an einem Handelsgewerbe, entstehen ebenso viele stille Gesellschaften, wie Gesellschafter vorhanden sind.

Inhaber des
Handelsgeschäftes muss
ein Handelsgewerbe
betreiben

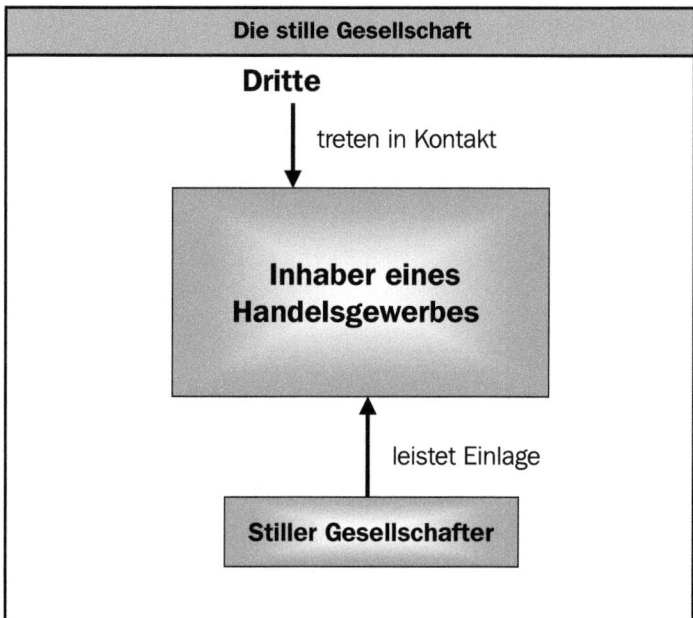

Zweck der stillen
Gesellschaft

Gemeinsamer verfolgter Zweck der Gesellschafter ist die Beteiligung des stillen Gesellschafters an dem Handelsgewerbe gegen einen

Gewinnanteil. In diesem Punkt unterscheidet sich die stille Gesellschaft vom paritätischen Darlehen. Bei paritätischen Darlehen vereinbaren die Beteiligten keinen festen Darlehenszins, sondern eine Rückzahlung entsprechend der erzielten Gewinne. Die Differenzierung zwischen beidem bereitet mitunter Schwierigkeiten. Maßgeblich sind die verfolgten Interessen. Bei der stillen Gesellschaft wird von den beiden Gesellschaftern ein gemeinsamer Zweck verfolgt. Beim paritätischen Darlehen verfolgt jeder der beiden Beteiligten eigene Interessen. Zur Abgrenzung sind nach der herrschenden Meinung Indizien heranzuziehen, die auf einen gemeinsam verfolgten Zweck schließen lassen. Dies können z. B. sein:

- die gewählte Vertragsbezeichnung
- die Vereinbarung einer Verlustbeteiligung
- die Vereinbarung von Informations- und Kontrollrechten
- die Vereinbarung von Mitentscheidungsrechten
- das Fehlen einer Kreditsicherung

Sind derartige Indizien gegeben, liegt meistens eine stille Gesellschaft vor.

Zur Förderung des gemeinsamen Zwecks hat der stille Gesellschafter seine Einlage zu erbringen. Sie kann aus jedem vermögenswerten Vorteil bestehen. Denkbar sind z. B. Geld, Sachen, Rechte, Wissen oder Dienstleistungen. Die Einlage ist so zu leisten, dass sie in das Vermögen des Inhabers des Handelsgewerbes übergeht. Die Überführung richtet sich nach der Art des Vermögenswertes, Sachen sind zu übereignen, Rechte zu übertragen und Dienste abzuleisten.

In der Literatur wird häufig noch unterschieden zwischen der typisch und atypisch stillen Gesellschaft. Diese Unterscheidung stammt nicht aus dem Gesellschaftsrecht, sondern aus dem Steuerrecht. Wie bereits erläutert, sind die meisten Vorschriften der stillen Gesellschaft dispositiv (siehe Abschnitt »Grundlagen, 4.2. Die Gestaltung von Gesellschaftsverträgen«). Werden die gesetzlichen Regelungen weit gehend übernommen, spricht man von der typisch stillen Gesellschaft. In diesem Fall erzielt der stille Gesellschafter Einkünfte aus Kapitalvermögen. Werden hingegen die Rechte des stillen Gesellschafters dahingehend verändert, dass er am Unternehmerrisiko beteiligt ist, handelt es sich um eine atypisch stille Gesellschaft und der stille Gesellschafter erzielt Mitunternehmereinkünfte.

Unterscheidung zwischen typisch und atypisch stiller Gesellschaft

Die Bedeutung der stillen Gesellschaft wird häufig unterschätzt. Sie ist in der Praxis außerordentlich beliebt. Zahlreiche Kapitalbeteiligungen erfolgen in Form der stillen Gesellschaft. Die stille Gesellschaft bietet zwei wesentliche Vorteile:

- Die Kapitalgeber treten anders als bei der KG nicht in Erscheinung.
- Die Gestaltungsfreiheit ermöglicht es, den Gesellschaftsvertrag auf die Gegebenheiten des Einzelfalles abzustimmen, was insbesondere für steuerrechtliche Interessen gilt.

Besonders beliebt ist die stille Gesellschaft bei Wirtschaftsförderungsgesellschaften. In den letzten Jahren sind zahlreiche kommunale und regionale Gesellschaften gegründet worden, deren Zweck es ist, junge oder finanzschwache Unternehmen zu fördern. Gesellschafter sind meistens mehrere Kreditinstitute. Um nicht in Erscheinung zu treten, werden oftmals »Kapitalspritzen« in Form einer stillen Beteiligung gewährt, wobei zahlreiche Kontrollrechte vereinbart werden.

3.2. Entstehung und Wirksamkeit

Die stille Gesellschaft
entsteht mit Abschluss des
Gesellschaftsvertrages

Die stille Gesellschaft entsteht mit Abschluss des Gesellschaftsvertrages. Sieht dieser einen bestimmten Zeitpunkt vor, ist dieser maßgeblich. Der Gesellschaftsvertrag ist grundsätzlich formfrei. Wie schon bei den anderen Personengesellschaften kann sich ein Formerfordernis ergeben, wenn die Verpflichtung zur Leistung der Einlage dies verlangt. Die Gesellschaft wird im Außenverhältnis nicht wirksam. Das ergibt sich aus der Natur der stillen Gesellschaft, da diese nach außen nicht in Erscheinung tritt.

3.3. Gesellschaftsvermögen

Die stille Gesellschaft
verfügt über kein
Gesellschaftsvermögen

Die stille Gesellschaft bildet in ihrer gesetzlichen Form kein Gesellschaftsvermögen. Gemäß § 230 Abs. 1 HGB geht die geleistete Einlage in das Vermögen des Inhabers des Handelsgeschäftes über. Im Gesellschaftsvertrag kann vereinbart werden, dass bei Auflösung der Gesellschaft der stille Gesellschafter ein Abfindungsguthaben erhält, als wenn er am Gesellschaftsvermögen beteiligt gewesen wäre. Dieses nennt man »wirtschaftliche Beteiligung« am Gesellschaftsvermögen. Auf diese Weise wird der stille Gesellschafter am wirtschaftlichen Wertzuwachs des Unternehmens beteiligt wie z. B. den stillen Reserven, was sonst nicht der Fall wäre. Eine wirtschaftliche Beteiligung hat nur schuldrechtliche und keine dinglichen Wirkungen. Eine derartige Vertragsgestaltung ist bei atypisch stillen Gesellschaften praktisch zwingend erforderlich, weil die Finanzverwaltungen in der Regel nur dann das Vorliegen einer atypisch stillen Gesellschaft annehmen.

3.4. Geschäftsführung und Vertretung

Die Geschäftsführung wird allein durch den Inhaber des Handelsgeschäftes ausgeübt. Dieses Recht kann dem Inhaber nicht entzogen werden. § 712 BGB findet keine Anwendung. Es ist möglich, den stillen Gesellschafter durch eine entsprechende vertragliche Vereinbarung an der Geschäftsführung zu beteiligen. Durch den Gesellschaftsvertrag ist es auch möglich, eine Gesamtgeschäftsführungsbefugnis zu vereinbaren.

Der Inhaber des Handelsgeschäfts führt die Geschäfte der stillen Gesellschaft allein

Bei der Führung der Geschäfte hat der Inhaber einen großen Handlungsspielraum. Er kann sein Handelsgeschäft ohne Zustimmung des stillen Gesellschafters, ausdehnen und einschränken. Ein Widerspruchsrecht des stillen Gesellschafters ist im Gesetz nicht vorgesehen. Wesentliche Veränderungen des Handelsgeschäftes, wie z. B. die Einstellung und der Verkauf des Betriebes, bedürfen nach übereinstimmender Auffassung aber der Zustimmung des stillen Gesellschafters. Bei weniger einschneidenden Maßnahmen, wie der Änderung der Rechtsform oder einer Sitzverlegung, ist umstritten, ob diese eine wesentliche Veränderung darstellen.

Großer Handlungsspielraum des Inhabers

Einschränkung des Handlungsspielraumes

Der Inhaber hat im Rahmen der Geschäftsführung die Einlage bestimmungsgemäß zu verwenden und darf den Gesellschaftszweck nicht gefährden.

Bei der Verletzung der Geschäftsführerpflichten gelten die allgemeinen Regeln. Der Geschäftsführende haftet nach § 280 Abs. 1 BGB, wobei der Sorgfaltsmaßstab des § 708 BGB zu beachten ist. Möglich ist auch eine Kündigung der Gesellschaft durch den stillen Gesellschafter, wenn ein wichtiger Grund vorliegt.

Schadensersatzanspruch des stillen Gesellschafters im Fall der Verletzung von Geschäftsführerpflichten

Da die Gesellschaft nicht nach Außen in Erscheinung tritt, wird sie auch nicht durch den Inhaber vertreten. Dieser handelt nur im eigenen Namen. Eine Vertretungsmacht liegt somit in keinem Fall vor. Entsprechend dem Innenverhältnis betreibt er das Gewerbe aber für Rechnung der Gesellschaft. Demnach kann auch der stille Gesellschafter, selbst bei einer entsprechenden vertraglichen Vereinbarung, die Gesellschaft nicht vertreten. Der Inhaber des Handelsgeschäfts kann ihm nur eine rechtsgeschäftliche Vertretungsmacht für sich selbst einräumen. In diesem Fall tritt der stille Gesellschafter im Namen des Inhabers des Handelsgewerbes auf.

Inhaber des Handelsgeschäftes handelt nur im eigenen Namen

3.5. Haftung

Der Inhaber des
Handelsgeschäftes haftet
den Gläubigern unmittelbar

Für Gesellschaftsverbindlichkeiten haftet der Inhaber des Handelsgeschäftes den Gläubigern unmittelbar. Das ergibt sich aus § 230 Abs. 2 HGB.

§ 230 HGB

Begriff und Wesen der stillen Gesellschaft

(2) Der Inhaber wird aus den in dem Betriebe geschlossenen Geschäften alleine berechtigt und verpflichtet.

Der stille Gesellschafter
unterliegt keiner Haftung

Der stille Gesellschafter haftet nicht, auch nicht in Höhe seiner Einlage. Die Einlage ist eine reine Innenverbindlichkeit. Lediglich der Geschäftsinhaber hat einen Anspruch auf Leistung der vereinbarten Einlage. Der Anspruch kann aber von den Gläubigern des Inhabers gepfändet und ihnen überwiesen werden.

Beispiel: A bildet mit D eine stille Gesellschaft. D hat sich als stiller Gesellschafter verpflichtet, eine Einlage von 20.000,– € einzubringen. W, ein Gläubiger des A, hat einen vollstreckbaren Titel in Höhe von 25.000,– € gegen A erwirkt. Nach §§ 828, 829 ZPO erreicht er einen Pfändungs- und Überweisungsbeschluss über die Einlageforderung. D darf nun nicht mehr an A leisten, vielmehr ist W nun berechtigt, die Forderung einzuziehen.

3.6. Rechte und Pflichten der Gesellschafter

Wie bereits erläutert, hat der Inhaber das Recht, die Geschäftsführung auszuüben. Dies verpflichtet ihn zur Führung des Handelsgeschäfts auf gemeinsame Rechnung. Die Pflicht, zum gemeinsamen Nutzen zu arbeiten, verbietet dem Inhaber, eine Konkurrenztätigkeit auszuüben. Die §§ 112, 113 HGB finden keine Anwendung.

Daneben unterliegt der Inhaber des Handelsgeschäfts einer Treuepflicht. Er muss somit auf die Belange des stillen Gesellschafters Rücksicht nehmen.

Der Inhaber des Handelsgeschäfts hat keinen Anspruch auf die Vergütung seiner Tätigkeit. Er kann aber einen Aufwendungsersatz nach §§ 713, 670 BGB verlangen. Der Inhaber des Handelsgeschäftes ist selbstverständlich am Gewinn und Verlust der stillen Gesellschaft beteiligt. Da er Inhaber des Vermögens ist kann über die vorhandenen Mittel frei verfügen, soweit dies nicht die Rechte des stillen Gesellschafters berührt

Hauptpflicht des stillen Gesellschafters ist die Leistung seiner Einlage. Bei der Einziehung gelten die allgemeinen Regeln des Schuldrechts.

Der stille Gesellschafter ist gemäß § 231 Abs. 1 HGB am Gewinn und Verlust der Gesellschaft beteiligt.

Gewinn und Verlust

§ 231 HGB

(1) Ist der Anteil des stillen Gesellschafters am Gewinn und Verluste nicht bestimmt, so gilt ein den Umständen nach angemessener Teil als bedungen.

Aus § 231 Abs. 1 HGB ergibt sich zunächst, dass für die Höhe der Gewinn- und Verlustanteile der Gesellschaftsvertrag maßgeblich ist. Ist nichts vereinbart, stellt sich die Frage, was ein »angemessener Teil« ist. Um diesen zu ermitteln, sind unterschiedliche Kriterien wie z. B. die Höhe der Beteiligung, Arbeitsleistung des Inhabers und wirtschaftliches Risiko heranzuziehen. In der Praxis wird meistens eine vom Gesetz abweichende Regelung vereinbart, weil die gesetzliche Regelung zu unbestimmt ist. Empfehlenswert ist z.B. eine Vereinbarung nach der der stille Gesellschafter einen festen prozentualen Gewinnanteil erhält. Nach § 231 Abs. 2 HGB kann die Verlustbeteiligung des stillen Gesellschafters auch ausgeschlossen werden.

Gewinn und Verlust

§ 231 HGB

(2) Im Gesellschaftsvertrage kann bestimmt werden, daß der stille Gesellschafter nicht am Verluste beteiligt sein soll; seine Beteiligung am Gewinne kann nicht ausgeschlossen werden.

Gewinn und Verlust sind am Ende eines Geschäftsjahres zu ermitteln. Ein Gewinn ist an den stillen Gesellschafter auszubezahlen. Ein nicht ausgezahlter Gewinn wird nach § 232 Abs. 3 HGB nicht auf die Einlage angerechnet. Die Vorschrift ist nicht dispositiv.

Gewinn- und Verlustrechnung

§ 232 HGB

(1) Am Schlusse jedes Geschäftsjahres wird der Gewinn und Verlust berechnet und der auf den stillen Gesellschafter fallende Gewinn ihm ausbezahlt.

Verluste hat der stille Gesellschafter nur bis zur Höhe seiner Einlage zu tragen

Am Verlust nimmt der stille Gesellschafter nur bis zum Betrag seiner Einlage teil. Er unterliegt keiner Nachschusspflicht. Auch ausgeschütteter Gewinn muss im Fall späterer Verluste nicht zurückbezahlt werden.

§ 232 HGB

Gewinn- und Verlustrechnung

(2) Der stille Gesellschafter nimmt an dem Verluste nur bis zum Betrage seiner eingezahlten und rückständigen Einlage teil. Er ist nicht verpflichtet, den bezogenen Gewinn wegen späterer Verluste zurückzuzahlen; jedoch wird, solange seine Einlage durch Verlust vermindert ist, der jährliche Gewinn zur Deckung des Verlustes verwendet.

(3) Der Gewinn, welcher von dem stillen Gesellschafter nicht erhoben wird, vermehrt dessen Einlage nicht, sofern nicht ein anderes vereinbart ist.

Die gesetzlichen Bestimmungen über die Gewinn- und Verlustverteilung sind mit Ausnahme, dass die Gewinnbeteiligung nicht ausgeschlossen werden kann, dispositiv.

Der stille Gesellschafter hat die gleichen Kontrollrechte wie der Kommanditist

Nach § 233 HGB kann der stille Gesellschafter Kontrollrechte geltend machen. Die Vorschrift billigt dem stillen Gesellschafter die gleichen Rechte zu wie § 166 HGB dem Kommanditisten. Es kann daher auf die entsprechenden Ausführungen verwiesen werden (Abschnitt »Die Personengesellschaften, 2.6. Rechte und Pflichten der Gesellschafter«).

§ 233 HGB

Kontrollrecht des stillen Gesellschafters

(1) Der stille Gesellschafter ist berechtigt, die abschriftliche Mitteilung des Jahresabschlusses zu verlangen und dessen Richtigkeit unter Einsicht der Bücher und Papiere zu überprüfen.

(2) Die in § 716 des Bürgerlichen Gesetzbuchs dem von der Geschäftsführung ausgeschlossenen Gesellschafter eingeräumten weiteren Rechte stehen dem stillen Gesellschafter nicht zu.

(3) Auf Antrag des stillen Gesellschafters kann das Gericht, wenn wichtige Gründe vorliegen, die Mitteilung einer Bilanz und eines Jahresabschlusses oder sonstiger Aufklärungen sowie die Vorlegung der Bücher und Papiere jederzeit anordnen.

Eine Einschränkung der Kontrollerechte ist möglich. Die Absätze 1 und 2 sind abdingbar. Nicht dispositiv ist dagegen Absatz 3. Eine Erweiterung der Kotrollrechte der Absätze 1 und 2 ist zulässig.

Der stille Gesellschafter unterliegt einer Treuepflicht

Aus dem Gesellschaftsverhältnis ergibt sich, dass der stille Gesellschafter einer Treuepflicht unterliegt. Anders als beim Inhaber umfasst diese aber kein Wettbewerbsverbot.

3.7. Gesellschafterwechsel

Ein Wechsel des Inhabers des Handelsgewerbes ist nicht möglich. Die Beteiligung des stillen Gesellschafters ist übertragbar, wenn der Gesellschaftsvertrag dies vorsieht oder der Inhaber zustimmt. Stirbt ein stiller Gesellschafter wird die Gesellschaft mit den Erben fortgeführt. Im Gegensatz zu den anderen Personengesellschaften findet keine Sondererbfolge statt.

3.8. Beendigung der Gesellschaft

Die Gesellschaft endet durch

Beendigungsgründe der stillen Gesellschaft

* die Kündigung eines Gesellschafters,
* das Vorliegen eines in den §§ 726 ff. BGB genannten Auflösungsgrundes.

Nach § 234 Abs. 1 HGB gelten die §§ 132, 134 und 135 HGB entsprechend für die Kündigung durch einen Gesellschafter oder einen Gläubiger.

Kündigung durch einen Gesellschafter

Kündigung der Gesellschaft

§ 234 HGB

(1) Auf die Kündigung der Gesellschaft durch einen der Gesellschafter oder durch einen Gläubiger des stillen Gesellschafters finden die Vorschriften der §§ 132, 134 und § 135 entsprechende Anwendung. Die Vorschriften des § 723 des Bürgerlichen Gesetzbuches über das Recht, die Gesellschaft aus wichtigen Gründen ohne Einhaltung einer Frist zu kündigen, bleiben unberührt.

Die Kündigung einer befristet eingegangenen Gesellschaft ist somit nicht vor Ablauf des vereinbarten Zeitraums möglich. Eine auf unbestimmte Zeit eingegangene Gesellschaft kann mit einer Frist von sechs Monaten zum Ende des Geschäftsjahres ordentlich gekündigt werden. § 234 Abs. 1 Satz 2 HGB enthält eine Sonderregelung für die außerordentliche Kündigung. Danach ist § 723 BGB anzuwenden. Es besteht demzufolge ein Kündigungsrecht, wenn ein wichtiger Grund vorliegt. Einer Auflösungsklage nach § 133 HGB, wie sie bei der OHG oder KG nötig ist, bedarf es nicht.

Im Übrigen gelten die gleichen Auflösungsgründe wie für die GbR, so dass auf die dortigen Erläuterungen verwiesen wird (Abschnitt »Die Personengesellschaften, 1.8. Die Beendigung der Gesellschaft«). Eine Abweichung besteht allerdings beim Tod eines Gesellschafters. Der Tod eines Gesellschafters führt nach § 727 BGB zur Auflösung der Gesellschaft. Bei der stillen Gesellschaft gilt dies nur für den Tod des

Auflösungsgründe der GbR gelten auch bei der stillen Gesellschaft

Inhabers des Handelsgeschäftes. § 234 Abs. 2 HGG ordnet an, dass der Tod des stillen Gesellschafters nicht zur Auflösung der Gesellschaft führt.

§ 234 HGB

Tod des stillen Gesellschafters

(2) Durch den Tod des stillen Gesellschafters wird die Gesellschaft nicht aufgelöst.

Beim Tod des stillen Gesellschafters wird die Gesellschaft mit den Erben fortgeführt.

Kein Liquidationsverfahren bei der stillen Gesellschaft

Die Auflösung der stillen Gesellschaft führt nicht zu einer Liquidation, wie bei den bisher behandelten Personengesellschaften. Dies erübrigt sich, weil kein Gesamthandsvermögen existiert, und eine gemeinschaftliche Haftung für Verbindlichkeiten nicht besteht. Dem stillen Gesellschafter ist lediglich sein Guthaben auszuzahlen.

§ 235 HGB

Auseinandersetzung

(1) Nach der Auflösung der Gesellschaft hat sich der Inhaber des Handelsgeschäftes mit dem stillen Gesellschafter auseinanderzusetzen und dessen Guthaben in Geld zu berichtigen.

(2) Die zur Zeit der Auflösung schwebenden Geschäfte werden von dem Inhaber des Handelsgeschäftes abgewickelt. Der stille Gesellschafter nimmt teil an dem Gewinn und Verluste, der sich aus diesen Geschäften ergibt.

Das Guthaben ergibt sich aus der Einlage, vermehrt oder gemindert um die Verlust- und Gewinnanteile. Zur Berechnung der Gewinn- und Verlustanteile hat der Inhaber eine Abschlussbilanz aufzustellen. Nach § 235 Abs. 2 HGB, sind auch die noch nicht abgeschlossenen Geschäfte zu berücksichtigen. An den stillen Reserven und dem Geschäftswert der Gesellschaft nimmt der stille Gesellschafter nicht teil. Bei dem Anspruch handelt es sich um einen schuldrechtlichen Anspruch, auf den die Regeln des allgemeinen Schuldrechts Anwendung finden. Umstritten ist innerhalb der Rechtsprechung, ob der Inhaber Zurückbehaltungsrechte geltend machen oder die Aufrechnung erklären kann, wenn ihm Ansprüche gegen den stillen Gesellschafter aus dem Gesellschaftsverhältnis zustehen. Der Anspruch wird fällig mit der Erstellung der Abschlussbilanz und der Errechnung des Guthabens. Der stille Gesellschafter kann aber Abschlagszahlungen verlangen, wenn sicher ist, dass eine Auszahlung zu erfolgen hat. Das Guthaben ist in Geld auszuzahlen, dass gilt auch für den Fall, dass der stille Gesellschafter eine Sacheinlage geleistet hat. Ergibt sich ein Verlust, ist der stille Gesellschafter nicht zum Ausgleich verpflichtet.

Im Fall der Insolvenz des Inhabers führt dies nach § 728 BGB zur Auflösung der Gesellschaft. Nach § 236 Abs. 1 HGB kann der stille Gesellschafter seinen Auseinandersetzungsanspruch dann als einfache Insolvenzforderung geltend machen.

Insolvenz des Inhabers   **§ 236 HGB**

(1) Wird über das Vermögen des Inhabers des Handelsgeschäftes das Insolvenzverfahren eröffnet, so kann der stille Gesellschafter wegen der Einlage, soweit sie den Betrag des auf ihn fallenden Anteils am Verlust übersteigt, seine Forderung als Insolvenzgläubiger geltend machen.

4. Die Partnerschaftsgesellschaft

4.1. Grundlagen

Die Partnerschaftsgesellschaft ist eine junge Gesellschaftsform. Sie ist in dem am 01.07.1995 in Kraft getretenen Partnerschaftsgesellschaftsgesetz geregelt. Das PartGG umfasst nur 11 Paragraphen. Ergänzend gelten daher nach § 1 Abs. 4 PartGG die Bestimmungen des BGB

Voraussetzungen der Partnerschaft   **§ 1 PartGG**

(4) Auf die Partnerschaft finden, soweit in diesem Gesetz nichts anderes bestimmt ist, die Vorschriften des Bürgerlichen Gesetzbuches über die Gesellschaft Anwendung.

Das PartGG verweist in mehreren Paragraphen auch auf die Regelungen der OHG, so dass es nicht so häufig zur Anwendung der BGB-Vorschriften kommt, wie man auf den ersten Blick meinen könnte.

Aus dem Verweis auf das BGB ergibt sich, dass die Partnerschaftsgesellschaft eine Personengesellschaft ist. Die Partnerschaftsgesellschaft ist teilrechtsfähig. Nach § 7 Abs. 2 PartGG findet § 124 HGB Anwendung.

Die Partnerschaftsgesellschaft ist eine teilrechtsfähige Personengesellschaft

Rechtliche Selbständigkeit   **§ 7 PartGG**

(2) § 124 des Handelsgesetzbuchs ist entsprechend anzuwenden.

Die Partnerschaftsgesellschaft ist eine Gesellschaft im Sinne des § 705 BGB. Somit müssen auch dessen Voraussetzungen erfüllt sein:

Voraussetzungen für eine Partnerschaftsgesellschaft

- Abschluss eines Gesellschaftsvertrages
- Der Vertrag muss auf die Verfolgung eines gemeinsamen Zwecks ausgerichtet sein. Gemeinsamer Zweck ist die gemeinschaftliche Ausübung eines freien Berufes oder verschiedener freier Berufe
- Förderung des gemeinsamen Zwecks durch die Partner.

Nur Angehörige freier Berufe können eine Partnerschaftsgesellschaft bilden

Einen Partnerschaftsvertrag können nur die Angehörigen der Freien Berufe abschließen.

§ 1 PartGG

Voraussetzungen der Partnerschaft

(1) Die Partnerschaft ist eine Gesellschaft, in der sich Angehörige Freier Berufe zur Ausübung ihrer Berufe zusammenschließen. Sie übt kein Handelsgewerbe aus. Angehörige einer Partnerschaft können nur natürliche Personen sein.

Der Gesetzgeber hat in § 1 Abs. 2 PartGG eine Legaldefinition der Freien Berufe aufgenommen. Leider ist die Definition sehr ungenau. Dieses Problem hat der Gesetzgeber zu lösen versucht, in dem er im Weiteren Freie Berufe aufzählt.

§ 1 PartGG

Voraussetzungen der Partnerschaft

(2) Die Freien Berufe haben im allgemeinen auf der Grundlage besonderer beruflicher Qualifikation oder schöpferischer Begabung die persönliche, eigenverantwortliche und fachlich unabhängige Erbringung von Dienstleistungen höherer Art im Interesse der Auftraggeber und der Allgemeinheit zum Inhalt. Ausübung eines Freien Berufs im Sinne dieses Gesetzes ist die selbständige Berufstätigkeit der Ärzte, Zahnärzte, Tierärzte, Heilpraktiker, Krankengymnasten, Hebammen, Heilmasseure, Diplom-Psychologen, Mitglieder der Rechtsanwaltskammern, Patentanwälte, Wirtschaftsprüfer, Steuerberater, beratenden Volks- und Betriebswirte, vereidigten Buchprüfer (vereidigte Buchrevisoren), Steuerbevollmächtigten, Ingenieure, Architekten, Handelschemiker, Lotsen, hauptberuflichen Sachverständigen, Journalisten, Bildberichterstatter, Dolmetscher, Übersetzer und ähnlicher Berufe sowie der Wissenschaftler, Künstler, Schriftsteller, Lehrer und Erzieher.

Juristische Personen können nicht Mitglied einer Partnerschaftsgesellschaft sein

Die Vertragsschließenden müssen nach § 1 Abs. 1 Satz 2 PartGG natürliche Personen sein. Juristische Personen sind somit als Partner ausgeschlossen.

Beispiel: Eine bei Wirtschaftsprüfern sehr beliebte Wirtschaftsprüfungsgesellschaft mit beschränkter Haftung könnte sich nicht an einer Partnerschaftsgesellschaft beteiligen.

Der Abschluss des Partnerschaftsvertrages hat schriftlich zu erfolgen. § 3 PartGG legt fest, welchen Mindestinhalt ein Partnerschaftsvertrag aufweisen muss.

Mindestinhalt eines Partnerschaftsvertrages

Partnerschaftsvertrag

§ 3 PartGG

(1) Der Partnerschaftsvertrag bedarf der Schriftform.

(2) Der Partnerschaftsvertrag muß enthalten

1. den Namen und den Sitz der Partnerschaft;
2. den Namen und den Vornamen sowie den in der Partnerschaft ausgeübten Beruf und den Wohnort jedes Partners;
3. den Gegenstand der Partnerschaft.

Zum Namen enthält § 2 Abs. 1 PartGG eine Regelung für den Namen der Gesellschaft. Aus ihm muss deutlich werden, dass es sich um eine Partnerschaft handelt und welche Freien Berufe sich in der Partnerschaft zusammengeschlossen haben.

Name der Partnerschaft

§ 2 PartGG

(1) Der Name der Partnerschaft muß den Namen mindestens eines Partners, den Zusatz »und Partner« oder »Partnerschaft« sowie die Berufsbezeichnungen aller in der Partnerschaft vertretenen Berufe enthalten. Die Beifügung von Vornamen ist nicht erforderlich. Die Namen anderer Personen als der Partner dürfen nicht in den Namen der Partnerschaft aufgenommen werden.

Der gemeinsam verfolgte Zweck muss die gemeinschaftliche Berufsausübung sein. Dies äußert sich zum Beispiel in der Nutzung gemeinsamer Räume, der gemeinsamen Betreuung von Mandanten, gemeinschaftlicher Abrechnung und einer gemeinsamen Büroorganisation.

Verfolgter Zweck ist die gemeinschaftliche Berufsausübung der Freiberufler

Die Partnerschaft wird durch die Beitragsleistung gefördert. Beitrag ist die aktive freiberufliche Tätigkeit der Partner. Selbstverständlich können noch weitere Beiträge vereinbart werden. In der Praxis werden meistens Geldleistungen vereinbart. Die aktive freiberufliche Tätigkeit ist jedoch unverzichtbar.

Der Beitrag der Partner ist die aktive freiberufliche Tätigkeit

Beispiel: Ein Rechtsanwalt der ausschließlich als Insolvenzverwalter arbeitet, kann nicht Mitglied einer Partnerschaft sein. Dies ist keine freiberufliche Tätigkeit.

Nach § 4 Abs. 1 PartGG ist die Gesellschaft zur Eintragung in das Partnerschaftsregister anzumelden.

§ 4 PartGG

Anmeldung der Partnerschaft

> (1) Auf die Anmeldung der Partnerschaft in das Partnerschaftsregister sind § 106 Abs. 1 und § 108 des Handelsgesetzbuchs entsprechend anzuwenden. Die Anmeldung hat die in § 3 Abs. 2 vorgeschriebenen Angaben, das Geburtsdatum jedes Partners und die Vertretungsmacht der Partner zu enthalten. Änderungen dieser Angaben sind gleichfalls zur Eintragung in das Partnerschaftsregister anzumelden.

Nach § 5 Abs. 1 PartGG sind die in § 4 Abs. 1 PartGG genannten Angaben einzutragen.

§ 5 PartGG

Inhalt der Eintragung

> (1) Die Eintragung hat die in § 3 Abs. 2 genannten Angaben, das Geburtsdatum jedes Partners und die Vertretungsmacht der Partner zu enthalten.

4.2. Entstehung und Wirksamkeit

Mit der Eintragung in das Partnerschaftsregister wird die Gesellschaft im Außenverhältnis wirksam

Im Verhältnis zu Dritten wird die Gesellschaft mit der Eintragung in das Partnerschaftsregister wirksam. Dies legt § 7 Abs. 1 PartGG, der sich an § 123 Abs. 1 HGB anlehnt, fest.

§ 7 PartGG

Wirksamkeit im Verhältnis zu Dritten

> (1) Die Partnerschaft wird im Verhältnis zu Dritten mit Ihrer Eintragung in das Partnerschaftsregister wirksam.

Nimmt die Gesellschaft ihre Geschäfte vorher auf, fehlt für die Partnerschaftsgesellschaft eine § 123 Abs. 2 HGB entsprechende Regelung. Die Partnerschaft ist in diesem Stadium eine GbR. Erfolgt überhaupt keine Eintragung, bleibt sie eine GbR und es finden die §§ 705 ff. BGB Anwendung.

Im Innenverhältnis kann ein früherer Wirksamkeitszeitpunkt als die Eintragung vereinbart werden

Im Innenverhältnis können die Partner für die Wirksamkeit einen früheren Zeitpunkt als die Eintragung im Gesellschaftsvertrag vorsehen. Es ist aber nicht möglich, einen späteren Zeitpunkt als die Eintragung zu vereinbaren.

4.3. Gesellschaftsvermögen

Die Partnerschaft ist eine Gesamthandsgemeinschaft

Aus dem Verweis von § 1 Abs. 4 PartGG auf die BGB-Vorschriften ergibt sich, dass die Gesellschaft eine Gesamthandsgemeinschaft ist. Da das PartGG keine Sonderregeln enthält, finden die §§ 718, 719 BGB Anwendung.

4.4. Geschäftsführung und Vertretung

Nach § 6 Abs.3 PartGG gelten für die Geschäftsführung die OHG-Regeln.

Für die Geschäftsführung gelten die OHG-Vorschriften

Rechtsverhältnis der Partner untereinander

§ 6 PartGG

(3) Im übrigen richtet sich das Rechtsverhältnis der Partner untereinander nach dem Partnerschaftsvertrag. Soweit der Partnerschaftsvertrag keine Bestimmungen enthält, sind die §§ 110 bis 116 Abs. 2, §§ 117 bis 119 des Handelsgesetzbuchs entsprechend anzuwenden.

Es kann daher in vollem Umfang auf die dortigen Ausführungen verwiesen werden. Abweichend von den OHG-Vorschriften legt § 6 Abs. 2 PartGG fest, dass einzelne Partner von der Führung der Geschäfte nicht vollständig ausgeschlossen werden können. Einem Partner muss die Erbringung seiner beruflichen Leistung möglich sein.

Ein Partner kann von der Geschäftsführung nicht völlig ausgeschlossen werden

Rechtsverhältnis der Partner untereinander

§ 6 PartGG

(2) Einzelne Partner können im Partnerschaftsvertrag nur von der Führung der sonstigen Geschäfte ausgeschlossen werden.

Ein Ausschluss kann folglich nur »sonstige Geschäfte« umfassen. Dies sind z. B. die Organisation der Gesellschaft, der Abschluss von Arbeitsverträgen, Personal- und Buchführung.

Die Vertretung der Partnerschaftsgesellschaft erfolgt gemäß § 7 Abs. 3 PartGG nach den OHG-Vorschriften.

Die Vertretung erfolgt nach den OHG-Bestimmungen

Vertretung

§ 7 PartGG

(3) Auf die Vertretung der Partnerschaft sind die Vorschriften des § 125 Abs. 1 und 2 sowie der §§ 126 und 127 des Handelsgesetzbuchs entsprechend anzuwenden.

4.5. Haftung

Die Partnerschaftsgesellschaft haftet für entstandene Verbindlichkeiten, da sie nach § 7 Abs. 2 PartGG i. V. m. § 124 HGB Trägerin von Rechten und Pflichten sein kann. Daneben haften die Partner nach § 8 Abs. 1 PartGG wie die Gesellschafter einer OHG.

Die Partner haften für Gesellschaftsverbindlichkeiten wie die OHG-Gesellschafter

Haftung für Verbindlichkeiten der Partnerschaft

§ 8 PartGG

(1) Für Verbindlichkeiten der Partnerschaft haften den Gläubigern neben dem Vermögen der Partnerschaft die Partner als Gesamtschuld-

ner. Die §§ 129 und 130 des Handelsgesetzbuchs sind entsprechend anzuwenden.

Einschränkung der Haftung für berufliche Fehler

§ 8 Abs. 2 PartGG sieht eine Haftungsbegrenzung für berufliche Fehler vor. Das macht die Gesellschaftsform für Freiberufler besonders attraktiv.

§ 8 PartGG

Haftung für Verbindlichkeiten der Partnerschaft

(2) Waren nur einzelne Partner mit der Bearbeitung eines Auftrages befaßt, so haften nur sie gemäß Absatz 1 für berufliche Fehler neben der Partnerschaft; ausgenommen sind Bearbeitungsbeiträge von untergeordneter Bedeutung.

War nur ein Partner oder einige Partner mit der Bearbeitung eines Auftrages betraut, hafteten nur die mit der Sache befassten Partner für begangene Fehler. Die anderen Partner können nicht in Anspruch genommen werden.

Beispiel: A ist Partner in einer Rechtsanwaltspartnerschaft und befasst sich dort alleine mit Vertragsverhandlungen und -gestaltungen. Bei Vertragsverhandlungen übersieht er fahrlässig, dass eine Klausel, auf die man sich geeinigt hat, zu erheblichen steuerlichen Nachzahlungen beim Mandanten R führt. Eine andere Gestaltung hätte die Nachzahlungen vermieden. A haftet dem R alleine für den entstandenen Schaden, die anderen Partner können nicht in Anspruch genommen werden.

Diese Haftungseinschränkung gilt auch für Partner, die sich nicht mit einer Sache befasst haben, obwohl sie es hätten tun müssen. Etwas unverständlich ist die Regelung des § 8 Abs. 2, 2. Halbsatz PartGG. Danach gilt die Regelung nicht bei untergeordneten Bearbeitungsbeiträgen. Ein Partner haftet bei untergeordneten Beiträgen also nicht. Diese Differenzierung ist schwer nachzuvollziehen. Untergeordnete Bearbeitungsbeiträge können genauso erhebliche Schäden nach sich ziehen wie die übrigen. Eine besondere Schwierigkeit ist auch, dass bisher noch nicht geklärt wurde, was ein untergeordneter Bearbeitungsbeitrag ist.

Beschränkung der Haftung in der Höhe

Nach § 8 Abs. 3 kann eine Haftung in der Höhe beschränkt sein, wenn gesetzliche Regelungen dies zulassen.

§ 8 PartGG

Haftung für Verbindlichkeiten der Partnerschaft

(3) Durch Gesetz kann für einzelne Berufe eine Beschränkung der Haftung für Ansprüche aus Schäden wegen fehlerhafter Berufsausübung auf einen bestimmten Höchstbetrag zugelassen werden,

wenn zugleich eine Pflicht zum Abschluß einer Berufshaftpflicht-
versicherung der Partner oder der Partnerschaft begründet wird.

*Beispiele für derartige gesetzliche Vorschriften: § 51 a BRAO für
Rechtsanwälte, § 67 a Abs. 1 StBerG für Steuerberater, § 54 a Abs. 1
WPO für Wirtschaftsprüfer*

4.6. Rechte und Pflichten der Gesellschafter

Die Rechte und Pflichten der Partner richten sich in erster Linie nach
dem Partnerschaftsvertrag. Ergänzend gelten die wesentlichen Bestimmungen des HGB entsprechend.

Die Rechte und Pflichten
der Partner ergeben sich
aus dem Partnerschafts-
vertrag

Rechtsverhältnis der Partner untereinander

§ 6 PartGG

(3) Im übrigen richtet sich das Rechtsverhältnis der Partner untereinander nach dem Partnerschaftsvertrag. Soweit der Partnerschaftsvertrag
keine Bestimmungen enthält, sind die §§ 110 bis 116 Abs. 2, §§ 117
bis 119 des Handelsgesetzbuchs entsprechend anzuwenden.

Bei der Gestaltung des Partnerschaftsvertrages und der Berufsausübung sind aber § 6 Abs. 1 und 2 PartGG zu beachten.

Einschränkung der
Gestaltungsfreiheit des
Partnerschaftsvertrages

Rechtsverhältnis der Partner untereinander

§ 6 PartGG

(1) Die Partner erbringen ihre beruflichen Leistungen unter Beachtung
des für sie geltenden Berufsrechts.

Nach § 6 Abs. 1 PartGG ist das Berufsrecht der einzelnen Partner dem
sie unterliegen zu beachten. Die Berufsausübung und der Partnerschaftsvertrag dürfen dem Berufsrecht nicht widersprechen. Ergänzend
ist der schon erwähnte § 6 Abs. 2 PartGG zu beachten. Nachdem
einzelne Partner im Partnerschaftsvertrag nur von der Führung der
sonstigen Geschäfte und nicht der beruflichen Leistungserbringung,
ausgeschlossen werden können.

4.7. Gesellschafterwechsel

Eintritt nur mit Zu-
stimmung aller Partner
möglich

Eintretender Partner haftet
für Altschulden

Die Aufnahme von neuen Partnern, bzw. die Übertragung eines Anteils an der Gesellschaft ist mit Zustimmung der anderen Partner möglich. Der neu eintretende Partner haftet nach § 8 Abs. 1 S. 2 PartGG auch für die bereits bestehenden Verbindlichkeiten. § 130 HGB findet gemäß § 8 Abs. 1 S. 2 PartGG Anwendung.

Für das Ausscheiden gelten die gleichen Bestimmungen wie für die OHG.

§ 9 PartGG

Ausscheidende Partner
haften wie ein OHG-
Gesellschafter

Ausscheiden eines Partners

(1) Auf das Ausscheiden eines Partners und die Auflösung der Partnerschaft sind, soweit im folgenden nichts anderes bestimmt ist, die §§ 131 bis 144 des Handelsgesetzbuchs entsprechend anzuwenden.

Auch für die Nachhaftung gelten die OHG-Bestimmungen.

§ 10 PartGG

Nachhaftung

(2) Nach der Auflösung der Partnerschaft oder nach dem Ausscheiden des Partners bestimmt sich die Haftung der Partner aus Verbindlichkeiten der Partnerschaft nach den §§ 159, 160 des Handelsgesetzbuchs.

Grundsatz:
Keine Vererblichkeit der
Partnerschaft

Eine besondere Regelung gilt für den Fall des Ablebens eines Partners. Nach § 9 Abs. 4 S. 1 PartGG ist die Beteiligung an einer Partnerschaft nicht vererblich.

§ 9 PartGG

Ausscheiden eines Partners

(4) Die Beteiligung einer Partnerschaft ist nicht vererblich. Der Partnerschaftsvertrag kann jedoch bestimmen, daß sie an Dritte vererblich ist, die Partner im Sinne des § 1 Abs. 1 und 2 sein können. § 139 des Handelsgesetzbuchs ist nur insoweit anzuwenden, als der Erbe der Beteiligung befugt ist, seinen Austritt aus der Partnerschaft zu erklären.

Ausnahme vom Grundsatz
der Unvererblichkeit

Wie § 9 Abs. 4 S. 2 PartGG bestimmt, ist eine vertragliche Vereinbarung, nach der die Partnerschaft mit den Erben fortgesetzt wird, möglich. Der Eintritt ist dann aber auf Freiberufler beschränkt. Tritt ein tauglicher Erbe ein, kann dieser innerhalb von drei Monaten sein Ausscheiden aus der Partnerschaft gemäß § 9 Abs. 4 S. 3 PartGG i. V. m. § 139 HGB erklären.

Beim Tod eines Partners gilt § 738 BGB entsprechend. Der Anteil des verstorbenen Partners wächst den anderen Partnern zu und die Erben haben einen Auseinandersetzungsanspruch. Für die Einzelheiten wird auf die Ausführungen zur GbR verwiesen (Abschnitt »Die Personengesellschaften, 1.7. Gesellschafterwechsel«).

4.8. Beendigung der Gesellschaft

Nach § 9 Abs. 1 PartGG gilt § 131 HGB, der die Auflösung regelt, entsprechend. Die Liquidation erfolgt nach den OHG-Bestimmungen.

Auflösung und Liquidation richtet sich nach OHG-Vorschriften

Liquidation der Partnerschaft

§ 10 PartGG

(1) Für die Liquidation der Partnerschaft sind die Vorschriften über die Liquidation der offenen Handelsgesellschaft entsprechend anwendbar.

5. Die Europäische wirtschaftliche Interessenvereinigung

5.1. Grundlagen

Die EWIV ist in der Verordnung 2137/ 85 des EG-Ministerrates (EWIV-VO) geregelt. Die Verordnung ist unmittelbar geltendes Recht. Die EWIV-VO enthält im Wesentlichen nur Vorschriften bezüglich der Gründung, der rechtlichen Existenz und der inneren Organisation der Gesellschaft. Sie wird daher durch das deutsche EWIV-Ausführungsgesetz ergänzt. Dieses verweist in § 1 auf die OHG-Vorschriften.

§ 1 EWIV-Ausfg.

Anzuwendende Vorschriften

Soweit nicht die Verordnung (EWG) Nr. 2137/85 des Rates vom 25. Juli 1985 über die Schaffung einer Europäischen wirtschaftlichen Interessenvereinigung (EWIV) – ABl EG Nr. L 199 S. 1 – (Verordnung) gilt, sind auf eine Europäische wirtschaftliche Interessenvereinigung (EWIV) mit Sitz im Geltungsbereich dieses Gesetzes (Vereinigung) die folgenden Vorschriften, im übrigen entsprechend die für eine offene Handelsgesellschaft geltenden Vorschriften anzuwenden; die Vereinigung gilt als Handelsgesellschaft im Sinne des Handelsgesetzbuchs.

Anwendbare Vorschriften

Über § 105 Abs. 3 HGB gelten auch die §§ 705 ff BGB. Somit besteht folgende Normenhierarchie:

* Zunächst ist die EWIV-VO anzuwenden.
* Ergänzend gilt das EWIV-AG
* Ergänzend gelten die §§ 105 ff. HGB
* Ergänzend gelten die §§ 705 ff. BGB

Die EWIV ist, wie alle Personengesellschaften, teilrechtsfähig.

Art. 1 EWIV-VO

(2) Die so gegründete Vereinigung hat von der Eintragung nach Artikel 6 an die Fähigkeit, im eigenen Namen Träger von Rechten und Pflichten jeder Art zu sein, Verträge zu schließen oder andere Rechtshandlungen vorzunehmen und vor Gericht zu stehen.

Voraussetzungen der EWIV

Gemäß § 1 EWIV-AG ist sie eine Handelsgesellschaft. Als Gesellschaft im Sinne des § 705 BGB muss sie auch die entsprechenden Voraussetzungen unter Berücksichtigung der Besonderheiten der EWIV erfüllen:

- Abschluss eines Gründungsvertrages
- Verfolgung eines gemeinsamen Zweckes, der darauf gerichtet ist, die wirtschaftliche Tätigkeit der Mitglieder zu erleichtern oder zu entwickeln sowie die Ergebnisse dieser Tätigkeit zu verbessern oder zu steigern ohne Gewinnerzielungsabsicht

Eine Beitragspflicht der Mitglieder ist nicht vorgesehen.

Keine Beitragspflicht der Mitglieder

Der Gesellschaftsvertrag wird bei der EWIV auch Gründungsvertrag genannt. Er muss von natürlichen Personen, die eine gewerbliche, kaufmännische, handwerkliche, landwirtschaftliche oder freiberufliche Tätigkeit ausüben oder juristischen Einheiten des öffentlichen oder Privatrechts mit Sitz und Hauptverwaltung in der EG, abgeschlossen werden.

Art. 4 EWIV-VO

(1) Mitglieder einer Vereinigung können nur sein:

a) Gesellschaften im Sinne des Artikels 58 Absatz 2 des Vertrages sowie andere juristische Einheiten des öffentlichen oder des Privatrechts, die nach dem Recht eines Mitgliedstaats gegründet worden sind und ihren satzungsmäßigen oder gesetzlichen Sitz und ihre Hauptverwaltung in der Gemeinschaft haben; wenn nach dem Recht eines Mitgliedstaats eine Gesellschaft oder andere juristische Einheit keinen satzungsmäßigen oder gesetzlichen Sitz zu haben braucht, genügt es, dass sie ihre Hauptverwaltung in der Gemeinschaft hat;

b) natürliche Personen, die eine gewerbliche, kaufmännische, handwerkliche, landwirtschaftliche oder freiberufliche Tätigkeit in der Gemeinschaft ausüben oder dort andere Dienstleistungen erbringen.

(2) Eine Vereinigung muß mindestens bestehen aus:

a) zwei Gesellschaften oder anderen juristischen Einheiten im Sinne des Absatzes 1, die ihre Hauptverwaltung in verschiedenen Mitgliedstaaten haben;

b) zwei natürlichen Personen im Sinne des Absatzes 1, die ihre Haupttätigkeit in verschiedenen Mitgliedstaaten ausüben;

c) einer Gesellschaft oder anderen juristischen Einheit und einer natürlichen Person im Sinne des Absatzes 1, von denen erstere ihre Hauptverwaltung in einem Mitgliedstaat hat und letztere ihre Haupttätigkeit in einem anderen Mitgliedstaat ausübt.

Nach Art. 1 Abs. 2 EWIV müssen mindestens zwei Beteiligte mitwirken, die in verschiedenen Mitgliedsstaaten ihren Sitz haben bzw. ihre Haupttätigkeit ausüben.

Internationalität ist erforderlich

INTERNATIONALITÄT DER EWIV

Der Gründungsvertrag
unterliegt keiner Form

Der Gründungsvertrag kann formfrei abgeschlossen werden. Er muss nach Art. 5 EWIV-VO folgenden Mindestinhalt aufweisen:

Art. 5 EWIV-VO

Der Gründungsvertrag muß mindestens folgende Angaben enthalten:

a) den Namen der Vereinigung mit den voran- oder nachgestellten Worten »Europäische wirtschaftliche Interessenvereinigung« oder der Abkürzung »EWIV«, es sei denn, daß diese Worte oder diese Abkürzung bereits im Namen enthalten sind;

b) den Sitz der Vereinigung;

c) den Unternehmensgegenstand, für den die Vereinigung gegründet worden ist;

d) den Namen, die Firma, die Rechtsform, den Wohnsitz oder den Sitz sowie gegebenenfalls die Nummer und den Ort der Registereintragung eines jeden Mitglieds der Vereinigung;

e) die Dauer der Vereinigung, sofern sie nicht unbestimmt ist.

Zweck der EWIV:
Erleichterung der grenz-
überschreitenden Tätigkeit

Die EWIV ist geschaffen worden, um die grenzüberschreitende Tätigkeit von Unternehmen zu erleichtern. Dies bestimmt auch den verfolgten Zweck.

> (1) Die Vereinigung hat den Zweck, die wirtschaftliche Tätigkeit ihrer Mitglieder zu erleichtern oder zu entwickeln sowie die Ergebnisse dieser Tätigkeit zu verbessern oder zu steigern; sie hat nicht den Zweck, Gewinn für sich selbst zu erzielen. [...]

Art. 3 EWIV-VO

Der bei der EWIV verfolgte Zweck steht in Zusammenhang mit der wirtschaftlichen Tätigkeit ihrer Mitglieder. Erlaubt ist aber nur eine Hilfstätigkeit der EWIV. Sie soll die wirtschaftliche Betätigung ihrer Mitglieder fördern, sie darf aber nicht an Stelle der Mitglieder treten. Als Zweck ist bei der EWIV daher nur die Kooperation zulässig. Um dies zu gewährleisten, enthält Art. 3 Abs. 2 EWIV-VO eine Liste von Tätigkeitsverboten, wie z.B. das Konzernleitungs- oder Holdingverbot. Denkbar ist eine EWIV z. B. für Forschungs- und Entwicklungskooperationen, Transport- und Lagergemeinschaften sowie der Koordination von Einkaufsmaßnahmen.

Die EWIV übt nur eine Hilfstätigkeit aus

Beispiel: Der in Aachen ansässige Steuerberater T will verstärkt mit belgischen und niederländischen Kollegen zusammenarbeiten. Daher gründet er mit dem niederländischen Kollegen G und dem belgischen Kollegen R eine EWIV. Die EWIV kann die Arbeit der drei Steuerberatungsbüros koordinieren, sie darf aber nicht selbst beratend tätig werden. Die Beratung muss jeweils durch die drei Mitglieder erfolgen.

Das Gewinnerzielungsverbot in Art. 3 Abs. 1, 1. Halbsatz EWIV-VO besagt nur, dass die EWIV für sich selbst keine Gewinne erwirtschaften darf, für ihre Mitglieder darf sie es.

Eine EWIV mit Sitz in der Bundesrepublik Deutschland ist in das Handelsregister gemäß Art. 1 Abs. 1 S. 2, 6 EWIV-VO § 2 EWIV-AG einzutragen.

5.2. Entstehung und Wirksamkeit

Die EWIV wird mit Abschluss des Gründungsvertrages, der die erwähnten Mindestangaben enthält und der Eintragung in das Handelsregister wirksam. Dies bestimmt Art. 1 Abs. 1 2 Hs. EWIV-VO. Ohne die Eintragung wird die EWIV im Außenverhältnis nicht wirksam.

Mit der Eintragung in das Handelsregister wird die EWIV wirksam

> (1) Europäische wirtschaftliche Interessenvereinigungen werden unter den Voraussetzungen, in der Weise und mit den Wirkungen gegründet, die in dieser Verordnung vorgesehen sind.
> Zu diesem Zweck müssen diejenigen, die eine Vereinigung gründen wollen, einen Vertrag schließen und die Eintragung nach Artikel 6 vornehmen lassen.

Art. 1 EWIV-VO

5.3. Gesellschaftsvermögen

Die EWIV ist eine Gesamt-
handsgemeinschaft

Die EWIV ist eine Gesamthandsgemeinschaft. Da keine Sonderregeln bestehen, finden die §§ 718, 719 BGB Anwendung. Es kann daher auf die Ausführungen zur GbR verwiesen werden.

5.4. Geschäftsführung und Vertretung

Maßgebliche Vorschrift für die Geschäftsführung ist Art. 19 Abs. 1 EWIV-VO.

Art. 19 EWIV-VO

(1) Die Geschäfte der Vereinigung werden von einer oder mehreren natürlichen Personen geführt, die durch den Gründungsvertrag oder durch Beschluß der Mitglieder bestellt werden.

Geschäftsführer einer Vereinigung können nicht Personen sein, die

- nach dem auf sie anwendbaren Recht oder
- nach dem innerstaatlichen Recht des Staates des Sitzes der Vereinigung oder
- aufgrund einer in einem Mitgliedstaat ergangenen oder anerkannten gerichtlichen Entscheidung oder Verwaltungsentscheidung dem Verwaltungs- oder Leitungsorgan von Gesellschaften nicht angehören dürfen, Unternehmen nicht leiten dürfen oder nicht als Geschäftsführer einer Europäischen wirtschaftlichen Interessenvereinigung handeln dürfen.

Grundsatz der Selbst-
organschaft gilt bei der
EWIV nicht

Zunächst wird beim Lesen der Vorschrift deutlich, dass der bei Personengesellschaften geltende Grundsatz der Selbstorganschaft bei der EWIV keine Anwendung findet. Mitgliedschaft und Geschäftsführung stehen in keinem unmittelbaren Verhältnis. Keiner der Gesellschafter <u>muss</u> als Geschäftsführer tätig sein. Die Gesellschaft <u>kann</u> nur von Fremdgeschäftsführern geführt werden. Die EWIV hat mithin keine geborenen, sondern gekorene Geschäftsführer. Die Gesellschafter haben nicht das Recht zur Geschäftsführung. Die Bestellung eines Geschäftsführers kann im Gründungsvertrag festgelegt werden, was aber selten der Fall ist. Die Geschäftsführerbestellung erfolgt in der Regel durch Beschluss der Mitglieder. Der Beschluss ist einstimmig zu fassen, soweit der Gründungsvertrag nichts anderes vorsieht. Nach § 2 EWIV-AG ist die Bestellung zum Geschäftsführer ist zur Eintragung Handelsregister anzumelden. Die Befugnisse des Geschäftsführers richten sich nach dem Gründungsvertrag. Die Geschäftsführer haben nach § 5 EWIV-AG die Sorgfalt eines ordentlichen und gewissenhaften Geschäftsleiters anzuwenden, sonst machen sie sich schadenersatzpflichtig.

Haftung der
Geschäftsführer

Sorgfaltspflicht und Verantwortlichkeit der

Geschäftsführer

§ 5 EWIV-AG

(1) Die Geschäftsführer haben bei ihrer Geschäftsführung die Sorgfalt eines ordentlichen und gewissenhaften Geschäftsleiters anzuwenden. Über vertrauliche Angaben und Geheimnisse der Vereinigung, namentlich Betriebs- und Geschäftsgeheimnisse, die ihnen durch ihre Tätigkeit bekannt geworden sind, haben sie Stillschweigen zu bewahren.

(2) Geschäftsführer, die ihre Pflichten verletzen, sind der Vereinigung zum Ersatz des daraus entstehenden Schadens als Gesamtschuldner verpflichtet. Ist streitig, ob sie die Sorgfalt eines ordentlichen und gewissenhaften Geschäftsleiters angewandt haben, so trifft sie die Beweislast.

(3) Die Ansprüche aus Absatz 2 verjähren in fünf Jahren.

Die Mitglieder können durch Beschlüsse die Geschäftsführung bestimmen und den Geschäftsführern Weisungen erteilen.

(2) Die als Organ handelnden Mitglieder der Vereinigung können jeden Beschluß zur Verwirklichung des Unternehmensgegenstandes der Vereinigung fassen.

Art. 16 EWIV-VO

Die Vereinigung wird ausschließlich durch die Geschäftsführer vertreten. Diese sind einzelvertretungsberechtigt. Eine Beschränkung der Vertretungsmacht ist im Außenverhältnis ohne Wirkung. Möglich ist aber die Vereinbarung einer echten Gesamtvertretung durch die Geschäftsführer, wenn diese im Handelsregister bekannt gemacht wurde.

Die Geschäftsführer sind einzelvertretungsberechtigt

(1) Gegenüber Dritten wird die Vereinigung ausschließlich durch den Geschäftsführer oder, wenn es mehrere sind, durch einen jeden Geschäftsführer vertreten.

Art. 20 EWIV-VO

Jeder der Geschäftsführer verpflichtet die Vereinigung, wenn er in ihrem Namen handelt, gegenüber Dritten, selbst wenn seine Handlungen nicht zum Unternehmensgegenstand der Vereinigung gehören, es sei denn, die Vereinigung beweist, dass dem Dritten bekannt war oder dass er darüber nach den Umständen nicht in Unkenntnis sein konnte, dass die Handlung die Grenzen des Unternehmensgegenstandes der Vereinigung überschritt; allein die Bekanntmachung der in Artikel 5 Buchstabe c) genannten Angabe reicht nicht aus, um diesen Beweis zu erbringen.

Eine Beschränkung der Befugnisse des Geschäftsführers oder der Geschäftsführer durch den Gründungsvertrag oder durch einen Beschluss der Mitglieder kann Dritten nicht entgegengesetzt werden, selbst wenn sie bekanntgemacht worden ist.

(2) Der Gründungsvertrag kann vorsehen, daß die Vereinigung nur durch zwei oder mehr gemeinschaftlich handelnde Geschäftsführer wirksam verpflichtet werden kann. Diese Bestimmung kann Dritten nur dann nach den in Artikel 9 Absatz 1 genannten Bedingungen entgegengesetzt werden, wenn sie nach Artikel 8 bekanntgemacht worden ist.

Eine Entlassung der Geschäftsführer ist jederzeit möglich

Nach § 7 EWIV-AG können die Geschäftsführer jederzeit entlassen werden, es sei denn, der Gesellschaftsvertrag sieht etwas anderes vor.

§ 7 EWIV-AG

Entlassung der Geschäftsführer

Sind die Bedingungen für die Entlassung der Geschäftsführer nicht gemäß Artikel 19 Abs. 3 der Verordnung festgelegt, so ist die Bestellung der Geschäftsführer zu jeder Zeit widerruflich, unbeschadet der Entschädigungsansprüche aus bestehenden Verträgen.

5.5. Haftung

In erster Linie haftet die Gesellschaft für die entstandenen Verbindlichkeiten selbst, da sie Trägerin von Rechten und Pflichten sein kann.

Haftung vor Eintragung

Wurde vor Eintragung im Namen der Gesellschaft gehandelt, haften nach Art. 9 Abs. 2 EWIV-VO auch die handelnden Personen unbeschränkt und gesamtschuldnerisch subsidiär zur Vereinigung.

Art. 9 EWIV-VO

(2) Ist im Namen einer Vereinigung vor ihrer Eintragung gemäß Artikel 6 gehandelt worden und übernimmt die Vereinigung nach der Eintragung die sich aus diesen Handlungen ergebenden Verpflichtungen nicht, so haften die natürlichen Personen, Gesellschaften oder anderen juristischen Einheiten, die diese Handlungen vorgenommen haben, aus ihnen unbeschränkt und gesamtschuldnerisch.

Die Handelndenhaftung erlischt, wenn nach der Eintragung die Mitglieder eine rechtsgeschäftliche Übernahme beschließen.

Subsidiäre Haftung der Mitglieder für Verbindlichkeiten der EWIV

Für die Verbindlichkeiten der Vereinigung haften nach Art. 24 Abs. 1 S. 1 EWIV-VO die Mitglieder unbeschränkt und gesamtschuldnerisch. Nach Art. 24 Abs. 2 EWIV-VO ist diese aber anders als bei den anderen Personengesellschaften subsidiär ausgestaltet.

Art. 24 EWIV-VO

(1) Die Mitglieder der Vereinigung haften unbeschränkt und gesamtschuldnerisch für deren Verbindlichkeiten jeder Art. Das einzelstaatliche Recht bestimmt die Folgen dieser Haftung.

(2) Bis zum Schluß der Abwicklung der Vereinigung können deren Gläubiger ihre Forderungen gegenüber einem Mitglied gemäß Absatz 1 erst dann geltend machen, wenn sie die Vereinigung zur Zahlung auf-

gefordert haben und die Zahlung nicht innerhalb einer angemessenen Frist erfolgt ist.

Die Folgen dieser Haftung werden in der Bundesrepublik Deutschland durch die §§ 128, 129 HGB bestimmt. Wird ein Mitglied persönlich in Anspruch genommen und befriedigt den Gläubiger erfolgt der Ausgleich zwischen den Gesellschaftern nach den §§ 421 ff. BGB.

5.6. Rechte und Pflichten der Gesellschafter

Die Mitglieder der EWIV haben, wie bereits festgestellt, kein Recht zur Geschäftsführung. Durch Art. 19 EWIV-VO können die Gesellschafter aber Einfluss nehmen auf die Auswahl der Geschäftsführer. Des Weiteren können sie von diesen gemäß Art. 18 EWIV-VO Auskunft über die Geschäfte verlangen und Einsicht in die Bücher nehmen. Die Vorschrift ist nicht dispositiv.

Kontrollrecht der Mitglieder

Jedes Mitglied hat das Recht, von den Geschäftsführern Auskünfte über die Geschäfte der Vereinigung zu erhalten und in die Bücher und Geschäftsunterlagen Einsicht zu nehmen.

Art. 18 EWIV-VO

Die Mitglieder haben ein Stimmrecht bei der Beschlussfassung. Die als Organ handelnden Mitglieder können zur Verwirklichung des Unternehmensgegenstandes gemäß Art. 16 Abs. 2 EWIV-VO jeden möglichen Beschluss fassen, also auch auf die Geschäftsführung direkten Einfluss nehmen. Bei der Beschlussfassung hat jedes Mitglied eine Stimme (Art. 17 Abs. 1 EWIV-VO). Eine vertragliche Abweichung von dieser Bestimmung ist zulässig. Soweit im Gesellschaftsvertrag nichts anderes vereinbart ist, gilt das Einstimmigkeitsprinzip. Wird hiervon vertraglich abgewichen, ist Art. 17 Abs. 2 zu beachten, der eine Aufzählung von Beschlussgegenständen enthält, die einstimmig zu fassen sind.

Stimmrecht der Mitglieder

(1) Jedes Mitglied hat eine Stimme. Der Gründungsvertrag kann jedoch bestimmten Mitgliedern mehrere Stimmen unter der Bedingung gewähren, daß ein einziges Mitglied nicht die Stimmenmehrheit besitzt.

(2) Die Mitglieder können folgende Beschlüsse nur einstimmig fassen:
a) Änderungen des Unternehmensgegenstandes der Vereinigung;
b) Änderungen der Stimmzahl eines jeden Mitglieds;
c) Änderungen der Bedingungen für die Beschlußfassung;
d) eine Verlängerung der Dauer der Vereinigung über den im Gründungsvertrag festgelegten Zeitpunkt hinaus;

Art. 17 EWIV-VO

e) Änderungen des Beitrags jedes Mitglieds oder bestimmter Mit
   glieder zur Finanzierung der Vereinigung;
f) Änderungen jeder anderen Verpflichtung eines Mitglieds, es sei
   denn, daß der Gründungsvertrag etwas anderes bestimmt;
g) jede nicht in diesem Absatz bezeichnete Änderung des Gründungs
   vertrags, es sei denn, daß dieser etwas anderes bestimmt.

(3) In allen Fällen, in denen diese Verordnung nicht vorsieht, dass die
Beschlüsse einstimmig gefasst werden müssen, kann der Gründungsvertrag die Bedingungen für die Beschlussfähigkeit und die Mehrheit,
die für die Beschlüsse oder bestimmte Beschlüsse gelten sollen, festlegen. Enthält der Vertrag keine Bestimmungen, so sind die Beschlüsse
einstimmig zu fassen.

Ergänzend zu Art. 17 Abs. 2 EWIV-VO sehen eine Reihe weiterer
Normen die Einstimmigkeit bei der Beschlussfassung vor. Es ist daher
Vorsicht geboten und bei jedem Einzelfall zu untersuchen, welche
Mehrheit bei der Abstimmung erforderlich ist.

Ersatz der Aufwendungen

Tätigt ein Mitglied Aufwendungen, steht ihm nach § 1 EWIV-AG
§ 110 HGB ein Aufwendungsersatzanspruch zu. Da die Geschäftsführer aber für die Geschäftsführung zuständig sind und nicht wie in
einer OHG die Gesellschafter, besteht ein Anspruch nur für Maßnahmen, die nicht zur Geschäftsführung gehören.

Anspruch auf Gewinnanteil

Ferner besteht ein Anspruch auf Auszahlung des Gewinnanteils. Ein
erzielter Gewinn ist gemäß Art. 21 Abs. 1 EWIV-VO nach gleichen
Teilen zu verteilen. Der Gründungsvertrag kann eine andere Verteilung
vorsehen.

Art. 21 EWIV-VO

(1) Gewinne aus den Tätigkeiten der Vereinigung gelten als Gewinne
der Mitglieder und sind auf diese in dem Gründungsvertrag vorgesehenen Verhältnis oder, falls dieser hierüber nichts bestimmt, zu
gleichen Teilen aufzuteilen.

Pflicht, Verluste zu tragen

Es besteht aber auch die Pflicht der Mitglieder, entstandene Verluste
auszugleichen. Jedes Mitglied hat dabei den gleichen Anteil zu tragen.

Art. 21 EWIV-VO

(2) Die Mitglieder der Vereinigung tragen entsprechend dem im
Gründungsvertrag vorgesehenen Verhältnis oder, falls dieser hierüber
nichts bestimmt, zu gleichen Teilen zum Ausgleich des Betrages bei,
um den die Ausgaben die Einnahmen übersteigen.

Treuepflicht der Mitglieder

Wie in den anderen Personengesellschaften unterliegen die Mitglieder
der EWIV einer Treuepflicht. Nach § 1 EWIV-AG gilt das Wettbewerbsverbot des § 112 HGB auch für die EWIV. Im Fall einer
erheblichen Verletzung der Treuepflicht sieht Art. 27 Abs. 2 S. 1
EWIV-VO einen Ausschluss des betreffenden Mitgliedes vor. Dieser

Ausschluss muss durch eine gerichtliche Entscheidung herbeigeführt werden. Eine abweichende Regelung im Gründungsvertrag ist möglich.

(2) Jedes Mitglied der Vereinigung kann aus dem im Gründungsvertrag angeführten Gründen, in jedem Fall aber dann ausgeschlossen werden, wenn es grob gegen seine Pflichten verstößt oder wenn es schwere Störungen der Arbeit der Vereinigung verursacht oder zu verursachen droht.

Art. 27 EWIV-VO

Dieser Ausschluß kann nur durch gerichtliche Entscheidung auf gemeinsamen Antrag der übrigen Mitglieder erfolgen, es sei denn, daß der Gründungsvertrag etwas anderes bestimmt.

5.7. Gesellschafterwechsel

Neue Mitglieder können jederzeit aufgenommen werden. Die Aufnahme richtet sich nach Art. 26 EWIV-VO.

(1) Die Mitglieder der Vereinigung entscheiden einstimmig über die Aufnahme neuer Mitglieder.

Art. 26 EWIV-VO

(2) Jedes neue Mitglied haftet gemäß Artikel 24 für die Verbindlichkeiten der Vereinigung einschließlich derjenigen, die sich aus der Tätigkeit der Vereinigung vor seinem Beitritt ergeben.

Er kann jedoch durch eine Klausel im Gründungsvertrag oder in dem Rechtsakt über seine Aufnahme von der Zahlung der vor seinem Beitritt entstandenen Verbindlichkeiten befreit werden. Diese Klausel kann gemäß den in Artikel 9 Absatz 1 genannten Bedingungen Dritten nur dann entgegengesetzt werden, wenn sie gemäß Artikel 8 bekannt gemacht worden ist.

Der Beschluss über die Aufnahme ist nach Art. 26 Abs. 1 EWIV-VO einstimmig zu fassen. Das neue Mitglied haftet gemäß Art. 26 Abs. 2 EWIV-VO für alle Verbindlichkeiten, auch wenn sie bereits vor dem Eintritt entstanden sind. Es ist aber möglich, eine abweichende Vereinbarung im Gründungsvertrag zu treffen. Die Haftungsbeschränkung für die neuen Mitglieder ist im Handelsregister einzutragen.

Aufnahme neuer Mitglieder mit Zustimmung aller Gesellschafter möglich

Ein Ausscheiden von Mitgliedern hat nach Art. 30 EWIV-VO keine Auswirkungen auf den Bestand der EWIV. Etwas anderes gilt nur, wenn der Gründungsvertrag dies vorsieht.

Das Ausscheiden von Mitgliedern berührt nicht die Existenz der EWIV

Beim Ausscheiden eines Mitgliedes besteht die Vereinigung unbeschadet der von einer Person gemäß Artikel 22 Absatz 1 oder Artikel 28 Absatz 2 erhobenen Rechte unter den im Gründungsvertrag vorgesehenen oder in einem einstimmigen Beschluss der betreffenden Mitglieder festgelegten Bedingungen zwischen den verbleibenden Mit-

Art. 30 EWIV-VO

gliedern fort, es sei denn, dass der Gründungsvertrag etwas anderes bestimmt.

Gründe für ein Ausscheiden

Ein Ausscheiden kommt in folgenden Fällen in Betracht:

- Eröffnung des Insolvenzverfahrens über das Vermögen des Mitgliedes
- Kündigung des Mitgliedes
- Ausschluss des Mitgliedes
- Übertragung eines Mitgliedsanteils
- Tod eines Mitgliedes

§ 8 EWIV-AG sieht vor, dass ein Mitglied ausscheidet, wenn über sein Vermögen das Insolvenzverfahren eröffnet wird.

§ 8 EWIV-AG

Ausscheiden eines Mitgliedes

Ein Mitglied scheidet außer aus den Gründen nach Artikel 28 Abs. 1 Satz 1 der Verordnung aus der Vereinigung aus, wenn über sein Vermögen das Insolvenzverfahren eröffnet wird.

Die Kündigung der Mitgliedschaft, nicht der Gesellschaft, ist in § 27 EWIV-VO geregelt.

Art. 27 EWIV-VO

(1) Die Kündigung eines Mitgliedes der Vereinigung ist nach Maßgabe des Gründungsvertrages oder, falls dieser hierüber nichts bestimmt, mit einstimmiger Zustimmung der übrigen Mitglieder möglich.
Jedes Mitglied kann ferner aus wichtigem Grund kündigen.

Eine ordentliche Kündigung ist nur mit entsprechender Vereinbarung zulässig

Eine ordentliche Kündigung, ohne Zustimmung der übrigen Mitglieder ist nur möglich, wenn der Gründungsvertrag dies vorsieht (Art. 27 EWIV-VO). Eine außerordentliche Kündigung ohne Zustimmung ist jederzeit möglich, wenn ein wichtiger Grund vorliegt. Zur Beurteilung der Frage, wann ein wichtiger Grund vorliegt, kann sich den Ausführungen für die OHG und KG orientieren (Abschnitt »Die Personengesellschaften, 1.7. Gesellschafterwechsel«).

Ausschluss eines Mitgliedes aus wichtigem Grund

Wie bereits bei der Treuepflicht erwähnt, kann ein Mitglied bei Vorliegen eines wichtigen Grundes aus der Gesellschaft ausgeschlossen werden (Art. 27 Abs. 2 EWIV-VO).

Übertragung eines EWIV-Anteils

Ein Mitglied scheidet ferner aus, wenn es seinen Anteil auf eine andere Person überträgt. Diese Übertragung ist nach Art. 22 Abs. 1 EWIV-VI nur mit Zustimmung der übrigen Gesellschafter möglich.

(1) Jedes Mitglied der Vereinigung kann seine Beteiligung an der Vereinigung ganz oder teilweise an ein anderes Mitglied oder einen Dritten abtreten; die Abtretung wird erst wirksam, wenn die übrigen Mitglieder ihr einstimmig zugestimmt haben.

Art. 22 EWIV-VO

Das neue Mitglied haftet nach Art. 26 Abs. 2 EWIV-VO für die Altverbindlichkeiten der Vereinigung.

Das eintretende Mitglied haftet für alle Altverbindlichkeiten der EWIV

Nach Art. 28 Abs. 1 EWIV-VO scheidet ein Mitglied mit dem Tod aus der Gesellschaft aus. Die Erben treten nach Art. 28 Abs. 2 EWIV-VO in die Vereinigung nur ein, wenn dies im Gründungsvertrag vorgesehen ist. Hierbei handelt es sich aber um eine rechtsgeschäftliche Rechtsnachfolge, so dass Art. 26 EWIV-VO anzuwenden ist und es zu einer Haftung der Erben für die Altschulden der Vereinigung kommt.

Erben treten nur bei entsprechender Vereinbarung in die EWIV ein

Ausscheidende Mitglieder haften nach Art. 34 EWIV-VO auch nach ihrem Austritt für die Verbindlichkeiten der Vereinigung.

Haftung des ausscheidenden Mitglieds

Unbeschadet des Artikels 37 Absatz 1 haftet jedes aus der Vereinigung ausscheidende Mitglied gemäß Artikel 24 für die Verbindlichkeiten, die sich aus der Tätigkeit der Vereinigung vor seinem Ausscheiden ergeben.

Art. 34 EWIV-VO

Nach Art. 37 Abs. 1 EWIV-VO ist die Haftung auf fünf Jahre nach der Bekanntmachung des Ausscheidens begrenzt.

(1) Jede durch das anwendbare einzelstaatliche Recht vorgesehene längere Verjährungsfrist wird durch eine Verjährungsfrist von fünf Jahren nach der in Artikel 8 vorgeschriebenen Bekanntmachung des Ausscheidens eines Mitglieds der Vereinigung für Ansprüche gegen dieses Mitglied wegen Verbindlichkeiten, die sich aus der Tätigkeit der Vereinigung vor seinem Ausscheiden ergeben haben, ersetzt.

Art. 37 EWIV-VO

Scheidet ein Mitglied aus der Vereinigung aus, hat gemäß Art. 33 EWIV-VO eine Auseinandersetzung zu erfolgen. Ein Guthaben ist dem Mitglied auszuzahlen, Schulden sind von ihm auszugleichen. Dies gilt nicht, wenn ein Geschäftsanteil abgetreten wird.

Auseinandersetzung mit Ausscheidenden

Scheidet ein Mitglied aus einem anderen Grund als dem der Abtretung seiner Rechte gemäß Artikel 22 Absatz 1 aus der Vereinigung aus, so wird das Auseinandersetzungsguthaben dieses Mitgliedes oder die Höhe der Forderungen der Vereinigung gegen dieses Mitglied auf der Grundlage des Vermögens der Vereinigung ermittelt, wie es im Zeitpunkt des Ausscheidens des Mitgliedes vorhanden ist. Der Wert der Ansprüche und Verbindlichkeiten des ausscheidenden Mitgliedes darf nicht im voraus pauschal bestimmt werden.

Art. 33 EWIV-VO

5.8. Beendigung der Gesellschaft

Die Auflösungsgründe der EWIV sind abschließend in der EWIV-VO geregelt. Eine Auflösung erfolgt nur durch einen **einstimmigen Gesellschafterbeschluss** oder durch **gerichtliche Entscheidung**.

Die Auflösung durch Beschluss ist in Art. 31 Abs. 1 EWIV-VO geregelt.

Art. 31 EWIV-VO

(1) Die Vereinigung kann durch Beschluß ihrer Mitglieder aufgelöst werden, der diese Auflösung ausspricht. Dieser Beschluß muß einstimmig gefasst werden, es sei denn, daß der Gründungsvertrag etwas anderes bestimmt.

Pflicht der Mitglieder einen Auflösungsbeschluss zu fassen

Art. 31 Abs. 2 EWIV-VO enthält mehrere Gründe, wann die Mitglieder verpflichtet sind, einen Auflösungsbeschluss zu fassen. Geschieht dies nicht innerhalb von 3 Monaten, kann jedes Mitglied bei Gericht beantragen, die Auflösung auszusprechen.

Art. 31 EWIV-VO

(2) Die Vereinigung muß durch Beschluß ihrer Mitglieder aufgelöst werden, der feststellt, daß

a) die im Gründungsvertrag bestimmte Dauer abgelaufen oder ein anderer in diesem Vertrag vorgesehener Auflösungsgrund eingetreten ist oder

b) der Unternehmensgegenstand der Vereinigung verwirklicht worden ist oder nicht weiter verfolgt werden kann.

Ist binnen drei Monaten nach Eintritt eines der in Unterabsatz 1 genannten Fälle kein Beschluß der Mitglieder über die Auflösung der Vereinigung ergangen, so kann jedes Mitglied bei Gericht beantragen, diese Auflösung auszusprechen.

Auflösungsbeschluss bei Verlust der Internationalität

Des Weiteren ist die Vereinigung nach Art. 31 Abs. 3 EWIV-VO aufzulösen, wenn die Mitglieder nicht in verschiedenen EU-Mitgliedstaaten tätig sind bzw. ihren Sitz oder ihre Hauptverwaltung haben.

Art. 31 EWIV-VO

(3) Die Vereinigung muß ferner durch Beschluß ihrer Mitglieder oder des verbleibenden Mitgliedes aufgelöst werden, wenn die Bedingungen des Artikels 4 Absatz 2 nicht mehr erfüllt sind.

Artikel 32 Abs. 1 EWIV-VO sieht Gründe vor, wann ein Beteiligter oder die zuständige Behörde einen Antrag bei Gericht auf Auflösung stellen kann.

Art. 32 EWIV-VO

(1) Auf Antrag jedes Beteiligten oder einer zuständigen Behörde muß das Gericht im Falle der Verletzung des Artikels 3, des Artikels 12 oder des Artikels 31 Absatz 3 die Auflösung der Vereinigung aussprechen, es sei denn, daß die Mängel der Vereinigung behoben

werden können und vor der Entscheidung in der Sache behoben werden.

Eine zuständige Behörde gibt es in der Bundesrepublik Deutschland nicht, so dass nur der Antrag eines Beteiligten in Betracht kommt. Gründe für einen Antrag sind ein Verstoß gegen den erlaubten Gesellschaftszweck (Art. 3 EWIV-VO), ein Verstoß gegen das Sitzgebot (Art. 12 EWIV-VO) und der Verlust des grenzüberschreitenden Charakters (Art. 31 Abs. 3 EWIV-VO).

Daneben kann auch jedes Mitglied aus wichtigem Grund die Auflösung beantragen.

(2) Auf Antrag eines Mitgliedes kann das Gericht die Auflösung der Vereinigung aus wichtigem Grund aussprechen.

Art. 32 EWIV-VO

Die Auflösung der EWIV hat deren Abwicklung zur Folge. Art. 35 Abs. 2 EWIV-VO verweist in der Bundesrepublik Deutschland auf die §§ 145 ff. HGB zur Abwicklung. Nach Art. 35 Abs. 3 EWIV-VO wird die Geschäftstätigkeit während der Abwicklung fortgeführt.

Abwicklung erfolgt nach den OHG-Bestimmungen

(1) Die Auflösung der Vereinigung führt zu deren Abwicklung.

(2) Die Abwicklung der Vereinigung und der Schluß dieser Abwicklung unterliegen dem einzelstaatlichen Recht.

(3) Die Geschäftstätigkeit der Vereinigung im Sinne von Artikel 1 Abs. 2 besteht bis zum Schluß der Abwicklung fort.

Art. 35 EWIV-VO

Eine Abweichung besteht aber bei den Liquidatoren. Dies sind nach § 10 Abs. 1 EWIV-AG die Geschäftsführer.

Abwicklung der Vereinigung

§ 10 EWIV-AG

(1) In den Fällen der Auflösung der Vereinigung, außer im Fall des Insolvenzverfahrens, erfolgt die Abwicklung durch die Geschäftsführer, wenn sie nicht durch den Gründungsvertrag oder durch Beschluss der Mitglieder der Vereinigung anderen Personen übertragen ist.

6. Wiederholungsfragen

1. Ist die GbR rechtsfähig? Lösung S. 15

2. Wer führt die Geschäfte der GbR? Lösung S. 24

3. Welchen Inhalt hat die Haftung eines Gesellschafters in der OHG für Verbindlichkeiten der Gesellschaft? Lösung S. 40

4. Was ist der Unterschied zwischen Sozialverbindlichkeiten und Sozialverpflichtungen? Lösung S. 49

5. Welche Rechtsfolgen hat der Verstoß eines OHG-Gesellschafters gegen das Wettbewerbsverbot? Lösung S. 54

6. Haftet ein GbR-Gesellschafter nach seinem Ausscheiden noch für die Verbindlichkeiten der Gesellschaft? Lösung S. 69

7. Welche Gründe führen zur Auflösung einer OHG? Lösung S. 71

8. Was unterscheidet Komplementäre und Kommanditisten? Lösung S. 83

9. Sind Kommanditisten zur Vertretung der KG berechtigt? Lösung S. 86

10. In welchem Umfang haftet ein Kommanditist für die Verbindlichkeiten der KG nach deren Eintragung in das Handelsregister? Lösung S. 87

11. Was ist eine typisch und atypisch stille Gesellschaft? Lösung S. 102

12. Welche natürlichen Personen können Mitglied in einer Partnerschaftsgesellschaft sein? Lösung S. 112

13. Wann ist die persönliche Haftung der Mitglieder einer Partnerschaftsgesellschaft eingeschränkt? Lösung S. 116

14. Welche Rechtsvorschriften gelten für die EWIV? Lösung S. 120

15. Gilt bei der EWIV der Grundsatz der Selbstorganschaft? Lösung S. 120

Die Körperschaften

1. Der eingetragene Verein

1.1. Grundlagen

Der rechtsfähige Verein ist in den §§ 21 ff. BGB geregelt. Eine Definition des Vereins findet sich dort allerdings nicht. Nach allgemeiner Auffassung ist der Verein eine auf Dauer angelegte Personenvereinigung zur Erreichung eines gemeinsamen Zweckes mit körperschaftlicher Verfassung. Das Gesetz unterscheidet zwischen dem rechtsfähigen und nichtrechtsfähigen Verein. Der eingetragene Verein ist rechtsfähig. Das heißt, dass er eine mit einer eigenen Rechtspersönlichkeit ausgestattete Körperschaft ist. Bei der Erlangung der Rechtsfähigkeit unterscheidet das Gesetz weiterhin zwischen dem nicht wirtschaftlichen und dem wirtschaftlichen Verein. Der nichtwirtschaftliche Verein, auch Idealverein genannt, erlangt seine Rechtsfähigkeit mit der Eintragung in das Vereinsregister.

Definition »Verein«

Rechtsfähigkeit des nicht wirtschaftlichen Vereins

Nicht wirtschaftlicher Verein

Ein Verein, dessen Zweck nicht auf einen wirtschaftlichen Geschäftsbetrieb gerichtet ist, erlangt Rechtsfähigkeit durch Eintragung in das Vereinsregister des zuständigen Amtsgerichts.

§ 21 BGB

Ein wirtschaftlicher Verein erhält seine Rechtsfähigkeit durch Verleihung. Zuständig für die Verleihung ist das Bundesland, in dem der Verein seinen Sitz hat.

Rechtsfähigkeit des wirtschaftlichen Vereins

Wirtschaftlicher Verein

Ein Verein, dessen Zweck auf einen wirtschaftlichen Geschäftsbetrieb gerichtet ist, erlangt in Ermangelung besonderer *reichs*gesetzlicher Vorschriften Rechtsfähigkeit durch staatliche Verleihung. Die Verleihung steht dem Bundesstaate zu, in dessen Gebiete der Verein seinen Sitz hat.

§ 22 BGB

Die Verleihung der Rechtsfähigkeit an wirtschaftliche Vereine wird sehr restriktiv gehandhabt. Die Behörden stehen auf dem Standpunkt, dass genug gesellschaftsrechtliche Organisationsformen existieren, um sich wirtschaftlich zu betätigen. Eine Verleihung der Rechtsfähigkeit für wirtschaftliche Vereine geschieht daher nur in Ausnahmefällen. Aufgrund dieser Ausgangslage ist die Abgrenzung zwischen den beiden Formen von erheblicher Bedeutung. Bei der Differenzierung ist entsprechend § 21 BGB darauf abzustellen, ob der Zweck des Vereins auf einen wirtschaftlichen Geschäftsbetrieb ausgerichtet ist. Die Rechtsprechung orientiert sich hierbei seit einigen Jahren an rein

Nicht wirtschaftliche Vereine sind in der Praxis selten

objektiven Kriterien. Ein wirtschaftlicher Geschäftsbetrieb ist nach neuerer Rechtsprechung anzunehmen, wenn der Verein planmäßig und dauerhaft entgeltliche Leistungen anbietet, also unternehmerisch tätig ist. Aber auch Vereine mit einem wirtschaftlichen Geschäftsbetrieb bleiben Idealvereine, wenn der vom Verein verfolgte Hauptzweck nicht wirtschaftlicher Art ist.

Beispiel: Ein Tischtennisverein vermietet transportable Werbeflächen, um sie bei Ligaspielen aufzustellen. Der Verein verfolgt weiterhin den ideellen Hauptzweck, den Tischtennissport zu fördern und zu betreiben. Der Nebenzweck, zusätzliche Einnahmen zu erzielen, macht den Tischtennisverein nicht zu einem wirtschaftlichen Verein.

Das Nebenzweckprivileg ist in Einzelfällen umstritten. So wird Fußballvereinen und dem ADAC seil langem vorgeworfen, dass diese keine Idealvereine mehr wären, da der wirtschaftliche Geschäftsbetrieb inzwischen dominierend sei. Bei Fußballvereinen hat sich die Problematik entschärft, seitdem diese dazu übergegangen sind, die Lizenzspielerabteilung in andere Gesellschaftsformen zu überführen.

Die nachfolgenden Ausführungen beschäftigen sich nur noch mit dem Idealverein, da der wirtschaftliche Verein in der Praxis keine Rolle spielt.

1.2. Entstehung und Wirksamkeit

Die Gründung eines Vereins verläuft in zwei Stufen. Zunächst müssen sieben Gründer einen Gründungsvertrag schließen. Danach ist der Verein in das Vereinsregister einzutragen.

Mindestmitgliederzahl des Vereins

Die Eintragung soll nur erfolgen, wenn die Zahl der Mitglieder mindestens sieben beträgt.

Gemeint sind damit sieben natürliche Personen. Juristische Personen werden nicht mitgezählt. Bei religiösen Vereinen ist wegen Art. 4 GG (Religionsfreiheit) auch eine geringere Gründerzahl zulässig. § 56 BGB ist dem Wortlaut nach nur eine Soll-Bestimmung. Nach § 60 BGB ist eine Eintragung in das Vereinsregister aber abzulehnen, wenn die in den §§ 56 bis 59 BGB genannten Voraussetzungen nicht erfüllt sind. Nach herrschender Meinung ist § 60 BGB entsprechend dem Wortlaut auszulegen. Daher sind die Voraussetzungen der §§ 56 ff. BGB auf jeden Fall einzuhalten.

Zurückweisung der Anmeldung

§ 60 BGB

(1) Die Anmeldung ist, wenn den Erfordernissen der §§ 56 bis 59 nicht genügt ist, von dem Amtsgericht unter Angabe der Gründe zurückzuweisen.

Die Gründer müssen einen Gründungsvertrag, auch Satzung genannt, schließen. Die Satzung muss einen Mindestinhalt aufweisen.

Abschluss eines Gründungsvertrages

Mindesterfordernisse an die Vereinssatzung

§ 57 BGB

(1) Die Satzung muss den Zweck, den Namen und den Sitz des Vereins enthalten und ergeben, dass der Verein eingetragen werden soll.

Als Vereinszweck ist jeder ideelle Zweck erlaubt. Das kann z. B. ein politischer, sportlicher, gesundheitlicher oder religiöser Zweck sein.

Jeder ideelle Zweck kann Vereinszweck sein

Ein Name ist zulässig, wenn er sich von anderen ortsansässigen Vereinsnamen unterscheidet.

Unterscheidungskraft des Vereinsnamens notwendig

Mindesterfordernisse an die Vereinssatzung

§ 57 BGB

(2) Der Name soll sich von den Namen der an demselben Orte oder in derselben Gemeinde bestehenden eingetragenen Vereine deutlich unterscheiden.

Ferner besteht Einigkeit, dass der Name keinen täuschenden Charakter haben darf. Es darf z. B. nicht über Größe, Alter oder Art des Vereins getäuscht werden.

Beispiel: Ein kleiner lokaler Tennisverein darf sich nicht »International Tennis Club« nennen.

§ 58 BGB enthält weitere Anforderungen an die Satzung, die erfüllt sein müssen.

Sollinhalt der Vereinssatzung

§ 58 BGB

Die Satzung soll Bestimmungen enthalten:

1. über den Eintritt und Austritt der Mitglieder,
2. darüber, ob und welche Beiträge von den Mitgliedern zu leisten sind,
3. über die Bildung des Vorstands,
4. über die Voraussetzungen, unter denen die Mitgliederversammlung zu berufen ist, über die Form der Berufung und über die Beurkundung der Beschlüsse.

Mit Abschluss des Gründungsvertrages ist ein Vorverein entstanden. Dieser Vorverein ist ein nicht rechtsfähiger Verein. Eine persönliche

Der Vorverein entsteht mit Abschluss des Gründungsvertrages

Haftung der Vereinsmitglieder besteht nicht. Handeln aber Personen für den Verein, haften diese persönlich.

§ 54 BGB

Nicht rechtsfähige Vereine

[...] Aus einem Rechtsgeschäft, das im Namen eines solchen Vereins einem Dritten gegenüber vorgenommen wird, haftet der Handelnde persönlich; handeln mehrere, so haften sie als Gesamtschuldner.

Persönliche Haftung des für den Vorverein Handelnden

Handelnder ist, wer für den Verein nach außen auftritt. Die persönliche Haftung erstreckt sich auf sämtliche vertraglichen Ansprüche und § 311 Abs. 2 BGB (ehemals c.i.c.).

Vorstand ist zu bestellen

Die Mitglieder müssen für diesen Vorverein einen Vorstand bestellen. Der Vorstand hat dann den Verein nach § 59 Abs. 1 BGB zur Eintragung anzumelden. Der Eintragung sind mehrere Dokumente beizufügen.

§ 59 BGB

Anmeldung zur Eintragung

1) Der Vorstand hat den Verein zur Eintragung anzumelden.

(2) Der Anmeldung sind beizufügen:

1. die Satzung in Urschrift und Abschrift,

2. eine Abschrift der Urkunden über die Bestellung des Vorstands.

(3) Die Satzung soll von mindestens sieben Mitgliedern unterzeichnet sein und die Angabe des Tages der Errichtung enthalten.

Anmeldung zum Vereinsregister

Die Anmeldung hat gemäß § 77 BGB mittels öffentlich beglaubigter Erklärungen zu erfolgen.

§ 77 BGB

Form der Anmeldungen

Die Anmeldungen zum Vereinsregister sind von den Mitgliedern des Vorstands sowie von den Liquidatoren mittels öffentlich beglaubigter Erklärungen zu bewirken.

Das heißt, dass gemäß § 129 BGB die Erklärung schriftlich abgefasst sein muss, und ein Notar die Unterschrift der Erklärenden beglaubigt.

Identität zwischen Vorverein und Verein

Die Eintragung in das Vereinsregister führt zur Rechtsfähigkeit des Vereins (rechtsbegründende Wirkung). Soweit der Vorverein bereits Geschäfte getätigt hat, gehen sämtliche Aktiva und Passiva ohne besonderen Übertragungsakt auf den eingetragenen Verein über, da dieser mit dem Vorverein identisch ist. Die persönliche Haftung eines Mitglieds, das für den Verein gehandelt hat, erlischt.

Mit der Eintragung hat der Verein einen Zusatz zu seinem Namen zu führen.

Namenszusatz

§ 65 BGB

Mit der Eintragung erhält der Name des Vereins den Zusatz »eingetragener Verein«.

1.3. Organe

Ein Verein besitzt zwei Organe. Die Mitgliederversammlung und der Vorstand.

1.3.1. Mitgliederversammlung

Die Mitgliederversammlung ist das höchste Organ des Vereins. Sie entscheidet über alle Angelegenheiten, soweit sie nicht in die Zuständigkeit des Vorstandes fallen.

Zuständigkeit der Mitgliederversammlung

Mitgliederversammlung

§ 32 BGB

(1) Die Angelegenheiten des Vereins werden, soweit sie nicht von dem Vorstand oder einem anderen Vereinsorgan zu besorgen sind, durch Beschlussfassung in einer Versammlung der Mitglieder geordnet. […]

Ausdrücklich angeordnet ist die Zuständigkeit der Mitgliederversammlung darüber hinaus für die Bestellung und Abberufung des Vorstandes.

Vorstand

§ 27 BGB

(1) Die Bestellung des Vorstands erfolgt durch Beschluss der Mitgliederversammlung.

Sie ist weiterhin zuständig für Satzungsänderungen und bei Änderungen des Vereinszweckes.

Satzungsänderung

§ 33 BGB

(1) Zu einem Beschluss, der eine Änderung der Satzung enthält, ist eine Mehrheit von drei Vierteln der erschienenen Mitglieder erforderlich. Zur Änderung des Zweckes des Vereins ist die Zustimmung aller Mitglieder erforderlich; die Zustimmung der nicht erschienenen Mitglieder muss schriftlich erfolgen.

Die Mitgliederversammlung entscheidet ferner auch über die Auflösung des Vereins.

§ 41 BGB

Auflösung des Vereins

Der Verein kann durch Beschluss der Mitgliederversammlung aufgelöst werden. Zu dem Beschluss ist eine Mehrheit von drei Vierteln der erschienenen Mitglieder erforderlich, wenn nicht die Satzung ein anderes bestimmt.

Einberufung der Mitgliederversammlung

Die Mitgliederversammlung ist einzuberufen, wenn die Satzung dies vorsieht oder wenn das Interesse des Vereins es erfordert.

§ 36 BGB

Berufung der Mitgliederversammlung

Die Mitgliederversammlung ist in den durch die Satzung bestimmten Fällen sowie dann zu berufen, wenn das Interesse des Vereins es erfordert.

Einberufung durch Mitgliederverlangen

In den meisten Vereinssatzungen ist vorgesehen, dass einmal im Jahr eine ordentliche Mitgliederversammlung zu erfolgen hat. Darüber hinaus haben die Mitglieder nach § 37 Abs. 1 BGB das Recht die Einberufung einer Mitgliederversammlung zu verlangen.

§ 37 BGB

Berufung auf Verlangen einer Minderheit

(1) Die Mitgliederversammlung ist zu berufen, wenn der durch die Satzung bestimmte Teil oder in Ermangelung einer Bestimmung der zehnte Teil der Mitglieder die Berufung schriftlich unter Angabe des Zweckes und der Gründe verlangt.

Wie der Vorschrift entnommen werden kann müssen mindestens 10 % der Mitglieder die Einberufung verlangen. Die Vorschrift ist nicht dispositiv, es ist aber möglich, dass in § 37 BGB bestimmte Quorum in der Satzung zu verringern oder zu erhöhen. Die Erhöhung des Quorums darf aber nicht dazu führen, dass die Einberufung praktisch unmöglich wird. Eine Bestimmung nach der die Hälfte oder mehr Mitglieder die Einberufung einer Versammlung fordern müssen, ist daher unzulässig.

Organisation der Mitgliederversammlung

Die Einladung erfolgt bei Mitgliederversammlungen, soweit nichts anderes in der Satzung bestimmt ist, durch den Vorstand. Die Form der Einladung muss gemäß § 58 Nr. 4 BGB in der Satzung bestimmt sein. Die Leitung der Mitgliederversammlung obliegt dem Versammlungsleiter, der durch die Satzung bestimmt wird. Enthält die Satzung keine Regelung, ist der Vorstandsvorsitzende des Vereins der Versammlungsleiter. Die Mitgliederversammlung bildet ihren Willen durch Beschlüsse. Damit eindeutig klargestellt ist, worüber ein Beschluss zu fassen ist, muss der Beschlussgegenstand vorher genau bezeichnet sein. Dies geschieht in der Regel durch die Tagesordnung, die der Einladung

Die Willensbildung der Mitgliederversammlung erfolgt durch Beschlüsse

beizufügen ist. Mit Ausnahme der in den §§ 33, 41 BGB genannten Fällen, reicht die einfache Mehrheit der Stimmen im Rahmen der Versammlung aus, um einen Beschluss zu fassen.

Beschlussfassung § 32 BGB

(1) [...] Zur Gültigkeit des Beschlusses ist erforderlich, dass der Gegenstand bei der Berufung bezeichnet wird. Bei der Beschlussfassung entscheidet die Mehrheit der erschienenen Mitglieder.

Der Beschluss ist, wie bei der GbR, ein Rechtsgeschäft eigener Art. Die Stimmabgabe ist eine Willenserklärung des einzelnen Mitgliedes. Für die Einzelheiten wird auf die Ausführungen zur GbR verwiesen (Abschnitt »Die Personengesellschaften, 1.6. Rechte und Pflichten der Mitglieder«).

§ 34 BGB nennt drei Gründe, wann ein Mitglied nicht stimmberechtigt ist.

Ausschluss vom Stimmrecht § 34 BGB

Ein Mitglied ist nicht stimmberechtigt, wenn die Beschlussfassung die Vornahme eines Rechtsgeschäfts mit ihm oder die Einleitung oder Erledigung eines Rechtsstreits zwischen ihm und dem Verein betrifft.

In folgenden Fällen liegt demnach ein Ausschluss vom Stimmrecht für ein Mitglied vor:

* Vornahme eines Rechtsgeschäftes zwischen dem Mitglied und dem Verein
* Einleitung oder Erledigung eines Rechtstreits zwischen dem Mitglied und dem Verein

Aus der Vorschrift kann nicht der allgemeine Grundsatz hergeleitet werden, dass Mitglieder bei einer Interessenkollision nicht stimmberechtigt sind. Das Stimmrecht ist nur in den ausdrücklich in § 34 BGB genannten Fällen ausgeschlossen. Der Stimmrechtsausschluss des § 34 BGB gilt nicht, wenn die Beschlussfassung die innere Organisation des Vereins betrifft. Ein Mitglied ist beispielsweise auch stimmberechtigt, wenn es um seine Bestellung zum Vorstand geht.

§ 34 BGB ist eng auszulegen

Ob ein Vereinsmitglied sich bei der Stimmabgabe vertreten lassen kann ist umstritten. Die h. M. geht davon aus, dass die Mitgliedschaftsrechte, also auch das Stimmrecht, nach § 38 S. 2 BGB persönlich auszuüben sind. Die Gegenmeinung sieht in § 38 S. 2 BGB nur ein Abtretungsverbot.

Keine Vertretung von Vereinsmitgliedern bei der Stimmabgabe

§ 38 BGB

Mitgliedschaft

Die Mitgliedschaft ist nicht übertragbar und nicht vererblich. Die Ausübung der Mitgliedschaftsrechte kann nicht einem anderen überlassen werden.

Beschlussmängel

Beschlüsse der Mitgliederversammlung sind nichtig, wenn sie gegen Gesetze oder die Vereinssatzung verstoßen. Das betrifft besonders einzuhaltende Verfahrensvorschriften, wie die genaue Bezeichnung des Abstimmungsgegenstandes. Der Verein kann den Beschluss aber »retten«, wenn er nachweist, dass der Beschluss nicht auf diesem Mangel beruht. Will ein Mitglied gegen einen Beschluss vorgehen, muss es eine Feststellungsklage gegen den Verein erheben.

1.3.2. Vorstand

Der Vorstand ist ein notwendiges Organ jedes Vereins. Die Anzahl der Vorstandsmitglieder ist im Gesetz nicht festgelegt. Sie wird durch die Satzung bestimmt.

§ 26 BGB

Vorstand

(1) Der Verein muss einen Vorstand haben. Der Vorstand kann aus mehreren Personen bestehen.

Zuständigkeit der Vorstandsbestellung

Der erste Vorstand wird durch die Gründungsmitglieder bestellt. Die nachfolgenden Vorstände sind von der Mitgliederversammlung zu berufen. Der Vorstand ist in das Vereinsregister einzutragen.

§ 67 BGB

Änderung des Vorstandes

(1) Jede Änderung des Vorstands ist von dem Vorstand zur Eintragung anzumelden. Der Anmeldung ist eine Abschrift der Urkunde über die Änderung beizufügen.

(2) Die Eintragung gerichtlich bestellter Vorstandsmitglieder erfolgt von Amts wegen.

Vorstandsmitglieder müssen nicht Mitglied im Verein sein

Jede natürliche Person kann in den Vorstand berufen werden. Die gesetzlichen Vorschriften setzen, anders als landläufig häufig vermutet, nicht voraus, dass nur Vereinsmitglieder in den Vorstand berufen werden können. In der Praxis sehen allerdings die meisten Satzungen vor, dass ein Vorstandsmitglied zugleich Mitglied im Verein sein muss.

Trennung von Berufung und Anstellungsvertrag

Neben der Bestellung wird bei großen Vereinen oftmals noch ein Anstellungsvertrag geschlossen, in dem z. B. die Vergütung des Vorstandsmitgliedes geregelt ist. Dieser Anstellungsvertrag ist streng zu trennen von der Berufung zum Vorstand.

Die Bestellung des Vorstandes ist jederzeit durch die Mitgliederversammlung widerrufbar. Dies berührt aber nicht einen eventuell abgeschlossenen Anstellungsvertrag. Dieser ist in seinem Bestand unabhängig von der Mitgliedschaft im Vorstand und ist entsprechend der gesetzlichen oder vertraglichen Kündigungsfristen zu kündigen.

Widerruf der Bestellung von Vorstandsmitgliedern

Bestellung und Geschäftsführung des Vorstandes

§ 27 BGB

(2) Die Bestellung ist jederzeit widerruflich, unbeschadet des Anspruchs auf die vertragsmäßige Vergütung. Die Widerruflichkeit kann durch die Satzung auf den Fall beschränkt werden, dass ein wichtiger Grund für den Widerruf vorliegt; ein solcher Grund ist insbesondere grobe Pflichtverletzung oder Unfähigkeit zur ordnungsmäßigen Geschäftsführung.

Die Satzung kann, wie § 27 Abs. 2 S. 2 BGB vorsieht, die Zulässigkeit des Widerrufs beschränken. Sie kann bestimmen, dass nur bei Vorliegen eines wichtigen Grundes die Bestellung widerruflich ist.

Der Vorstand führt die Geschäfte des Vereins und setzt die Beschlüsse der Mitgliederversammlung um. Bei der Geschäftsführung unterliegt der Vorstand den Weisungen der Mitgliederversammlung. Die Geschäftsführung eines mehrköpfigen Vorstandes erfolgt durch Mehrheitsbeschlüsse.

Zuständigkeit des Vorstandes

Weisungsabhängigkeit des Vorstandes

Beschlussfassung und Passivvertretung

§ 28 BGB

(1) Besteht der Vorstand aus mehreren Personen, so erfolgt die Beschlussfassung nach den für die Beschlüsse der Mitglieder des Vereins geltenden Vorschriften der §§ 32, 34.

Ferner vertritt der Vorstand den Verein gerichtlich und außergerichtlich nach den §§ 164 ff. BGB. Eine Regelung bezüglich der Vertretungsmacht enthält § 26 Abs. 2 BGB

Der Vorstand vertritt den Verein

Vertretung

§ 26 BGB

(2) Der Vorstand vertritt den Verein gerichtlich und außergerichtlich; er hat die Stellung eines gesetzlichen Vertreters. Der Umfang seiner Vertretungsmacht kann durch die Satzung mit Wirkung gegen Dritte beschränkt werden.

Die Vertretungsmacht ist unbeschränkt. Nach h. M. erstreckt sie sich aber nicht auf Geschäfte, die für den Geschäftspartner erkennbar nicht dem Vereinszweck unterfallen.

Beispiel: Der Vorstand des Vereins »Wanderfreunde«, dessen Vereinszweck es ist, mit Mitgliedern Wanderungen durchzuführen und Mitbürger für das Wandern zu begeistern, kauft eine Segelyacht von H. Ein Kaufvertrag zwischen H und dem Verein ist nicht zustande gekommen. Der Vorstand hatte keine Vertretungsmacht. Der Vereinszweck erstreckt sich für Dritte erkennbar nicht auf den Kauf einer Segelyacht.

Beschränkung der Vertretungsmacht

Die Satzung kann die Vertretungsmacht des Vorstandes nach § 26 Abs. 2 S. 2 BGB beschränken. Damit diese wirksam ist, muss sie in das Handelsregister eingetragen werden.

In der Praxis besteht ein Vereinsvorstand in der Regel aus mehreren Mitgliedern. Bei Sportvereinen sieht die Satzung z. B. häufig einen 1. Vorsitzenden, einen 2. Vorsitzenden, einen Kassen- einen Sport- und einen Jugendwart vor. Leider klärt das Gesetz nicht, ob bei diesen

Mehrheitsvertretung durch die Vorstandsmitglieder

mehrköpfigen Vorständen eine Gesamtvertretung oder eine Mehrheitsvertretung gegeben ist. Die h. M. lässt eine Mehrheitsvertretung ausreichen. Das heißt, dass der Verein wirksam vertreten wurde, wenn die Mehrheit der Vorstandsmitglieder den Verein vertreten hat.

Beispiel: Der Vorstand des Handballvereins HBC besteht aus dem Vorsitzenden P, dem Kassenwart E und dem Sportwart J. P und J schließen mit dem Trainer R im Namen des Vereins einen Anstellungsvertrag. Damit hat die Mehrheit der Vorstandsmitglieder den Verein vertreten, was ausreichend ist.

Passive Stellvertretung durch ein Vorstandsmitglied

Soll eine Willenserklärung gegenüber dem Verein abgegeben werden, reicht es, wenn sie einem Vorstandsmitglied zugeht.

§ 28 BGB

Beschlussfassung und Passivvertretung

(2) Ist eine Willenserklärung dem Verein gegenüber abzugeben, so genügt die Abgabe gegenüber einem Mitglied des Vorstands.

Beispiel: A ist Mitglied im Tennisverein Gelb-Grün. A will seine Mitgliedschaft kündigen. Auf der Tennisanlage trifft er zufällig den Sportwart H. Diesem übergibt er die schon schriftlich abgefasste Kündigung. H sagt, dass er dafür nicht zuständig ist, das sei Sache des Kassenwartes. Er wolle diesem die Kündigung aber bei der nächsten Vorstandssitzung übergeben. Nach § 28 Abs. 2 BGB ist die Kündigung mit Übergabe an den Sportwart H bereits dem Verein zugegangen. Es ist unerheblich, ob ein Vorstandsmitglied für eine Angelegenheit zuständig ist oder nicht. Es ist ausreichend, dass die Kündigung einem Vorstandsmitglied zugeht.

Die Vorstandsmitglieder haben die Stellung von Beauftragten. § 27 Abs. 3 BGB verweist auf die §§ 640-670 BGB.

Bestellung und Geschäftsführung des Vorstandes

§ 27 BGB

(3) Auf die Geschäftsführung des Vorstands finden die für den Auftrag geltenden Vorschriften der §§ 664 bis 670 entsprechende Anwendung.

Dieser Verweis zieht folgende Verpflichtungen für die Vorstände nach sich:

Pflichten der Vorstandsmitglieder

*   Es besteht eine Auskunfts- und Rechenschaftspflicht des Vorstandes (§ 666 BGB)
*   Es besteht eine Pflicht zur Herausgabe des durch die Geschäftsführung Erlangten (§ 667 BGB)
*   Der Vorstand ist weisungsgebunden (§ 665 BGB)
*   Es besteht eine Schadensersatzpflicht für Pflichtverletzungen der Vorstandsmitglieder aus § 280 BGB

Im Hinblick auf die genannten Pflichten ist die Entlastung von Bedeutung. Bei ordnungsgemäßer Geschäftsführung haben die Vorstandsmitglieder einen Anspruch auf »Entlastung«. Die Entlastung ist ein Mitgliederbeschluss. Mit ihm billigt die Mitgliederversammlung die Geschäftsführung. Folge hiervon ist der Verzicht auf alle Schadensersatz- und konkurrierende Bereicherungsansprüche durch den Verein gegenüber dem Vorstand, soweit diese dem Verein bekannt waren oder bei sorgfältiger Prüfung bekannt sein konnten. Der Entlastungsbeschluss kann sich auf einzelne Vorstandsmitglieder oder auf den gesamten Vorstand beziehen.

Bedeutung der Entlastung

Durch den Verweis auf die Auftragsvorschriften hat das Vorstandsmitglied einen Anspruch auf Aufwendungsersatz. Hierunter ist aber kein Entgelt für geleistete Dienste zu verstehen. Ein Entgelt wird nur aufgrund eines Anstellungsvertrages oder wenn die Satzung dies vorsieht gewährt. Unter Aufwendungen sind nur die freiwilligen Vermögensopfer, die ein Vorstandsmitglied im Rahmen seiner Tätigkeit erbringt, zu verstehen.

Aufwendungsersatz für Vorstandsmitglieder

1.4. Gesellschaftsvermögen

Als juristische Person ist der eingetragne Verein selbst Träger des Vereinsvermögens.

1.5. Haftung

Für die entstandenen Verbindlichkeiten haftet nur der Verein

Als juristische Person haftet der Verein mit seinen Vereinsvermögen für Verbindlichkeiten selbst. Eine Haftung der Vereinsmitglieder besteht nicht. Schadensersatzverpflichtende Handlungen, die durch Vorstandsmitglieder oder verfassungsmäßig berufene Vertreter begangen werden, sind dem Verein nach § 31 BGB zuzurechnen. Diese Norm ist bereits von den Ausführungen zu den Personengesellschaften bekannt, bei denen sie analoge Anwendung findet. Der Leser wird für die Einzelheiten daher auf den Abschnitt »Die Personengesellschaften, 1.5. Haftung« verwiesen. Hier werden daher nur noch die Besonderheiten des § 31 BGB im Rahmen des Vereins erläutert. § 31 BGB ist keine Anspruchsgrundlage, sondern eine Zurechnungsnorm. Sie gilt beim Verein für alle Anspruchsgrundlagen, unabhängig, ob diese z. B. Vertragsverletzungen oder unerlaubte Handlungen betreffen. Der persönliche Anwendungsbereich umfasst Vorstände und verfassungsmäßig berufene Vertreter. Wer zum Vorstand gehört ist leicht festzustellen. Problematischer ist die Person des verfassungsmäßig berufenen Vertreters. Die Rechtsprechung hat diesen Begriff weit ausgelegt. Eine Person ist schon verfassungsmäßig berufener Vertreter, wenn ihr durch die betriebliche Handhabung bedeutsame wesensmäßige Funktionen der juristischen Person eigenverantwortlich zugewiesen sind und sie die juristische Person insoweit repräsentiert (BGH NJW 1998, 1854). Daher wird dies auch Repräsentantenhaftung genannt.

Definition des verfassungsmäßig berufenen Vertreters

Beispiel: Ein Krankenhaus wird in der Rechtsform des Vereins betrieben. Der Chefarzt W arbeitet selbständig und weisungsfrei im Bereich der inneren Medizin. Hierbei begeht er einen Behandlungsfehler, der zu erheblichen Kosten bei dem Patienten S führt. S hat einen Schadensersatzanspruch aus § 280 I BGB und § 823 I BGB gegen den Krankenhausverein. Das schuldhafte Verhalten des W wird bei beiden Anspruchsgrundlagen dem Verein nach § 31 BGB zugerechnet, da W bedeutsame wesensmäßige Funktionen des Vereines im Bereich der inneren Medizin wahrnimmt und den Verein hier repräsentiert.

Die persönliche Haftung des Vorstandsmitgliedes oder des verfassungsmäßig berufenen Vertreters richtet sich nach den allgemeinen Vorschriften.

Persönliche Haftung der Vorstandsmitglieder

Beispiel: Der Chefarzt W aus dem vorherigen Beispiel haftet natürlich auch selbst aus § 823 I BGB gegenüber dem Patienten S.

Liegt ein schuldhaftes Verhalten von Erfüllungsgehilfen des Vereins vor, wird dies dem Verein im Rahmen von Schuldverhältnissen nach § 278 BGB zugerechnet. Ferner haftet der Verein nach § 831 BGB bei unerlaubten Handlungen von Verrichtungsgehilfen, wenn ihn ein Auswahlverschulden trifft.

Haftung für das Verhalten weiterer Personen

Die Vereinsmitglieder haften nicht für die Verbindlichkeiten des Vereins. Dies ergibt sich aus dem Verständnis der Körperschaft. Als juristische Person sind ihre Rechte und Pflichten nicht auch gleichzeitig Rechte und Pflichten der einzelnen Mitglieder. Dieser Grundsatz wird in seltenen Fällen durchbrochen. Ausnahmsweise soll ein Gläubiger auch Vereinsmitglieder direkt in Anspruch nehmen können (Durchgriff). Wann dies der Fall ist, ist heftig umstritten. Die Diskussion spielt sich im Wesentlichen aber im Bereich der GmbH ab. Beim Verein ist bisher nur eine Entscheidung zugunsten eines Durchgriffs ergangen. Der BGH hat entschieden, dass die offensichtlich unzureichende Ausstattung des Vereins mit finanziellen Mitteln zu einem Durchgriff führen soll (BGHZ 54, 222). Es muss aber darauf hingewiesen werden, dass dies ein Einzelfall war und nicht als gesicherte Rechtsprechung bezeichnet werden kann. So hat der BGH bei der GmbH einen Durchgriff bei Unterkapitalisierung ausdrücklich abgelehnt.

Keine Haftung der Vereinsmitglieder

1.6. Rechte und Pflichten der Gesellschafter

Durch die Mitgliedschaft ergeben sich für das Mitglied Rechte, die es gegenüber dem Verein geltend machen kann. Die Rechte lassen sich in drei Gruppen unterteilen:

* die organschaftlichen Rechte
* das Recht auf Inanspruchnahme von Vereinseinrichtungen und -leistungen
* Rechte, die sich aus der Sonderrechtsbeziehung zwischen Verein und Mitglied ergeben

Zu den organschaftlichen Rechten gehören zahlreiche Einzelrechte. Zu nennen ist hier zunächst das Recht, an den Mitgliederversammlungen teilzunehmen. Eng damit verbunden ist wohl das wichtigste Mitgliedsrecht, das Stimmrecht, das vorwiegend in der Mitgliederversammlung ausgeübt wird.

Entzug des Stimmrechts ist nicht möglich

Es kann nicht entzogen werden. Nach § 34 BGB kann ein Mitglied bei Interessenwiderstreit aber von der Stimmrechtsausübung ausgeschlossen sein. Des Weiteren hat jedes Vereinsmitglied das Recht, sich für Vereinsämter zur Wahl zu stellen und sein Wahlrecht hierbei auszuüben.

Nutzungsrecht an den Vereinseinrichtungen und -leistungen

Jedes Mitglied hat das Recht, die Vereinseinrichtung und -leistungen in Anspruch zu nehmen. Welche Einrichtungen und Leistungen dies im Einzelfall sind, ist von der Ausstattung des Vereins und der Satzung abhängig. Bei Tennisvereinen haben die Mitglieder das Recht, die Tennisplätze und die Sanitärenanlagen zu benutzen. Bei Literaturvereinen besteht das Recht, die Bibliothek zu nutzen.

Es besteht ein Treueverhältnis zwischen Mitglied und Verein

Aus der Sonderrechtsbeziehung (Treueverhältnis) zwischen dem Verein und dem Mitglied ergeben sich weitere Rechte für das Mitglied. Nach der Rechtsprechung besteht ein Recht des Mitgliedes, entsprechend der vereinsrechtlichen Bestimmungen behandelt zu werden. Gewähren diese ihm bestimmte Rechte, können sie ihm nicht verweigert werden.

Beispiel: Nach der Vereinssatzung hat jedes Clubmitglied das Recht, bei der Mitgliederversammlung einen Antrag zu stellen. Bei der Mitgliederversammlung wird der Antrag des Mitgliedes W vom Versammlungsleiter übergangen. Damit hat der Versammlungsleiter das Recht des Mitgliedes W verletzt, entsprechend der Vereinsvorschriften behandelt zu werden.

Ferner besteht aus der Sonderrechtsbeziehung ein Gleichbehandlungsanspruch des einzelnen Mitgliedes im Verhältnis zu den anderen Mitgliedern. Er verbietet eine sachwidrige Schlechterstellung einzelner Mitglieder gegenüber anderen.

Beispiel: Der Vorstand verbietet dem Mitglied X, an der jährlichen Vereinsmeisterschaft teilzunehmen, obwohl alle anderen Mitglieder teilnahmeberechtigt sind.

Einräumung von Sonderrechten für einzelne Mitglieder

Obwohl der Gleichbehandlungsgrundsatz gilt, ist es möglich, einzelnen Mitgliedern oder Mitgliedergruppen Sonderrechte einzuräumen. Sonderrechte sind Rechte, die über die normalen Mitgliedschaftsrechte hinausgehen. Sie bedürfen immer einer satzungsmäßigen Grundlage.

Beispiele für Sonderrechte: Vetorecht bei bestimmten Beschlussgegenständen, mehrfaches Stimmrecht bei Abstimmungen in der Mitgliederversammlung, Recht auf erhöhte Nutzung von Vereinseinrichtungen

Sonderrechte können einem Mitglied nicht ohne weiteres entzogen werden.

Entzug von Sonderrechten

Sonderechte

Sonderrechte eines Mitglieds können nicht ohne dessen Zustimmung durch Beschluss der Mitgliederversammlung beeinträchtigt werden.

§ 35 BGB

Gemäß § 38 S. 1 BGB sind die Mitgliedschaftsrechte nicht übertragbar und nicht vererblich. Außerdem sind sie nach § 38 S. 2 BGB persönlich auszuüben.

Werden die Mitgliedschaftsrechte verletzt, hat das betroffene Mitglied einen Schadensersatzanspruch aus § 280 BGB gegen den Verein. Das schuldhafte Verhalten wird dem Verein gegenüber Vorstandsmitgliedern nach § 31 BGB zugerechnet, bei anderen Personen nach § 278 BGB. Ob bei Rechtsverletzungen durch Vorstandsmitglieder auch ein Anspruch aus unerlaubter Handlung (§§ 823 Abs.1, 31 BGB) besteht, ist unklar.

Rechtsfolgen der Verletzung von Mitgliedschaftsrechten

Bei den Mitgliedspflichten wird unterschieden zwischen:

* Organschaftlichen Pflichten
* Vermögenspflichten
* Pflichten, die sich aus der Sonderrechtsbeziehung zwischen Verein und Mitglied ergeben

Jedes Mitglied hat organschaftliche Pflichten zu erfüllen. Dazu gehört beispielsweise, die Pflicht Ämter im Verein zu übernehmen. In der Praxis hat diese Pflicht keine Bedeutung. In der Regel werden Ämter in Vereinen nur Mitgliedern angeboten, die bereit sind, diese freiwillig zu übernehmen.

Für Vereinsmitglieder besteht sie Pflicht Vereinsämter zu übernehmen

Den Vermögenspflichten kommt eine größere Bedeutung zu. Zu den Vermögenspflichten gehört vor allem die Beitragsleistung. Beiträge können nur erhoben werden, wenn dies in der Satzung festgelegt ist. Mitgliederbeschlüsse zur Festlegung einer Beitragspflicht sind nicht ausreichend. Die Höhe des Beitrages muss in der Satzung nicht festgeschrieben sein, sie kann darauf verweisen, dass die Mitgliederversammlung die Höhe bzw. den Umfang bestimmt. Der Beitrag wird in der Regel aus einer Geldleistung bestehen, es ist aber auch möglich, Arbeitspflichten in der Satzung festzulegen. In älteren Vereinssatzungen wird dies häufig der Fall sein, weil es früher üblich war, eine Arbeitsleistung zu verlangen. Der dahinter stehende Gedanke war meistens, nicht das Vereinsvermögen zu vermehren, sondern einen geselligen Tag mit anderen Mitgliedern zusammen beim Arbeitsdienst zu verbringen. Neben den Beiträgen werden häufig Umlagen, meistens

Mitglieder sind verpflichtet, ihren Beitrag zu leisten

bei Finanzkrisen, erhoben. Diese Umlagen bedürfen ebenfalls einer satzungsmäßigen Grundlage. Auf die Beitragspflichten finden die Regelungen des allgemeinen Schuldrechts Anwendung.

Mitglieder unterliegen einer Treuepflicht

Auch das Vereinsmitglied unterliegt einer Treuepflicht aus dem Sonderrechtsverhältnis. Danach hat das Vereinsmitglied alles zu unterlassen, was dem Vereinszweck schadet. Verletzt es diese Treuepflicht, macht es sich nach § 280 BGB schadensersatzpflichtig. In besonders schweren Fällen kann das schädigende Verhalten auch zum Ausschluss führen.

In analoger Anwendung zu § 35 BGB können einzelnen Mitgliedern oder Mitgliedergruppen Sonderverpflichtungen auferlegt werden. Sie müssen in der Satzung niedergelegt sein und bedürfen der Zustimmung der betroffenen Mitglieder.

1.7. Gesellschafterwechsel

Die Mitgliedschaft erwirbt man, wenn man nicht zu den Gründern gehört, durch den Eintritt in den Verein. Der Eintritt ist ein Rechtsgeschäft. Die Einzelheiten sind in der Vereinssatzung zu regeln (§ 58 Nr. 1 BGB). In der Praxis muss der Beitrittswillige meistens eine Willenserklärung, die auf die Mitgliedschaft gerichtet ist, abgeben (Antrag). Das zuständige Organ muss über den Antrag entscheiden. Bei einem positiven Beschluss, wird dies dem Antragenden mitgeteilt (Annahme), so dass ein Aufnahmevertrag zustande gekommen ist. Entscheidungsorgan ist aufgrund der Satzung meistens der Vorstand. In seltenen Fällen ist die Mitgliederversammlung zuständig. Der Verein ist nicht verpflichtet, neue Mitglieder aufzunehmen. In Ausnahmefällen kann eine Pflicht zur Aufnahme von Mitgliedern bestehen. Wenn der Verein im wirtschaftlichen oder sozialen Bereich eine Monopolstellung und der Eintretende ein schwerwiegendes Interesse an der Mitgliedschaft hat, besteht eine Aufnahmepflicht (Kontrahierungszwang).

Der Eintritt in den Verein erfolgt durch Rechtsgeschäft

Grundsatz: Es besteht keine Aufnahmepflicht Ausnahme: Monopolstellung des Vereins

Beispiel: Die Einzelhändler der Stadt W, mit ca. 10.000 Einwohnern, haben einen Verein gegründet. Ihm gehören 95 % der in der Stadt ansässigen Einzelhändler an. Der Verein koordiniert verkaufsfördernde Aktionen, veranstaltet das jährliche Fest der Kaufmannschaft und tritt gegenüber der Stadt als Berater für die Belange des Einzelhandels ein. Zusätzlich unterstützt er seine Mitglieder durch eine wirtschaftliche Beratung und bietet Fortbildungsseminare in den unterschiedlichsten Bereichen an. Der Einzelhändler T, der gerade ein Bekleidungsgeschäft in W eröffnet hat, stellt einen Antrag auf Aufnahme in den Verein. Der Verein hat die Pflicht, T aufzunehmen. Der Verein besitzt in der Kleinstadt W eine überragende wirtschaftliche Bedeutung für den Einzelhandel. Für T, der sich in der Stadt als Einzelhändler etablieren möchte, besteht daher ein schwerwiegendes Interesse an der Mitgliedschaft.

Die Mitgliedschaft endet durch:

* den Tod des Mitgliedes
* den Austritt eines Mitgliedes
* den Ausschluss eines Mitgliedes

Das die Mitgliedschaft mit dem Tod endet, ergibt sich aus § 38 S. 1 BGB. Denn dieser legt fest, dass die Mitgliedschaft nicht vererblich ist.

Jedes Mitglied hat das Recht aus einem Verein auszutreten.

Austritt

§ 39 BGB

(1) Die Mitglieder sind zum Austritt aus dem Verein berechtigt.

(2) Durch die Satzung kann bestimmt werden, dass der Austritt nur am Schluss eines Geschäftsjahrs oder erst nach dem Ablauf einer Kündigungsfrist zulässig ist; die Kündigungsfrist kann höchstens zwei Jahre betragen.

Dieses Recht kann nicht ausgeschlossen werden. Die Vereinssatzung kann aber bestimmte Zeitpunkte für den Austritt und Kündigungsfristen festlegen (§ 39 Abs. 2 BGB).

Recht zum Austritt kann nicht entzogen werden Kündigungsfristen sind zulässig

Daneben hat jedes Mitglied noch das Recht, die Mitgliedschaft fristlos aus wichtigem Grund zu kündigen, wenn eine weitere Mitgliedschaft nicht zumutbar ist. Streitfall ist in der Praxis häufig die Beitragserhöhung. Eine Beitragserhöhung stellt aber nur dann einen außerordentlichen Kündigungsgrund dar, wenn keine nachvollziehbaren Gründe dafür vorliegen. In vielen Vereinssatzungen ist häufig ein außerordentliches Kündigungsrecht der Mitglieder für den Fall einer Beitragserhöhung vorgesehen.

Außerordentliche Kündigung der Mitgliedschaft durch das Mitglied ist möglich

Der Ausschluss eines Vereinsmitgliedes ist nicht im Gesetz geregelt. Ausschlussgründe und -verfahren können in der Satzung geregelt werden. Trifft sie keine Aussage über Ausschlussgründe, ist ein Ausschluss nur möglich, wenn ein wichtiger Grund in der Person des Mitgliedes vorliegt. Dies ist gegeben, wenn es dem Verein unter Berücksichtigung der objektiven Umstände nicht mehr zumutbar ist, die Mitgliedschaft fortzusetzen.

Ausschluss eines Mitgliedes

1.8. Beendigung der Gesellschaft

Unterscheidung zwischen
Auflösung und Verlust der
Rechtsfähigkeit

Das Gesetz unterscheidet zwischen Auflösung und Verlust der Rechtsfähigkeit des Vereins. Der Verein wird in folgenden Fällen aufgelöst:

- Auflösung durch Beschluss der Mitgliederversammlung
- Eröffnung des Insolvenzverfahrens
- Durch Zeitablauf oder Eintritt einer auflösenden Bedingung
- Dem Verlust sämtlicher Mitglieder

Auflösung durch Beschluss

Gemäß § 41 BGB kann der Verein durch einen Beschluss der Mitgliederversammlung aufgelöst werden.

§ 41 BGB

Auflösung

Der Verein kann durch Beschluss der Mitgliederversammlung aufgelöst werden. Zu dem Beschluss ist eine Mehrheit von drei Vierteln der erschienenen Mitglieder erforderlich, wenn nicht die Satzung ein anderes bestimmt.

Die Vorschrift verlangt für den Beschluss eine Mehrheit von drei Viertel der Stimmen. Die Vorschrift ist dispositiv. Es ist möglich in der Satzung die Zustimmung aller Mitglieder für einen Auflösungsbeschluss zu verlangen.

Auflösung durch Eröffnung
des Insolvenzverfahrens

Auch die Eröffnung des Insolvenzverfahrens führt zur Auflösung des Vereins.

§ 42 BGB

Insolvenz

(1) Der Verein wird durch die Eröffnung des Insolvenzverfahrens aufgelöst. [...]

Auflösung durch Zeitablauf
oder auflösende Bedingung

Der Verein wird ebenfalls aufgelöst, wenn in der Vereinssatzung eine bestimmte Zeit abgelaufen ist oder wenn eine auflösende Bedingung eintritt.

Auflösung durch Verlust aller
Mitglieder

Ferner hat die Rechtsprechung entschieden, dass der Verlust aller Mitglieder zur Auflösung des Vereins führt, weil der Verein als Personenvereinigung ohne Mitglieder nicht denkbar ist.

Rechtsfolgen der Auflösung

Die Rechtsfolgen der Auflösung richten sich nach dem Auflösungsgrund. Im Fall der Insolvenz findet ein Insolvenzverfahren statt. Liegt einer der übrigen Auflösungsgründe vor, finden die §§ 45 ff. BGB Anwendung. Nach § 45 Abs. 2 BGB kann die Satzung bestimmen, an wen das Vereinsvermögen fällt. Enthält diese keine Bestimmung, können die Mitglieder per Beschluss das Vermögen einer öffentlichen

Stiftung oder Anstalt zuweisen. Andernfalls fällt es dem Bundesstaat zu, in dem der Verein seinen Sitz hatte.

Anfall des Vereinsvermögens § 45 BGB

(1) Mit der Auflösung des Vereins oder der Entziehung der Rechtsfähigkeit fällt das Vermögen an die in der Satzung bestimmten Personen.

(2) Durch die Satzung kann vorgeschrieben werden, dass die Anfallberechtigten durch Beschluss der Mitgliederversammlung oder eines anderen Vereinsorgans bestimmt werden. Ist der Zweck des Vereins nicht auf einen wirtschaftlichen Geschäftsbetrieb gerichtet, so kann die Mitgliederversammlung auch ohne eine solche Vorschrift das Vermögen einer öffentlichen Stiftung oder Anstalt zuweisen.

(3) Fehlt es an einer Bestimmung der Anfallberechtigten, so fällt das Vermögen, wenn der Verein nach der Satzung ausschließlich den Interessen seiner Mitglieder diente, an die zur Zeit der Auflösung oder der Entziehung der Rechtsfähigkeit vorhandenen Mitglieder zu gleichen Teilen, anderenfalls an den Fiskus des Bundes*staats,* in dessen Gebiet der Verein seinen Sitz hatte.

Fällt das Vereinsvermögen nicht an den Fiskus, kommt es zur Liquidation.

Liquidation § 47 BGB

Fällt das Vereinsvermögen nicht an den Fiskus, so muss eine Liquidation stattfinden, sofern nicht über das Vermögen des Vereins das Insolvenzverfahren eröffnet ist.

Liquidatoren sind der Vorstand oder besonders bestellte Personen.

Liquidatoren § 48 BGB

(1) Die Liquidation erfolgt durch den Vorstand. Zu Liquidatoren können auch andere Personen bestellt werden; für die Bestellung sind die für die Bestellung des Vorstands geltenden Vorschriften maßgebend.

Die Aufgaben der Liquidatoren sind in § 49 BGB niedergelegt.

Aufgaben der Liquidatoren § 49 BGB

(1) Die Liquidatoren haben die laufenden Geschäfte zu beendigen, die Forderungen einzuziehen, das übrige Vermögen in Geld umzusetzen, die Gläubiger zu befriedigen und den Überschuss den Anfallberechtigten auszuantworten. Zur Beendigung schwebender Geschäfte können die Liquidatoren auch neue Geschäfte eingehen. Die Einziehung der Forderungen sowie die Umsetzung des übrigen Vermögens in Geld

darf unterbleiben, soweit diese Maßregeln nicht zur Befriedigung der Gläubiger oder zur Verteilung des Überschusses unter die Anfallberechtigten erforderlich sind.

Verlust der Rechtsfähigkeit

Von der Auflösung ist der Verlust der Rechtsfähigkeit zu unterscheiden. Gründe für den Verlust der Rechtsfähigkeit können sein:

- Beschluss der Mitgliederversammlung
- Entzug der Rechtsfähigkeit

Verlust der Rechtsfähigkeit durch Beschluss

Die Mitgliederversammlung kann jederzeit einen Beschluss fassen, nachdem er auf die Rechtsfähigkeit verzichtet.

Verlust der Rechtsfähigkeit durch Entzug

Die Rechtsfähigkeit kann dem Verein auch entzogen werden. § 43 BGB nennt mehrere Gründe für den Entzug der Rechtsfähigkeit.

§ 43 BGB

Entziehung der Rechtsfähigkeit

(1) Dem Verein kann die Rechtsfähigkeit entzogen werden, wenn er durch einen gesetzwidrigen Beschluss der Mitgliederversammlung oder durch gesetzwidriges Verhalten des Vorstands das Gemeinwohl gefährdet.

(2) Einem Verein, dessen Zweck nach der Satzung nicht auf einen wirtschaftlichen Geschäftsbetrieb gerichtet ist, kann die Rechtsfähigkeit entzogen werden, wenn er einen solchen Zweck verfolgt.

(3) (weggefallen)

(4) Einem Verein, dessen Rechtsfähigkeit auf Verleihung beruht, kann die Rechtsfähigkeit entzogen werden, wenn er einen anderen als den in der Satzung bestimmten Zweck verfolgt.

Entzug der Rechtsfähigkeit bei weniger als drei Mitgliedern

Ein weiterer Grund für den Entzug der Rechtsfähigkeit ist gemäß § 73 BGB das Absinken der Mitgliederzahl unter drei Personen.

§ 73 BGB

Entziehung der Rechtsfähigkeit

(1) Sinkt die Zahl der Vereinsmitglieder unter drei herab, so hat das Amtsgericht auf Antrag des Vorstands und, wenn der Antrag nicht binnen drei Monaten gestellt wird, von Amts wegen nach Anhörung des Vorstands dem Verein die Rechtsfähigkeit zu entziehen.

Fortführung des Vereins als nicht rechtsfähiger Verein möglich

Auch der Entzug der Rechtsfähigkeit führt zur Liquidation. Der Verein kann durch Beschluss der Mitgliederversammlung aber als nicht rechtsfähiger Verein weitergeführt werden.

2. Der nicht rechtsfähige Verein

Dem rechtsfähigen Verein ist mit § 54 BGB nur eine einzige Vorschrift gewidmet.

Nicht rechtsfähige Vereine

Auf Vereine, die nicht rechtsfähig sind, finden die Vorschriften über die Gesellschaft Anwendung. Aus einem Rechtsgeschäft, das im Namen eines solchen Vereins einem Dritten gegenüber vorgenommen wird, haftet der Handelnde persönlich; handeln mehrere, so haften sie als Gesamtschuldner.

§ 54 BGB

Die Vorschrift verweist in Satz 1 auf die GbR-Bestimmungen. Diese Regelung wird heute als verfehlt angesehen. Sie hatte ursprünglich den Zweck, nicht rechtsfähige Vereine weitestgehend zu verhindern. Die Mitglieder sollten durch die persönliche Haftung von dieser Gesellschaftsform abgeschreckt werden. Der Gesetzgeber wollte, dass sie stattdessen rechtsfähige Vereine bilden, die man aufgrund der Registereintragung besser kontrollieren konnte. Gegebenenfalls war es sogar möglich, diese nach § 61 Abs. 2 BGB aF zu verbieten. Dieses Ziel wurde verfehlt, große Verbindungen wie z. B. die Gewerkschaften, werden in der Form des nicht rechtsfähigen Vereins betrieben. Da der angestrebte Zweck inzwischen überholt ist, legt die Rechtsprechung die Norm entgegen ihrem ausdrücklichen Wortlaut aus und wendet die §§ 21 ff. BGB an, soweit sie nicht die Rechtsfähigkeit voraussetzen.

Auslegung von § 54 BGB entgegen dem Wortlaut

Da die Rechtsprechung nicht, wie gesetzlich angeordnet, die GbR-Bestimmungen anwendet, ist es notwendig, den Verein von der GbR abzugrenzen. Nach Auffassung der Rechtsprechung liegt immer eine Personengesellschaft vor, wenn die Gesellschaft wirtschaftlich tätig ist. Grundlage dieser Meinung ist, dass die wirtschaftliche Betätigung von eingetragenen Vereinen auf Grund von § 22 BGB nur mit Verleihung der Rechtsfähigkeit möglich ist und diese Beschränkung auch für nicht rechtsfähige Vereine gelten muss.

Abgrenzung des rechtsfähigen Vereins von der GbR

Weil für den nicht rechtsfähigen Verein ebenfalls die §§ 21 BGB gelten, wird nachfolgend nur noch auf Unterschiede zwischen beiden Rechtsformen eingegangen.

Der nicht rechtsfähige Verein ist im Zivilprozess nicht gemäß § 50 Abs. 1 ZPO parteifähig (§ 50 Abs. 1 BGB). Das Gesetz macht hiervon allerdings eine Ausnahme. Nach § 50 Abs. 2 ZPO kann der nicht rechtsfähige Verein verklagt werden.

Der nicht rechtsfähige Verein im Zivilprozess

§ 50 ZPO

Parteifähigkeit

(1) Parteifähig ist, wer rechtsfähig ist.

(2) Ein Verein, der nicht rechtsfähig ist, kann verklagt werden; in dem Rechtsstreit hat der Verein die Stellung eines rechtsfähigen Vereins.

Sonderstellung der
Gewerkschaften

In diesem Zusammenhang ist auf die Sonderstellung der Gewerkschaften hinzuweisen. Der BGH hat den Gewerkschaften, obwohl diese als nicht rechtsfähige Vereine organisiert sind, die Parteifähigkeit zugesprochen.

Nicht rechtsfähiger Verein ist
Gesamthandsgemeinschaft

Wegen der mangelnden Rechtsfähigkeit, kann der nicht rechtsfähige Verein nicht der Träger des Vereinsvermögens sein. Die Mitglieder bilden eine Gesamthandsgemeinschaft entsprechend der §§ 718, 719 BGB. Daher ist der nicht rechtsfähige Verein auch nicht grundbuchfähig. Will der Verein ein Grundstück erwerben, müssen alle Mitglieder unter Hinweis auf die Vereinsmitgliedschaft in das Grundbuch eingetragen werden.

Die Haftung für Verbind-
lichkeiten ist auf das
Vereinsvermögen beschränkt

Die Haftung für Verbindlichkeiten ist auf das Vereinsvermögen beschränkt. Dieses Ergebnis wird allgemein als sachgerecht empfunden, bereitet bei der Begründung wegen der mangelnden Rechtsfähigkeit aber Probleme. Es wird davon ausgegangen, dass bei Rechtsgeschäften die Vertretungsmacht des Vorstandes darauf beschränkt ist, die Mitglieder nur hinsichtlich ihres Vereinsvermögens zu verpflichten. Dies ergibt sich aus der Satzung oder der Verkehrssitte. Unerlaubte Handlungen werden dem Verein entsprechend § 31 BGB zugerechnet. Die Haftung beschränkt sich aber auch hier auf das Gesamthandsvermögen. In Abweichung zum rechtsfähigen Verein, haften die Handeln-

Die handelnden Personen
haften persönlich

den nach § 54 S. 2 BGB persönlich. Die rechtliche Situation ist hier wie beim eingetragenen Verein vor seiner Eintragung (Abschnitt »Die Körperschaften, 1.2. Entstehung und Wirksamkeit«. § 54 Abs. 2 BGB kann durch eine Vereinbarung mit dem Vertragspartner abbedungen werden.

3. Die Gesellschaft mit beschränkter Haftung

3.1. Grundlagen

Die GmbH ist im GmbHG von 1892 geregelt. Im Gesetz ist keine Definition der GmbH enthalten. § 13 Abs. 1 GmbH nennt aber einige Eigenschaften der GmbH.

Juristische Person; Handelsgesellschaft

(1) Die Gesellschaft mit beschränkter Haftung als solche hat selbständig ihre Rechte und Pflichten; sie kann Eigentum und andere dingliche Rechte an Grundstücken erwerben, vor Gericht klagen und verklagt werden.

(2) Für die Verbindlichkeiten der Gesellschaft haftet den Gläubigern derselben nur das Gesellschaftsvermögen.

(3) Die Gesellschaft gilt als Handelsgesellschaft im Sinne des Handelsgesetzbuchs.

§ 13 GmbHG

Nach § 13 Abs. 1 GmbHG ist die GmbH eine Gesellschaft mit eigener Rechtspersönlichkeit, die mit ihrem Vermögen für die entstandenen Verbindlichkeiten haftet. Die Gesellschafter haben gemäß § 13 Abs. 2 GmbHG nicht für Gesellschaftsschulden einzustehen. Die GmbH ist nach § 13 Abs. 3 GmbHG immer Handelsgesellschaft und mithin Formkaufmann (§ 6 HGB).

Die GmbH verfügt über eine eigene Rechtspersönlichkeit

Die GmbH ist immer eine Handelsgesellschaft

Eine GmbH kann zu jedem erlaubten Zweck gegründet werden.

Jeder erlaubte Gesellschaftszweck ist zulässig

Zweck

Gesellschaften mit beschränkter Haftung können nach Maßgabe der Bestimmungen dieses Gesetzes zu jedem gesetzlich zulässigen Zweck durch eine oder mehrere Personen errichtet werden.

§ 1 GmbHG

Eine GmbH kann daher auch nicht wirtschaftliche Ziele verfolgen, wie z.B. die Förderung der Kultur oder die Förderung des Sports. Auch können Freiberufler diese nutzen, soweit standesrechtliche Vorschriften dies zulassen. Sie bleibt aber aufgrund von § 13 Abs. 3 GmbHG immer Handelsgesellschaft.

Die GmbH bietet – abweichend von den bisherigen Gesellschaftsformen – die Besonderheit, dass eine einzige Person diese gründen kann (Einmann-GmbH).

Die Ein-Personen-Gründung ist zulässig

Aufgrund der beschränkten Haftung, der Möglichkeit eine Einmann-Gesellschaft gründen zu können und der Flexibilität beim verfolgten Gesellschaftszweck ist die GmbH als Gesellschaftsform ausgesprochen beliebt. Es soll heute in der Bundesrepublik Deutschland mehr als 800.000 Gesellschaften mit beschränkter Haftung geben. Hierbei ist aber zu bedenken, dass ca. 15 % nur als Komplementär einer GmbH & Co. KG fungieren. Schattenseite der GmbH ist, dass überdurchschnittlich häufig das Insolvenzverfahren über ihr Vermögen eröffnet wird. Grund dafür ist die oftmals unzureichende Kapitalausstattung der GmbH durch die Gesellschafter. In der Praxis ist es daher für eine GmbH ausgesprochen schwierig, Kredite ohne eine Bürgschaft oder Schuldübernahme der Gesellschafter von Banken zu erhalten. Auf diese Weise wird die eigentlich nicht vorgesehene persönliche Haftung der Gesellschafter bei Krediten aufgrund zusätzlicher Vereinbarungen doch herbeigeführt.

3.2. Entstehung und Wirksamkeit

Nach § 11 Abs. 1 GmbHG entsteht eine GmbH mit der Eintragung in das Handelsregister.

§ 11 GmbHG

Rechtszustand vor der Eintragung

(1) Vor der Eintragung in das Handelsregister des Sitzes der Gesellschaft besteht die Gesellschaft mit beschränkter Haftung als solche nicht.

Die Eintragung bildet den Schlusspunkt der Gründungsphase. Da die Gründung der GmbH aber an zahlreiche Entstehungsvoraussetzungen geknüpft ist, die nicht in einem Akt erfolgen können, werden drei Phasen bei der Gründung unterschieden:

Gründungsphasen der GmbH

- Vorgründungsgesellschaft
- Vor-GmbH
- GmbH

Die Vorgründungs-
gesellschaft

Die Vorgründungsgesellschaft entsteht, sobald die zukünftigen Gesellschafter einen Gründungsvertrag geschlossen haben. Dazu ist die Abgabe von übereinstimmenden Willenserklärungen notwendig. Es ist nicht ausreichend, dass die Möglichkeit einer GmbH-Gründung zwischen den Beteiligten nur erörtert wurde. Bei einer Einmann-Gründung gibt es keine Vorgründungsgesellschaft.

In der Regel ist die Vorgründungsgesellschaft eine GbR. Sie verfolgt den Zweck, eine GmbH zu errichten. Betreibt die Vorgründungsgesellschaft bereits ein Handelsgewerbe nach § 1 Abs. 2 HGB, ist sie eine OHG. Die Gesellschafter sind tatsächlich aber nur verpflichtet eine GmbH zu gründen, wenn der Vorgründungsvertrag notariell beurkundet wurde. § 2 GmbHG verlangt dies nämlich für den GmbH-Vertrag. Dieses Erfordernis wird auf den Vorgründungsvertrag ausgedehnt.

Die Mitglieder der Vorgründungsgesellschaft haften entsprechend der Regeln der GbR, oder wenn diese ein Handelsgewerbe betreibt, nach den §§ 128 ff HGB.

Die Vorgründungsgesellschaft endet mit dem Abschluss des notariellen Gesellschaftsvertrages durch die Gründer. Mit diesem Zeitpunkt entsteht die Vor-GmbH. Die Vor-GmbH ist nicht identisch mit der Vorgründungsgesellschaft. Aktiva und Passiva der Vorgründungsgesellschaft gehen nicht automatisch auf die Vor-GmbH über.

Die Vor-GmbH beginnt mit dem Abschluss des notariellen Gründungsvertrages. § 3 Abs. 1 GmbHG nennt die notwendigen Bestandteile des Gesellschaftsvertrages.

Die Vor-GmbH

Inhalt des Gesellschaftsvertrages

§ 3 GmbHG

(1) Der Gesellschaftsvertrag muß enthalten:

1. die Firma und den Sitz der Gesellschaft,

2. den Gegenstand des Unternehmens,

3. den Betrag des Stammkapitals,

4. den Betrag der von jedem Gesellschafter auf das Stammkapital zu leistenden Einlage (Stammeinlage).

Die Firma der GmbH ist entsprechend der §§ 17 ff. HGB auszuwählen. Die Firma muss gemäß 4 GmbHG mit einem Zusatz versehen werden.

Firmenzusatz bei der GmbH

Firma

§ 4 GmbHG

Die Firma der Gesellschaft muß, auch wenn sie nach § 22 des Handelsgesetzbuchs oder nach anderen gesetzlichen Vorschriften fortgeführt wird, die Bezeichnung »Gesellschaft mit beschränkter Haftung« oder eine allgemein verständliche Abkürzung dieser Bezeichnung enthalten.

Der Unternehmensgegenstand kann, muss aber nicht mit dem verfolgten Zweck identisch sein. Er hat vor allem Bedeutung für die Außenwelt. Für diese soll erkennbar sein in welchen Bereichen die GmbH tätig ist. Es ist daher nicht zulässig einen allgemeinen Unternehmensgegenstand zu verwenden wie z. B. »Handel mit Waren aller Art«. Der Unternehmensgegenstand muss das Tätigkeitsfeld der Gesellschaft möglichst konkret bezeichnen.

Wie bereites erwähnt, kann jeder zulässige Zweck gemäß § 1 GmbHG Gegenstand der GmbH sein. (Gegenstand).

Mindeststammkapital

Nach § 5 Abs. 1 GmbHG muss die GmbH über ein Mindeststammkapital verfügen.

§ 5 GmbHG — **Stammkapital; Stammeinlage**

(1) Das Stammkapital der Gesellschaft muß mindestens fünfundzwanzigtausend Euro, die Stammeinlage jedes Gesellschafters muß mindestens hundert Euro betragen.

Das Stammkapital besteht aus den Stammeinlagen der Gesellschafter

Das Stammkapital wird gebildet aus den so genannten Stammeinlagen. Die Stammeinlagen sind die Einlagen der Gesellschafter. Die Mindestsumme für eine Stammeinlage beträgt gemäß § 5 Abs. 1 GmbHG 100,– €. Die weiteren Einzelheiten bezüglich der Bildung der Stammeinlagen regelt § 5 Abs. 3 GmbHG.

§ 5 GmbHG — **Stammkapital; Stammeinlage**

(3) Der Betrag der Stammeinlage kann für die einzelnen Gesellschafter verschieden bestimmt werden. Er muß in Euro durch fünfzig teilbar sein. Der Gesamtbetrag der Stammeinlagen muß mit dem Stammkapital übereinstimmen.

Bei der Gründung ist pro Gesellschafter nur eine Stammeinlage zulässig.

§ 5 GmbHG — **Stammkapital; Stammeinlage**

(2) Kein Gesellschafter kann bei Errichtung der Gesellschaft mehrere Stammeinlagen übernehmen.

Unterscheidung zwischen Bar- und Sacheinlage

Die Stammeinlage kann in zwei Formen erbracht werden, der so genannten **Bareinlage** und der **Sacheinlage**. Bei der Bareinlage leistet der Gesellschafter die Einlage in Geld. Bei der Sacheinlage bringt der Gesellschafter Sachen und Rechte ein. In diesem Fall ist ein Sachgründungsbericht zu erstellen. Mit diesem soll sichergestellt werden, dass die eingebrachten Sachen und Rechte auch dem angegebenen Wert entsprechen.

§ 5 GmbHG — **Stammkapital; Stammeinlage**

(4) Sollen Sacheinlagen geleistet werden, so müssen der Gegenstand der Sacheinlage und der Betrag der Stammeinlage, auf die sich die Sacheinlage bezieht, im Gesellschaftsvertrag festgesetzt werden. Die Gesellschafter haben in einem Sachgründungsbericht die für die Angemessenheit der Leistungen für Sacheinlagen wesentlichen Umstände darzulegen und beim Übergang eines Unternehmens auf die Gesell-

schaft die Jahresergebnisse der beiden letzten Geschäftsjahre anzugeben.

Nach dem Abschluss des Gesellschaftsvertrages sind von den Gründern der oder die Geschäftsführer zu bestellen, da diese gemäß §§ 7 Abs. 1, 78 GmbHG die GmbH zur Eintragung in das Handelsregister anzumelden haben.

Bestellung der Geschäftsführer durch die Gründer

Anmeldung

§ 7 GmbHG

(1) Die Gesellschaft ist bei dem Gericht, in dessen Bezirk sie ihren Sitz hat, zur Eintragung in das Handelsregister anzumelden.

Anmeldungspflichtige

§ 78 GmbHG

Die in diesem Gesetz vorgesehenen Anmeldungen zum Handelsregister sind durch die Geschäftsführer oder die Liquidatoren, die in § 7 Abs. 1, § 57 Abs. 1, § 57i Abs. 1, § 58 Abs. 1 Nr. 3 vorgesehenen Anmeldungen sind durch sämtliche Geschäftsführer zu bewirken.

§ 7 Abs. 2 GmbHG bestimmt, dass die Anmeldung erst erfolgen kann, wenn das Stammkapital in einer bestimmten Höhe aufgebracht wurde. Hierbei ist zwischen Bar- und Sachgründungen zu unterscheiden.

Aufbringung des Stammkapitals

Anmeldung

§ 7 GmbHG

(2) Die Anmeldung darf erst erfolgen, wenn auf jede Stammeinlage, soweit nicht Sacheinlagen vereinbart sind, ein Viertel eingezahlt ist. Insgesamt muß auf das Stammkapital mindestens soviel eingezahlt sein, daß der Gesamtbetrag der eingezahlten Geldeinlagen zuzüglich des Gesamtbetrags der Stammeinlagen, für die Sacheinlagen zu leisten sind, die Hälfte des Mindeststammkapitals gemäß § 5 Abs. 1 erreicht. Wird die Gesellschaft nur durch eine Person errichtet, so darf die Anmeldung erst erfolgen, wenn mindestens die nach den Sätzen 1 und 2 vorgeschriebenen Einzahlungen geleistet sind und der Gesellschafter für den übrigen Teil der Geldeinlage eine Sicherung bestellt hat.

Sind an einer Bargründung mehrere Gesellschafter beteiligt, muss auf jede Stammeinlage mindestens 1/4 einbezahlt werden (§ 7 Abs. 2 S. 1 GmbHG). Insgesamt muss damit die Hälfte des Stammkapitals erbracht werden (§ 7 Abs. 2 S. 2 GmbHG). Errichtet nur ein Gesellschafter die GmbH, ist es notwendig, dass der Gründer die Einzahlungen nach § 7 Abs. 2 S. 1, 2 GmbHG leistet und zusätzlich Sicherheit für den noch ausstehenden Teil leistet.

Aufbringung des Stammkapitals im Fall der Bargründung

§ 8 Abs. 2 GmbHG verlangt, dass die Leistungen auf die Stammeinlage zur freien Verfügung der Gesellschaft stehen müssen. Damit ist

Aufbringung des Stamm-
kapitals im Fall der Sachgründung

gemeint, dass die gezahlten Gelder sich tatsächlich in der Kasse der
Gesellschaft oder auf deren Konten befinden müssen. Bei Einmann-
Gründungen ist zusätzlich zu gewährleisten, dass eine Sicherheit für
die noch ausstehende Summe bestellt ist.

Sacheinlagen sind vor der Anmeldung in voller Höhe zu leisten.

§ 7 GmbHG   Anmeldung

(3) Die Sacheinlagen sind vor der Anmeldung der Gesellschaft zur
Eintragung in das Handelsregister so an die Gesellschaft zu bewirken,
daß sie endgültig zur freien Verfügung der Geschäftsführer stehen.

§ 9 Abs. 1 regelt den Fall, dass die Sacheinlage nicht den vereinbarten
Wert erreicht.

§ 9 GmbHG   Geldeinlage statt Sacheinlage

(1) Erreicht der Wert einer Sacheinlage im Zeitpunkt der Anmeldung
der Gesellschaft zur Eintragung in das Handelsregister nicht den
Betrag der dafür übernommenen Stammeinlage, hat der Gesellschafter
in Höhe des Fehlbetrags eine Einlage in Geld zu leisten.

§ 19 GmbHG sichert die
Leistung der Einlagen

Weitere Schutzvorschriften zur Sicherung der Einlage sind die Absätze
2 und 5 von § 19 GmbHG.

§ 19 GmbHG   Leistungen auf die Stammeinlage

(2) Von der Verpflichtung zur Leistung der Einlagen können die
Gesellschafter nicht befreit werden. Gegen den Anspruch der Gesell-
schaft ist die Aufrechnung nicht zulässig. An dem Gegenstand einer
Sacheinlage kann wegen Forderungen, welche sich nicht auf den
Gegenstand beziehen, kein Zurückbehaltungsrecht geltend gemacht
werden.

(3) [...]

(4) [...]

(5) Eine Leistung auf die Stammeinlage, welche nicht in Geld besteht
oder welche durch Aufrechnung einer für die Überlassung von
Vermögensgegenständen zu gewährenden Vergütung bewirkt wird,
befreit den Gesellschafter von seiner Verpflichtung nur, soweit sie in
Ausführung einer nach § 5 Abs. 4 Satz 1 getroffenen Bestimmung
erfolgt.

Sicherung der
Einlagenerbringung durch
§ 19 Abs.2 GmbHG

Nach § 19 Abs. 2 GmbHG verbietet die Befreiung des Gesellschafters
von der Leistungspflicht, eine Aufrechung des Gesellschafters gegen
die Forderung auf Einzahlung auf die Stammeinlage und die Geltendmachung von Zurückbehaltungsrechten gegenüber der GmbH.

§ 19 Abs. 5 GmbHG bestimmt, dass Sacheinlagen anstatt einer Bareinlage unzulässig sind, es sei denn, der Gesellschaftsvertrag sieht dies vor und die dafür geltenden Regeln, wie die Erstellung eines Sachgründungsberichts, wurden eingehalten. Damit sollen die Sachgründungsvorschriften und § 9 GmbHG flankiert werden, damit es nicht zu einer Umgehung kommt. Aus diesem Schutzgedanken heraus ist auch die Rechtsprechung zu »**verdeckten Sacheinlagen**« entstanden. Bei der verdeckten Sacheinlage hat der Gesellschafter zwar vordergründig eine Barzahlung erbracht, in Wirklichkeit aber eine Sacheinlage getätigt. Es kommt zu einen »Hin- und Herzahlen« zwischen der Gesellschaft und dem Gesellschafter. Die Rechtsprechung nimmt eine verdeckte Sacheinlage an, wenn ein enger zeitlicher und sachlicher Zusammenhang zwischen Einlagepflicht und der Sachübernahme besteht.

Sicherung der Einlagenerbringung durch § 19 Abs. 5 GmbHG

Sicherung der Einlagenerbringung durch die Rechtsprechung

Beispiel: A ist verpflichtet, als Gesellschafter der Z-GmbH eine Stammeinlage von 15.000,– € zu erbringen. A überweist das Geld auf ein Konto der Gesellschaft. Wenige Tage später verkauft er der Z-GmbH einen Lieferwagen zum Preis von 15.000,– €, der sich seit Jahren in seinem Eigentum befindet.

Auf diese Weise werden die Sachgründungsvorschriften umgangen. Rechtsfolge der verdeckten Sachgründung ist daher, dass keine Erfüllung eingetreten ist. Der Gesellschafter bleibt verpflichtet, seine Einlage in Geld zu erbringen. Der BGH gewährt aber eine Heilungsmöglichkeit. Der Gesellschaftsvertrag kann dahingehend nachträglich abgeändert werden, dass eine Sacheinlage möglich ist. Im Weiteren sind selbstverständlich die Sachgründungsvorschriften einzuhalten.

Das Registergericht prüft im Rahmen der Anmeldung die ordnungsgemäße Errichtung der GmbH. Insbesondere wird der Wert der Sacheinlagen überprüft.

Ablehnung der Eintragung

§ 9c GmbHG

(1) Ist die Gesellschaft nicht ordnungsgemäß errichtet und angemeldet, so hat das Gericht die Eintragung abzulehnen. Dies gilt auch, wenn Sacheinlagen überbewertet worden sind.

Mit der Eintragung in das Handelsregister endet die Vor-GmbH. Mit ihr gehen, anders als beim Verhältnis Vorgründungsgesellschaft und Vor-GmbH, alle Aktiva und Passiva auf die GmbH über. Die Vor-GmbH und die GmbH sind identisch.

Beendigung der Vor-GmbH mit Eintragung der GmbH in das Handelsregister

Entstehungsphasen einer GmbH		
Vorgründungsgesellschaft	**Vor-GmbH**	**GmbH**
• In der Regel eine GbR, bei Vorliegen der Voraussetzungen der §§ 105 Abs. 2, 1 Abs. 2 HGB eine OHG	• Gesellschaft eigener Art	• Juristische Person, § 13 Abs. 1 GmbHG
• Beginnt mit vertraglicher Vereinbarung über GmbH-Gründung und endet mit dem Abschluss eines notariell beurkundeten Gesellschaftsvertrags	• Beginnt mit dem Abschluss eines notariell beurkundeten Gesellschaftsvertrags und endet mit der Eintragung in das Handelsregister	• Beginnt mit der Eintragung in das Handelsregister und endet mit der Löschung
• Ist nicht identisch mit der Vor-GmbH	• Ist mit späterer GmbH identisch	

Die Vor-GmbH ist eine Gesellschaftsform eigener Art. Der BGH behandelt sie als »eine Organisation, die einem Sonderrecht untersteht, das aus dem im Gesetz oder im Gesellschaftsvertrag gegebenen Gründungsvorschriften und dem Recht der rechtsfähigen GmbH, soweit es nicht die Eintragung voraussetzt, besteht« (BGHZ 80, 129). Die Vor-GmbH ist teilrechtsfähig. Die Rechtsprechung hat der Vor-GmbH auch die aktive und passive Prozessfähigkeit zugesprochen. Ein etwaiges Gesellschaftsvermögen, das spätestens durch Leistung der Einlagen entsteht, ist der Vor-GmbH zuzuordnen. Die wird durch die bestellten Geschäftsführer rechtsgeschäftlich nach den §§ 164 ff. BGB vertreten. Die Vertretungsmacht ist aber auf den Zweck der Vor-GmbH, die Gründung einer GmbH, beschränkt. Die Vertretungsmacht erstreckt sich daher nur auf Geschäfte, die mit der Gründung in Zusammenhang stehen. Da die Gesellschaft teilrechtsfähig ist, haftet sie für entstandene Verbindlichkeiten selbst. Daneben ordnet § 11 Abs. 2 GmbHG auch eine persönliche Haftung der handelnden Personen an.

Rechtszustand vor Eintragung

(2) Ist vor der Eintragung im Namen der Gesellschaft gehandelt worden, so haften die Handelnden persönlich und solidarisch.

§ 11 Abs. 2 GmbHG findet nur Anwendung, wenn die betreffenden Personen im Namen der Gesellschaft gehandelt haben. Das heißt zunächst, dass ausdrücklich für die GmbH gehandelt worden sein muss. Das kann z.B. durch das Verwenden der Bezeichnung »GmbH in

Gründung« geschehen. Wird im Namen der GmbH gehandelt, obwohl sie noch nicht eingetragen ist, geht die Rechtsprechung davon aus, dass auch für die Vor-GmbH gehandelt werden sollte. Die Haftung des § 11 Abs. 2 GmbHG erstreckt sich nicht auf unerlaubte Handlungen, weil hier nicht im Namen der Vor-GmbH gehandelt wurde.

Als Handelnde kommen nur die Geschäftsführer oder Personen, die wie Geschäftsführer auftreten in Frage. Selbstverständlich handelt ein Geschäftsführer auch, wenn er anderen Personen eine rechtsgeschäftliche Vollmacht erteilt.

Die Handelndenhaftung endet mit der Eintragung der Gesellschaft in das Handelsregister.

Lange Zeit war umstritten, ob auch die Gesellschafter der Vor-GmbH für die Verbindlichkeiten der Gesellschaft haften. Die Rechtsprechung hat in den letzten Jahren für diesen Bereich neue Grundsätze entwickelt.

Haftung der Gesellschafter der Vor-GmbH

Die Gründer der Gesellschaft haften für die entstehenden Verluste im Innenverhältnis unbeschränkt. Somit können die Gläubiger der Vor-GmbH sich nur an die Gesellschaft halten. Die Gründer können nicht direkt in Anspruch genommen werden. Die Gründer sind aber verpflichtet, die entstandenen Verluste entsprechend ihrem Gesellschaftsverhältnis auszugleichen (Verlustdeckungshaftung). Diesen Ausgleichsanspruch können die Gläubiger nach §§ 829, 835 ZPO pfänden und verwerten.

Unbeschränkte Haftung der Gesellschafter der Vor-GmbH im Innenverhältnis

Beispiel: Die C-Vor-GmbH hat zwei Gründungsgesellschafter, die jeweis zur Hälfte mit Stammeinlagen am Stammkapital beteiligt sind, S und U. Die C-Vor-GmbH kauft durch ihren Geschäftsführer G bei A Büromöbel im Wert von 20.000,– €. Nachdem A die Möbel geliefert hat, verlangt er die Bezahlung. A kann sich nur an die Vor-GmbH wenden, die Gesellschafter haften ihm gegenüber nicht, da nur eine Innenhaftung besteht. Da die C-Vor-GmbH nicht bezahlt, erwirkt er einen vollstreckbaren Titel gegen die Gesellschaft. Da die Gesellschaft nicht über die entsprechenden Finanzmittel verfügt, sind die Gesellschafter aufgrund der Innenhaftung verpflichtet, die entsprechenden Mittel an die Gesellschaft zu leisten. Er bewirkt daher zwei Pfändungs- und Überweisungsbeschlüsse nach §§ 829, 835 ZPO bezüglich des Ausgleichsanspruchs der Gesellschaft gegenüber ihren beiden Gesellschaftern, jeweils in der Höhe von 10.000,– €. Die Gesellschafter dürfen nun nicht mehr an die Gesellschaft leisten, sondern müssen die Zahlungen direkt an A leisten.

Diese unbeschränkte Innenhaftung wandelt sich in eine unbeschränkte Außenhaftung, wenn die Gesellschaft vermögenslos ist, eine Einmann-Gründung vorliegt oder die Eintragung der Gesellschaft von den

Eine unbeschränkte Außenhaftung existiert nur in Sonderfällen

Gründern nicht mehr ernsthaft angestrebt wird. In diesen Fällen ist die Anwendung der GmbH-Vorschriften nicht mehr sachgerecht. In der Folge finden die GbR- oder OHG-Regelungen Anwendung, und es besteht eine persönliche unbeschränkte Außenhaftung der Gründer.

Die Gesellschafterhaftung endet mit der Eintragung der Gesellschaft in das Handelsregister. Allerdings entsteht mit der Eintragung in das Handelsregister die Pflicht der Gesellschafter eine Unterbilanz auszugleichen (Differenzhaftung). Der Gesellschaft muss bei Eintragung ihr gesamtes Stammkapital, abzüglich der Gründungskosten, zur Verfügung stehen. Ist dies zum Zeitpunkt der Eintragung nicht der Fall, haben die Gesellschafter die Differenz auszugleichen. Der Ausgleich hat nach § 24 GmbHG entsprechend den Beteiligungsverhältnissen zu erfolgen.

§ 24 GmbHG

Aufbringen von Fehlbeträgen

Soweit eine Stammeinlage weder von den Zahlungspflichtigen eingezogen, noch durch Verkauf des Geschäftsanteils gedeckt werden kann, haben die übrigen Gesellschafter den Fehlbetrag nach Verhältnis ihrer Geschäftsanteile aufzubringen. Beiträge, welche von einzelnen Gesellschaftern nicht zu erlangen sind, werden nach dem bezeichneten Verhältnis auf die übrigen verteilt.

Inhaber des Anspruchs ist die eingetragene GmbH. Die Gläubiger können bezüglich dieses Anspruchs ebenfalls einen Pfändungs- und Überweisungsbeschluss gemäß §§ 829, 835 ZPO erwirken.

Diese Differenzhaftung ist im Ergebnis praktisch eine Fortsetzung der Verlustdeckungshaftung vor der Eintragung.

3.3. Organe

3.3.1. Gesamtheit der Gesellschafter

Das oberste Organ der GmbH ist die Gesamtheit der Gesellschafter. Nach dem gesetzlichen Leitbild können sie auf alle Angelegenheiten der Gesellschaft Einfluss nehmen. Das gilt auch für die laufenden Geschäfte. Nur die Vertretung der Gesellschaft ist ihnen verwehrt. Sie können sogar den von ihnen bestellten Geschäftsführern direkte Weisungen erteilen. Das ergibt sich aus § 37 Abs. 1 GmbHG.

§ 37 GmbHG

Beschränkung der Vertretungsbefugnis

(1) Die Geschäftsführer sind der Gesellschaft gegenüber verpflichtet, die Beschränkungen einzuhalten, welche für den Umfang ihrer Befugnis, die Gesellschaft zu vertreten, durch den Gesellschaftsvertrag

Margin notes:

Beendigung der unbeschränkten Gesellschafterhaftung

Beginn der so genannten »Differenzhaftung«

Die Gesamtheit der Gesellschafter ist gegenüber den Geschäftsführern weisungsberechtigt

oder, soweit dieser nicht ein anderes bestimmt, durch die Beschlüsse der Gesellschafter festgesetzt sind.

Die Satzung kann andere Regelungen treffen und die Zuständigkeit der Gesellschafter beschränken. Die in § 46 GmbHG genannten Aufgaben der Gesellschafter können ihnen aber nicht entzogen werden.

Aufgabenkreis der Gesellschafter   **§ 46 GmbHG**

Der Bestimmung der Gesellschafter unterliegen:

1. die Feststellung des Jahresabschlusses und die Verwendung des Ergebnisses;

2. die Einforderung von Einzahlungen auf die Stammeinlagen;

3. die Rückzahlung von Nachschüssen;

4. die Teilung sowie die Einziehung von Geschäftsanteilen;

5. die Bestellung und die Abberufung von Geschäftsführern sowie die Entlastung derselben;

6. die Maßregeln zur Prüfung und Überwachung der Geschäftsführung;

7. die Bestellung von Prokuristen und von Handlungsbevollmächtigten zum gesamten Geschäftsbetrieb;

8. die Geltendmachung von Ersatzansprüchen, welche der Gesellschaft aus der Gründung oder Geschäftsführung gegen Geschäftsführer oder Gesellschafter zustehen, sowie die Vertretung der Gesellschaft in Prozessen, welche sie gegen die Geschäftsführer zu führen hat.

Die Willensbildung der Gesellschafter erfolgt gemäß § 48 Abs. 1 GmbHG in einer Gesellschafterversammlung.

Gesellschafterversammlung   **§ 48 GmbHG**

(1) Die Beschlüsse der Gesellschafter werden in Versammlungen gefaßt.

Aus diesem Grund wird auch häufig anstatt von der Gesamtheit der Gesellschafter von einer »Gesellschafterversammlung« gesprochen. Die Gesellschafterversammlung wird durch die Geschäftsführer einberufen. § 49 GmbHG legt fest, wann eine Gesellschafterversammlung einzuberufen ist.

Einberufung der Gesellschafterversammlung

Einberufung der Versammlung   **§ 49 GmbHG**

(1) Die Versammlung der Gesellschafter wird durch die Geschäftsführer berufen.

(2) Sie ist außer den ausdrücklich bestimmten Fällen zu berufen, wenn es im Interesse der Gesellschaft erforderlich erscheint.

(3) Insbesondere muß die Versammlung unverzüglich berufen werden,

wenn aus der Jahresbilanz oder aus einer im Laufe des Geschäftsjahres aufgestellten Bilanz sich ergibt, daß die Hälfte des Stammkapitals verloren ist.

Die Gesellschafter sind unter Angabe von Ort und Zeit einzuladen. Die Versammlungen haben zu einer üblichen Zeit und an einem üblichen Ort stattzufinden. Üblicher Ort ist regelmäßig der Sitz der Gesellschaft.

Die Beschlussfassung erfolgt mit einfacher Mehrheit

Die Einzelheiten der Beschlussfassung und der Stimmverteilung regelt § 47 GmbHG.

§ 47 GmbHG   Abstimmung

(1) Die von den Gesellschaftern in den Angelegenheiten der Gesellschaft zu treffenden Bestimmungen erfolgen durch Beschlußfassung nach der Mehrheit der abgegebenen Stimmen.

(2) Jede fünfzig Euro eines Geschäftsanteils gewähren eine Stimme.

Eine Protokollpflicht besteht nicht. Für Einmann-Gesellschaften enthält § 48 GmbHG eine besondere Regelung.

§ 48 GmbHG   Gesellschafterversammlung

(3) Befinden sich alle Geschäftsanteile der Gesellschaft in der Hand eines Gesellschafters oder daneben in der Hand der Gesellschaft, so hat er unverzüglich nach der Beschlussfassung eine Niederschrift aufzunehmen und zu unterschreiben.

In besonderen Fällen ist eine 3/4-Mehrheit der abgegebenen Stimmen zur Beschlussfassung notwendig

Will die Gesellschafterversammlung den Gesellschaftsvertrag ändern, enthalten die §§ 53 ff. GmbHG Sondervorschriften für die Beschlussfassung.

§ 53 GmbHG   Form der Satzungsänderung

(2) Der Beschluß muß notariell beurkundet werden, derselbe bedarf einer Mehrheit von drei Vierteln der abgegebenen Stimmen. Der Gesellschaftsvertrag kann noch andere Erfordernisse aufstellen.

Die Stimmabgabe erfolgt durch Abgabe einer empfangsbedürftigen Willenserklärung. Es gelten die Regelungen des allgemeinen Teils des BGB.

Die Treuepflicht kann Auswirkungen auf die Ausübung des Stimmrechts haben

Aufgrund der Treuepflicht kann es für einen Gesellschafter geboten sein, in einer bestimmten Art und Weise abzustimmen. Eine solche Pflicht bestand beispielsweise bei der Umstellung des Stammkapitals auf die Währung Euro. Damit die Gesellschaft auch nach dem 01.01.2002 handlungsfähig bleibt, mussten die Gesellschafter einem derartigen Beschluss zustimmen.

Zu beachten ist, dass in den Fällen des § 47 Abs. 4 GmbHG ein Ausschluss vom Stimmrecht besteht.

Ausschluss vom Stimmrecht

Abstimmung

§ 47 GmbHG

(4) Ein Gesellschafter, welcher durch die Beschlußfassung entlastet oder von einer Verbindlichkeit befreit werden soll, hat hierbei kein Stimmrecht und darf ein solches auch nicht für andere ausüben. Dasselbe gilt von einer Beschlußfassung, welche die Vornahme eines Rechtsgeschäfts oder die Einleitung oder Erledigung eines Rechtsstreites gegenüber einem Gesellschafter betrifft.

Die Vorschrift ist eine Ausprägung des Stimmrechtsverbotes aufgrund einer Interessenkollision. In ihr sind zwei Verbote enthalten, zum einen über Geschäfte abzustimmen, die den Gesellschafter selbst berühren, zum anderen Richter in eigener Sache zu sein. Die Vorschrift ist nicht in allen genannten Stimmrechtsausschlüssen abdingbar. Im konkreten Fall wird empfohlen, die Abbedingbarkeit für jeden Stimmrechtsausschluss einzeln zu prüfen.

Im GmbHG sind keine Vorschriften über die Nichtigkeit und Anfechtbarkeit von Beschlüssen enthalten. Nach allgemeiner Auffassung sind die §§ 241 ff. AktG analog heranzuziehen. Es wird daher auf die bei der Aktiengesellschaft gemachten Ausführungen verwiesen (Abschnitt »Die Körperschaften, 4.3. Organe«).

Die Nichtigkeit und Anfechtbarkeit richten sich nach den §§ 241 ff. AktG

3.3.2. Geschäftsführer

Als juristische Person kann die GmbH nicht selbst handeln. Diese Funktion wird von dem oder den Geschäftsführer(n) ausgeübt. Sie führen die Geschäfte der Gesellschaft und vertreten die GmbH.

Die Geschäftsführer vertreten die GmbH

Vertretung durch Geschäftsführer

§ 35 GmbHG

(1) Die Gesellschaft wird durch die Geschäftsführer gerichtlich und außergerichtlich vertreten.

Wie viele Geschäftsführer eine GmbH hat, ergibt sich aus dem Gesellschaftsvertrag. Die Bestellung der Geschäftsführer erfolgt durch die Gesellschafterversammlung (§ 46 Nr. 5 GmbHG) oder den Gesellschaftsvertrag. Bei Gesellschaften, die dem Mitbestimmungsgesetz unterliegen, ist der Aufsichtsrat zuständig, da gemäß § 52 Abs. 1 GmbHG die §§ 84, 85 AktG Anwendung finden. Ein Geschäftsführer wird durch einen entsprechenden Beschluss berufen. Parallel wird in der Regel neben der Berufung zum Organ auch ein Dienstvertrag zwischen der GmbH und dem Geschäftsführer abgeschlossen. Dabei wird die Gesellschaft von den Gesellschaftern vertreten. Diese können zusammen die Willenserklärung abgeben oder einen bzw. mehreren

Die Anzahl der Geschäftsführer ergibt sich aus dem Gesellschaftsvertrag

Die Bestellung der Geschäftsführer erfolgt in der Regel durch die Gesellschafterversammlung

Gesellschafter(n) eine rechtsgeschäftliche Vertretungsmacht erteilen. Wie bei dem eingetragenen Verein ist auch hier zwischen beiden Rechtsverhältnissen zu unterscheiden.

Eine Abberufung kann jederzeit erfolgen. Im Gesellschaftsvertrag kann aber vereinbart werden, dass der Widerruf nur bei Vorliegen eines wichtigen Grundes, wie z. B. der groben Pflichtverletzung, zulässig ist.

§ 38 GmbHG

Widerruf der Bestellung

(1) Die Bestellung der Geschäftsführer ist zu jeder Zeit widerruflich, unbeschadet der Entschädigungsansprüche aus bestehenden Verträgen.

(2) Im Gesellschaftsvertrag kann die Zulässigkeit des Widerrufs auf den Fall beschränkt werden, daß wichtige Gründe denselben notwendig machen. Als solche Gründe sind insbesondere grobe Pflichtverletzung oder Unfähigkeit zur ordnungsmäßigen Geschäftsführung anzusehen.

Der Dienstvertrag bleibt unberührt von dem Widerruf. Soll dieser beendet werden, bedarf es einer Kündigung nach den allgemeinen Regeln. Anzumerken ist, dass der Widerruf der Bestellung zum Geschäftsführer die Gesellschaft nicht zur außerordentlichen Kündigung nach § 626 Abs. 1 BGB berechtigt, wohl aber den abberufenen Geschäftsführer.

Die Bestellung und der Widerruf eines Geschäftsführers sind in das Handelsregister einzutragen.

§ 39 GmbHG

Anmeldung der Geschäftsführer

(1) Jede Änderung in den Personen der Geschäftsführer sowie die Beendigung der Vertretungsbefugnis eines Geschäftsführers ist zur Eintragung in das Handelsregister anzumelden.

Die Geschäftsführer sind für sämtliche geschäftlichen Angelegenheiten der GmbH zuständig. Dies umfasst alle Maßnahmen, die zur Erreichung des Satzungszweckes notwendig sind, soweit es nicht anderen Organen durch den Gesellschaftsvertrag oder das Gesetz zugewiesen ist. Typische Beispiele für die Geschäftsführung sind die Personalplanung, die Erarbeitung von Strategien und die Überwachung des Tagesgeschäftes. Im GmbHG sind nur einige wenige Aufgaben ausdrücklich genannt. Der Gesetzgeber hat die Pflicht zur Buchführung (§ 41 GmbHG) und zum Jahresabschluss (§ 42 a GmbHG) durch Nennung ausdrücklich hervorgehoben.

§ 41 GmbHG

Buchführung

(1) Die Geschäftsführer sind verpflichtet, für die ordnungsmäßige Buchführung der Gesellschaft zu sorgen.

(2) bis (4) *(aufgehoben)*

Vorlage des Jahresabschlusses und des Lageberichtes

§ 42a GmbHG

(1) Die Geschäftsführer haben den Jahresabschluß und den Lagebericht unverzüglich nach der Aufstellung den Gesellschaftern zum Zwecke der Feststellung des Jahresabschlusses vorzulegen. Ist der Jahresabschluß durch einen Abschlußprüfer zu prüfen, so haben die Geschäftsführer ihn zusammen mit dem Lagebericht und dem Prüfungsbericht des Abschlußprüfers unverzüglich nach Eingang des Prüfungsberichts vorzulegen. Hat die Gesellschaft einen Aufsichtsrat, so ist dessen Bericht über das Ergebnis seiner Prüfung ebenfalls unverzüglich vorzulegen. [...]

Sind mehrere Geschäftsführer bestellt, besteht eine Gesamtgeschäftsführungsbefugnis. Durch den Gesellschaftsvertrag oder entsprechende Gesellschafterbeschlüsse kann auch Einzelgeschäftsführungsbefugnis erteilt werden.

Sind mehrere Geschäftsführer bestellt, besteht eine Gesamtgeschäftsführungsbefugnis

Wie bereits erwähnt, vertreten die Geschäftsführer die GmbH gemäß der §§ 164 ff. BGB gemeinsam nach Außen.

Wirkung der Vertretung

§ 36 GmbHG

Die Gesellschaft wird durch die in ihrem Namen von den Geschäftsführern vorgenommenen Rechtsgeschäfte berechtigt und verpflichtet; es ist gleichgültig, ob das Geschäft ausdrücklich im Namen der Gesellschaft vorgenommen worden ist, oder ob die Umstände ergeben, daß es nach dem Willen der Beteiligten für die Gesellschaft vorgenommen werden sollte.

Eine Beschränkung der Vertretungsmacht ist im Außenverhältnis nicht möglich. Bei Bestellung mehrerer Geschäftsführer besteht jedoch parallel zur Geschäftsführung eine Gesamtvertretungsmacht. Für den Zugang einer Willenserklärung ist es ausreichend, dass sie einem Geschäftsführer zugeht.

Keine Beschränkung der Vertretung im Außenverhältnis

Vertretung durch Geschäftsführer

§ 35 GmbHG

(2) [...] Ist der Gesellschaft gegenüber eine Willenserklärung abzugeben, so genügt es, wenn dieselbe an einen der Geschäftsführer erfolgt.

Die Geschäftsführer können wegen § 181 BGB mit sich selbst keine Rechtsgeschäfte abschließen (Insichgeschäft).

Für die Geschäftsführer gilt § 181 BGB

Beispiel: Der alleinige Geschäftsführer G kauft im Namen der Gesellschaft von sich selbst einen PKW.

Durch den Gesellschaftsvertrag oder Gesellschafterbeschluss kann der Geschäftsführer von § 181 BGB befreit werden und in der Folge kann er mit sich selbst (als Privatperson) Verträge schließen. Die Befreiung ist in das Handelsregister einzutragen. Für Gesellschaften, bei denen ein Alleingesellschafter zugleich auch Alleingeschäftsführer ist, enthält § 35 Abs. 4 GmbHG eine Sonderregelung.

§ 35 GmbHG

Vertretung durch Geschäftsführer

(4) Befinden sich alle Geschäftsanteile der Gesellschaft in der Hand eines Gesellschafters oder daneben in der Hand der Gesellschaft und ist er zugleich deren alleiniger Geschäftsführer, so ist auf seine Rechtsgeschäfte mit der Gesellschaft § 181 des Bürgerlichen Gesetzbuches anzuwenden. Rechtsgeschäfte zwischen ihm und der von ihm vertretenen Gesellschaft sind, auch wenn er nicht alleiniger Geschäftsführer ist, unverzüglich nach ihrer Vornahme in eine Niederschrift aufzunehmen.

Zunächst stellt die Bestimmung klar, dass § 181 BGB auch für Einmann-Gesellschaften gilt. Ein Gesellschafterbeschluss reicht in diesem Fall für eine Befreiung von § 181 BGB nicht aus. Nach allgemeiner Auffassung ist wegen § 35 Abs. 4 GmbHG eine Befreiung nur durch eine entsprechende Klausel im Gesellschaftsvertrag möglich. Ist eine Befreiung erteilt, hat der Geschäftsführer ein vorgenommenes Insichgeschäft zu dokumentieren.

Haftung der Geschäftsführer
für Pflichtverletzungen

Verletzen die Geschäftsführer ihre Pflichten, haften sie der Gesellschaft dafür nach § 43 Abs. 2 GmbHG solidarisch für den entstandenen Schaden. Außenstehende können sich nicht auf die Vorschrift berufen. Der Sorgfaltsmaßstab richtet sich nach § 43 Abs. 1 GmbHG.

§ 43 GmbHG

Haftung der Geschäftsführer

(1) Die Geschäftsführer haben in den Angelegenheiten der Gesellschaft die Sorgfalt eines ordentlichen Geschäftsmannes anzuwenden.

(2) Geschäftsführer, welche ihre Obliegenheiten verletzen, haften der Gesellschaft solidarisch für den entstandenen Schaden.

§ 43 Abs. 2 GmbHG ist eine spezielle Anspruchsgrundlage, die andere vertragliche Anspruchsgrundlagen für Pflichtverletzungen verdrängt.

Beispiel: Pflichtverletzungen des Geschäftsführers könnten auch einen Anspruch aus § 280 Abs. 1 BGB i. V. m. § 611 BGB nach sich ziehen, weil auch Pflichten des Anstellungsvertrages verletzt wurden. Diese Anspruchsgrundlage ist wegen § 43 Abs. 2 GmbHG gesperrt.

Erfüllt die Pflichtverletzung zugleich den Tatbestand einer unerlaubten Handlung (§§ 823 ff. BGB), haftet der Geschäftsführer der Gesellschaft auch aus dieser Anspruchsgrundlage. Die §§ 823 ff. BGB werden nicht von § 43 Abs. 2 GmbHG verdrängt.

3.3.3. Aufsichts- und Beirat

Nach dem GmbHG besteht keine Pflicht, einen Aufsichtrat zu bilden. Er kann aber im Gesellschaftsvertrag vorgesehen werden. Nach § 52 Abs. 1 GmbHG ergeben sich die Befugnisse eines Aufsichtsrates aus den Aktienrecht, es sei denn, der Gesellschaftsvertrag enthält andere Regelungen.

Aufsichtsrat

(1) Ist nach dem Gesellschaftsvertrag ein Aufsichtsrat zu bestellen, so sind § 90 Abs. 3, 4, 5 Satz 1 und 2, § 95 Satz 1, § 100 Abs. 1 und 2 Nr. 2, § 101 Abs. 1 Satz 1, § 103 Abs. 1 Satz 1 und 2, §§ 105, 110 bis 114, 116 des Aktiengesetzes in Verbindung mit § 93 Abs. 1 und 2 des Aktiengesetzes, §§ 170, 171, 337 des Aktiengesetzes entsprechend anzuwenden, soweit nicht im Gesellschaftsvertrag ein anderes bestimmt ist.

Die Pflicht, einen Aufsichtsrat zu bilden, kann sich aber aus dem Betriebsverfassungsgesetz von 1952 und dem Mitbestimmungsgesetz ergeben, die auch die jeweiligen Befugnisse regeln (Abschnitt »Die Körperschaften«, 4.3.Organe«).

Ein Beirat ist ebenfalls im GmbHG nicht zwingend vorgeschrieben. Die Zusammensetzung und die Aufgaben eines Beirates sollten im Gesellschaftsvertrag festgelegt werden, weil ihm nur dann organschaftliche Befugnisse eingeräumt werden können. Es besteht eine weit gehende Vertragsfreiheit bezüglich der Anzahl der Mitglieder und der Zusammensetzung. In der Praxis wird der Drei-Personen-Beirat bevorzugt. Hindernisse, gesellschaftsfremde Personen in den Beirat zu berufen, existieren nicht. Auch besteht ein großer Spielraum, welche Befugnisse einem organschaftlichen Beirat eingeräumt werden. Die Spannbreite reicht von einer nur beratenden Tätigkeit ohne wirklichen Einfluss, bis hin zur Weisungsbefugnis gegenüber den Geschäftsführern.

3.4. Erhaltung des Stammkapitals

Der Gesetzgeber hat schon bei Gründung einer GmbH versucht, durch zahlreiche Bestimmungen versucht, sicherzustellen, dass das Stammkapital tatsächlich aufgebracht wird und der GmbH zur Verfügung steht. Es ist daher notwendig, auch für eine Kapitalerhaltung zu sorgen, damit das Stammkapital auch in der GmbH verbleibt.

Zentrale Vorschrift für die Kapitalerhaltung ist § 30 Abs. 1 GmbHG.

§ 30 GmbHG	**Rückzahlungen**

(1) Das zur Erhaltung des Stammkapitals erforderliche Vermögen der Gesellschaft darf an die Gesellschafter nicht ausgezahlt werden.

Keine Übertragung von Vermögenswerten an die Gesellschaften im Fall der Unterbilanz

Gemeint ist damit, dass keine Vermögenswerte an einen Gesellschafter übertragen werden dürfen, wenn eine Unterbilanz vorliegt. Eine Unterbilanz ist gegeben, wenn das Reinvermögen – auch Nettovermögen genannt – das im Gesellschaftsvertrag vereinbarte Stammkapital nicht erreicht.

Beispiel: Das Stammkapital der O-GmbH beträgt 25.000,– €. Aufgrund der Geschäftstätigkeit verfügt die Gesellschaft inzwischen über ein Reinvermögen von 30.000,– €. Dann lässt sich der Gesellschafter U 10.000,– € auszahlen. Durch die Auszahlung sinkt das Reinvermögen auf 20.000,– € und liegt damit unterhalb des Stammkapitals. Die Auszahlung von 10.000,– € ist somit in Höhe von 5.000,– € unzulässig, weil das Stammkapital angegriffen wird.

Leistungen an nahe Angehörige werden als Leistungen an den Gesellschafter behandelt

Empfangen Dritte eine solche Leistung der GmbH, sind sie von dem Verbot des § 30 Abs. 1 GmbHG nicht betroffen. Wohl aber handelt es sich um Leistungen an den Gesellschafter, wenn diese gegenüber nahen Angehörigen, wie z. B. Ehegatten oder minderjährige Kinder, erbracht werden.

Die Rechtsfolge eines Verstoßes gegen § 30 Abs. 1 GmbHG ist in § 31 Abs. 1 GmbHG geregelt.

§ 31 GmbHG	**Erstattung von verbotenen Rückzahlungen**

(1) Zahlungen, welche den Vorschriften des § 30 zuwider geleistet sind, müssen der Gesellschaft erstattet werden.

Der Gesellschafter muss die empfangenen Leistungen zurückerstatten

Der Gesellschafter muss die erhaltene Leistung erstatten. Ist der Gesellschafter dazu nicht in der Lage, so haften gemäß § 31 Abs. 3 GmbHG die anderen Gesellschafter.

§ 31 GmbHG	**Erstattung von verbotenen Rückzahlungen**

(3) Ist die Erstattung von dem Empfänger nicht zu erlangen, so haften für den zu erstattenden Betrag, soweit er zur Befriedigung der Gesellschaftsgläubiger erforderlich ist, die übrigen Gesellschafter nach Verhältnis ihrer Geschäftsanteile. Beiträge, welche von einzelnen Gesellschaftern nicht zu erlangen sind, werden nach dem bezeichneten Verhältnis auf die übrigen verteilt.

Die §§ 32a, 32b GmbHG enthalten Regelungen über so genannte »**eigenkapitalersetzende Darlehen**«. Darunter ist zu verstehen, dass ein Gesellschafter der GmbH während einer Krise Kapital in Form von Darlehen zuführt, obwohl es eigentlich geboten wäre, das Stammkapital der Gesellschaft zu erhöhen. Die GmbH erhält statt Eigenkapital durch das Darlehen Fremdkapital. Grundgedanke dieser verbreiteten Praxis war ursprünglich, dass das gewährte Darlehen, anders als das Stammkapital, das ja Eigenkapital darstellt, im Fall der Insolvenz nicht verloren ist, sondern zumindest als Insolvenzforderung vom Gesellschafter noch geltend gemacht werden kann. Dem wollen die §§ 32 a, 32 b GmbHG entgegenwirken. Grundlegende Vorschrift ist § 32 a Abs. 1 GmbHG.

Besonderheit: Eigenkapitalersetzende Darlehen

Zuführung von Fremdkapital in der Krise

Rückgewähr von Darlehen

§ 32a GmbHG

(1) Hat ein Gesellschafter der Gesellschaft in einem Zeitpunkt, in dem ihr die Gesellschafter als ordentliche Kaufleute Eigenkapital zugeführt hätten (Krise der Gesellschaft), statt dessen ein Darlehen gewährt, so kann er den Anspruch auf Rückgewähr des Darlehens im Insolvenzverfahren über das Vermögen der Gesellschaft nur als nachrangiger Insolvenzgläubiger geltend machen.

§ 32 a Abs.1 GmbHG setzt zunächst voraus, dass ein Gesellschafter der GmbH einen Kredit gewährt hat. Gesellschafter ist jeder, der eine Stammeinlage übernommen hat, es sei denn, der Gesellschafter ist nicht geschäftsführend tätig und hält nur eine Beteiligung von nicht mehr als 10 % (§ 32 a Abs. 3 Satz 2 GmbHG). Ausgenommen sind nach § 32 a Abs. 3 S. 3 GmbHG auch Gesellschafter, die erst in der Krise Geschäftsanteile erwerben. Damit soll eine Sanierung erleichtert werden.

Gesellschafter gewährt Darlehen

Rückgewähr von Darlehen

§ 32a GmbHG

(3) Diese Vorschriften gelten sinngemäß für andere Rechtshandlungen eines Gesellschafters oder eines Dritten, die der Darlehensgewährung nach Absatz 1 oder 2 wirtschaftlich entsprechen. Die Regeln über den Eigenkapitalersatz gelten nicht für den nicht geschäftsführenden Gesellschafter, der mit zehn vom Hundert oder weniger am Stammkapital beteiligt ist. Erwirbt ein Darlehensgeber in der Krise der Gesellschaft Geschäftsanteile zum Zweck der Überwindung der Krise, führt dies für seine bestehenden oder neugewährten Kredite nicht zur Anwendung der Regeln über den Eigenkapitalersatz.

Der Begriff »Darlehen« ist weit zu verstehen. Er umfasst auch gemäß § 32 a Abs. 3 S. 1 GmbHG wirtschaftlich vergleichbare Geschäfte.

Weit reichende Bedeutung des Begriffs Darlehen

Beispiele für wirtschaftlich vergleichbare Geschäfte: Sachdarlehen, wie die Überlassung von Maschinen oder Gebäuden, die Übernahme einer Bürgschaft, damit die GmbH noch einen Kredit erhält, die Nichtgeltendmachung von Forderungen gegenüber der GmbH

Gewährung des Darlehens während die GmbH sich in einer Krise befindet

Das gewährte Darlehen oder das wirtschaftliche vergleichbare Geschäft wird nur zu Eigenkapital, wenn es während einer »Krise der Gesellschaft« gewährt wurde. Eine Krise liegt vor, wenn die Gesellschaft von Dritten keinen Kredit mehr zu marktüblichen Zinsen erhalten hätte (Kreditunwürdigkeit), wenn die Gesellschaft zahlungsunfähig oder überschuldet ist. Bei diesen Sachverhalten hätte ein ordentlicher Kaufmann der GmbH nämlich Eigenkapital zugeführt.

Gesellschafter kann die Forderung im Insolvenzverfahren nur nachrangig geltend machen

Rechtsfolge des § 32 a GmbHG ist, dass der Kredit gewährende Gesellschafter seine Forderung auf Rückerstattung im Insolvenzverfahren nur nachrangig geltend machen kann. Gemäß § 39 InsO werden die nachrangigen Gläubiger nach den nicht nachrangigen Insolvenzgläubigern befriedigt.

Analoge Anwendung der § 30 f. GmbHG auf die Fälle des § 32 a GmbHG

Die Regelung des § 32 a f. GmbHG wird allgemein als unzureichend empfunden. Wenn die Gesellschafter statt des notwendigen Stammkapitals in der Krise ein eigenkapitalersetzendes Darlehen gewähren, muss es auch wie Eigenkapital behandelt werden. Daher wendet die Rechtsprechung die Grundsätze der § 30 f. GmbHG auch auf die Fälle des § 32 a GmbHG an. Liegen die Voraussetzungen des § 32 a GmbHG vor, gilt das Rückzahlungsverbot. Leistungen müssen vom Gesellschafter erstattet werden. Eine Verzinsung oder Vergütung für den Eigenkapitalersatz kann der Gesellschafter nicht verlangen. Diese Rechtsprechung hat erhebliche Konsequenzen, weil Gesellschafter kurz vor einer Insolvenz dazu neigen, Vermögenswerte, die in der Krise gewährt wurden, zurückzuverlangen. Hier denkt man zuerst tatsächlich an Darlehen, in der Praxis spielt aber auch die Nutzungsüberlassung durch Miete, Pacht oder Leihe eine erhebliche Rolle.

Beispiel: Die X-GmbH ist überschuldet. Der einzige Gesellschafter P will die Gesellschaft retten und überlässt der GmbH im April 2003 unentgeltlich eine Lagerhalle, die auch von dieser genutzt wird. P erhält die Lagerhalle auf sein Drängen am 31.01.2003 von der X-GmbH zurück. Im März 2003 wird das Insolvenzverfahren eröffnet. Der Insolvenzverwalter O will die Lagerhalle wieder verwenden und verlangt diese von P unentgeltlich zurück. Nach h. M. ist auch eine Nutzungsüberlassung in der Krise als Eigenkapitalersatz zu sehen. Rechtsfolge ist, dass der Gesellschaft das Recht zur Nutzung zusteht. Solange die X-GmbH die Lagerhalle nutzt, besteht kein Anspruch auf Miete oder Pacht. Heftig umstritten ist aber, wie lange ein Recht zur

Nutzungsüberlassung besteht. Die Rechtsprechung stellt hier auf die vertraglich vereinbarte Nutzungsdauer ab, akzeptiert aber keine unüblichen kurzfristigen Überlassungsverträge und außergewöhnliche Kündigungsmöglichkeiten.

3.5. Haftung

Als Körperschaft haftet die GmbH gemäß § 13 Abs. 1 GmbHG selbst für alle entstandenen Verbindlichkeiten. Schuldhaftes Verhalten der Geschäftsführer und aller Personen die die GmbH repräsentieren, wird der GmbH analog § 31 BGB zugerechnet. Auch hier gilt die Zurechnungsnorm für alle Anspruchsgrundlagen. Für Einzelheiten wird auf die Ausführungen zum Verein verwiesen (Abschnitt »Die Körperschaften, 1.5.Haftung). Das schuldhafte Verhalten von Erfüllungsgehilfen wird der GmbH nach § 278 BGB zugerechnet. § 831 BGB findet ebenfalls Anwendung.

> Schuldhaftes Verhalten von Geschäftsführern und Repräsentanten wird der GmbH zugerechnet

Eine persönliche Haftung des Geschäftsführers gegenüber Dritten kann sich nur aus allgemeinen Regeln für Fehlverhalten ergeben. In Betracht kommen vor allem Ansprüche aus unerlaubter Handlung (§§ 823 ff. BGB) in Betracht. Besonders relevant ist in diesem Bereich § 823 Abs. 2 BGB i. V. m. einem Schutzgesetz.

> Persönliche Haftung der Geschäftsführer nach den §§ 823 ff. BGB

Schadensersatzpflicht

§ 823 BGB

(2) Die gleiche Verpflichtung trifft denjenigen, welcher gegen ein den Schutz eines anderen bezweckendes Gesetz verstößt. Ist nach dem Inhalt des Gesetzes ein Verstoß gegen dieses auch ohne Verschulden möglich, so tritt die Ersatzpflicht nur im Falle des Verschuldens ein.

Häufig kommt es zu einer solchen Haftung bei Zahlungsschwierigkeiten. Typische Schutzgesetze knüpfen nämlich gerade an diese Situation an. Besonders relevant ist z. B. § 64 Abs. 1 GmbHG, der eine Pflicht des Geschäftsführers zum Insolvenzantrag begründet.

Insolvenzantragspflicht

§ 64 GmbHG

(1) Wird die Gesellschaft zahlungsunfähig, so haben die Geschäftsführer ohne schuldhaftes Zögern, spätestens aber drei Wochen nach Eintritt der Zahlungsunfähigkeit, die Eröffnung des Insolvenzverfahrens zu beantragen. Dies gilt sinngemäß, wenn sich eine Überschuldung der Gesellschaft ergibt.

Verletzt der Geschäftsführer diese Pflicht, haftet er den Gläubigern für den entstandenen Schaden.

Weitere Beispiele für Schutzgesetze sind die §§ 266 StGB (Untreue), 266 a StGB (Vorenthalten und Veruntreuen von Arbeitsentgelt) und die §§ 283 ff. StGB (Bankrottdelikte). Es ist darauf hinzuweisen, dass nicht nur eine zivilrechtliche Haftung nach § 823 Abs. 2 BGB i. V. m. einem Schutzgesetz besteht. Selbstverständlich macht sich der Geschäftsführer auch strafbar, wenn es sich bei den genannten Schutzgesetzen um Straftatbestände handelt.

Persönliche Haftung der Geschäftsführer nach §§ 280 Abs. 1, 311 Abs. 3, 241 Abs. 2 BGB

Eine Außenhaftung gegenüber Dritten kann sich ferner aus den §§ 280 Abs. 1, 311 Abs. 3, 241 Abs. 2 BGB – der früheren culpa in contrahendo – ergeben. Insbesondere dann, wenn der Geschäftsführer bei Verhandlungen ein besonderes Vertrauen seines Geschäftspartners in Anspruch genommen hat oder ein unmittelbares wirtschaftliches Eigeninteresse des Geschäftsführers bestand.

Beispiel: Die T-GmbH führt Vertragsverhandlungen über den Kauf einer neuen Produktionsstraße mit dem Kaufmann F. Verhandlungsführer der T-GmbH ist der Geschäftsführer P. F befragt den P während der Verhandlungen nach der finanziellen Situation der T-GmbH, da es Gerüchte über Zahlungsschwierigkeiten gibt. P versichert dem F, dass diese Gerüchte falsch seien, er als Geschäftsführer könne dies ja am besten beurteilen. Anschließend kommt es zum Vertragsschluss zwischen der T-GmbH und F. Nach Lieferung der Anlage kann die T-GmbH nur 25 % des Kaufpreises bezahlen und stellt einen Insolvenzantrag. P haftet persönlich nach §§ 280 Abs. 1, 311 Abs. 3, 241 Abs. 2 BGB in Höhe des noch nicht gezahlten Kaufpreises gegenüber F, weil er persönliches Vertrauen in Anspruch genommen hat und dieses Vertrauen schuldhaft missbraucht hat.

Grundsatz: Keine Haftung der Gesellschafter für die Verbindlichkeiten der GmbH Ausnahme: Durchgriffshaftung

Die Gesellschafter haften für die Verbindlichkeiten der Gesellschaft gemäß § 13 Abs. 2 GmbHG nicht. Von diesem Grundsatz gibt es Ausnahmen. In der Literatur werden mehrere Fallgruppen diskutiert, in denen es zu einem solchen »Durchgriff« kommen soll. Die Rechtsprechung steht allerdings auf dem Standpunkt, dass ein Durchgriff nur in Ausnahmefällen in Betracht kommt und hat diesen auch nur in wenigen Fällen angenommen.

Kein Durchgriff im Fall der Unterkapitalisierung

Der BGH hat für die GmbH eine Durchgriffshaftung bei einer Unterkapitalisierung, anders als bei dem eingetragenen Vereinen, abgelehnt.

Durchgriff im Fall der Vermögensvermischung

Eine Fallgruppe, bei der er eine Haftung der Gesellschafter zugelassen hat, ist die so genannte »Vermögensvermischung«. Bei diesen Sachverhalten ist das Vermögen der Gesellschaft und das des Gesellschafters nicht getrennt. Durch die Buchführung muss erkennbar sein, welcher Gesellschaft welche Vermögenswerte zustehen. Ist dies nicht möglich, kann es zu einem Durchgriff kommen.

Das gleiche gilt, wenn die Gesellschaften ineinander übergehen und der Geschäftsverkehr diese nicht mehr unterscheiden kann. Indikatoren für eine solche »Sphärenvermischung« sind eine Namensähnlichkeit von GmbH und dem Gesellschafter, die Nutzung des gleichen Gebäudes ohne räumliche Trennung der unterschiedlichen Personen oder die Mitarbeit der gleichen Beschäftigten, wobei nicht erkennbar ist, für welche Person der Betreffende handelt.

Durchgriff im Fall der Sphärenvermischung

Zu einem Durchgriff kann es auch nach einem »Institutsmissbrauch« kommen. Ein Institutsmissbrauch ist gegeben, wenn die Haftungsfreistellung des Gesellschafters bewusst zum Nachteil der Gläubiger eingesetzt wird. Dies ist z. B. der Fall, wenn eine Gesellschaft nur gegründet wird, um Verbindlichkeiten einzugehen, damit der Gesellschafter dies nicht persönlich muss und sie gleichzeitig keine Chance hat, Gewinne zu erzielen.

Durchgriff im Fall des Institutsmissbrauchs

In den letzten Jahren hatte die Rechtsprechung die Fallgruppe des »faktischen Konzerns« immer stärker in den Blickpunkt gerückt. Der Bundesgerichtshof hat diese Rechtsprechung aber im Jahr 2001 aufgegeben. Danach haftete ein beherrschender Gesellschafter einer GmbH analog der §§ 302, 303 AktG, wenn er im Konzerninteresse schuldhaft die Leitungsmacht zum Nachteil der GmbH ausübte und die entstandenen Nachteile nicht ausgeglichen wurden. Seit dem Jahr 2001 begründet der Bundesgerichtshof einen Durchgriff, der im Prinzip auf dem gleichen Gedanken wie die Haftung nach dem Konzernrecht beruht, nämlich auf dem Missbrauch der Einflussnahme, mit der Ausübung eines »existenzgefährdenden Eingriffs« durch die Gesellschafter. Die Erhaltung des Stammkapitals und die Gewährleistung des Bestandsschutzes der GmbH erfordern eine Rücksichtnahme der Gesellschafter auf die Gesellschaft. Sie dürfen ihre Existenz nicht gefährden. Denkbar ist hier z.B., dass die GmbH Waren vom Gesellschafter kaufen muss, die praktisch unverkäuflich sind, und daher Insolvenz anmelden muss.

Durchgriff im Fall des existenzgefährdenden Eingriffs

3.6. Rechte und Pflichten der Gesellschafter

Bei den Rechten des Gesellschafters kann man auch hier zwischen Vermögens- und Mitverwaltungsrechten unterscheiden. Die wichtigsten Vermögensrechte sind die Gewinnbeteiligung und der Anspruch auf einen Anteil am Liquidationserlös. Der Anspruch auf einen Liquidationserlös wird bei der Beendigung der Gesellschaft behandelt (Abschnitt »Die Körperschaften, 3.8. Beendigung der Gesellschaft«). Die Gewinnausschüttung regelt § 29 GmbHG.

§ 29 GmbHG

Gewinnverwendung

(1) Die Gesellschafter haben Anspruch auf den Jahresüberschuss zuzüglich eines Gewinnvortrags und abzüglich eines Verlustvortrags, soweit der sich ergebende Betrag nicht nach Gesetz oder Gesellschaftsvertrag, durch Beschluß nach Absatz 2 oder als zusätzlicher Aufwand auf Grund des Beschlusses über die Verwendung des Ergebnisses von der Verteilung unter die Gesellschafter ausgeschlossen ist. Wird die Bilanz unter Berücksichtigung der teilweisen Ergebnisverwendung aufgestellt oder werden Rücklagen aufgelöst, so haben die Gesellschafter abweichend von Satz 1 Anspruch auf den Bilanzgewinn.

(2) Im Beschluß über die Verwendung des Ergebnisses können die Gesellschafter, wenn der Gesellschaftsvertrag nichts anderes bestimmt, Beträge in Gewinnrücklagen einstellen oder als Gewinn vortragen.

(3) Die Verteilung erfolgt nach Verhältnis der Geschäftsanteile. Im Gesellschaftsvertrag kann ein anderer Maßstab der Verteilung festgesetzt werden.

§ 29 Abs. 1 GmbHG sieht eine jährliche Vollausschüttung des Gewinns vor. Da dies wirtschaftlich nicht sinnvoll ist, werden in der Praxis in Gesellschaftsverträgen meistens andere Regelungen vorgesehen. Möglich ist es, Teile des Gewinns in Rücklagen einzustellen oder als Gewinn vorzutragen. Nach § 29 Abs. 2 GmbHG kann dies auch durch einen einfachen Gesellschafterbeschluss erfolgen. Günstiger ist es aber, von vornherein eine Regelung im Gesellschaftsvertrag vorzusehen, weil es bei Gewinnausschüttungen erfahrungsgemäß zu Meinungsverschiedenheiten kommt, die sich langfristig negativ auf die Gesamtheit der Gesellschafter auswirken können. Ist im Gesellschaftsvertrag keine andere Regelung getroffen, wird der Gewinn entsprechend der Geschäftsanteile verteilt.

Die wichtigsten Mitverwaltungsrechte sind das Informationsrecht und das Stimmrecht. Da das Stimmrecht bereits behandelt wurde, wird nachfolgend nur auf das in § 51 a GmbHG geregelte Informationsrecht eingegangen.

Der Gesellschafter verfügt über ein Informationsrecht

AUSKUNFTSBEGEHREN

Auskunfts- und Einsichtsrecht

§ 51a GmbHG

(1) Die Geschäftsführer haben jedem Gesellschafter auf Verlangen unverzüglich Auskunft über die Angelegenheiten der Gesellschaft zu geben und die Einsicht der Bücher und Schriften zu gestatten.

(2) Die Geschäftsführer dürfen die Auskunft und die Einsicht verweigern, wenn zu besorgen ist, daß der Gesellschafter sie zu gesellschaftsfremden Zwecken verwenden und dadurch der Gesellschaft oder einem verbundenen Unternehmen einen nicht unerheblichen Nachteil zufügen wird. Die Verweigerung bedarf eines Beschlusses der Gesellschafter.

(3) Von diesen Vorschriften kann im Gesellschaftsvertrag nicht abgewichen werden.

Das in § 51a Abs. 1 GmbHG festgelegte Informationsrecht steht jedem Gesellschafter unabhängig von der Höhe der Beteiligung zu. Der Gesellschafter kann sein Verlangen auf Auskunft und Einsicht formlos gegenüber den Geschäftsführern geltend machen. Eine Begründung ist nicht erforderlich. Allerdings darf der Gesellschafter seinen Informationsanspruch nicht rechtsmissbräuchlich geltend machen. So ist es z. B. nicht zulässig, mit dem Informationsanspruch die Geschäftsführer zu

Eine Begründung für das Informationsverlangen ist nicht erforderlich

drangsalieren, um ein Entgegenkommen in einer anderen Frage zu erreichen. Verlangt der Gesellschafter Auskunft, kann ihm diese mündlich erteilt werden. Bei einem komplexen Sachverhalt ist die Auskunft schriftlich zu erteilen. Verlangt ein Gesellschafter Einsicht, sind ihm die für die Angelegenheit maßgeblichen Unterlagen zugänglich zu machen. Von den Unterlagen darf er sich auf seine Kosten Kopien anfertigen. Bei der Einsicht kann der Gesellschafter einen beruflich zur Verschwiegenheit verpflichteten Sachverständigen (z.B. Rechtsanwalt, Steuerberater und Wirtschaftsprüfer) hinzuziehen. Nach § 51 a Abs. 2 GmbHG kann das Informationsrecht verweigert werden, wenn die Gefahr besteht, dass die gewonnenen Informationen zu gesellschaftsfremden Zwecken verwendet werden und der GmbH oder einem verbundenen Unternehmen dadurch Nachteile entstehen. Die Verweigerung bedarf eines Gesellschafterbeschlusses. Der betroffene Gesellschafter hat ein Teilnahmerecht an der entsprechenden Gesellschafterversammlung, ist aber nicht stimmberechtigt. In der Versammlung haben die Geschäftsführer zu begründen, warum sie die Auskunft oder Einsicht ablehnen. Liegen die Voraussetzungen des § 51 a GmbHG vor, ist das Informationsrecht durch Beschluss zu verweigern. Hierzu sind die anderen Gesellschafter verpflichtet.

Der Gesellschafter kann eine beruflich zur Verschwiegenheit verpflichtete Person hinzuziehen

Hauptpflicht des Gesellschafters ist nach §§ 19, 24 GmbHG die Erbringung der Einlage. Dies wurde bereits im Abschnitt »Die Körperschaften, 3.2. Entstehung und Wirksamkeit« behandelt.

Parallel dazu bestehen noch Nebenleistungspflichten. Bedeutendste Nebenpflicht ist die schon bekannte gesellschaftsrechtliche Treuepflicht. Ausfluss dieser Treupflicht kann unter anderem ein Wettbewerbsverbot für den Gesellschafter sein. Die Rechtsprechung bejaht dies in zwei Fällen. Zum einen bei Gesellschaftern, die zugleich Geschäftsführer sind und bei Mehrheitsgesellschaftern. Das Wettbewerbsverbot gilt aber nicht für Alleingesellschafter, da die Treuepflicht nicht die Gesellschaft schützt, sondern die Gesellschafter in ihrer Gesamtheit. Ein Verstoß gegen das Wettbewerbsverbot führt zu einem Schadensersatz- und Unterlassungsanspruch der GmbH. In analoger Anwendung können auch die Rechte der §§ 112, 113 HGB geltend gemacht werden.

Der Gesellschafter unterliegt einer Treuepflicht

Ferner resultiert aus der Treuepflicht auch eine Geheimhaltungspflicht. Ein Gesellschafter hat über die Angelegenheiten der Gesellschaft strengstes Stillschweigen zu bewahren. Ein Verstoß gegen die Verschwiegenheitspflicht führt zu einem Schadensersatzanspruch.

3.7. Gesellschafterwechsel

Die Mitgliedschaft in einer GmbH kann, neben der Möglichkeit der Übernahme einer Stammeinlage bei Gründung, auf zwei Arten erworben werden:

- Veräußerungsgeschäft
- Erbfolge

Grundlegende Norm für die Veräußerlichkeit von Geschäftsanteilen ist § 15 GmbHG.

Übertragung von Geschäftsanteilen

§ 15 GmbHG

(1) Die Geschäftsanteile sind veräußerlich und vererblich.

(2) Erwirbt ein Gesellschafter zu seinem ursprünglichen Geschäftsanteil weitere Geschäftsanteile, so behalten dieselben ihre Selbständigkeit.

(3) Zur Abtretung von Geschäftsanteilen durch Gesellschafter bedarf es eines in notarieller Form geschlossenen Vertrages.

(4) Der notariellen Form bedarf auch eine Vereinbarung, durch welche die Verpflichtung eines Gesellschafters zur Abtretung eines Geschäftsanteils begründet wird. Eine ohne diese Form getroffene Vereinbarung wird jedoch durch den nach Maßgabe des vorigen Absatzes geschlossenen Abtretungsvertrag gültig.

(5) Durch den Gesellschaftsvertrag kann die Abtretung der Geschäftsanteile an weitere Voraussetzungen geknüpft, insbesondere von der Genehmigung der Gesellschaft abhängig gemacht werden.

Nach § 15 Abs. 1 GmbHG sind Geschäftsanteile einer GmbH grundsätzlich frei veräußerlich. Die Veräußerung erfolgt durch ein Verpflichtungsgeschäft und ein Verfügungsgeschäft. In dem Verpflichtungsgeschäft, meistens ein Kaufvertrag, wird die Verpflichtung begründet, einen Gesellschaftsanteil zu übertragen. Das Verpflichtungsgeschäft bedarf nach § 15 Abs. 4 Satz 1 GmbHG der notariellen Beurkundung. Eine fehlende Beurkundung wird durch die Vornahme des Verfügungsgeschäftes geheilt. Unter dem Verfügungsgeschäft ist die Abtretung des Geschäftsanteils nach §§ 413, 398 BGB zu verstehen. Nach § 15 Abs. 3 GmbHG bedarf auch die Abtretung eines in notarieller Form geschlossenen Vertrages. Die Übertragung ist der Gesellschaft anzuzeigen. Im Verhältnis zu ihr ist die Übertragung erst dann wirksam. Bis dahin ist der bisherige Gesellschafter von der GmbH auch weiterhin als Gesellschafter anzusehen.

Der Geschäftsanteil ist frei veräußerlich

§ 16 GmbHG

Rechtsstellung von Veräußerer und Erwerber

(1) Der Gesellschaft gegenüber gilt im Fall der Veräußerung des Geschäftsanteils nur derjenige als Erwerber, dessen Erwerb unter Nachweis des Übergangs bei der Gesellschaft angemeldet ist.

Die Veräußerlichkeit der Geschäftsanteile kann eingeschränkt werden

Nach § 15 Abs. 5 GmbHG kann die Möglichkeit, die Geschäftsanteile frei zu veräußern durch den Gesellschaftsvertrag eingeschränkt werden. Die Praxis macht regen Gebrauch von dieser Möglichkeit. Häufig ist die Veräußerung eines Geschäftsanteils nur mit Zustimmung der anderen Gesellschafter möglich (sog. Vinkulierung).

Die Geschäftsanteile sind frei vererblich

Nach § 15 Abs. 1 GmbHG sind Gesellschaftsanteile frei vererblich. Mit dem Tod des Gesellschafters geht der Geschäftsanteil gemäß § 1922 BGB unmittelbar auf den Erben über. Im Fall einer Erbengemeinschaft geht der Anteil ungeteilt auf diese über. Die Rechte und Pflichten regelt § 18 GmbHG.

§ 18 GmbHG

Mitberechtigung am Geschäftsanteil

(1) Steht ein Geschäftsanteil mehreren Mitberechtigten ungeteilt zu, so können sie die Rechte aus demselben nur gemeinschaftlich ausüben.

(2) Für die auf den Geschäftsanteil zu bewirkenden Leistungen haften sie der Gesellschaft solidarisch.

(3) Rechtshandlungen, welche die Gesellschaft gegenüber dem Inhaber des Anteils vorzunehmen hat, sind, sofern nicht ein gemeinsamer Vertreter der Mitberechtigten vorhanden ist, wirksam, wenn sie auch nur gegenüber einem Mitberechtigten vorgenommen werden. Gegenüber mehreren Erben eines Gesellschafters findet diese Bestimmung nur in bezug auf Rechtshandlungen Anwendung, welche nach Ablauf eines Monats seit dem Anfall der Erbschaft vorgenommen werden.

Eine Erbengemeinschaft kann die Gesellschafterrechte nur gemeinschaftlich ausüben

Wichtigste Bestimmung ist § 18 Abs. 1 GmbHG, nach dem die Erben die Gesellschafterrechte nur gemeinschaftlich ausüben können. Ein vertraglicher Ausschluss der Vererblichkeit ist nicht möglich. In der Praxis wird daher häufig die zwangsweise Einziehung des Gesellschaftsanteils für den Erbfall festgeschrieben.

Beendigung der Mitgliedschaft

Die Mitgliedschaft kann unter anderem durch folgende Gründe enden:

- Veräußerung des Geschäftsanteils
- Tod eines Gesellschafters
- vertragliche Vereinbarung
- Kündigung der Mitgliedschaft
- Ausschluss eines Gesellschafters
- Einziehung eines Gesellschaftsanteils
- Säumigkeit bei der Einlagezahlung

Da die ersten beiden Gründe bereits beim Erwerb die Mitgliedschaft behandelt wurden, wird nachfolgend nur noch auf die verbleibenden eingegangen.

Eine vertragliche Vereinbarung, nach der ein Gesellschafter ausscheidet, ist jederzeit möglich. Wie dies vertraglich ausgestaltet wird, ist vom Einzelfall abhängig. Oftmals verkauft der Ausscheidende seinen Geschäftsanteil in Teilen entsprechend der Beteiligungsquote an die anderen Gesellschafter. Dies hat den Vorteil, dass die Mehrheitsverhältnisse unverändert bleiben. Eine andere Alternative ist der Verkauf an die GmbH, was nach § 33 Abs. 1 GmbHG möglich ist, wenn die Einlagen vollständig geleistet sind.

Ausscheiden aufgrund einer vertraglichen Vereinbarung

Erwerb eigener Anteile

§ 33 GmbHG

(1) Die Gesellschaft kann eigene Geschäftsanteile, auf welche die Einlagen noch nicht vollständig geleistet sind, nicht erwerben oder als Pfand nehmen.

Eine Kündigung der Mitgliedschaft ist im GmbHG nicht vorgesehen. Eine ordentliche Kündigung ist daher nur zulässig, wenn der Gesellschaftsvertrag dies vorsieht. Auch die außerordentliche Kündigung ist nicht geregelt, die Rechtsprechung billigt einem Gesellschafter dieses Recht aber zu, wenn eine weitere Mitgliedschaft für den Gesellschafter unzumutbar wäre.

Kein Recht zur ordentlichen Kündigung

Die außerordentliche Kündigung ist zulässig, wenn die weitere Mitgliedschaft unzumutbar wäre

Beispiel für eine Unzumutbarkeit: Mehrere Jahre anhaltende Weigerung der Mehrheitsgesellschafter, Gewinne auszuschütten.

Die Kündigung ist aber nur zulässig, wenn dies das letzte Mittel ist (ultima ratio). Das ergibt sich aus der Treuepflicht der Gesellschafter. Mit der Kündigung erhält der Gesellschafter einen Abfindungsanspruch. Ist nichts im Gesellschaftsvertrag geregelt, bemisst sich der Anspruch nach dem Verkehrswert des Anteils. In der Praxis werden meistens Abfindungsregelungen vereinbart, die zu einer geringeren Entschädigung führen. Wie im Abschnitt »Die Personengesellschaften, 1.7. Gesellschafterwechsel« dargelegt, ist darauf zu achten, dass die vereinbarte Klausel nicht sittenwidrig ist. Die Zahlung einer Abfindung darf nicht zur Unterbilanz führen. § 30 GmbHG findet in diesem Fall Anwendung.

Kündigung muss letztes Mittel sein

Beim Ausschluss eines Gesellschafters ist die rechtliche Situation ähnlich wie bei der Kündigung eines Gesellschafters. Ein Ausschluss ist nur möglich, wenn dies im Gesellschaftsvertrag vorgesehen ist. Ausnahme ist das Vorliegen eines wichtigen Grundes in der Person des Gesellschafters, in diesem Fall ist ein Ausschluss zulässig. Auch der Ausschluss kommt nur als letztes Mittel in Frage. Für den Ausschluss

Ausschluss eines Gesellschafters

ist zunächst ein Gesellschafterbeschluss erforderlich. Der betroffene Gesellschafter ist nicht stimmberechtigt. Umstritten ist, ob eine einfache Mehrheit oder eine 3/4-Mehrheit der Stimmen erforderlich ist. Wie bei § 140 HGB bedarf es anschließend einer Ausschlussklage. Mit dem Ausschluss erwirbt der Gesellschafter, wie bei der Kündigung, einen Abfindungsanspruch.

Einziehen eines Geschäftsanteils

Des Weiteren kann der Verlust durch Einziehung (Amortisation) des Geschäftsanteils erfolgen.

§ 34 GmbHG

Einziehung (Amortisation)

(1) Die Einziehung (Amortisation) von Geschäftsanteilen darf nur erfolgen, soweit sie im Gesellschaftsvertrag zugelassen ist.

(2) Ohne die Zustimmung des Anteilsberechtigen findet die Einziehung nur statt, wenn die Voraussetzungen derselben vor dem Zeitpunkt, in welchem der Berechtigte den Geschäftsanteil erworben hat, im Gesellschaftsvertrag festgesetzt waren.

(3) Die Bestimmung in § 30 Abs. 1 bleibt unberührt.

Zulässigkeit der Einziehung

Nach § 34 Abs. 1 GmbHG ist die Einziehung nur zulässig, wenn sie im Gesellschaftsvertrag vorgesehen ist. Sie muss bereits im Vertrag enthalten sein, wenn der betreffende Gesellschafter seinen Anteil erwirbt, da sonst ist eine Einziehung nicht möglich ist (§ 34 Abs. 2 GmbHG). In Gesellschaftsverträgen findet sich daher häufig schon bei Gründung ein ganzer Katalog von Einziehungstatbeständen. Typischerweise wird eine Einziehung z. B. bei Wettbewerbsverstößen oder der Insolvenz des Gesellschafters vorgesehen. Die Einziehung erfolgt gemäß § 46 Nr. 4 GmbHG durch Gesellschafterbeschluss. Rechtsfolge ist die Vernichtung des Geschäftsanteils. Entsprechend erhöhen sich die verbliebenen Geschäftsanteile. Mit der Einziehung erwirbt der ausscheidende Gesellschafter einen Abfindungsanspruch.

Kaduzierung der Stammeinlage

Ist ein Gesellschafter mit der Einzahlung der Stammeinlage säumig, kann ihm diese entzogen werden (Kaduzierung). Wann und nach welchem Verfahren eine Kaduzierung zulässig ist regelt § 21 GmbHG.

§ 21 GmbHG

Kaduzierung

(1) Im Fall verzögerter Einzahlung kann an den säumigen Gesellschafter eine erneute Aufforderung zur Zahlung binnen einer zu bestimmenden Nachfrist unter Androhung seines Ausschlusses mit dem Geschäftsanteil, auf welchen die Zahlung zu erfolgen hat, erlassen werden. Die Aufforderung erfolgt mittels eingeschriebenen Briefes. Die Nachfrist muß mindestens einen Monat betragen.

(2) Nach fruchtlosem Ablauf der Frist ist der säumige Gesellschafter seines Geschäftsanteils und der geleisteten Teilzahlungen zugunsten

der Gesellschaft verlustig zu erklären. Die Erklärung erfolgt mittels eingeschriebenen Briefes.

(3) Wegen des Ausfalls, welchen die Gesellschaft an dem rückständigen Betrag oder den später auf den Geschäftsanteil eingeforderten Beträgen der Stammeinlage erleidet, bleibt ihr der ausgeschlossene Gesellschafter verhaftet.

Mit der Einziehung wird der Gesellschaftsanteil von der GmbH treuhänderisch gehalten, bis er gemäß §§ 22, 23 GmbHG auf einen Nachfolger übertragen wird.

Rechtsfolgen der Einziehung

3.8. Beendigung der Gesellschaft

Die Beendigung der GmbH erfolgt in drei Schritten. Zunächst erfolgt die Auflösung, dann die Abwicklung und schließlich die Vollbeendigung. Die Auflösungsgründe sind in § 60 Abs. 1 GmbHG aufgezählt.

Auflösungsgründe   § 60 GmbHG

(1) Die Gesellschaft mit beschränkter Haftung wird aufgelöst:

1. durch Ablauf der im Gesellschaftsvertrag bestimmten Zeit;

2. durch Beschluß der Gesellschafter; derselbe bedarf, sofern im Gesellschaftsvertrag nicht ein anderes bestimmt ist, eine Mehrheit von drei Vierteilen der abgegebenen Stimmen;

3. durch gerichtliches Urteil oder durch Entscheidung des Verwaltungsgerichts oder der Verwaltungsbehörde in den Fällen der §§ 61 und 62;

4. durch die Eröffnung des Insolvenzverfahrens; wird das Verfahren auf Antrag des Schuldners eingestellt oder nach der Bestätigung eines Insolvenzplans, der den Fortbestand der Gesellschaft vorsieht, aufgehoben, so können die Gesellschafter die Fortsetzung der Gesellschaft beschließen;

5. mit der Rechtskraft des Beschlusses, durch den die Eröffnung des Insolvenzverfahrens mangels Masse abgelehnt worden ist;

6. mit der Rechtskraft einer Verfügung des Registergerichts, durch welche nach den §§ 144a, 144b des Gesetzes über die Angelegenheiten der freiwilligen Gerichtsbarkeit ein Mangel des Gesellschaftsvertrags oder die Nichteinhaltung der Verpflichtungen nach § 19 Abs. 4 dieses Gesetzes festgestellt worden ist;

7. durch die Löschung der Gesellschaft wegen Vermögenslosigkeit nach § 141a des Gesetzes über die Angelegenheiten der freiwilligen Gerichtsbarkeit.

(2) Im Gesellschaftsvertrag können weitere Auflösungsgründe festgesetzt werden.

Auflösung durch Zeitablauf

Eine Bestimmung im Gesellschaftsvertrag, nach dem die GmbH zu einem bestimmten Zeitpunkt aufgelöst wird, ist in der Praxis selten. Sollte eine derartige Klausel im Gesellschaftsvertrag enthalten sein, ist diese nach § 10 Abs. 2 GmbHG im Handelsregister einzutragen.

Auflösung durch Gesellschafterbeschluss

Nach § 60 Abs. 1 Nr. 2 GmbHG kann die GmbH auch durch einen Beschluss der Gesellschafter mit einer 3/4-Mehrheit aufgelöst werden. Da es sich um keine Satzungsänderung handelt, bedarf es keiner notariellen Beurkundung.

Auflösung durch Urteil

Ein wichtiges Minderheitenrecht stellt die Auflösung nach §§ 60 Abs. 1 Nr. 3, 61, GmbH dar.

§ 61 GmbHG

Auflösung durch Urteil

(1) Die Gesellschaft kann durch gerichtliches Urteil aufgelöst werden, wenn die Erreichung des Gesellschaftszweckes unmöglich wird, oder wenn andere, in den Verhältnissen der Gesellschaft liegende, wichtige Gründe für die Auflösung vorhanden sind.

(2) Die Auflösungsklage ist gegen die Gesellschaft zu richten. Sie kann nur von Gesellschaftern erhoben werden, deren Geschäftsanteile zusammen mindestens dem zehnten Teil des Stammkapitals entsprechen.

(3) Für die Klage ist das Landgericht ausschließlich zuständig, in dessen Bezirk die Gesellschaft ihren Sitz hat.

Danach ist die Auflösungsklage zulässig bei Vorliegen eines wichtigen Grundes. Sie ist aber nur als letztes Mittel zulässig. Sie ist z. B. nicht zulässig, wenn Änderungen im Gesellschaftsvertrag oder der Ausschluss von anderen Gesellschaftern die aufgetretenen Schwierigkeiten beseitigen können. Nach § 60 Abs. 2 GmbHG kann die Klage nur von Gesellschaftern erhoben werden, die wenigstens 10 % des Stammkapitals halten. Erlangt das Auflösungsurteil Rechtskraft, ist die GmbH aufgelöst.

Auflösung durch Eröffnung des Insolvenzverfahrens

§ 60 Abs. 1 Nr. 4, 5 GmbHG sehen eine Auflösung vor, wenn das Insolvenzverfahren eröffnet oder wegen mangels Masse abgelehnt wird.

Auflösung durch das Registergericht

Gemäß § 60 Abs. 1 Nr. 6 GmbHG führt die Verfügung eines Registergerichts zur Auflösung. Gründe für eine solche Verfügung sind gravierende Mängel im Gesellschaftsvertrag oder die Nichteinhaltung der Verpflichtungen bei der Kapitaleinzahlung bei Einmanngesellschaften.

Ferner führt die Vermögenslosigkeit zur Auflösung einer GmbH (§ 60 Abs. 1 Nr. 7 GmbHG. Diese Vorschrift soll den Rechtsverkehr schützen.

Ist einer der Auflösungsgründe gemäß § 60 Abs. 1 Nr. 1-6 GmbHG einschlägig erfolgt eine Abwicklung (Liquidation). Liquidatoren sind die Geschäftsführer.

Liquidatoren § 66 GmbHG

(1) In den Fällen der Auflösung außer dem Fall des Insolvenzverfahrens erfolgt die Liquidation durch die Geschäftsführer, wenn nicht dieselbe durch den Gesellschaftsvertrag oder durch Beschluß der Gesellschafter anderen Personen übertragen wird.

Im Fall der Vermögenslosigkeit findet eine Liquidation nur statt, wenn später doch noch Vermögenswerte entdeckt werden.

Liquidatoren § 66 GmbHG

(5) Ist die Gesellschaft durch Löschung wegen Vermögenslosigkeit aufgelöst, so findet eine Liquidation nur statt, wenn sich nach der Löschung herausstellt, daß Vermögen vorhanden ist, das der Verteilung unterliegt. Die Liquidatoren sind auf Antrag eines Beteiligten durch das Gericht zu ernennen.

Die Aufgaben der Liquidatoren sind in § 70 GmbHG festgelegt.

Aufgaben der Liquidatoren § 70 GmbHG

Die Liquidatoren haben die laufenden Geschäfte zu beendigen, die Verpflichtungen der aufgelösten Gesellschaft zu erfüllen, die Forderungen derselben einzuziehen und das Vermögen der Gesellschaft in Geld umzusetzen; sie haben die Gesellschaft gerichtlich und außergerichtlich zu vertreten. Zur Beendigung schwebender Geschäfte können die Liquidatoren auch neue Geschäfte eingehen.

Der Liquidationsüberschuss ist entsprechend der Geschäftsanteile unter den Gesellschaftern aufzuteilen.

Vermögensverteilung § 72 GmbHG

Das Vermögen der Gesellschaft wird unter die Gesellschafter nach Verhältnis ihrer Geschäftsanteile verteilt. Durch den Gesellschaftsvertrag kann ein anderes Verhältnis für die Verteilung bestimmt werden.

Die Vollbeendigung tritt mit Abschluss der Liquidation und der Eintragung der Löschung in das Handelsregister ein.

§ 74 GmbHG   **Schluss der Liquidation**

(1) Ist die Liquidation beendet und die Schlußrechnung gelegt, so haben die Liquidatoren den Schluß der Liquidation zur Eintragung in das Handelsregister anzumelden. Die Gesellschaft ist zu löschen.

Bei der Vermögenslosen GmbH kommt es zur Vollbeendigung mit der Eintragung in das Handelsregister.

4. Die Aktiengesellschaft

4.1. Grundlagen

Das Recht der Aktiengesellschaft ist im Aktiengesetz geregelt.
§ 1 AktG umschreibt das Wesen der AG folgendermaßen:

Wesen der Aktiengesellschaft   § 1 AktG

(1) Die Aktiengesellschaft ist eine Gesellschaft mit eigener Rechtspersönlichkeit. Für die Verbindlichkeiten der Gesellschaft haftet den Gläubigern nur das Gesellschaftsvermögen.

(2) Die Aktiengesellschaft hat ein in Aktien zerlegtes Grundkapital.

Nach § 1 Abs. 1 Satz 1 AktG besitzt die AG eine eigene Rechtspersönlichkeit und ist somit juristische Person. Dementsprechend haftet auch nur das Gesellschaftsvermögen für Verbindlichkeiten(§ 1 Abs. 1 Satz 2 AktG). Die Aktiengesellschaft ist unabhängig vom verfolgten Zweck gemäß § 3 Abs. 1 AktG immer Handelsgesellschaft und in der Folge nach § 6 HGB Formkaufmann.

> Die AG besitzt eine eigene Rechtspersönlichkeit
>
> Die AG ist immer Handelsgesellschaft

Nach § 1 Abs.2 AktG verfügt die AG über ein Grundkapital, dass in Aktien zerlegt ist. Unter dem Begriff »**Grundkapital**« ist der Kapitalbetrag, der von den Inhabern der Aktien – den Aktionären – aufzubringen ist, zu verstehen. Wie hoch diese Summe ist, ergibt sich aus der Satzung. Nach § 7 AktG ist der Mindestbetrag 50.000,– €.

> Die AG verfügt über ein Grundkapital das von den Aktionären aufgebracht wird

Mindestnennkapital des Grundkapitals   § 7 AktG

Der Mindestnennbetrag des Grundkapitals ist fünfzigtausend Euro.

Dieses Grundkapital muss durch Übernahme von Aktien aufgebracht werden. Die Aktie hat nach allgemeiner Auffassung eine dreifache Bedeutung:

> Bedeutungen der Aktie

- sie ist ein Bruchteil am Grundkapital der AG
- sie verkörpert die Mitgliedschaft in der AG
- sie ist ein Wertpapier

Da das Grundkapital in Aktien zerlegt wird, bezeichnet die Aktie einen Bruchteil am Grundkapital. Sie kann als Nenn- oder Stückbetragsaktie ausgegeben werden.

> Unterscheidung zwischen Nennbetrags- und Stückaktie

Form und Mindestbeträge der Aktien   § 8 AktG

(1) Die Aktien können entweder als Nennbetragsaktien oder als Stückaktien begründet werden.

(2) Nennbetragsaktien müssen auf mindestens einen Euro lauten. Aktien über einen geringeren Nennbetrag sind nichtig. Für den Schaden aus der Ausgabe sind die Ausgeber den Inhabern als Gesamtschuldner verantwortlich. Höhere Aktiennennbeträge müssen auf volle Euro lauten.

(3) Stückaktien lauten auf keinen Nennbetrag. Die Stückaktien einer Gesellschaft sind am Grundkapital in gleichem Umfang beteiligt. Der auf die einzelne Aktie entfallende Betrag des Grundkapitals darf einen Euro nicht unterschreiten. Absatz 2 Satz 2 und 3 findet entsprechende Anwendung.

(4) Der Anteil am Grundkapital bestimmt sich bei Nennbetragsaktien nach dem Verhältnis ihres Nennbetrags zum Grundkapital, bei Stückaktien nach der Zahl der Aktien.

(5) [...] (6) [...]

Eine Nennbetragsaktie lautet auf einen Eurobetrag

Nennbetragsaktien lauten auf einen bestimmten Eurobetrag (§ 6 AktG). Mindestnennbetrag ist gemäß § 8 Abs. 2 AktG ein Euro. Da das Grundkapital in Aktien zerlegt wird, muss die Anzahl der ausgegebenen Aktien multipliziert mit dem Nennbetrag das Grundkapital ergeben.

*Beispiel: Eine AG hat 20.000 Aktien zum Nennbetrag von 5,– €
ausgegeben. Das Grundkapital beträgt folglich 100.000,– €.*

Die Stückaktie repräsentiert einen anteiligen Betrag am Grundkapital

Der Gesetzgeber hat die Stückaktie erst 1998 eingeführt. Sie repräsentiert einen anteiligen Betrag am Grundkapital. Bei ihr darf der anteilige Wert am Grundkapital einen Euro nicht unterschreiten.

*Beispiel: Das Grundkapital einer AG beträgt 50.000,– €. Gibt die AG
1.000 Aktien aus, repräsentiert jede Aktie eine Beteiligung von 1/50 am
Grundkapital. Mehr als 50.000 Aktien dürften nicht ausgegeben
werden, weil sonst der anteilige Wert am Grundkapital weniger als
einen Euro beträgt.*

Die Stückaktie ist keine Quotenaktie

Die Stückaktie ist keine Quotenaktie. Auf ihr ist nicht vermerkt, zu welchem Bruchteil eine Beteiligung besteht. In dem oben angeführten Beispiel steht nicht auf der Aktie »1/50 Beteiligung am Grundkapital«. Es handelt sich lediglich um einen rechnerischen Wert. Quotenaktien sind nach deutschem Recht nicht zulässig.

Die Aktie verkörpert auch die Mitgliedschaft in der AG. Die Mitgliedschaft ist die Summe der Rechte und Pflichten, die der Aktionär durch die Übernahme erwirbt. Die Rechte und Pflichten werden in dem Abschnitt »Die Körperschaften, 4.6. Rechte und Pflichten der Gesellschafter« gesondert behandelt.

Unterscheidung zwischen Namens- und Inhaberaktien

Ferner ist die Aktie auch ein Wertpapier. Jeder Aktionär kann verlangen, dass seine Mitgliedschaftsrechte in einer Urkunde verbrieft werden. Aktienurkunden lauten auf den **Namen** (des Aktionärs) oder den **Inhaber**.

Aktien und Zwischenscheine

§ 10 AktG

Namensaktie

(1) Die Aktien können auf den Inhaber oder auf Namen lauten.

Bei der **Namensaktie** ist der Aktionär der Gesellschaft bekannt. Die Aktie ist auf den Namen des Aktionärs ausgestellt.

Eintragung im Aktienregister

§ 67 AktG

(1) Namensaktien sind unter Angabe des Namens, Geburtsdatums und der Adresse des Inhabers sowie der Stückzahl oder der Aktiennummer und bei Nennbetragsaktien des Betrags in das Aktienregister der Gesellschaft einzutragen.

(2) Im Verhältnis zur Gesellschaft gilt als Aktionär nur, wer als solcher im Aktienregister eingetragen ist.

(3) Geht die Namensaktien auf einen anderen über, so erfolgen Löschung und Neueintragung im Aktienregister auf Mitteilung und Nachweis.

Bei der **Inhaberaktie** ist der Aktionär der Gesellschaft nicht bekannt. Hier ist der Eigentümer Inhaber der Aktie. Gegenüber der AG ist der Inhaber durch den bloßen Besitz legitimiert, es sei denn, die Gesellschaft weist ihm fehlendes Eigentum nach.

Inhaberaktie

In der Bundesrepublik Deutschland existieren ca. 7.000 Aktiengesellschaften. Sie ist bei Großunternehmen die bevorzugte Gesellschaftsform. Die wirtschaftliche Bedeutung resultiert vor allem aus ihrer Eignung zur Beschaffung großer Kapitalbeträge auf dem Kapitalmarkt. Durch die Ausgabe von Aktien an eine Vielzahl von Personen lässt sich günstig Kapital sammeln. Dies kann dann für bestimmte Projekte, wie den Kauf von anderen Unternehmen oder den Aufbau eines Geschäftszweiges verwandt werden. Für den Aktionär besteht der Vorteil darin, nicht persönlich haften zu müssen und gleichzeitig am unternehmerischen Erfolg teilzuhaben. 1994 hat der Gesetzgeber mit dem Gesetz für die kleine Aktiengesellschaft und zur Deregulierung des Aktienrechts versucht, die AG auch für mittelständische Unternehmen, deren Gesellschafterkreis überschaubar ist, zu öffnen. Auch ihnen sollte es möglich sein, künftig Kapital zu sammeln, um die chronisch dünne Eigenkapitaldecke deutscher Mittelständler zu verstärken. Mit der »kleinen AG« ist keine neue Gesellschaftsform geschaffen worden. Vielmehr ist damit die Anteilsstruktur gemeint. Die kleine AG ist keine große Publikumsgesellschaft, sondern die Anzahl der Gründer ist eher gering. Die Hoffnung des Gesetzgebers war es, dass diese Gesellschaften dann später den Börsengang wagen und so ihre Kapitalausstattung verbessern. Daher wurde die Gründung einer Einmann-AG zulässig – bis dahin waren fünf Personen erforderlich –, die Satzungsfreiheit erleichtert und die Hauptversammlung vereinfacht.

4.2. Entstehung und Wirksamkeit

Die AG entsteht mit Eintragung in das Handelsregister

Nach § 41 Abs. 1 Satz1 AktG entsteht die AG als juristische Person mit der Eintragung in das Handelsregister.

§ 41 AktG

Handeln im Namen der Gesellschaft vor Eintragung

(1) Vor der Eintragung in das Handelsregister besteht die Aktiengesellschaft als solche nicht. [...]

Gründungsphasen der AG

Wie bei der der Gründung einer GmbH bildet auch bei Gründung einer AG die Eintragung den Schlusspunkt der Entstehung. Auch hier unterteilt man drei Gründungsphasen:

- Vorgründungsgesellschaft
- Vor-AG
- AG

Die Vorgründungs- gesellschaft

Die Vorgründungsgesellschaft entsteht mit dem Abschluss eines Gründungsvertrages zwischen den Gründern. Liegt eine Einmann-Gründung vor, wie sie seit 1994 zulässig ist, entsteht keine Vorgründungsgesellschaft. Die Vorgründungsgesellschaft ist eine GbR oder wenn bereits ein Handelsgewerbe betrieben wird, eine OHG. Entsprechend ist die Haftung der Mitglieder ausgestaltet. Bei der Gründung ist zwischen der **einfachen** und **qualifizierten Gründung** zu unterscheiden.

Unterscheidung zwischen einfacher und qualifizierter Gründung

Die **einfache Gründung** vollzieht sich in mehreren Schritten. Zu Beginn muss die Satzung durch notarielle Beurkundung festgestellt werden (§ 23 Abs. 1 AktG). In § 23 Abs. 2, 3 und 4 AktG ist der Mindestinhalt der Satzung niedergelegt.

§ 23 AktG

Feststellung der Satzung

(1) Die Satzung muß durch notarielle Beurkundung festgestellt werden. Bevollmächtigte bedürfen einer notariell beglaubigten Vollmacht.

(2) In der Urkunde sind anzugeben

1. die Gründer;

2. bei Nennbetragsaktien der Nennbetrag, bei Stückaktien die Zahl, der Ausgabebetrag und, wenn mehrere Gattungen bestehen, die Gattung der Aktien, die jeder Gründer übernimmt;

3. der eingezahlte Betrag des Grundkapitals.

(3) Die Satzung muß bestimmen

1. die Firma und den Sitz der Gesellschaft;

2. den Gegenstand des Unternehmens; namentlich ist bei Industrie- und Handelsunternehmen die Art der Erzeugnisse und Waren, die hergestellt und gehandelt werden sollen, näher anzugeben;

3. die Höhe des Grundkapitals;

4. die Zerlegung des Grundkapitals entweder in Nennbetragsaktien oder in Stückaktien, bei Nennbetragsaktien deren Nennbeträge und die Zahl der Aktien jeden Nennbetrags, bei Stückaktien deren Zahl, außerdem, wenn mehrere Gattungen bestehen, die Gattung der Aktien und die Zahl der Aktien jeder Gattung;

5. ob die Aktien auf den Inhaber oder auf den Namen ausgestellt werden;

6. die Zahl der Mitglieder des Vorstands oder die Regeln, nach denen diese Zahl festgelegt wird.

(4) Die Satzung muß ferner Bestimmungen über die Form der Bekanntmachungen der Gesellschaft enthalten.

(5) [...]

§ 4 AktG legt fest, mit welchem Zusatz die gewählte Firma zu versehen ist.

Notwendiger Namenszusatz der AG

Firma

§ 4 AktG

Die Firma der Aktiengesellschaft muß, auch wenn sie nach § 22 des Handelsgesetzbuchs oder nach anderen gesetzlichen Vorschriften fortgeführt wird, die Bezeichnung »Aktiengesellschaft« oder eine allgemein verständliche Abkürzung dieser Bezeichnung enthalten.

Der in der Satzung genannte Sitz der Gesellschaft sollte der Ort sein, an dem die Geschäftsleitung oder die Hauptverwaltung ihren Sitz hat.

Sitz

§ 5 AktG

(1) Sitz der Gesellschaft ist der Ort, den die Satzung bestimmt.

(2) Die Satzung hat als Sitz in der Regel den Ort, wo die Gesellschaft einen Betrieb hat, oder den Ort zu bestimmen, wo sich die Geschäftsleitung befindet oder die Verwaltung geführt wird.

Unternehmensgegenstand ist die Tätigkeit, die die Gesellschaft aufnehmen will. Er ist vom Gesellschaftszweck zu unterscheiden. Der Gesellschaftszweck bezeichnet den Sinn des Zusammenschlusses, der in der Regel die Gewinnerzielung sein wird, während der Unternehmensgegenstand das hierfür eingesetzte Mittel beschreibt. § 23 Abs. 3 Nr. 2 AktG verlangt eine Konkretisierung des Gegenstandes. Das gilt vor allem für die hergestellten Erzeugnisse und die Art der

Der Unternehmensgegenstand ist mit dem Gesellschaftszweck nicht identisch

Waren. Unbestimmte Formulierungen wie »Produzieren von Waren aller Art« sind folglich nicht zulässig.

Zahl der Vorstandsmitglieder

Ferner ist die Zahl der Vorstandsmitglieder oder die Regeln, nach denen diese festgelegt wird, zu bestimmen. Von einer festen Bestimmung der Anzahl in der Satzung ist abzuraten. Will man diese später ändern, ist eine Satzungsänderung notwendig. Sinnvoller ist es daher dem Aufsichtrat die Befugnis zu erteilen, die Zahl der Vorstandsmitglieder zu bestimmen.

Form der Bekanntmachung

Des Weiteren ist die Form der Bekanntmachung in der Satzung zu regeln. Die in der Satzung gewählte Form der Bekanntmachung betrifft aber nur die freiwilligen Bekanntmachungen der AG. Die so genannten Pflichtbekanntmachungen muss die Gesellschaft ohnehin im Bundesanzeiger veröffentlichen. Welche Form der Bekanntmachung in der Satzung vereinbart wird, kann in den Satzungen frei bestimmt werden.

Beispiele für die Form der Bekanntmachung: Eingeschriebener Brief, Tageszeitungen

Übernahme der Aktien durch die Gründer

Nach Feststellung der Satzung, sind die Aktien von den Gründern zu übernehmen. Darunter ist die Übernahme der Verpflichtung zur Einzahlung zu verstehen und nicht die Einzahlung des Kapitals. Die Übernahme ist ebenfalls notariell zu beurkunden. Mit der Übernahme ist die Gesellschaft errichtet.

§ 29 AktG

Errichtung der Gesellschaft

Mit der Übernahme aller Aktien durch die Gründer ist die Gesellschaft errichtet.

Entstehung der Vor-AG

Mit der Errichtung entsteht die Vor-AG. Sie ist eine Gesellschaft eigener Art, die einer AG ohne Rechtspersönlichkeit entspricht.

Nach § 30 Abs. 1 AktG sind im folgendem die Organe der AG zu bestellen.

§ 30 AktG

Bestellung des Aufsichtrates, des Vorstandes und des Abschlussprüfers

(1) Die Gründer haben den ersten Aufsichtsrat der Gesellschaft und den Abschlußprüfer für das erste Voll- oder Rumpfgeschäftsjahr zu bestellen. Die Bestellung bedarf notarieller Beurkundung. [...]
(4) Der Aufsichtsrat bestellt den ersten Vorstand.

Anschließend ist auf jede Aktie der eingeforderte Betrag zu zahlen.

Anmeldung der Gesellschaft

§ 36 AktG

(2) Die Anmeldung darf erst erfolgen, wenn auf jede Aktie, soweit nicht Sacheinlagen vereinbart sind, der eingeforderte Betrag ordnungsgemäß eingezahlt worden ist (§ 54 Abs. 3) und, soweit er nicht bereits zur Bezahlung der bei der Gründung angefallenen Steuern und Gebühren verwandt wurde, endgültig zur freien Vergütung des Vorstands steht. Wird die Gesellschaft nur durch eine Person errichtet, so hat der Gründer zusätzlich für den Teil der Geldeinlage, der den eingeforderten Betrag übersteigt, eine Sicherung zu bestellen.

Die Höhe des eingeforderten Betrages kann in der Satzung bestimmt werden. In jedem Fall müssen die Bareinlagen wenigstens in Höhe eines Viertels des geringsten Ausgabebetrages dem Vorstand zur Verfügung stehen. Bei Überpariemission ist auch der Mehrbetrag zu leisten.

Festlegung des Ausgabewertes

Leistung der Einlagen

§ 36a AktG

(1) Bei Bareinlagen muß der eingeforderte Betrag (§ 36 Abs. 2) mindestens ein Viertel des geringsten Ausgabebetrags und bei Ausgabe der Aktien für einen höheren als diesen auch den Mehrbetrag umfassen.

Die Bareinlagen sind ordnungsgemäß zu leisten. § 54 Abs. 3 stellt fest, wie die Zahlung zu erfolgen hat.

Leistung der Bareinlagen

Hauptverpflichtung der Aktionäre

§ 54 AktG

(3) Der vor der Anmeldung der Gesellschaft eingeforderte Betrag kann nur in gesetzlichen Zahlungsmitteln oder durch Gutschrift auf ein Konto bei einem Kreditinstitut oder einem nach § 53 Abs. 1 Satz 1 oder § 53b Abs. 1 Satz 1 oder Abs. 7 des Gesetzes über das Kreditwesen tätigen Unternehmen der Gesellschaft oder des Vorstands zu seiner freien Verfügung eingezahlt werden. Forderungen des Vorstands aus diesen Einzahlungen gelten als Forderungen der Gesellschaft.

Somit sind folgende Zahlungsformen zulässig:

- Barzahlung
- Bestätigte Schecks der deutschen Bundesbank
- Einzahlung bei einem Kreditinstitut i. S. der §§ 1, 2 KWG
- Einzahlung auf einem Postbankkonto

Zulässige Zahlungsformen der Bareinlage

Die Einlage muss dann zur freien Verfügung des Vorstandes stehen. Ist das nicht gegeben, hat der Gründer seine Einlageverpflichtung nicht erfüllt. Das gilt auch für den Fall, dass der Gründer und der Vorstand einen Rückfluss der Einlage vereinbaren. Bei Einmann-Gründungen ist

Der Vorstand muss frei über die Einlage verfügen können

in der Höhe der noch offenen Einlage gemäß § 36 Abs. 2 Satz 2 AktG Sicherheit zu leisten.

Erstellung des Gründungs-
berichtes

Die Gründer haben einen Gründungsbericht zu erstellen. § 32 AktG legt den Inhalt fest. Er hat alle für die Entstehung der AG wesentlichen Umstände zu enthalten, wie z. B. die Höhe des Grundkapitals und die der übernommenen Einlagen.

§ 32 AktG

Gründungsbericht

(1) Die Gründer haben einen schriftlichen Bericht über den Hergang der Gründung zu erstatten (Gründungsbericht).

(2) Im Gründungsbericht sind die wesentlichen Umstände darzulegen, von denen die Angemessenheit der Leistungen für Sacheinlagen oder Sachübernahmen abhängt. Dabei sind anzugeben

1. die vorausgegangenen Rechtsgeschäfte, die auf den Erwerb durch die Gesellschaft hingezielt haben;

2. die Anschaffungs- und Herstellungskosten aus den letzten beiden Jahren;

3. beim Übergang eines Unternehmens auf die Gesellschaft die Betriebserträge aus den letzten beiden Geschäftsjahren.

(3) Im Gründungsbericht ist ferner anzugeben, ob und in welchem Umfang bei der Gründung für Rechnung eines Mitglieds des Vorstands oder des Aufsichtsrats Aktien übernommen worden sind und ob und in welcher Weise ein Mitglied des Vorstands oder des Aufsichtsrats sich einen besonderen Vorteil oder für die Gründung oder ihre Vorbereitung eine Entschädigung oder Belohnung ausbedungen hat.

Durchführung der
Gründungsprüfung

Der Gründungsbericht ist Grundlage der anschließend durchzuführenden Gründungsprüfung, die in den §§ 32-34 AktG geregelt ist. Anschließend ist die Gesellschaft zur Eintragung in das Handelsregister anzumelden.

§ 36 AktG

Anmeldung der Gesellschaft

(1) Die Gesellschaft ist bei dem Gericht von allen Gründern und Mitgliedern des Vorstands und des Aufsichtsrats zur Eintragung in das Handelsregister anzumelden.

Inhalt der Handelsregister-
anmeldung

Der notwendige Inhalt der Anmeldung ergibt sich aus § 37 AktG. Gemäß § 38 AktG prüft das Gericht anschließend die Errichtung und Anmeldung der Gesellschaft. Nach § 39 AktG wird die AG dann in das Handelsregister eingetragen. Mit der Eintragung entsteht die AG als juristische Person. Hiermit endet die Vor-AG. Die entstandene AG tritt in alle Rechte und Pflichten der Vor-AG ein.

Bei der **qualifizierten Gründung** werden besondere Absprachen getroffen, die mit Risiken behaftet sind. Eine qualifizierte Gründung liegt in folgenden Fällen vor:

Besonderheiten der qualifizierten Gründung

- Einräumung von Sondervorteilen
- Die Gewährung von Gründungsvergütungen
- Sachgründung

Nach § 26 Abs. 1 AktG können Aktionären oder Dritten Sondervorteile gewährt werden.

Einräumung von Sondervorteilen

Sondervorteile   § 26 AktG

(1) Jeder einem einzelnen Aktionär oder einem Dritten eingeräumte besondere Vorteil muß in der Satzung unter Bezeichnung des Berechtigten festgesetzt werden.

Sondervorteile können vermögensrechtlicher oder auch nichtvermögensrechtlicher Natur sein.

Beispiele für Sondervorteile: Besondere Informationsrechte, das Recht, bestimmte Waren günstiger zu beziehen.

Die Sondervorteile müssen in der Satzung niedergelegt sein.

Die Gesellschaft kann nach § 26 Abs. 2 AktG auch den mit der Gründung verbunden Aufwand übernehmen.

Übernahme des Gründungsaufwandes durch die AG

Gründungsaufwand   § 26 AktG

(2) Der Gesamtaufwand, der zu Lasten der Gesellschaft an Aktionäre oder an andere Personen als Entschädigung oder als Belohnung für die Gründung oder ihre Vorbereitung gewährt wird, ist in der Satzung gesondert festzusetzen.

Gründungsaufwand sind Leistungen der Gesellschaft an Aktionäre oder Dritte als Entschädigung oder Entlohnung für die Gründung. Typische Gründungskosten sind z. B. die anfallenden Notargebühren.

Bei der AG ist neben einer **Bargründung** auch eine **Sachgründung** zulässig. Die Sachgründung ist in § 27 AktG geregelt.

Die Sachgründung

Sacheinlagen, Sachübernahmen   § 27 AktG

(1) Sollen Aktionäre Einlagen machen, die nicht durch Einzahlung des Ausgabebetrags der Aktien zu leisten sind (Sacheinlagen), oder soll die Gesellschaft vorhandene oder herzustellende Anlagen oder andere Vermögensgegenstände übernehmen (Sachübernahmen), so müssen in der Satzung festgesetzt werden der Gegenstand der Sacheinlage oder

der Sachübernahme, die Person, von der die Gesellschaft den Gegenstand erwirbt, und der Nennbetrag, bei Stückaktien die Zahl der bei der Sacheinlage zu gewährenden Aktien oder die bei der Sachübernahme zu gewährende Vergütung. Soll die Gesellschaft einen Vermögensgegenstand übernehmen, für den eine Vergütung gewährt wird, die auf die Einlage eines Aktionärs angerechnet werden soll, so gilt dies als Sacheinlage.

(2) Sacheinlagen oder Sachübernahmen können nur Vermögensgegenstände sein, deren wirtschaftlicher Wert feststellbar ist; Verpflichtungen zu Dienstleistungen können nicht Sacheinlagen oder Sachübernahmen sein.

Unterscheidung zwischen Sacheinlage und Sachübernahme

Wie der Vorschrift zu entnehmen ist, gibt es zwei Formen der Sachgründung. Es ist zu unterscheiden zwischen der **Sacheinlage** und der **Sachübernahme**. Sacheinlage können z. B. bewegliche und unbewegliche Sachen, Forderungen oder gewerbliche Schutzrechte sein. Nicht einlagefähig sind Dienstleistungen (§ 27 Abs. 2, 2. Halbsatz). Unter einer Sachübernahme versteht man die Verpflichtung der Gesellschaft, Vermögensgegenstände gegen eine Vergütung vom Aktionär oder Dritten zu übernehmen. Die Sacheinlage muss in die Satzung aufgenommen werden.

Die Sacheinlage ist in voller Höhe zu leisten

Anders als die Bareinlage ist eine Sacheinlage in voller Höhe zu leisten (§ 32 Abs. 1 Satz 1 AktG). Der Gründungsbericht hat die Angemessenheit der Leistung zu beurteilen (§ 32 Abs. 2 Satz 2 AktG).

§ 36a AktG

Leistung der Einlagen

(2) Sacheinlagen sind vollständig zu leisten. Besteht die Sacheinlage in der Verpflichtung, einen Vermögensgegenstand auf die Gesellschaft zu übertragen, so muß diese Leistung innerhalb von fünf Jahren nach der Eintragung der Gesellschaft in das Handelsregister zu bewirken sein. Der Wert muß dem geringsten Ausgabebetrag und bei Ausgabe der Aktien für einen höheren als diesen auch dem Mehrbetrag entsprechen.

Der Wert der Sache muss der Einlage entsprechen

Entspricht der Wert der Sacheinlage nicht der Einlage, hat das Registergericht die Eintragung abzulehnen. Für die AG gelten die schon bei der GmbH dargelegten Regeln über die verdeckte Sacheinlage (Abschnitt »Die Körperschaften, 3.2. Entstehung und Wirksamkeit«).

Beendigung der Vor-AG mit der Eintragung

Wie erwähnt, endet die Vor-AG mit der Eintragung der Gesellschaft. Die Vor-AG ist eine Gesellschaft eigener Art. Es gilt das Recht des Aktiengesetzes, soweit nicht die Eintragung vorausgesetzt wird. Gesellschaftszweck ist die Eintragung der Gesellschaft in das Handelsregister. Die Gesellschaft ist teilrechtsfähig. Darüber hinaus hat ihr die Rechtsprechung auch die Parteifähigkeit zugebilligt. Trägerin des Gesellschaftsvermögens ist die Vor-AG. Die Haftung ist ähnlich der Vor-GmbH ausgestaltet (Abschnitt »Die Körperschaften, 3.2. Entstehung und Wirksamkeit«). Nach § 41 Abs. 1 Satz 2 AktG besteht eine Handelndenhaftung

Charakter der Vor-AG

Handeln im Namen der Gesellschaft vor Eintragung

§ 41 AktG

[…] Wer vor der Eintragung der Gesellschaft in ihrem Namen handelt, haftet persönlich; handeln mehrere, so haften sie als Gesamtschuldner.

Es gelten die gleichen Grundsätze wie für die GmbH. Die Handelndenhaftung endet mit der Eintragung der AG in das Handelsregister.

Nicht geklärt ist, ob die Gründer auch für die Verbindlichkeiten der Vor-AG haften. Anders als bei der GmbH, gibt zu dieser Frage noch keine gefestigte Rechtsprechung. Die überwiegende Auffassung orientiert sich am Haftungsmodell der GmbH. Danach besteht eine entsprechend der Beteiligung ausgerichtete Innenhaftung für die Verbindlichkeiten der Vor-AG, wenn diese liquidiert oder das Insolvenzverfahren eröffnet wird. Anspruchsinhaber ist die Vor-AG. Geben die Gründer den Willen zur Eintragung auf, haften diese den Gläubigern direkt für die Verbindlichkeiten.

Haftung der Gesellschafter der Vor-AG

Die Gesellschafter haften im Innenverhältnis entsprechend der Beteiligung

Hiervon streng zu unterscheiden ist die schon im Rahmen der GmbH erwähnte Differenzhaftung. Bleibt der Wert des Gesellschaftsvermögens abzüglich des Gründungsaufwandes – der durch Satzung der AG auferlegt werden kann – bei der Eintragung hinter dem in der Satzung festgelegten Grundkapital zurück, ist diese Differenz von den Gründern auszugleichen. Anspruchsinhaber ist die Gesellschaft. Die Gründer haften anteilig entsprechend ihrer Beteiligung am Grundkapital. Fällt ein Gründer aus, haften die anderen Gründer, anders als bei der GmbH, nicht für den Ausfall.

Differenzhaftung der Gesellschafter der Vor-AG

Daneben enthalten die §§ 46 ff. AktG Haftungsvorschriften, um Missbräuche bei der Gründung einzudämmen, für die Gründer, die Hintermänner, den Vorstand, den Aufsichtsrat und die Gründungsprüfer.

Sondervorschriften bezüglich der Haftung

4.3. Organe

Für die AG sieht das Aktiengesetz zwingend drei Organe vor:

- Den Vorstand
- Den Aufsichtsrat
- Die Hauptversammlung

Das Verhältnis der drei Organe ist nicht hierarchisch aufgebaut. Vielmehr sieht das Gesetz eine Machtbalance vor. Entsprechend ist auch die Kompetenzverteilung ausgerichtet.

4.3.1. Vorstand

Die originäre Aufgabe des Vorstandes ist die Leitung der AG. Das Gesetz betont, dass dies in eigener Verantwortung erfolgt.

Leitung der Aktiengesellschaft

(1) Der Vorstand hat unter eigener Verantwortung die Gesellschaft zu leiten.

Der Vorstand einer AG braucht nur aus einer Person zu bestehen. Erst bei Gesellschaften mit einem Grundkapital von drei Millionen Euro sieht das Gesetz einen zweigliedrigen Vorstand vor.

Leitung der Aktiengesellschaft

(2) Der Vorstand kann aus einer oder mehreren Personen bestehen. Bei Gesellschaften mit einem Grundkapital von mehr als drei Millionen Euro hat er aus mindestens zwei Personen zu bestehen, es sei denn, die Satzung bestimmt, daß er aus einer Person besteht. Die Vorschriften über die Bestellung eines Arbeitsdirektors bleiben unberührt.

Nach § 84 Abs. 1 AktG beruft der Aufsichtsrat ein Vorstandsmitglied für höchstens fünf Jahre. Eine erneute Bestellung ist zulässig.

Bestellung und Abberufung

(1) Vorstandsmitglieder bestellt der Aufsichtsrat auf höchstens fünf Jahre. Eine wiederholte Bestellung oder Verlängerung der Amtszeit, jeweils für höchstens fünf Jahre, ist zulässig. Sie bedarf eines erneuten Aufsichtsratsbeschlusses, der frühestens ein Jahr vor Ablauf der bisherigen Amtszeit gefaßt werden kann. Nur bei einer Bestellung auf weniger als fünf Jahre kann eine Verlängerung der Amtszeit ohne neuen Aufsichtsratsbeschluß vorgesehen werden, sofern dadurch die gesamte Amtszeit nicht mehr als fünf Jahre beträgt. Dies gilt sinnge-

mäß für den Anstellungsvertrag; er kann jedoch vorsehen, daß er für den Fall einer Verlängerung der Amtszeit bis zu deren Ablauf weitergilt.

Von der Berufung zum Vorstandsmitglied ist auch hier, wie bei den anderen Körperschaften, der Abschluss eines Dienstvertrages zu unterscheiden. Beim Abschluss des Dienstvertrages, vertritt der Aufsichtsrat gemäß § 112 AktG die AG.

Unterscheidung zwischen Berufung und Anstellungsvertrag

Vertretung der Gesellschaft gegenüber Vorstandsmitgliedern

§ 112 AktG

Vorstandsmitgliedern gegenüber vertritt der Aufsichtsrat die Gesellschaft gerichtlich und außergerichtlich.

Die Bestellung eines Vorstandsmitgliedes kann der Aufsichtsrat bei Vorliegen eines wichtigen Grundes widerrufen. § 84 Abs. 3 Satz 3 AktG nennt einige wichtige Gründe, die eine Abberufung rechtfertigen.

Widerruf der Bestellung

Bestellung und Abberufung des Vorstandes

§ 84 AktG

(3) Der Aufsichtsrat kann die Bestellung zum Vorstandsmitglied und die Ernennung zum Vorsitzenden des Vorstands widerrufen, wenn ein wichtiger Grund vorliegt. Ein solcher Grund ist namentlich grobe Pflichtverletzung, Unfähigkeit zur ordnungsmäßigen Geschäftsführung oder Vertrauensentzug durch die Hauptversammlung, es sei denn, daß das Vertrauen aus offenbar unsachlichen Gründen entzogen worden ist. Dies gilt auch für den vom ersten Aufsichtsrat bestellten Vorstand. Der Widerruf ist wirksam, bis seine Unwirksamkeit rechtskräftig festgestellt ist. Für die Ansprüche aus dem Anstellungsvertrag gelten die allgemeinen Vorschriften.

Die eigenverantwortliche Geschäftsführung erfolgt bei einem mehrköpfigen Vorstand durch alle Vorstandsmitglieder gemeinschaftlich (§ 77 Abs. 1 Satz 1 AktG).

Gemeinschaftliche Geschäftsführung der Vorstandsmitglieder

Geschäftsführung

§ 77 AktG

(1) Besteht der Vorstand aus mehreren Personen, so sind sämtliche Vorstandsmitglieder nur gemeinschaftlich zur Geschäftsführung befugt. Die Satzung oder die Geschäftsordnung des Vorstands kann Abweichendes bestimmen; es kann jedoch nicht bestimmt werden, daß ein oder mehrere Vorstandsmitglieder Meinungsverschiedenheiten im Vorstand gegen die Mehrheit seiner Mitglieder entscheiden.

Installierung eines
Vorstandsvorsitzenden
mit Weisungsbefugnis
gegenüber den anderen
Vorstandsmitgliedern

In der Praxis wird häufig von § 77 Abs. 1 Satz 2 AktG Gebrauch gemacht und eine Weisungsbefugnis für ein Vorstandsmitglied gegenüber den anderen installiert. Dies wird dann als Vorstandsvorsitzender oder Vorstandssprecher bezeichnet.

§ 84 AktG

Bestellung und Abberufung

(2) Werden mehrere Personen zu Vorstandsmitgliedern bestellt, so kann der Aufsichtsrat ein Mitglied zum Vorsitzenden des Vorstands ernennen.

Die Vertretung erfolgt durch
alle Vorstandsmitglieder
gemeinschaftlich

Nach § 78 AktG vertritt der Vorstand die AG nach außen. Parallel zur Geschäftsführung ordnet § 78 Abs. 2 eine Gesamtvertretung an. Von dieser Regelung kann nach § 78 Abs. 3 und 4 AktG abgewichen werden. Die **Satzung** kann bestimmen, dass einzelne oder alle Vorstandsmitglieder einzelvertretungsberechtigt sind, oder dass sie die Gesellschaft zusammen mit bestimmten Vorstandsmitgliedern oder mit einem Prokuristen (unechte Gesamtvertretung) vertreten können.

§ 78 AktG

Vertretung

(1) Der Vorstand vertritt die Gesellschaft gerichtlich und außergerichtlich.

(2) Besteht der Vorstand aus mehreren Personen, so sind, wenn die Satzung nichts anderes bestimmt, sämtliche Vorstandsmitglieder nur gemeinschaftlich zur Vertretung der Gesellschaft befugt. Ist eine Willenserklärung gegenüber der Gesellschaft abzugeben, so genügt die Abgabe gegenüber einem Vorstandsmitglied.

(3) Die Satzung kann auch bestimmen, daß einzelne Vorstandsmitglieder allein oder in Gemeinschaft mit einem Prokuristen zur Vertretung der Gesellschaft befugt sind. Dasselbe kann der Aufsichtsrat bestimmen, wenn die Satzung ihn hierzu ermächtigt hat. Absatz 2 Satz 2 gilt in diesen Fällen sinngemäß.

(4) Zur Gesamtvertretung befugte Vorstandsmitglieder können einzelne von ihnen zur Vornahme bestimmter Geschäfte oder bestimmter Arten von Geschäften ermächtigen. Dies gilt sinngemäß, wenn ein einzelnes Vorstandsmitglied in Gemeinschaft mit einem Prokuristen zur Vertretung der Gesellschaft befugt ist.

Sorgfaltspflichten der
Vorstandsmitglieder

Die Vorstandsmitglieder haben bei ihrer Tätigkeit die Sorgfalt eines ordentlichen und gewissenhaften Geschäftsleiters anzuwenden (§ 93 Abs. 1 Satz 1 AktG). Insbesondere unterliegen sie dabei einer Verschwiegenheitspflicht (§ 93 Abs. 1 Satz 2 AktG). Ferner zählt § 93 Abs. 3 AktG eine ganze Reihe von Pflichtverletzungen auf. Eine Verletzung dieser Pflichten führt zu einem Schadensersatzanspruch der Gesellschaft.

Sorgfaltspflicht und Verantwortlichkeit der Vorstandsmitglieder

(1) Die Vorstandsmitglieder haben bei ihrer Geschäftsführung die Sorgfalt eines ordentlichen und gewissenhaften Geschäftsleiters anzuwenden. Über vertrauliche Angaben und Geheimnisse der Gesellschaft, namentlich Betriebs- oder Geschäftsgeheimnisse, die ihnen durch ihre Tätigkeit im Vorstand bekannt geworden sind, haben sie Stillschweigen zu bewahren.

(2) Vorstandsmitglieder, die ihre Pflichten verletzen, sind der Gesellschaft zum Ersatz des daraus entstehenden Schadens als Gesamtschuldner verpflichtet. Ist streitig, ob sie die Sorgfalt eines ordentlichen und gewissenhaften Geschäftsleiters angewandt haben, so trifft sie die Beweislast.

(3) Die Vorstandsmitglieder sind namentlich zum Ersatz verpflichtet, wenn entgegen diesem Gesetz

1. Einlagen an die Aktionäre zurückgewährt werden,
2. den Aktionären Zinsen oder Gewinnanteile gezahlt werden,
3. eigene Aktien der Gesellschaft oder einer anderen Gesellschaft gezeichnet, erworben, als Pfand genommen oder eingezogen werden,
4. Aktien vor der vollen Leistung des Ausgabebetrags ausgegeben werden,
5. Gesellschaftsvermögen verteilt wird,
6. Zahlungen geleistet werden, nachdem die Zahlungsunfähigkeit der Gesellschaft eingetreten ist oder sich ihre Überschuldung ergeben hat,
7. Vergütungen an Aufsichtsratsmitglieder gewährt werden,
8. Kredit gewährt wird,
9. bei der bedingten Kapitalerhöhung außerhalb des festgesetzten Zwecks oder vor der vollen Leistung des Gegenwerts Bezugsaktien ausgegeben werden.

Vorstandsmitglieder unterliegen ferner einem Wettbewerbsverbot. Bei einem Verstoß kann die AG Schadensersatz verlangen oder kann ein Eintrittsrecht in das abgeschlossene Geschäft geltend machen.

Wettbewerbsverbot für
Vorstandsmitglieder

Wettbewerbsverbot

(1) Die Vorstandsmitglieder dürfen ohne Einwilligung des Aufsichtsrats weder ein Handelsgewerbe betreiben noch im Geschäftszweig der Gesellschaft für eigene oder fremde Rechnung Geschäfte machen. Sie dürfen ohne Einwilligung auch nicht Mitglied des Vorstands oder Geschäftsführer oder persönlich haftender Gesellschafter einer anderen

Handelsgesellschaft sein. Die Einwilligung des Aufsichtsrats kann nur für bestimmte Handelsgewerbe oder Handelsgesellschaften oder für bestimmte Arten von Geschäften erteilt werden.

(2) Verstößt ein Vorstandsmitglied gegen dieses Verbot, so kann die Gesellschaft Schadenersatz fordern. Sie kann stattdessen von dem Mitglied verlangen, daß die für eigene Rechnung gemachten Geschäfte als für Rechnung der Gesellschaft eingegangen gelten läßt und die aus Geschäften für fremde Rechnung bezogene Vergütung herausgibt oder seinen Anspruch auf die Vergütung abtritt.

4.3.2. Aufsichtsrat

Anzahl der Aufsichtsrats-mitglieder

Soweit die Mitbestimmung für Arbeitnehmer nicht eine andere Anzahl vorschreibt, muss ein Aufsichtsrat gemäß § 95 Abs. 1 Satz 1 AktG über drei Mitglieder verfügen. Die Satzung kann eine höhere Zahl vorsehen. Allerdings muss deren Zahl immer durch drei teilbar sein und die insgesamt zulässige Höchstzahl ist abhängig von der Höhe des Grundkapitals.

§ 95 AktG

Zahl der Aufsichtsratmitglieder

Der Aufsichtsrat besteht aus drei Mitgliedern. Die Satzung kann eine bestimmte höhere Zahl festsetzen. Die Zahl muss durch drei teilbar sein. Die Höchstzahl der Aufsichtsratsmitglieder beträgt bei Gesellschaften mit einem Grundkapital

bis zu	1.500.000 Euro	neun,
von mehr als	1.500.000 Euro	fünfzehn,
von mehr als	10.000.000 Euro	einundzwanzig.

Durch die vorstehenden Vorschriften werden hiervon abweichende Vorschriften des Gesetzes über die Mitbestimmung der Arbeitnehmer vom 4. Mai 1976 (Bundesgesetzbl. I S. 1153), des Montan-Mitbestimmungsgesetzes und des Gesetzes zur Ergänzung des Gesetzes über die Mitbestimmung der Arbeitnehmer in den Aufsichtsräten und Vorständen der Unternehmen des Bergbaus und der Eisen und Stahl erzeugenden Industrie vom 7. August 1956 (Bundesgesetzbl. I S. 707) – Mitbestimmungsergänzungsgesetz – nicht berührt.

Wahl der Aufsichtsrats-mitglieder

Die Aufsichtsratmitglieder werden durch die Hauptversammlung gewählt, wenn sich nicht aufgrund der Arbeitnehmermitbestimmung etwas anderes ergibt.

Bestellung der Aufsichtsratsmitglieder

(1) Die Mitglieder des Aufsichtsrats werden von der Hauptversammlung gewählt, soweit sie nicht in den Aufsichtsrat zu entsenden oder als Aufsichtsratsmitglieder der Arbeitnehmer nach dem Mitbestimmungsgesetz, dem Mitbestimmungsergänzungsgesetz oder dem Betriebsverfassungsgesetz 1952 zu wählen sind. An Wahlvorschläge ist die Hauptversammlung nur gemäß §§ 6 und 8 des Montan-Mitbestimmungsgesetzes gebunden.

Über die Amtsdauer entscheidet die Hauptversammlung. Sie kann die Amtzeit für die Mitglieder des Aufsichtsrates unterschiedlich festlegen. Sie ist aber an die in § 102 Abs. 1 AktG erwähnte Höchstdauer gebunden.

Amtsdauer der Aufsichtsratsmitglieder

Amtszeit der Aufsichtratmitglieder

(1) Aufsichtsratsmitglieder können nicht für längere Zeit als bis zur Beendigung der Hauptversammlung bestellt werden, die über die Entlastung für das vierte Geschäftsjahr nach dem Beginn der Amtszeit beschließt. Das Geschäftsjahr, in dem die Amtszeit beginnt, wird nicht mitgerechnet.

Die Hauptaufgabe des Aufsichtsrates ist es, die Geschäftsführung zu überwachen (§ 111 Abs. 1 AktG). Um diese Aufgabe zu erfüllen, besitzt der Aufsichtsrat mehrere Kontrollrechte, unter anderem erteilt er seit 1998 dem Abschlussprüfer den Prüfungsauftrag für den Jahres- und Konzernabschluss (§ 111 Abs. 2 AktG). Ferner hat der Aufsichtsrat das Recht, die Hauptversammlung einzuberufen, wenn es das Wohl der Gesellschaft erfordert (§ 111 Abs. 3 AktG). Die Geschäftsführung kann dem Aufsichtrat nicht übertragen werden (§ 111 Abs. 4 AktG). Hierin spiegelt sich die bereits angesprochene Kompetenzverteilung wider. Es ist aber möglich, in der Satzung bestimmte Geschäfte von der Zustimmung des Aufsichtsrates abhängig zu machen.

Zuständigkeit des Aufsichtsrates

Aufgaben und Rechte des Aufsichtsrates

(1) Der Aufsichtsrat hat die Geschäftsführung zu überwachen.

(2) Der Aufsichtsrat kann die Bücher und Schriften der Gesellschaft sowie die Vermögensgegenstände, namentlich die Gesellschaftskasse und die Bestände an Wertpapieren und Waren, einsehen und prüfen. Er kann damit auch einzelne Mitglieder oder für bestimmte Aufgaben besondere Sachverständige beauftragen. Er erteilt dem Abschlußprüfer den Prüfungsauftrag für den Jahres- und den Konzernabschluß gemäß § 290 des Handelsgesetzbuchs.

(3) Der Aufsichtsrat hat eine Hauptversammlung einzuberufen, wenn das Wohl der Gesellschaft es fordert. Für den Beschluß genügt die einfache Mehrheit.

(4) Maßnahmen der Geschäftsführung können dem Aufsichtsrat nicht übertragen werden. Die Satzung oder der Aufsichtsrat hat jedoch zu bestimmen, daß bestimmte Arten von Geschäften nur mit seiner Zustimmung vorgenommen werden dürfen. Verweigert der Aufsichtsrat seine Zustimmung, so kann der Vorstand verlangen, daß die Hauptversammlung über die Zustimmung beschließt. Der Beschluß, durch den die Hauptversammlung zustimmt, bedarf einer Mehrheit, die mindestens drei Viertel der abgegebenen Stimmen umfasst. Die Satzung kann weder eine andere Mehrheit noch weitere Erfordernisse bestimmen.

(5) [...]

Berichtspflicht des Vorstandes an den Aufsichtsrat

Des Weiteren hat der Vorstand an den Aufsichtsrat zu berichten. Der Umfang der Berichtspflicht ergibt sich aus § 90 Abs. 1 AktG.

§ 90 AktG

Berichte an den Aufsichtsrat

(1) Der Vorstand hat dem Aufsichtsrat zu berichten über

1. die beabsichtigte Geschäftspolitik und andere grundsätzliche Fragen der Unternehmensplanung (insbesondere die Finanz-, Investitions- und Personalplanung), wobei auf Abweichungen der tatsächlichen Entwicklung von früher berichteten Zielen unter Angabe von Gründen einzugehen ist;

2. die Rentabilität der Gesellschaft, insbesondere die Rentabilität des Eigenkapitals;

3. den Gang der Geschäfte, insbesondere den Umsatz, und die Lage der Gesellschaft;

4. Geschäfte, die für die Rentabilität oder Liquidität der Gesellschaft von erheblicher Bedeutung sein können.

[...]

Sorgfaltspflichten der Aufsichtsratsmitglieder

Die Aufsichtsratsmitglieder haben nach § 116 AktG die gleichen Sorgfaltspflichten wie die Vorstände.

§ 116 AktG

Sorgfaltspflicht und Verantwortlichkeit der Mitglieder

Für die Sorgfaltspflicht und Verantwortlichkeit der Aufsichtsratsmitglieder gilt § 93 über die Sorgfaltspflicht und Verantwortlichkeit der Vorstandsmitglieder sinngemäß. Die Aufsichtsratsmitglieder sind insbesondere zur Verschwiegenheit über erhaltene vertrauliche Berichte und vertrauliche Beratungen verpflichtet.

Wie bereits erwähnt, kann es wegen der betrieblichen Mitbestimmung der Arbeitnehmer zu Veränderungen des Aufsichtsrates kommen. Die Mitbestimmung ist in drei Gesetzen geregelt:

- dem MitbestG
- dem Montan-MitbestG
- die nach § 129 BetrVG weiter geltenden §§ 76 ff. BetrVG 1952

Auswirkungen der Arbeitnehmermitbestimmung auf den Aufsichtsrat

Das Mitbestimmungsgesetz sieht in Unternehmen, die in der Rechtsform einer AG, einer GmbH, einer GmbH & Co. KG, einer KGaA oder einer Genossenschaft geführt werden und <u>in der Regel mehr als 2.000 Arbeitnehmer beschäftigen</u>, eine paritätische Mitbestimmung vor. Der Aufsichtsrat ist zur Hälfte mit Arbeitnehmervertretern und mit Anteilseignern zu besetzen. Die Größe des Aufsichtsrates ist von der Anzahl der beschäftigten Arbeitnehmer abhängig. Die Vertreter der Arbeitnehmerseite werden von den Arbeitnehmern der AG gewählt. Der Aufsichtsrat hat einen Vorsitzenden zu wählen. Diesem kommt eine besondere Bedeutung zu. Im Fall der Stimmengleichheit bei Abstimmungen im Aufsichtsrat ist seine Stimme maßgebend. Die Wahl des Vorsitzenden muss mit einer 2/3-Mehrheit erfolgen. Gelingt dies im ersten Wahlgang nicht, wählen die Anteilseigner mit einfacher Mehrheit den Vorsitzenden und die Arbeitnehmervertreter den Stellvertreter.

Das Mitbestimmungsgesetz

Das Montan-MitbestG gilt für alle AG, GmbH und bergrechtlichen Gewerkschaften um Bereich des Bergbaus und der Eisen und Stahl erzeugenden Industrie, <u>die in der Regel mehr als 1.000 Arbeitnehmer beschäftigen</u>. Das Montan-MitbestG ist spezieller als das MitbestG und daher Montanbereich vorrangig anzuwenden. Der Aufsichtsrat setzt sich grundsätzlich aus 11 Mitgliedern zusammen. Auch hier ist die Besetzung des Aufsichtsrates paritätisch zwischen Anteilseignern und Arbeitnehmern aufgeteilt. Zusätzlich ist ein weiteres Mitglied zu benennen, das wie beim MitbestG der Aufsichtsratsvorsitzende, ein Patt im Gremium verhindern soll. Der Aufsichtsratsbeschluss bedarf der Zustimmung von mindestens drei Vertretern beider Seiten (Anteilseigner und Arbeitnehmer). Anschließend wird das weitere Mitglied aufgrund des Vorschlages des Aufsichtsrates von der Hauptversammlung bestellt. Der Aufsichtsrat kann einen Arbeitsdirektor als Mitglied des Vorstandes bestellen. Der Arbeitsdirektor kann nicht gegen die Stimmen der Mehrheit der Arbeitnehmervertreter gewählt werden.

Das Montan-Mitbestimmungsgesetz

Der Mitbestimmung nach dem Betriebsverfassungsgesetz von 1952 unterliegen Unternehmen mit <u>in der Regel 500 bis 2.000 Arbeitnehmern</u>. Bei mehr als 500 Arbeitnehmern ist ein Aufsichtsrat einzurichten. Mindestens ein Drittel der Aufsichtsratmitglieder müssen Arbeitnehmervertreter sein.

Mitbestimmung nach dem Betriebsverfassungsgesetz

4.3.3. Hauptversammlung

In der Hauptversammlung üben die Aktionäre ihre Rechte aus.

§ 118 AktG

Allgemeines

(1) Die Aktionäre üben ihre Rechte in den Angelegenheiten der Gesellschaft in der Hauptversammlung aus, soweit das Gesetz nichts anderes bestimmt.

Zuständigkeit der
Hauptversammlung

Allerdings besitzt die Hauptversammlung keine allumfassende Kompetenz. Insbesondere ist sie nicht weisungsberechtigt gegenüber dem Vorstand oder dem Aufsichtsrat. Die Zuständigkeiten der Hauptversammlung sind in § 119 AktG aufgeführt.

§ 119 AktG

Rechte der Hauptversammlung

(1) Die Hauptversammlung beschließt in den im Gesetz und in der Satzung ausdrücklich bestimmten Fällen, namentlich über

1. die Bestellung der Mitglieder des Aufsichtsrats, soweit sie nicht in den Aufsichtsrat zu entsenden oder als Aufsichtsratsmitglieder der Arbeitnehmer nach dem Mitbestimmungsgesetz, dem Mitbestimmungsergänzungsgesetz oder dem Betriebsverfassungsgesetz 1952 zu wählen sind;

2. die Verwendung des Bilanzgewinns;

3. die Entlastung der Mitglieder des Vorstands und des Aufsichtsrats;

4. die Bestellung des Abschlußprüfers;

5. Satzungsänderungen;

6. Maßnahmen der Kapitalbeschaffung und der Kapitalherabsetzung;

7. die Bestellung von Prüfern zur Prüfung von Vorgängen bei der Gründung oder der Geschäftsführung;

8. die Auflösung der Gesellschaft.

(2) Über Fragen der Geschäftsführung kann die Hauptversammlung nur entscheiden, wenn der Vorstand es verlangt.

Neben den in § 119 Abs. 1 AktG aufgezählten Zuständigkeiten kann die Satzung der Hauptversammlung noch weitere Aufgaben zuweisen. Dieser Möglichkeit kommt in der Praxis keine große Bedeutung zu, weil die Satzung sich über die grundsätzliche Kompetenzverteilung, wie sie im Gesetz vorgesehen ist, nicht hinwegsetzen kann. Insbesondere gilt das für die Geschäftsführung. Dies ergibt sich aus § 119 Abs. 2 AktG, nachdem die Hauptversammlung keinen Einfluss auf die Geschäftsführung nehmen kann, es sei denn, der Vorstand verlangt das.

> Die Zuständigkeit der Hauptversammlung kann durch die Satzung erweitert werden

> Keine Ausdehnung der Zuständigkeit auf die Geschäftsführung

Die Rechtsprechung hat in wenigen Ausnahmefällen aber anerkannt, dass der Vorstand verpflichtet ist, die Hauptversammlung anzurufen wenn die Maßnahmen so »tief in die Mitgliedsrechte der Aktionäre und deren im Anteilseigentum verkörpertes Vermögensinteresse eingreifen, dass der Vorstand vernünftigerweise nicht annehmen kann, er dürfe sie in ausschließlich eigener Verantwortung treffen, ohne die Hauptversammlung zu beteiligen« (BGHZ 83, 122).

> In besonderen Fällen besteht die Pflicht des Vorstandes, die Hauptversammlung anzurufen

Beispiele für tief greifende Maßnahmen: Ausgliederung eines wichtigen Betriebsteils, Erwerb und Veräußerungen von Beteiligungen, Verlustübernahmezusagen gegenüber Konzerngesellschaften oder Dritten.

DIE HAUPTVERSAMMLUNG

Die Einberufung der
Hauptversammlung

Die Einberufung und der Ablauf der Hauptversammlung ist in den
§§ 121 ff AktG geregelt.

§ 121 AktG

Allgemeines

(1) Die Hauptversammlung ist in den durch Gesetz oder Satzung
bestimmten Fällen sowie dann einzuberufen, wenn das Wohl der
Gesellschaft es fordert.

(2) Die Hauptversammlung wird durch den Vorstand einberufen, der
darüber mit einfacher Mehrheit beschließt. Personen, die in das
Handelsregister als Vorstand eingetragen sind, gelten als befugt. Das
auf Gesetz oder Satzung beruhende Recht anderer Personen, die Hauptversammlung einzuberufen, bleibt unberührt.

(3) Die Einberufung ist in den Gesellschaftsblättern bekannt zu
machen. Sie muß die Firma, den Sitz der Gesellschaft, Zeit und Ort der
Hauptversammlung und die Bedingungen angeben, von denen die
Teilnahme an der Hauptversammlung und die Ausübung des Stimmrechts abhängen.

(4) [...]

(5) Wenn die Satzung nichts anderes bestimmt, soll die Hauptversammlung am Sitz der Gesellschaft stattfinden. Sind die Aktien der
Gesellschaft an einer deutschen Börse zum amtlichen Markt zugelassen, so kann, wenn die Satzung nichts anderes bestimmt, die
Hauptversammlung auch am Sitz der Börse stattfinden.

(6) [...]

Einberufung durch eine
Minderheit

Im Ausnahmefall des § 111 Abs. 3 AktG ist auch der Aufsichtsrat –
abweichend von § 121 Abs. 2 AktG – berechtigt, die Hauptversammlung einzuberufen. Minderheitsaktionäre können die Einberufung
vom Vorstand verlangen, wenn ihre Anteile zusammen den zwanzigsten Teil des Grundkapitals erreichen (§ 122 Abs. 1AktG).

§ 122 AktG

Einberufung auf Verlangen einer Minderheit

(1) Die Hauptversammlung ist einzuberufen, wenn Aktionäre, deren
Anteile zusammen den zwanzigsten Teil des Grundkapitals erreichen,
die Einberufung schriftlich unter Angabe des Zwecks und der Gründe
verlangen; das Verlangen ist an den Vorstand zu richten. Die Satzung
kann das Recht, die Einberufung der Hauptversammlung zu verlangen,
an eine andere Form und an den Besitz eines geringeren Anteils am
Grundkapital knüpfen. § 147 Abs. 1 Satz 2 und 3 gilt entsprechend.

Die Tagesordnung ist
bekannt zu machen

Mit der Einberufung ist die Tagesordnung bekannt zu machen.

Bekanntmachung der Tagesordnung

(1) Die Tagesordnung der Hauptversammlung ist bei der Einberufung in den Gesellschaftsblättern bekannt zu machen. Hat die Minderheit nach der Einberufung der Hauptversammlung die Bekanntmachung von Gegenständen zur Beschlussfassung der Hauptversammlung verlangt, so genügt es, wenn diese Gegenstände binnen zehn Tagen nach der Einberufung der Hauptversammlung bekannt gemacht werden. § 121 Abs. 4 gilt sinngemäß.

Inhalt der Tagesordnung

Der Aktionär muss sich anhand der Tagesordnung ohne weitere Rückfragen ein Bild davon machen können, welche Tagesordnungspunkte zu behandeln sind und zu welchen Gegenständen ein Beschluss gefasst werden soll. Um sicherzustellen, dass alle Aktionäre von der Hauptversammlung Kenntnis erlangen, bestehen neben der Bekanntmachung noch weitere Mitteilungspflichten.

Mitteilungen für die Aktionäre und an Aufsichtsratsmitglieder

(1) Der Vorstand hat binnen zwölf Tagen nach der Bekanntmachung der Einberufung der Hauptversammlung im Bundesanzeiger den Kreditinstituten und den Vereinigungen von Aktionären, die in der letzten Hauptversammlung Stimmrechte für Aktionäre ausgeübt oder die die Mitteilung verlangt haben, die Einberufung der Hauptversammlung und die Bekanntmachung der Tagesordnung mitzuteilen. In der Mitteilung ist auf die Möglichkeiten der Ausübung des Stimmrechts durch einen Bevollmächtigten, auch durch eine Vereinigung von Aktionären, hinzuweisen. Bei börsennotierten Gesellschaften sind einem Vorschlag zur Wahl von Aufsichtsratsmitgliedern Angaben zu deren Mitgliedschaft in anderen gesetzlich zu bildenden Aufsichtsräten beizufügen; Angaben zu ihrer Mitgliedschaft in vergleichbaren in- und ausländischen Kontrollgremien von Wirtschaftsunternehmen sollen beigefügt werden.

(2) Die gleiche Mitteilung hat der Vorstand den Aktionären zu machen, die

1. eine Aktie bei der Gesellschaft hinterlegt haben,

2. es nach der Bekanntmachung der Einberufung der Hauptversammlung im Bundesanzeiger verlangen oder

3. spätestens zwei Wochen vor dem Tage der Hauptversammlung als Aktionär im Aktienregister der Gesellschaft eingetragen sind.

(3) Jedes Aufsichtsratsmitglied kann verlangen, daß ihm der Vorstand die gleichen Mitteilungen übersendet.

Bestimmung eines Versammlungsleiters

Eine Hauptversammlung bedarf einer Person, die die Sitzung leitet. Daher sieht das AktG an mehreren Stellen einen Versammlungsleiter für die Hauptversammlung vor. Das Gesetz äußert sich aber nicht zu der Frage, welche Person diese Funktion ausüben soll. Der Versammlungsleiter wird daher von der Satzung bestimmt. Üblicherweise wird der Vorsitz vom Aufsichtsratvorsitzenden geführt.

Beschlussfassung der Hauptversammlung

Beschlüsse der Hauptversammlung sind mit einfacher Stimmenmehrheit zu fassen.

§ 133 AktG

Grundsatz der einfachen Stimmenmehrheit

(1) Die Beschlüsse der Hauptversammlung bedürfen der Mehrheit der abgegebenen Stimmen (einfache Stimmenmehrheit), soweit nicht Gesetz oder Satzung eine größere Mehrheit oder weitere Erfordernisse bestimmen.

Im AktG sind einige Beschlussgegenstände genannt, die einer qualifizierten Mehrheit bedürfen. So bedarf die vorzeitige Abberufung von Aufsichtsratmitgliedern der Mehrheit von 3/4 der abgegebenen Stimmen (§ 103 Abs. 1 Satz 2 AktG).

§ 103 AktG

Abberufung von Aufsichtsratsmitgliedern

(1) Aufsichtsratsmitglieder, die von der Hauptversammlung ohne Bindung an einen Wahlvorschlag gewählt worden sind, können von ihr vor Ablauf der Amtszeit abberufen werden. Der Beschluß bedarf einer Mehrheit, die mindestens drei Viertel der abgegebenen Stimmen umfaßt. Die Satzung kann eine andere Mehrheit und weitere Erfordernisse bestimmen.

Die Aktie gewährt Stimmrecht

Jede Aktie gewährt das gleiche Stimmrecht.

§ 12 AktG

Stimmrecht. Keine Mehrstimmrechte

(1) Jede Aktie gewährt das Stimmrecht. Vorzugsaktien können nach den Vorschriften dieses Gesetzes als Aktien ohne Stimmrecht ausgegeben werden.

(2) Mehrstimmrechte sind unzulässig.

Vorzugsaktien gewähren kein Stimmrecht

Eine Ausnahme bilden Vorzugsaktien. Sie sind in den §§ 139 ff. AktG geregelt. Vorzugsaktien räumen ihrem Inhaber besondere Rechte bei der Verteilung des Gewinns ein, allerdings kann das Stimmrecht ausgeschlossen werden, was in der Praxis die Regel ist. Das Stimmrecht ist nach den Nennbeträgen auszuüben, bei Stückaktien nach deren Zahl.

Stimmrecht

(1) Das Stimmrecht wird nach Aktiennennbeträgen, bei Stückaktien nach deren Zahl ausgeübt. [...]

Ist der Nennbetrag bei allen Aktien gleich, hat jeder Aktionär eine Stimme. Bei unterschiedlichen Nennbeträgen ist der kleinste Nennbetrag für eine Stimme maßgeblich. Bei höheren Nennbeträgen entspricht die Stimmenzahl dem Multiplikator, mit dem der niedrigste Nennbetrag zu multiplizieren ist.

Das Stimmrecht bei unterschiedlichen Nennbeträgen

Beispiel: Eine AG hat Aktien zum Nennbetrag von 5,– € und 50,– € gezeichnet. Die Aktie mit dem Nennbetrag von 5,– € gewährt eine Stimme, die Aktie mit dem Nennbetrag von 50,– € 10 Stimmen.

Die Stimmabgabe ist eine Willenserklärung, so dass die §§ 104 ff. BGB anwendbar sind. Bei bestimmten Interessenkonflikten zwischen dem Aktionär und der AG sieht das AktG in § 136 Abs. 1 einen Ausschluss vom Stimmrecht vor.

Ausschluss vom Stimmrecht

(1) Niemand kann für sich oder für einen anderen das Stimmrecht ausüben, wenn darüber Beschluß gefaßt wird, ob er zu entlasten oder von einer Verbindlichkeit zu befreien ist oder ob die Gesellschaft gegen ihn einen Anspruch geltend machen soll. Für Aktien, aus denen der Aktionär nach Satz 1 das Stimmrecht nicht ausüben kann, kann das Stimmrecht auch nicht durch einen anderen ausgeübt werden.

Die Form der Hauptversammlungsbeschlüsse ist in § 130 Abs. 1 AktG geregelt.

Formvorschriften für Hauptversammlungsbeschlüsse

Niederschrift

(1) Jeder Beschluß der Hauptversammlung ist durch eine über die Verhandlung notariell aufgenommene Niederschrift zu beurkunden. Gleiches gilt für jedes Verlangen einer Minderheit nach § 120 Abs. 1 Satz 2, §§ 137 und 147 Abs. 1. Bei nichtbörsennotierten Gesellschaften reicht eine vom Vorsitzenden des Aufsichtsrats zu unterzeichnende Niederschrift aus, soweit keine Beschlüsse gefaßt werden, für die das Gesetz eine Dreiviertel- oder größere Mehrheit bestimmt.

Hauptversammlungsbeschlüsse können aus unterschiedlichen Gründen fehlerhaft sein. Das AktG enthält in den §§ 241 ff. einige Sonderregeln, die den Vorschriften im BGB vorgehen. Das Gesetz unterscheidet zwischen **nichtigen** und **anfechtbaren** Beschlüssen.

Fehlerhafte Beschlüsse

Unterscheidung zwischen nichtigen und anfechtbaren Beschlüssen

§ 241 AktG zählt die schwerwiegenden Mängel auf, die zur Nichtigkeit eines Hauptversammlungsbeschlusses führen.

§ 241 AktG

Nichtigkeitsgründe

Ein Beschluß der Hauptversammlung ist außer in den Fällen des § 192 Abs. 4, §§ 212, 217 Abs. 2, § 228 Abs. 2, § 234 Abs. 3 und § 235 Abs. 2 nur dann nichtig, wenn er

1. in einer Hauptversammlung gefaßt worden ist, die unter Verstoß gegen § 121 Abs. 2 und 3 oder 4 einberufen war,
2. nicht nach § 130 Abs. 1, 2 und 4 beurkundet ist,
3. mit dem Wesen der Aktiengesellschaft nicht zu vereinbaren ist oder durch seinen Inhalt Vorschriften verletzt, die ausschließlich oder überwiegend zum Schutze der Gläubiger der Gesellschaft oder sonst im öffentlichen Interesse gegeben sind,
4. durch seinen Inhalt gegen die guten Sitten verstößt,
5. auf Anfechtungsklage durch Urteil rechtskräftig für nichtig erklärt worden ist,
6. nach § 144 Abs. 2 des Gesetzes über die Angelegenheiten der freiwilligen Gerichtsbarkeit auf Grund rechtskräftiger Entscheidung als nichtig gelöscht worden ist.

Die Aufzählung ist nicht abschließend. In den §§ 250 ff. AktG sind noch weitere Nichtigkeitsgründe aufgezählt. Diese betreffen aber nur bestimmte Beschlussgegenstände, wie z. B. die Wahl von Aufsichtsratsmitgliedern. Nichtige Beschlüsse entfalten keine Rechtswirkung. Da der Beschluss keine Rechtswirkungen entfaltet, ist eine Klage nicht unbedingt erforderlich. Sollte aber ein Streit im Hinblick auf die Nichtigkeit entstehen, kann eine Feststellungsklage erhoben werden (§ 249 AktG).

Nichtige Beschlüsse entfalten keine Rechtswirkungen

§ 249 AktG

Nichtigkeitsklage

(1) Erhebt ein Aktionär, der Vorstand oder ein Mitglied des Vorstands oder des Aufsichtsrats Klage auf Feststellung der Nichtigkeit eines Hauptversammlungsbeschlusses gegen die Gesellschaft, so gelten § 246 Abs. 2, Abs. 3 Satz 1, Abs. 4, §§ 247 und 248 sinngemäß. Es ist nicht ausgeschlossen, die Nichtigkeit auf andere Weise als durch Erhebung der Klage geltend zu machen.

Heilung von nichtigen Beschlüssen

Bei eintragungsbedürftigen Beschlüssen können Mängel, die zur Nichtigkeit des Beschlusses geführt haben, durch ihre Eintragung im Handelsregister gemäß § 242 AktG geheilt werden. Dies ist bei Erhebung einer Klage zu beachten.

Heilung der Nichtigkeit

(1) Die Nichtigkeit eines Hauptversammlungsbeschlusses, der entgegen § 130 Abs. 1, 2 und 4 nicht oder nicht gehörig beurkundet worden ist, kann nicht mehr geltend gemacht werden, wenn der Beschluß in das Handelsregister eingetragen worden ist.

(2) Ist ein Hauptversammlungsbeschluss nach § 241 Nr. 1, 3 oder 4 nichtig, so kann die Nichtigkeit nicht mehr geltend gemacht werden, wenn der Beschluß in das Handelsregister eingetragen worden ist und seitdem drei Jahre verstrichen sind. Ist bei Ablauf der Frist eine Klage auf Feststellung der Nichtigkeit des Hauptversammlungsbeschlusses rechtshängig, so verlängert sich die Frist, bis über die Klage rechtskräftig entschieden ist oder sie sich auf andere Weise endgültig erledigt hat. Eine Löschung des Beschlusses von Amts wegen nach § 144 Abs. 2 des Gesetzes über die Angelegenheiten der freiwilligen Gerichtsbarkeit wird durch den Zeitablauf nicht ausgeschlossen. Ist ein Hauptversammlungsbeschluß wegen Verstoßes gegen § 121 Abs. 4 nach § 241 Nr. 1 nichtig, so kann die Nichtigkeit auch dann nicht mehr geltend gemacht werden, wenn der nicht geladene Aktionär den Beschluß genehmigt.

(3) Absatz 2 gilt entsprechend, wenn in den Fällen des § 217 Abs. 2, § 228 Abs. 2, § 234 Abs. 3 und § 235 Abs. 2 die erforderlichen Eintragungen nicht fristgemäß vorgenommen worden sind.

Anfechtbar sind Beschlüsse, deren Mängel nicht so schwerwiegend sind, dass sie zur Nichtigkeit führen. Im Gegensatz zu nichtigen Beschlüssen entfalten anfechtbare Beschlüsse eine Rechtswirkung. Sie sind (zunächst) wirksam, können aber durch eine Anfechtungsklage vernichtet werden. Die Anfechtungsgründe sind in § 243 AktG genannt.

Anfechtbare Beschlüsse

Anfechtbare Beschlüsse entfalten eine Rechtswirkung – Erhebung einer Anfechtungsklage ist notwendig

Anfechtungsgründe

(1) Ein Beschluß der Hauptversammlung kann wegen Verletzung des Gesetzes oder der Satzung durch Klage angefochten werden.

(2) Die Anfechtung kann auch darauf gestützt werden, daß ein Aktionär mit der Ausübung des Stimmrechts für sich oder einen Dritten Sondervorteile zum Schaden der Gesellschaft oder der anderen Aktionäre zu erlangen suchte und der Beschluß geeignet ist, diesem Zweck zu dienen. Dies gilt nicht, wenn der Beschluß den anderen Aktionären einen angemessenen Ausgleich für ihren Schaden gewährt. (3) [...] (4) [...]

§ 243 Abs. 1 AktG ist eine sehr umfassende Vorschrift. Alle Verstöße gegen das Gesetz oder die Satzung fallen darunter, es sei denn sie sind nichtig. Dies können z. B. Verfahrensvorschriften oder Fehler bei der

Abstimmung sein. § 243 Abs. 2 AktG stellt klar, dass Beschlüsse, die unberechtigte Sondervorteile gegenüber einem Aktionär oder Dritten gewähren, anfechtbar sind.

Anfechtungsberechtigte Personen

Welche Personen die Anfechtungsklage erheben können ist in § 245 AktG geregelt.

§ 245 AktG

Anfechtungsklage

Zur Anfechtung ist befugt

1. jeder in der Hauptversammlung erschienene Aktionär, wenn er gegen den Beschluß Widerspruch zur Niederschrift erklärt hat;
2. jeder in der Hauptversammlung nicht erschienene Aktionär, wenn er zu der Hauptversammlung zu Unrecht nicht zugelassen worden ist oder die Versammlung nicht ordnungsgemäß einberufen oder der Gegenstand der Beschlussfassung nicht ordnungsgemäß bekannt gemacht worden ist;
3. im Fall des § 243 Abs. 2 jeder Aktionär;
4. der Vorstand;
5. jedes Mitglied des Vorstands und des Aufsichtsrats, wenn durch die Ausführung des Beschlusses Mitglieder des Vorstands oder des Aufsichtsrats eine strafbare Handlung oder eine Ordnungswidrigkeit begehen oder wenn sie ersatzpflichtig werden würden.

Frist zur Erhebung der Anfechtungsklage

Die Anfechtungsklage ist innerhalb eines Monats nach der Beschlussfassung zu erheben (§ 246 Abs. 1 AktG). Klagegegner ist die AG (§ 246 AktG Abs. 2 Satz 1).

§ 246 AktG

Anfechtungsklage

(1) Die Klage muß innerhalb eines Monats nach der Beschlußfassung erhoben werden.

(2) Die Klage ist gegen die Gesellschaft zu richten. Die Gesellschaft wird durch Vorstand und Aufsichtsrat vertreten. Klagt der Vorstand oder ein Vorstandsmitglied, wird die Gesellschaft durch den Aufsichtsrat, klagt ein Aufsichtsratsmitglied, wird sie durch den Vorstand vertreten. [...]

Wirkungen eines stattgebenden Urteils

Wird der Klage stattgegeben, führt das Urteil rückwirkend zur Nichtigkeit des Beschlusses. Es wirkt für und gegen alle Aktionäre und die Organe der Gesellschaft.

§ 248 AktG

Urteilswirkung

(1) Soweit der Beschluß durch rechtskräftiges Urteil für nichtig erklärt ist, wirkt das Urteil für und gegen alle Aktionäre sowie die Mitglieder

des Vorstands und des Aufsichtsrats, auch wenn sie nicht Partei sind. Der Vorstand hat das Urteil unverzüglich zum Handelsregister einzureichen. War der Beschluß in das Handelsregister eingetragen, so ist auch das Urteil einzutragen. Die Eintragung des Urteils ist in gleicher Weise wie die des Beschlusses bekannt zu machen.

4.4. Erhaltung des Kapitals

Ein wichtiger Grundsatz der AG ist die Erhaltung des Kapitals. Bei der AG ist daher nur die Ausschüttung des Bilanzgewinns zulässig. Nach § 174 Abs. 1 AktG hat die Hauptversammlung hierüber zu entscheiden.

Grundsatz der Kapitalerhaltung

Gewinnverwendung

§ 174 AktG

(1) Die Hauptversammlung beschließt über die Verwendung des Bilanzgewinns. Sie ist hierbei an den festgestellten Jahresabschluß gebunden.

Das übrige Gesellschaftsvermögen ist gebunden und darf nicht an die Aktionäre ausgeschüttet werden. Anders als bei der GmbH wird das gesamte Vermögen geschützt und nicht nur das eingebrachte Kapital. Eine wesentliche Rolle spielt hier § 57 AktG.

Keine Ausschüttung des Gesellschaftsvermögens an die Aktionäre

Keine Rückgewähr, keine Verzinsung der Einlagen

§ 57 AktG

(1) Den Aktionären dürfen die Einlagen nicht zurückgewährt werden. Als Rückgewähr von Einlagen gilt nicht die Zahlung des Erwerbspreises beim zulässigen Erwerb eigener Aktien.

(2) Den Aktionären dürfen Zinsen weder zugesagt noch ausgezahlt werden. [...]

Zu unrecht bezogene Leistungen werden von der Rechtsprechung generell als Einlagenrückgewähr angesehen. Jede unrechtmäßige Leistung zugunsten eines Aktionärs aus dem Gesellschaftsvermögen stellt somit auch eine Einlagenrückgewähr dar. Eine Rückgewähr kann offen oder verdeckt erfolgen. Bei offenen Leistungen erhält der Aktionär für jedermann ersichtlich die Leistung.

Unrechtmäßig bezogene Leistungen stellen eine Einlagenrückgewähr dar

Unterscheidung zwischen verdeckter und offener Einlagenrückgewähr

Beispiel: Ein Aktionär erhält ein Weihnachtsgeschenk, ohne dass dies betrieblich veranlasst ist.

Bei der verdeckten Rückgewähr wird der Empfang der Leistung durch ein anderes Rechtsgeschäft verschleiert.

Beispiel: Die AG überlässt dem Aktionär das Recht, eine Marke zu nutzen, ohne dass er dafür eine angemessene Vergütung zahlen muss.

Abgrenzung zwischen zulässigem Rechtsgeschäft und Einlagenrückgewähr

Da Rechtsgeschäfte zwischen einem Aktionär und der AG aber grundsätzlich zulässig sind, ist die Unterscheidung zwischen einem zulässigen Rechtsgeschäft und einer unzulässigen Einlagenrückgewähr oftmals schwierig. Die Rechtsprechung orientiert sich daran, ob die AG das betreffende Rechtsgeschäft auch mit einem Dritten abgeschlossen hätte. Ist das nicht der Fall, handelt es sich um eine Einlagenrückgewähr.

Der Aktionär muss die empfangenen Leistungen zurückerstatten

Hat ein Aktionär verbotene Leistungen empfangen, ist er nach § 62 Abs. 1 AktG verpflichtet, die Leistungen zurückzugewähren. Dieser Anspruch kann sogar von den Gläubigern der Gesellschaft geltend gemacht werden, wenn diese von der AG keine Befriedigung erlangen können (§ 62 Abs. 2 AktG).

§ 62 AktG

Haftung der Aktionäre beim Empfang verbotener Leistungen

(1) Die Aktionäre haben der Gesellschaft Leistungen, die sie entgegen den Vorschriften dieses Gesetzes von ihr empfangen haben, zurückzugewähren. Haben sie Beträge als Gewinnanteile bezogen, so besteht die Verpflichtung nur, wenn sie wußten oder infolge von Fahrlässigkeit nicht wußten, daß sie zum Bezuge nicht berechtigt waren.

(2) Der Anspruch der Gesellschaft kann auch von den Gläubigern der Gesellschaft geltend gemacht werden, soweit sie von dieser keine Befriedigung erlangen können. Ist über das Vermögen der Gesellschaft das Insolvenzverfahren eröffnet, so übt während dessen Dauer der Insolvenzverwalter oder der Sachwalter das Recht der Gesellschaftsgläubiger gegen die Aktionäre aus.

Eine Einschränkung besteht nach § 62 Abs. 1 Satz 2 AktG für Leistungen, die sie als Gewinnanteile bezogen haben. Eine Rückzahlungspflicht ist nur gegeben, wenn sie wussten oder ihnen infolge von Fahrlässigkeit nicht bekannt war, dass sie zum Empfang der Leistungen nicht berechtigt waren.

4.5. Haftung

Bezüglich der Haftung gibt es keine wesentlichen Unterschiede zu den anderen Körperschaften. Für Verbindlichkeiten der Gesellschaft haftet nur die AG selbst (§ 1 Abs. 1 Satz 2 AktG). Schuldhaftes Verhalten des Vorstandes und anderer Repräsentanten wird ihr analog § 31 BGB zugerechnet.

Die persönliche Haftung der Vorstandsmitglieder gegenüber Dritten richtet sich nach den allgemeinen Regeln, wie sie bei der GmbH für Geschäftsführer dargelegt wurden (Abschnitt »Die Körperschaften, 3.3. Organe«).

Es besteht aber eine Besonderheit. Nach § 93 Abs. 1 AktG sind die Vorstandsmitglieder der AG zum Schadensersatz verpflichtet, wenn sie ihre Geschäftsführungspflichten verletzen. Gemäß § 93 Abs. 5 kann dieser Anspruch auch von Dritten geltend gemacht werden, wenn sie keine Befriedigung erlangen können und eine grobe Pflichtverletzung vorliegt. In den Fällen des § 93 Abs. 3 AktG ist eine einfache Pflichtverletzung ausreichend.

Sorgfaltspflicht und Verantwortlichkeit der Vorstandsmitglieder

§ 93 AktG

(5) Der Ersatzanspruch der Gesellschaft kann auch von den Gläubigern der Gesellschaft geltend gemacht werden, soweit sie von dieser keine Befriedigung erlangen können. Dies gilt jedoch in anderen Fällen als denen des Absatzes 3 nur dann, wenn die Vorstandsmitglieder die Sorgfalt eines ordentlichen und gewissenhaften Geschäftsleiters gröblich verletzt haben; Absatz 2 Satz 2 gilt sinngemäß. Den Gläubigern gegenüber wird die Ersatzpflicht weder durch einen Verzicht oder Vergleich der Gesellschaft noch dadurch aufgehoben, daß die Handlung auf einem Beschluss der Hauptversammlung beruht. Ist über das Vermögen der Gesellschaft das Insolvenzverfahren eröffnet, so übt während dessen Dauer der Insolvenzverwalter oder der Sachwalter das Recht der Gläubiger gegen die Vorstandsmitglieder aus.

Marginalien:

Zurechnung schuldhaften Verhaltens nach § 31 BGB

Schadensersatzanspruch von Dritten gegenüber den Vorstandsmitgliedern bei Pflichtverletzungen

4.6. Rechte und Pflichten der Gesellschafter

Die Rechte der Aktionäre können in Vermögens- und Mitverwaltungsrechte unterteilt werden.

Zu den Vermögensrechten gehören:

- das Recht auf eine Dividende
- das Recht auf einen Liquidationsüberschuss

Recht auf Anteil am Bilanzgewinn

Die Dividende ist ein Recht auf einen Anteil am Bilanzgewinn. Die Höhe orientiert sich bei Nennbetragsaktien am Nennbetrag. Bei Stückaktien wird ein bestimmter Betrag pro Aktie ausgeschüttet. Aktionäre haben grundsätzlich einen Anspruch auf die Dividende. Das gilt nicht, wenn die Verteilung des Bilanzgewinns nach dem Gesetz der Satzung oder einem Beschluss der Hauptversammlung ausgeschlossen ist.

§ 58 AktG

Verwendung des Jahresüberschusses

(4) Die Aktionäre haben Anspruch auf den Bilanzgewinn, soweit er nicht nach Gesetz oder Satzung, durch Hauptversammlungsbeschluss nach Absatz 3 oder als zusätzlicher Aufwand auf Grund des Gewinnverwendungsbeschlusses von der Verteilung unter die Aktionäre ausgeschlossen ist.

Das Recht auf einen Anteil am Liquidationserlös wird im Abschnitt »Die Körperschaften, 4.8. Beendigung der Gesellschaft« behandelt.

Zu den Mitverwaltungsrechten zählen unter anderem:

- das Recht auf Teilnahme an der Hauptversammlung
- das Rederecht auf der Hauptversammlung
- das Auskunftsrecht
- das Stimmrecht

Teilnahmerecht des Aktionärs an der Hauptversammlung

Jeder Aktionär hat das Recht, an der Hauptversammlung teilzunehmen. Dieses Recht kann ihm auch durch die Satzung nicht entzogen werden. Das Teilnahmerecht kann aber von Mitwirkungspflichten abhängig sein.

Beispiel: Eine Teilnahme ist nur zulässig, wenn eine vorherige Anmeldung erfolgt.

Rederecht des Aktionärs

Ferner hat jeder Aktionär das Recht, auf der Hauptversammlung zu Angelegenheiten der Gesellschaft zu reden. Dabei ist es nicht erforderlich, dass die Angelegenheit Bestandteil der Tagesordnung ist. Das Rederecht erteilt der Versammlungsleiter. Er ist auch berechtigt, den Redner zu unterbrechen, wenn er nicht zu Angelegenheiten der Gesellschaft spricht. Bei zahlreichen Aktionären, die ihr Rederecht in Anspruch nehmen wollen, ist eine zeitliche Beschränkung zulässig, wenn es ohne Zeitbeschränkung zu einer übermäßig langen Hauptversammlung käme.

Des Weiteren besitzt jeder Aktionär in der Hauptversammlung gegenüber dem Vorstand ein Auskunftsrecht zu Angelegenheiten der Gesellschaft.

Auskunftsrecht des Aktionärs

Auskunftsrecht des Aktionärs

§ 131 AktG

(1) Jedem Aktionär ist auf Verlangen in der Hauptversammlung vom Vorstand Auskunft über Angelegenheiten der Gesellschaft zu geben, soweit sie zur sachgemäßen Beurteilung des Gegenstands der Tagesordnung erforderlich ist. Die Auskunftspflicht erstreckt sich auch auf die rechtlichen und geschäftlichen Beziehungen der Gesellschaft zu einem verbundenen Unternehmen. [...]
(2) Die Auskunft hat den Grundsätzen einer gewissenhaften und getreuen Rechenschaft zu entsprechen.

Das Auskunftsrecht erstreckt sich auf Gegenstände der Tagesordnung. Der gesamte Vorstand ist auskunftspflichtig. Die Auskunft hat vollständig und zutreffend zu sein. Das Gesetz spricht in § 131 Abs. 2 AktG von einer »gewissenhaften und getreuen Rechenschaft«. Der Vorstand ist nicht verpflichtet sämtliche Fragen zu beantworten. § 131 Abs. 3 AktG enthält einen Katalog von Fragen bei deren Vorliegen der Vorstand die Auskunft verweigern kann.

Auskunftsverweigerung durch den Vorstand

Auskunftsrecht des Aktionärs

§ 131 AktG

(3) Der Vorstand darf die Auskunft verweigern,
1. soweit die Erteilung der Auskunft nach vernünftiger kaufmännischer Beurteilung geeignet ist, der Gesellschaft oder einem verbundenen Unternehmen einen nicht unerheblichen Nachteil zuzufügen;
2. soweit sie sich auf steuerliche Wertansätze oder die Höhe einzelner Steuern bezieht;
3. über den Unterschied zwischen dem Wert, mit dem Gegenstände in der Jahresbilanz angesetzt worden sind, und einem höheren Wert dieser Gegenstände, es sei denn, dass die Hauptversammlung den Jahresabschluß feststellt;
4. über die Bilanzierungs- und Bewertungsmethoden, soweit die Angabe dieser Methoden im Anhang ausreicht, um ein den tatsächlichen Verhältnissen entsprechendes Bild der Vermögens-,

Finanz- und Ertragslage der Gesellschaft im Sinne des § 264 Abs. 2 des Handelsgesetzbuchs zu vermitteln; dies gilt nicht, wenn die Hauptversammlung den Jahresabschluß feststellt;

5.   soweit sich der Vorstand durch die Erteilung der Auskunft strafbar machen würde;

6.   soweit bei einem Kreditinstitut oder Finanzdienstleistungsinstitut Angaben über angewandte Bilanzierungs- und Bewertungsmethoden sowie vorgenommene Verrechnungen im Jahresabschluß, Lagebericht, Konzernabschluß oder Konzernlagebericht nicht gemacht zu werden brauchen.

Aus anderen Gründen darf die Auskunft nicht verweigert werden.

Bezüglich des Stimmrechts wird auf den Abschnitt »Die Körperschaften, 3.3. Organe« verwiesen.

Zu den Pflichten des Aktionärs gehören vor allem:

- die Pflicht, seine Einlage zu leisten
- die Treuepflicht

Pflicht des Aktionärs auf Leistung der Einlage

Gemäß § 54 Abs. 1 AktG ist der Aktionär verpflichtet, seine Einlage in Höhe des Ausgabebetrages zu leisten.

§ 54 AktG

Hauptverpflichtung der Aktionäre

(1) Die Verpflichtung der Aktionäre zur Leistung der Einlagen wird durch den Ausgabebetrag der Aktien begrenzt.

Grundsätzlich bestehen keine weiteren Leistungspflichten. Das Gesetz lässt in § 55 AktG von diesem Grundsatz eine Ausnahme zu.

§ 55 AktG

Nebenverpflichtungen der Aktionäre

(1) Ist die Übertragung der Aktien an die Zustimmung der Gesellschaft gebunden, so kann die Satzung Aktionären die Verpflichtung auferlegen, neben den Einlagen auf das Grundkapital wiederkehrende, nicht in Geld bestehende Leistungen zu erbringen. Dabei hat sie zu bestimmen, ob die Leistungen entgeltlich oder unentgeltlich zu erbringen sind. Die Verpflichtung und der Umfang der Leistungen sind in den Aktien und Zwischenscheinen anzugeben.

Die Vorschrift hat heute keine praktische Bedeutung mehr. Ihre Existenz hat historische Gründe.

Treuepflicht des Aktionärs

Der Aktionär unterliegt einer Treuepflicht. Dies war auch noch zu einem Zeitpunkt umstritten, als die Treuepflicht bei Personengesellschaften und der GmbH schon lange anerkannt war. Inzwischen ist sie aber weit gehend akzeptiert. Aus der Treuepflicht resultiert, dass der

Aktionär den Gesellschaftszweck zu fördern und schädliche Einfluss-
nahmen zu unterlassen hat. Das betrifft zum einen den außergesell-
schaftlichen Bereich, also wenn der Aktionär der Gesellschaft als
außenstehender Dritter gegenüber steht.

*Beispiel: Ein Aktionär kann gehalten sein, auf die Kündigung eines
Darlehens zu verzichten, wenn die Kündigung die AG in eine ernst-
hafte Finanzkrise stürzen würde.*

Zum anderem entfaltet die Treuepflicht innerhalb der AG Rechtswirkungen. Der Aktionär ist daher unter anderem verpflichtet, »seine
Mitgliedsrechte, insbesondere seine Mitverwaltungs- und Kontrollrechte, unter angemessener Berücksichtigung der gesellschafts-
bezogenen Interessen der anderen Aktionäre auszuüben« (BGHZ 129,
136).

*Beispiel: Ein Aktionär kann gehalten sein, einem Hauptversammlungs-
beschluss über eine Sanierung zuzustimmen, wenn diese unvermeidlich
ist.*

4.7. Gesellschafterwechsel

Die Mitgliedschaft in der AG kann begründet werden:

* durch die Übernahme von Aktien bei der Gründung
* durch Zeichnung neuer Aktien
* durch abgeleiteten Erwerb

Der abgeleitete Erwerb kann zum einen durch einen Erbfall erfolgen.   Abgeleiteter Erwerb durch
Ein einzelner Erbe tritt in vollem Umfang in die Rechtsstellung des   Erbschaft
Erblassers ein. Er kann, die aus der Aktie resultierenden Vermögens-
und Mitverwaltungsrechte geltend machen. Gleichzeitig hat er aber
auch die sich aus ihr ergebenden Pflichten zu erfüllen. Gibt es mehrere
Erben, können sie nur gemeinschaftlich durch einen Vertreter ihre
Rechte ausüben.

Rechtsgemeinschaft an einer Aktie   § 69 AktG

(1) Steht eine Aktie mehreren Berechtigten zu, so können sie die
Rechte aus der Aktie nur durch einen gemeinschaftlichen Vertreter
ausüben.

(2) Für die Leistungen auf die Aktie haften sie als Gesamtschuldner.

Der Vertreter muss durch die Erben bestellt werden. Bis zur Bestellung
ruhen die Aktionärsrechte. Nach § 69 Abs. 2 AktG haften alle Erben
als Gesamtschuldner gemeinschaftlich für Verbindlichkeiten.

Abgeleiteter Erwerb durch Rechtsgeschäft

Zum anderen ist ein abgeleiteter Erwerb durch Rechtsgeschäft möglich. Hierbei ist zwischen **Inhaber-** und **Namensaktien** zu unterscheiden.

Die Übertragung von Inhaberaktien

Inhaberaktien werden nach den Vorschriften über bewegliche Sachen übertragen (§§ 929 ff.), wenn sie verbrieft sind. Ist die Aktien nicht verbrieft, kann sie auch durch Abtretung übertragen werden (§§ 398, 413 BGB).

Die Übertragung von Namensaktien

Namensaktien sind Orderpapiere, sie werden, wenn sie verbrieft sind, durch Indossament, also der Einigung und Übergabe des mit Indossament versehenen Papiers, übertragen (§ 68 Abs. 1 AktG).

§ 68 AktG

Übertragung von Namensaktien. Vinkulierung

(1) Namensaktien können auch durch Indossament übertragen werden. Für die Form des Indossaments, den Rechtsausweis des Inhabers und seine Verpflichtung zur Herausgabe gelten sinngemäß Artikel 12, 13 und 16 des Wechselgesetzes.

(2) Die Satzung kann die Übertragung an die Zustimmung der Gesellschaft binden. Die Zustimmung erteilt der Vorstand. Die Satzung kann jedoch bestimmen, daß der Aufsichtsrat oder die Hauptversammlung über die Erteilung der Zustimmung beschließt. Die Satzung kann die Gründe bestimmen, aus denen die Zustimmung verweigert werden darf.

Die Übertragung der Namensaktie kann aber auch immer durch Abtretung des verbrieften Rechts erfolgen.

Vinkulierte Namensaktien

Eine Übertragung von Namensaktien kann von der Zustimmung der AG abhängig gemacht werden (§ 68 Abs. 2 AktG). Man spricht dann von vinkulierten Aktien.

Ein Verlust der Mitgliedschaft ist in folgenden Fällen möglich:

- Tod
- Übertragung durch Rechtsgeschäft
- Ausschluss
- Einziehung
- Zwangsweise Übertragung

Der Ausschluss eines Aktionärs

Ein Ausschluss ist nur möglich bei einer Säumnis mit der Zahlung der Einlage.

Ausschluss säumiger Aktionäre

§ 64 AktG

(1) Aktionären, die den eingeforderten Betrag nicht rechtzeitig einzahlen, kann eine Nachfrist mit der Androhung gesetzt werden, daß sie nach Fristablauf ihrer Aktien und der geleisteten Einzahlungen für verlustig erklärt werden.

Eine Einziehung (Amortisation) ist nur zulässig, wenn sie in der ursprünglichen Satzung oder einer Satzungsänderung <u>vor</u> Übernahme oder Zeichnung der Aktien vorgesehen war (§ 237 Abs. 1 Satz 2 AktG). Bei dem Verfahren sind die Vorschriften über die Kapitalherabsetzung zu beachten.

Die Einziehung von Aktien

Voraussetzungen

§ 237 AktG

(1) Aktien können zwangsweise oder nach Erwerb durch die Gesellschaft eingezogen werden. Eine Zwangseinziehung ist nur zulässig, wenn sie in der ursprünglichen Satzung oder durch eine Satzungsänderung vor Übernahme oder Zeichnung der Aktien angeordnet oder gestattet war.

(2) Bei der Einziehung sind die Vorschriften über die ordentliche Kapitalherabsetzung zu befolgen.[...]

Neu ist die Möglichkeit, Minderheitsaktionäre zu zwingen, ihre Aktien gegen eine Barabfindung an den Hauptaktionär zu übertragen (Squeeze-Out). Hauptaktionär ist der Inhaber von mindestens 95 % des Grundkapitals. Für ein Squeeze-Out ist es notwendig, dass ein entsprechender Hauptversammlungsbeschluss gefasst wird. Bei den gegebenen Mehrheitsverhältnissen ist dieser allerdings nur noch Formsache.

Squeeze-Out-Verfahren

Übertragung von Aktien gegen Barabfindung

§ 327a AktG

(1) Die Hauptversammlung einer Aktiengesellschaft oder einer Kommanditgesellschaft auf Aktien kann auf Verlangen eines Aktionärs, dem Aktien der Gesellschaft in Höhe von 95 vom Hundert des Grundkapitals gehören (Hauptaktionär), die Übertragung der Aktien der übrigen Aktionäre (Minderheitsaktionäre) auf den Hauptaktionär gegen Gewährung einer angemessenen Barabfindung beschließen. § 285 Abs. 2 Satz 1 findet keine Anwendung.

Sinn der 2002 eingeführten Regelung ist es, Querulanten aus der AG zu drängen. Oftmals wurden in der Vergangenheit nämlich Kleinstbeteiligungen dazu benutzt, die Gesellschaft und den Mehrheitsaktionär zu behindern. Die Höhe der Barabfindung legt der Hauptaktionär selbst fest (§ 327 b Abs. 1 AktG). Sie ist durch sachverständige Prüfer zu prüfen (§ 327 c Abs. 2 Satz 2). Der Kleinaktionär hat

Hintergrund des Squeeze-Out

aufgrund der gesetzlichen Regelung kaum eine Möglichkeit, gegen das Squeeze-Out selbst vorzugehen. Aussichtsreicher dürfte der Versuch sein, mit einer Klage die Höhe der Abfindung zu beeinflussen.

4.8. Beendigung der Gesellschaft

Die Auflösung leitet die Beendigung der AG ein. Durch die Auflösung ändert sich der Gesellschaftszweck. Zweck ist dann, das vorhandene Gesellschaftsvermögen im Wege der Abwicklung zu verwerten und das nach Befriedigung aller Verbindlichkeiten verbleibende Vermögen an die Aktionäre zu verteilen. Beendet ist die AG mit Abschluss des Abwicklungsverfahrens.

In § 262 Abs. 1 AktG sind einige Auflösungsgründe aufgezählt.

§ 262 AktG

Auflösungsgründe

(1) Die Aktiengesellschaft wird aufgelöst

1.   durch Ablauf der in der Satzung bestimmten Zeit;

2.   durch Beschluß der Hauptversammlung; dieser bedarf einer Mehrheit, die mindestens drei Viertel des bei der Beschlußfassung vertretenen Grundkapitals umfaßt; die Satzung kann eine größere Kapitalmehrheit und weitere Erfordernisse bestimmen;

3.   durch die Eröffnung des Insolvenzverfahrens über das Vermögen der Gesellschaft,

4.   mit der Rechtskraft des Beschlusses, durch den die Eröffnung des Insolvenzverfahrens mangels Masse abgelehnt wird;

5.   mit der Rechtskraft einer Verfügung des Registergerichts, durch welche nach § 144a des Gesetzes über die Angelegenheiten der freiwilligen Gerichtsbarkeit ein Mangel der Satzung festgestellt worden ist;

6.   durch Löschung der Gesellschaft wegen Vermögenslosigkeit nach § 141a des Gesetzes über die Angelegenheiten der freiwilligen Gerichtsbarkeit.

(2) Dieser Abschnitt gilt auch, wenn die Aktiengesellschaft aus anderen Gründen aufgelöst wird.

Die Aufzählung in § 262 Abs. 1 AktG ist nicht abschließend, wie Abs. 2 erkennen lässt. Weitere Gründe sind z. B. die gerichtliche Auflösung wegen Gefährdung des Gemeinwohls nach § 396 AktG.

Voraussetzungen

§ 396 AktG

(1) Gefährdet eine Aktiengesellschaft oder Kommanditgesellschaft auf Aktien durch gesetzwidriges Verhalten ihrer Verwaltungsträger das Gemeinwohl und sorgen der Aufsichtsrat und die Hauptversammlung nicht für eine Abberufung der Verwaltungsträger, so kann die Gesellschaft auf Antrag der zuständigen obersten Landesbehörde des Landes, in dem die Gesellschaft ihren Sitz hat, durch Urteil aufgelöst werden. Ausschließlich zuständig für die Klage ist das Landgericht, in dessen Bezirk die Gesellschaft ihren Sitz hat.

Erfolgt eine Auflösung, ist diese vom Vorstand zur Eintragung in das Handelsregister anzumelden. Bei einigen Auflösungsgründen erfolgt die Eintragung auch von Amts wegen.

Auflösung ist zur Eintragung in das Handelsregister anzumelden

Anmeldung und Eintragung der Auflösung

§ 263 AktG

Der Vorstand hat die Auflösung der Gesellschaft zur Eintragung in das Handelsregister anzumelden. Dies gilt nicht in den Fällen der Eröffnung und der Ablehnung der Eröffnung des Insolvenzverfahrens (§ 262 Abs. 1 Nr. 3 und 4) sowie im Falle der gerichtlichen Feststellung eines Mangels der Satzung (§ 262 Abs. 1 Nr. 5). In diesen Fällen hat das Gericht die Auflösung und ihren Grund von Amts wegen einzutragen. Im Falle der Löschung der Gesellschaft (§ 262 Abs. 1 Nr. 6) entfällt die Eintragung der Auflösung.

Nach der Auflösung kommt es zur Abwicklung, das gilt nicht, wenn die AG vermögenslos ist.

Der Auflösung folgt in der Regel die Abwicklung

Notwendigkeit der Abwicklung

§ 264 AktG

(1) Nach der Auflösung der Gesellschaft findet die Abwicklung statt, wenn nicht über das Vermögen der Gesellschaft das Insolvenzverfahren eröffnet worden ist.

(2) Ist die Gesellschaft durch Löschung wegen Vermögenslosigkeit aufgelöst, so findet eine Abwicklung nur statt, wenn sich nach der Löschung herausstellt, daß Vermögen vorhanden ist, das der Verteilung unterliegt. Die Abwickler sind auf Antrag eines Beteiligten durch das Gericht zu ernennen.

(3) Soweit sich aus diesem Unterabschnitt oder aus dem Zweck der Abwicklung nichts anderes ergibt, sind auf die Gesellschaft bis zum Schluss der Abwicklung die Vorschriften weiterhin anzuwenden, die für nicht aufgelöste Gesellschaften gelten.

Während der Abwicklung gilt weiterhin das AktG	Wie § 264 Abs. 3 AktG zu entnehmen ist, bleibt die Struktur der AG unberührt. Die aktienrechtlichen Bestimmungen bleiben anwendbar.

Die Abwicklung wird vom Vorstand durchgeführt. Es steht der Hauptversammlung aber frei, andere Abwickler zu bestellen.

§ 265 AktG

Abwickler

(1) Die Abwicklung besorgen die Vorstandsmitglieder als Abwickler.

(2) Die Satzung oder ein Beschluß der Hauptversammlung kann andere Personen als Abwickler bestellen. Für die Auswahl der Abwickler gilt § 76 Abs. 3 Satz 3 und 4 sinngemäß. Auch eine juristische Person kann Abwickler sein.

Die Tätigkeit entspricht der Tätigkeit der Liquidatoren bei den bisher behandelten Gesellschaftsformen.

§ 268 AktG

Pflichten der Abwickler

(1) Die Abwickler haben die laufenden Geschäfte zu beenden, die Forderungen einzuziehen, das übrige Vermögen in Geld umzusetzen und die Gläubiger zu befriedigen. Soweit es die Abwicklung erfordert, dürfen sie auch neue Geschäfte eingehen.

Nachschusspflicht der Aktionäre

Das verbleibende Vermögen ist unter den Aktionären entsprechend ihren Anteilen am Grundkapital zu verteilen (§ 271 Abs. 1 AktG). Im Fall eines Verlustes sind Nachschüsse entsprechend der Beteiligung zu leisten (§ 271 Abs. 3 Satz 2 AktG).

§ 271 AktG

Verteilung des Vermögens

(1) Das nach der Berichtigung der Verbindlichkeiten verbleibende Vermögen der Gesellschaft wird unter die Aktionäre verteilt.

(2) Das Vermögen ist nach den Anteilen am Grundkapital zu verteilen, wenn nicht Aktien mit verschiedenen Rechten bei der Verteilung des Gesellschaftsvermögens vorhanden sind.

(3) Sind die Einlagen auf das Grundkapital nicht auf alle Aktien in demselben Verhältnis geleistet, so werden die geleisteten Einlagen erstattet und ein Überschuß nach den Anteilen am Grundkapital verteilt. Reicht das Vermögen zur Erstattung der Einlagen nicht aus, so haben die Aktionäre den Verlust nach ihren Anteilen am Grundkapital zu tragen; die noch ausstehenden Einlagen sind, soweit nötig, einzuziehen.

Der Anspruch des Aktionärs auf den Liquidationserlös kann durch die ursprüngliche Satzung oder durch einen Hauptversammlungsbeschluss ausgeschlossen werden.

5. Die eingetragene Genossenschaft

5.1. Grundlagen

Die eG ist im »Gesetz betreffend die Erwerbs- und Wirtschaftsgenossenschaften« (GenG) geregelt. § 1 GenG definiert die Genossenschaft wie folgt:

Genossenschaftsbegriff   **§ 1 GenG**

(1) Gesellschaften von nicht geschlossener Mitgliederzahl, welche die Förderung des Erwerbes oder der Wirtschaft ihrer Mitglieder mittels gemeinschaftlichen Geschäftsbetriebes bezwecken (Genossenschaften), namentlich:

1. Vorschuß- und Kreditvereine,
2. Rohstoffvereine,
3. Vereine zum gemeinschaftlichen Verkauf landwirtschaftlicher oder gewerblicher Erzeugnisse (Absatzgenossenschaften, Magazinvereine),
4. Vereine zur Herstellung von Gegenständen und zum Verkauf derselben auf gemeinschaftliche Rechnung (Produktivgenossenschaften),
5. Vereine zum gemeinschaftlichen Einkauf von Lebens- oder Wirtschaftsbedürfnissen im großen und Ablaß im kleinen (Konsumvereine),
6. Vereine zur Beschaffung von Gegenständen des landwirtschaftlichen oder gewerblichen Betriebes und zur Benutzung derselben auf gemeinschaftliche Rechnung,
7. Vereine zur Herstellung von Wohnungen, erwerben die Rechte einer »eingetragenen Genossenschaft« nach Maßgabe dieses Gesetzes.

Die Genossenschaft fördert also den Erwerb oder die Wirtschaft ihrer Mitglieder. Sie übt eine Unterstützungsfunktion aus. Ihr Zweck liegt nicht in der eigenen Gewinnerzielung. Das Gesetz nennt beispielhaft die wichtigsten Genossenschaftstypen: *Die Genossenschaft fördert ihre Mitglieder*

- Vorschuss- und Kreditvereine betreiben das Darlehensgeschäft. Bekannte Kreditgenossenschaften sind die »Volks- und Raiffeisenbanken«.
- Rohstoffvereine sind Einkaufsgenossenschaften. Die Mitglieder schließen sich zusammen, um bessere Einkaufskonditionen zu erhalten.

- Absatzgenossenschaften und Magazinvereine betreiben einen gemeinschaftlichen Verkauf der von den Genossen erzeugten Produkte.
- Produktivgenossenschaften produzieren <u>und</u> verkaufen Gegenstände auf gemeinsame Rechnung.
- Konsumvereine versuchen durch Großeinkauf Gegenstände des täglichen Bedarfs günstig zu beschaffen und diese preisgünstig an ihre Mitglieder weiterzugeben.
- Vereine zur Beschaffung von Gegenständen des landwirtschaftlichen oder gewerblichen Betriebes und zur Benutzung derselben auf gemeinschaftliche Rechnung (Werkgenossenschaft) kaufen für ihre Mitglieder Gegenstände, die diese dann nutzen können. Sie sind insbesondere in der Landwirtschaft häufig anzutreffen, weil die Nutzgeräte, wie z. B. ein Mähdrescher, für den einzelnen Landwirt zu kostenträchtig sind und er diese auch nicht entsprechend nutzen kann.
- Vereine zur Herstellung von Wohnungen (Baugenossenschaften) erwerben oder bauen Wohnungen und geben diese preiswert an ihre Mitglieder ab. Baugenossenschaften haben somit häufig einen sozialen Zweck. In zahlreichen Großstädten sind daher Baugenossenschaften zu finden, die ihre Wurzeln oftmals in der Arbeiterbewegung haben.

Die eG ist keine Handelsgesellschaft

Die eG ist eine juristische Person (§ 17 Abs. 1 GenG). Ferner ist sie Kaufmann kraft ihrer Rechtsform (§ 17 Abs. 2 GenG). Sie ist aber keine Handelsgesellschaft.

§ 17 GenG

Juristische Person; Formkaufmann

(1) Die eingetragene Genossenschaft als solche hat selbständig ihre Rechte und Pflichten; sie kann Eigentum und andere dingliche Rechte an Grundstücken erwerben, vor Gericht klagen und verklagt werden.

(2) Genossenschaften gelten als Kaufleute im Sinne des Handelsgesetzbuchs, soweit dieses Gesetz keine abweichenden Vorschriften enthält.

Die Genossenschaften sind in Deutschland bedeutender als es aufgrund ihrer stiefmütterlichen Behandlung in der gesellschaftsrechtlichen Literatur den Anschein hat. In Deutschland existieren etwa 12.000 Genossenschaften mit insgesamt ca. 20 Millionen Mitgliedern. In der Regel handelt es sich um mittelständische Unternehmungen.

5.2. Entstehung und Wirksamkeit

Die eG entsteht mit ihrer Eintragung in das Genossenschaftsregister. Das ergibt sich aus §§ 13, 17 GenG.

Eintragung in das Genossenschaftsregister führt zur Entstehung der eG

Rechtszustand vor Eintragung

§ 13 GenG

Vor der Eintragung in das Genossenschaftsregister ihres Sitzes hat die Genossenschaft die Rechte einer eingetragenen Genossenschaft nicht.

Wie bei den anderen Körperschaften bildet die Eintragung nur den Schlusspunkt der Gründung. Auch bei der Genossenschaft ist zwischen der

Gründungsphasen der eG

- Vorgründungsgesellschaft
- Vor-eG
- eG

zu unterschieden.

Die Vorgründungsgesellschaft entsteht mit einem Gründungsvertrag. Dieser muss schriftlich abgefasst sein. Die Vorgründungsgesellschaft ist eine GbR. Gesellschaftszweck ist die Genossenschaftsgründung. Wird zu diesem Zeitpunkt bereits ein Unternehmen betrieben, stellt dies einen weiteren Gesellschaftszweck der Vorgründungsgesellschaft dar. Erfordert das Unternehmen nach Art und Umfang einen kaufmännischen Geschäftsbetrieb, handelt es sich um eine OHG. Die Vorgründungsgesellschaft ist nicht identisch mit der nachfolgenden Vor-eG.

Die Vorgründungsgesellschaft

Die Vor-eG entsteht mit der Feststellung des Statuts durch die Gründer (Genossen). Die notwendige Personenzahl ist gemäß § 4 GenG sieben.

Die Vor-eG

Mindestzahl der Genossen

§ 4 GenG

Die Zahl der Genossen muß mindestens sieben betragen.

Das Statut bedarf der schriftlichen Form.

Form des Statuts

§ 5 GenG

Das Statut der Genossenschaft bedarf der schriftlichen Form.

Die §§ 6,7 legen den notwendigen Inhalt des Statuts fest.

§ 6 GenG

Mussvorschriften für das Statut

Das Statut muß enthalten:

1. die Firma und den Sitz der Genossenschaft;

2. den Gegenstand des Unternehmens;

3. Bestimmungen darüber, ob die Genossen für den Fall, dass die Gläubiger im Insolvenzverfahren über das Vermögen der Genossenschaft nicht befriedigt werden, Nachschüsse zur Insolvenzmasse unbeschränkt, beschränkt auf eine bestimmte Summe (Haftsumme) oder überhaupt nicht zu leisten haben;

4. Bestimmungen über die Form für die Berufung der Generalversammlung der Genossen sowie für die Beurkundung ihrer Beschlüsse und über den Vorsitz in der Versammlung; die Berufung der Generalversammlung muss durch unmittelbare Benachrichtigung sämtlicher Genossen oder durch Bekanntmachung in einem öffentlichen Blatt erfolgen; das Gericht kann hiervon Ausnahmen zulassen. Die Bekanntmachung im Bundesanzeiger genügt nicht;

5. Bestimmungen über die Form, in welcher die von der Genossenschaft ausgehenden Bekanntmachungen erfolgen, sowie über die öffentlichen Blätter, in welche dieselben aufzunehmen sind.

§ 7 GenG

Weitere Mussvorschriften für das Statut

Das Statut muß ferner bestimmen:

1. den Betrag, bis zu welchem sich die einzelnen Genossen mit Einlagen beteiligen können (Geschäftsanteil), sowie die Einzahlungen auf den Geschäftsanteil, zu welchen jeder Genosse verpflichtet ist; dieselben müssen bis zu einem Gesamtbetrage von mindestens einem Zehnteile des Geschäftsanteils nach Betrag und Zeit bestimmt sein;

2. die Bildung einer gesetzlichen Rücklage, welche zur Deckung eines aus der Bilanz sich ergebenden Verlustes zu dienen hat, sowie die Art dieser Bildung, insbesondere den Teil des Jahresüberschusses, welcher in diese Rücklage einzustellen ist, und den Mindestbetrag der letzteren, bis zu dessen Erreichung die Einstellung zu erfolgen hat.

Firmenzusatz der eG

Die Firma ist mit dem vollständigen Wortlaut in das Statut aufzunehmen. Die Firma muss die Bezeichnung »eingetragene Genossenschaft« oder »eG« enthalten.

Firma der Genossenschaft

(1) Die Firma der Genossenschaft muß, auch wenn sie nach § 22 des Handelsgesetzbuchs oder nach anderen gesetzlichen Vorschriften fortgeführt wird, die Bezeichnung »eingetragene Genossenschaft« oder die Abkürzung »eG« enthalten. § 30 des Handelsgesetzbuchs gilt entsprechend.

Der inländische Sitz wird durch das Statut bestimmt. Strittig ist, ob der Sitz – wie bei der AG – in einer Beziehung zur Tätigkeit der eG stehen muss. Da diese Frage noch nicht höchstrichterlich geklärt ist, sollte der Sitz aus Gründen der Vorsicht eine Beziehung zur Tätigkeit, aufweisen. Ausreichend ist, wenn an diesem Sitz die Verwaltung oder ein Betrieb ist.

Sitz der eG

Der Unternehmensgegenstand ist nicht identisch mit dem Förderzweck nach § 1 GenG. Der Unternehmensgegenstand ist die Tätigkeit, mit der der Förderzweck erreicht werden soll. Der Unternehmensgegenstand muss so hinreichend bestimmbar sein, dass der Geschäftsbereich erkennbar ist.

Der Unternehmens-gegenstand ist nicht identisch mit dem Förderzweck

§ 6 Nr. 3 GenG verlangt eine Nachschussregelung für die Genossen im Fall der Insolvenz der eG. Eine Nachschusspflicht der Genossen besteht immer nur gegenüber der Gesellschaft und niemals gegenüber den Gläubigern. Es gibt drei Möglichkeiten der Gestaltung:

Vereinbarung einer Nachschussregelung

- eine unbeschränkte Nachschusspflicht
- eine auf eine bestimmte Haftsumme beschränkte Nachschusspflicht
- ein Ausschluss der Nachschusspflicht

Es bedarf ferner zahlreicher Bestimmungen für die Generalversammlung der eG. Die Generalversammlung ist das oberste Willensbildungsorgan der Gesellschaft. Die Einzelheiten werden im Abschnitt »Die Körperschaften, 5.3 Organe« behandelt.

Es sind alle Tatsachen, deren Veröffentlichung das GenG vorschreibt, bekannt zu machen. Bekanntmachungsorgan kann nur ein öffentliches Blatt sein, das im Bereich der eG in deutscher Sprache regelmäßig erscheint. Die Bekanntmachung muss in vollem Wortlaut und in deutscher Sprache erscheinen. Es ist auch zulässig, zusätzlich in anderen Sprachen zu veröffentlichen.

Bestimmungen bezüglich der Veröffentlichung

Nach § 7 Nr. 1 GenG muss das Statut auch eine Regelung zu der Frage enthalten, mit welchem Geschäftsanteil sich die Genossen im Höchstfall beteiligen dürfen. Der Geschäftsanteil einer eG darf keinesfalls gleichgesetzt werden mit dem Geschäftsanteil einer GmbH. Der Geschäftsanteil bei der Genossenschaft ist eine bloße Rechengröße. Sie

Festlegung eines Geschäftsanteils

gibt nur an, in welcher Höhe sich die Genossen maximal mit einem Betrag beteiligen dürfen. Das gilt auch für mehrere Geschäftsanteile.

Bestimmung der Einlage

Im Weiteren ist auch festzulegen, welche Einzahlungen auf den Geschäftsanteil zu leisten sind (Einlage). Die Einlage muss mindestens 10 % des Geschäftanteils betragen. Dies soll die Liquidität der eG sichern.

Beispiel: In dem Statut ist ein Geschäftsanteil pro Genosse von 10.000,– € festgelegt. Die Mindesteinlage muss demnach 1.000,– € betragen.

Art der Einlage

Die Einlage muss nicht in Geld erbracht werden. Sach- und Dienstleistungen sind als Einlage zulässig. Das Statut muss den Fälligkeitszeitpunkt der Einlage bestimmen. Ist die Ratenzahlung zugelassen, sind die Fälligkeitszeitpunkte aller Raten festzulegen.

Bildung einer Rücklage

Nach § 7 Nr. 2 GenG ist eine Vorschrift zu Bildung einer Rücklage in das Statut aufzunehmen. Diese soll zur Deckung eines finanziellen Verlustes dienen. Das Statut muss angeben, in welcher Höhe und mit welchen Mitteln die Rücklage zu bilden ist.

In §§ 7a, 8 GenG sind Punkte genannt, die in die Satzung aufgenommen werden können.

Bestellung von Vorstand und Aufsichtsrat

Im nächsten Schritt haben die Genossen einen Vorstand und einen Aufsichtsrat zu bestellen (§ 9 Abs. 1 GenG). Die Mitglieder der Gremien müssen Genossen sein (9 Abs. 1 GenG).

§ 9 GenG

Vorstand, Aufsichtsrat

(1) Die Genossenschaft muß einen Vorstand und einen Aufsichtsrat haben.

(2) Die Mitglieder des Vorstands und des Aufsichtsrats müssen Genossen sein. Gehören der Genossenschaft einzelne eingetragene Genossenschaften als Mitglieder an oder besteht die Genossenschaft ausschließlich aus solchen, so können Mitglieder der letzteren in den Vorstand und den Aufsichtsrat berufen werden.

Einholung einer Beitrittsbescheinigung eines Prüfungsverbandes und einer gutachterlichen Stellungnahme

Anschließend ist die Bescheinigung eines Prüfungsverbandes, dass die Genossenschaft zum Beitritt in den Verband zugelassen wird, sowie und eine gutachterlichen Stellungnahme des Prüfungsverbandes bezüglich der Vermögensverhältnisse der Genossenschaft einzuholen. Das ergibt sich aus § 11 Abs. 2 Nr. 3 GenG, der die Anmeldeerfordernisse festlegt (siehe unten). Eine Genossenschaft muss Mitglied in einem Prüfungsverband sein, dem das Prüfungsrecht verliehen ist (§ 54 GenG).

Pflichtmitgliedschaft

§ 54 GenG

Die Genossenschaft muß einem Verband angehören, dem das Prüfungsrecht verliehen ist (Prüfungsverband).

Der Prüfungsverband soll die Rechtsform des eingetragnen Verbandes haben. Der Prüfungsverband hat regelmäßig eine Prüfung der Genossenschaft durchzuführen.

Charakter des Prüfungsverbandes

Prüfung

§ 53 GenG

(1) Zwecks Feststellung der wirtschaftlichen Verhältnisse und der Ordnungsmäßigkeit der Geschäftsführung sind die Einrichtungen, die Vermögenslage sowie die Geschäftsführung der Genossenschaft einschließlich der Führung der Mitgliederliste mindestens in jedem zweiten Geschäftsjahr zu prüfen. Bei Genossenschaften, deren Bilanzsumme zwei Millionen Euro übersteigt, muß die Prüfung in jedem Geschäftsjahr stattfinden.

Der Vorstand hat dann die Genossenschaft zur Eintragung in das Genossenschaftsregister anzumelden (§ 11 Abs. 1 GenG). Die Erfordernisse für die Anmeldung ergeben sich aus § 11 Abs. 2-4 GenG.

Anmeldung zur Eintragung in das Handelsregister

Anmeldung zur Eintragung

§ 11 GenG

(1) Die Anmeldung behufs der Eintragung liegt dem Vorstand ob.

(2) Der Anmeldung sind beizufügen:

1. das Statut, welches von den Genossen unterzeichnet sein muß, und eine Abschrift desselben;

2. eine Abschrift der Urkunden über die Bestellung des Vorstands und des Aufsichtsrats;

3. die Bescheinigung eines Prüfungsverbandes, dass die Genossenschaft zum Beitritt zugelassen ist, sowie eine gutachtliche Äußerung des Prüfungsverbandes, ob nach den persönlichen oder wirtschaftlichen Verhältnissen, insbesondere der Vermögenslage der Genossenschaft, eine Gefährdung der Belange der Genossen oder der Gläubiger der Genossenschaft zu besorgen ist.

(3) In der Anmeldung ist ferner anzugeben, welche Vertretungsbefugnis die Vorstandsmitglieder haben.

(4) Die Mitglieder des Vorstands haben zugleich die Zeichnung ihrer Unterschrift in öffentlich beglaubigter Form einzureichen.

Das Genossenschaftsregister wird von dem für das Handelsregister zuständigen Gericht geführt (§ 10 Abs. 2 GenG). Örtlich zuständig für die Eintragung ist das Gericht, in dessen Bezirk die Genossenschaft ihren Sitz hat (§ 10 Abs. 1 GenG).

§ 10 GenG | **Eintragungen in das Genossenschaftsregister**

(1) Das Statut sowie die Mitglieder des Vorstands sind in das Genossenschaftsregister bei dem Gericht einzutragen, in dessen Bezirk die Genossenschaft ihren Sitz hat.

(2) Das Genossenschaftsregister wird bei dem zur Führung des Handelsregisters zuständigen Gericht geführt.

Beendigung der Vor-eG mit der Eintragung in das Genossenschaftsregister

Mit der Eintragung der Genossenschaft endet die Vor-eG. Die Vor-eG ist eine Gesellschaft eigener Art. Auf sie finden die Regelungen des GenG Anwendung, soweit diese nicht die Rechtsfähigkeit voraussetzen. Die Vor-eG ist aktiv und passiv parteifähig im Zivilprozess und auch grundbuchfähig. Sie wird vom Vorstand vertreten. Dessen Vertretungsmacht beschränkt sich auf Handlungen, die zur Entstehung der Gesellschaft notwendig sind. Nach herrschender Auffassung haften die handelnden Personen persönlich und gesamtschuldnerisch, wenn sie im Namen der Vor-eG tätig geworden sind. Dies ergibt sich nicht aus dem GenG, sondern aus einer Analogie zu §§ 54 Satz 2 BGB, 41 Abs. 1 Satz 2 AktG und 11 Abs. 2 GmbHG. Die Mitglieder haften nach den bei der GmbH dargelegten Grundsätzen (Abschnitt »Die Körperschaften, 3.2. Entstehung uns Wirksamkeit«).

Haftung der handelnden Personen und der Mitglieder

5.3. Organe

5.3.1. Vorstand

Der Vorstand der eG führt die Geschäfte

Dem Vorstand der eG obliegt die Geschäftsführung.

§ 27 GenG | **Leitung durch den Vorstand**

(1) Der Vorstand hat die Genossenschaft unter eigener Verantwortung zu leiten. Er hat dabei die Beschränkungen zu beachten, die durch das Statut festgesetzt worden sind.

Die Zusammensetzung des Vorstandes ergibt sich aus § 24 Abs. 2 GenG.

§ 24 GenG | **Vorstand**

(2) Der Vorstand besteht aus zwei Mitgliedern und wird von der Generalversammlung gewählt. Durch das Statut kann eine höhere Mitgliederzahl sowie eine andere Art der Bestellung festgesetzt werden.

Nur Genossen können Vorstandsmitglieder sein

Mitglieder können nur Genossen sein (§ 9 Abs. 2 GenG). In der Regel wird, wie bei den anderen Körperschaften, daneben auch ein

Dienstvertrag geschlossen, der unabhängig von der Bestellung zum Vorstandsmitglied besteht. Die Bestellung ist jederzeit widerruflich.

Vorstand   § 24 GenG

(3) Die Mitglieder des Vorstandes können besoldet oder unbesoldet sein. Ihre Bestellung ist zu jeder Zeit widerruflich, unbeschadet der Entschädigungsansprüche aus bestehenden Verträgen.

Die Vorstandsmitglieder sind in das Genossenschaftsregister einzutragen.

Änderung des Vorstandes und der Vertretungsbefugnis der Mitglieder   § 28 GenG

(1) Jede Änderung des Vorstands oder der Vertretungsbefugnis eines Vorstandsmitglieds hat der Vorstand zur Eintragung in das Genossenschaftsregister anzumelden. Der Anmeldung sind die Urkunden über die Änderung in Urschrift oder Abschrift beizufügen. Die Eintragung ist vom Gericht bekannt zu machen.

Die Geschäftsführung des Vorstandes umfasst sämtliche Maßnahmen, die zur Erreichung des Förderzweckes notwendig und nicht anderen Organen zugewiesen sind. Das Gesetz nennt ausdrücklich einige Pflichten. § 30 Abs. 1 GenG bestimmt, dass der Vorstand eine Mitgliederliste zu führen hat. *(Umfang der Geschäftsführung)*

Mitgliederliste   § 30 GenG

(1) Der Vorstand ist verpflichtet, die Mitgliederliste zu führen.

Das Gesetz erwähnt weiterhin ausdrücklich, dass der Vorstand für eine ordentliche Buchführung zu sorgen und einen Jahresabschluss mit einem Lagebericht aufzustellen hat.

Buchführung   § 33 GenG

(1) Der Vorstand hat dafür zu sorgen, daß die erforderlichen Bücher der Genossenschaft ordnungsgemäß geführt werden. Der Jahresabschluß und der Lagebericht sind unverzüglich nach ihrer Aufstellung dem Aufsichtsrat und mit dessen Bemerkungen der Generalversammlung vorzulegen.

Der Vorstand hat bei seiner Geschäftsführung die Grenzen, die ihm das Statut setzt, einzuhalten (§ 27 Abs. 1 Satz 2). Noch nicht geklärt ist, ob die Generalversammlung auch direkt Weisungen erteilen darf. *(Grenzen der Geschäftsführung)*

Die Vertretung der eG obliegt nach § 24 Abs. 1 GenG dem Vorstand.

§ 24 GenG

Vorstand

(1) Die Genossenschaft wird durch den Vorstand gerichtlich und außergerichtlich vertreten.

Der Vorstand vertritt die eG gemeinschaftlich

Das Gesetz sieht in § 25 Abs. 1 Satz 1 GenG eine Gesamtvertretung vor. Das Statut kann eine andere Vertretungsregelung festlegen (§ 25 Abs. 1 Satz 2 GenG). Erlaubt ist auch eine unechte Gesamtvertretung (§ 25 Abs. 2 Satz 1 GenG).

§ 25 GenG

Vertretung

(1) Die Mitglieder des Vorstands sind nur gemeinschaftlich zur Vertretung der Genossenschaft befugt. Das Statut kann Abweichendes bestimmen. Ist eine Willenserklärung gegenüber der Genossenschaft abzugeben, so genügt die Abgabe gegenüber einem Vorstandsmitglied.

(2) Das Statut kann auch bestimmen, daß einzelne Vorstandsmitglieder allein oder in Gemeinschaft mit einem Prokuristen zur Vertretung der Genossenschaft befugt sind. Absatz 1 Satz 3 gilt in diesen Fällen sinngemäß.

Beschränkungen der Vertretungsmacht im Innenverhältnis entfalten keine Wirkung im Außenverhältnis

Etwaige Grenzen, die das Statut bei der Geschäftsführungs- oder Vertretungsbefugnis vorsieht (§ 27 Abs. 1 Satz 1 GenG), haben keine Auswirkungen auf die Vertretungsmacht des Vorstandes.

§ 27 GenG

Beschränkung der Vertretungsbefugnis

(2) Gegen dritte Personen hat eine Beschränkung der Befugnis des Vorstands, die Genossenschaft zu vertreten, keine rechtliche Wirkung. Dies gilt insbesondere für den Fall, dass die Vertretung sich nur auf gewisse Geschäfte oder Arten von Geschäften erstrecken oder nur unter gewissen Umständen oder für eine gewisse Zeit oder an einzelnen Orten stattfinden soll oder daß die Zustimmung der Generalversammlung, des Aufsichtsrats oder eines anderen Organs der Genossenschaft für einzelne Geschäfte erfordert ist.

Pflichtverletzungen der Vorstandsmitglieder

Die Verantwortlichkeit der Vorstandsmitglieder ist in § 34 GenG geregelt.

§ 34 GenG

Sorgfaltspflicht und Verantwortlichkeit der Vorstandsmitglieder

Pflichten der Vorstandsmitglieder

(1) Die Vorstandsmitglieder haben bei ihrer Geschäftsführung die Sorgfalt eines ordentlichen und gewissenhaften Geschäftsleiters einer Genossenschaft anzuwenden. Über vertrauliche Angaben und Geheimnisse der Genossenschaft, namentlich Betriebs- oder Geschäftsgeheimnisse, die ihnen durch die Tätigkeit im Vorstand bekannt geworden sind, haben sie Stillschweigen zu bewahren.

(2) Vorstandsmitglieder, die ihre Pflichten verletzen, sind der Genossenschaft zum Ersatz des daraus entstehenden Schadens als Gesamtschuldner verpflichtet. Ist streitig, ob sie die Sorgfalt eines ordentlichen und gewissenhaften Geschäftsleiters einer Genossenschaft angewandt haben, so trifft sie die Beweislast.

(3) Die Mitglieder des Vorstands sind namentlich zum Ersatz verpflichtet, wenn entgegen diesem Gesetz oder dem Statut

1. Geschäftsguthaben ausgezahlt werden,
2. den Genossen Zinsen oder Gewinnanteile gewährt werden,
3. Genossenschaftsvermögen verteilt wird,
4. Zahlungen geleistet werden, nachdem die Zahlungsunfähigkeit der Genossenschaft eingetreten ist oder sich eine Überschuldung ergeben hat, die für die Genossenschaft nach § 98 Grund für die Eröffnung des Insolvenzverfahrens ist,
5. Kredit gewährt wird.

5.3.2. Aufsichtsrat

Die Zusammensetzung des Aufsichtsrates ergibt sich aus § 36 GenG.

Zahl der Aufsichtsratsmitglieder

Aufsichtsrat

§ 36 GenG

(1) Der Aufsichtsrat besteht, sofern nicht das Statut eine höhere Zahl festsetzt, aus drei von der Generalversammlung zu wählenden Mitgliedern. Die zu einer Beschlußfassung erforderliche Zahl ist durch das Statut zu bestimmen.

Gemäß § 9 Abs. 2 Satz 1 GenG können nur Genossen gewählt werden. Durch die Arbeitnehmermitbestimmung kann sich im Hinblick auf die Größe, die Wahl der Mitglieder und die Zusammensetzung des Aufsichtsrates etwas anderes ergeben. Für die Einzelheiten wird auf den Abschnitt »die Körperschaften, 4.3. Organe« verwiesen.

Aufsichtsratsmitglieder können nur Genossen sein

§ 36 Abs. 3 GenG legt fest unter welchen Vorsaussetzungen ein Widerruf der Bestellung möglich ist.

Widerruf der Bestellung

Aufsichtsrat

§ 36 GenG

(3) Die Bestellung zum Mitgliede des Aufsichtsrats kann auch vor Ablauf des Zeitraums, für welchen dasselbe gewählt ist, durch die Generalversammlung widerrufen werden. Der Beschluß bedarf einer Mehrheit, die mindestens drei Viertel der abgegebenen Stimmen umfaßt.

Primäre Aufgabe des Aufsichtsrates ist die Überwachung der Geschäftsführung. Er verfügt daher über ein umfangreiches Auskunfts- und Einsichtsrecht (§ 38 Abs. 1 GenG). Ferner kann der Aufsichtsrat die Generalversammlung einberufen (§ 38 Abs. 2 GenG). Weitere Aufgaben können dem Aufsichtsrat durch das Statut übertragen werden (§ 38 Abs. 3 GenG).

§ 38 GenG

Aufgaben des Aufsichtsrates

(1) Der Aufsichtsrat hat den Vorstand bei seiner Geschäftsführung in allen Zweigen der Verwaltung zu überwachen und zu dem Zweck sich von dem Gange der Angelegenheiten der Genossenschaft zu unterrichten. Er kann jederzeit über dieselben Berichterstattung von dem Vorstand verlangen und selbst oder durch einzelne von ihm zu bestimmende Mitglieder die Bücher und Schriften der Genossenschaft einsehen, sowie den Bestand der Genossenschaftskasse und die Bestände an Effekten, Handelspapieren und Waren untersuchen. Der Aufsichtsrat hat den Jahresabschluß, den Lagebericht und den Vorschlag für die Verwendung des Jahresüberschusses oder die Deckung des Jahresfehlbetrags zu prüfen; über das Ergebnis der Prüfung hat er der Generalversammlung vor der Feststellung des Jahresabschlusses zu berichten.

(2) Er hat eine Generalversammlung zu berufen, wenn dies im Interesse der Genossenschaft erforderlich ist.

(3) Weitere Obliegenheiten des Aufsichtsrats werden durch das Statut bestimmt.

Dem Aufsichtsrat steht noch das wichtige Recht zu, einzelne Vorstandsmitglieder von ihrem Amt vorläufig zu entheben (§ 40 GenG). Der Aufsichtsrat hat dann sofort eine Generalversammlung einzuberufen, auf der eine endgültige Entscheidung bezüglich der Enthebung zu treffen ist. In der Zwischenzeit kann der Aufsichtsrat alles notwendige veranlassen, um eine Fortführung der Geschäfte sicherzustellen.

§ 40 GenG

Einstweilige Enthebung des Vorstandes

Der Aufsichtsrat ist befugt, nach seinem Ermessen Mitglieder des Vorstands vorläufig, bis zur Entscheidung der ohne Verzug zu berufenden Generalversammlung, von ihren Geschäften zu entheben und wegen einstweiliger Fortführung derselben das Erforderliche zu veranlassen.

Aufsichtsratsmitglieder unterliegen nach § 41 GenG den gleichen Sorgfaltspflichten und somit der gleichen Haftung, wie die Vorstandsmitglieder.

Sorgfaltspflicht und Verantwortlichkeit der Aufsichtsratsmitglieder

§ 41 GenG

Für die Sorgfaltspflicht und Verantwortlichkeit der Aufsichtsratsmitglieder gilt § 34 über die Verantwortlichkeit der Vorstandsmitglieder sinngemäß.

5.3.3. Generalversammlung

In der Generalversammlung üben die Genossen ihre Rechte aus (§ 43 Abs. 1 GenG).

Generalversammlung

§ 43 GenG

(1) Die Genossen üben ihre Rechte in den Angelegenheiten der Genossenschaft in der Generalversammlung aus, soweit das Gesetz nichts anderes bestimmt.

Sie ist das oberste Willensbildungsorgan der Gesellschaft. Einige ihrer Aufgaben sind in § 48 GenG aufgezählt. Wichtige Zuständigkeiten sind die Feststellung des Jahresabschlusses und die Gewinnverwendung (§ 48 Abs. 1 GenG)

Bedeutung und Zuständigkeit der Generalversammlung

Zuständigkeit der Generalversammlung

§ 48 GenG

(1) Die Generalversammlung stellt den Jahresabschluß fest. Sie beschließt über die Verwendung des Jahresüberschusses oder die Deckung eines Jahresfehlbetrags sowie über die Entlastung des Vorstands und des Aufsichtsrats. Die Generalversammlung hat in den ersten sechs Monaten des Geschäftsjahrs stattzufinden.

Weitere Zuständigkeiten sind die Wahl und Abberufung der Vorstands- (§ 24 Abs. 2, 3 GenG) und der Aufsichtsratsmitglieder (§ 36 Abs. 1, 3 GenG). Selbstverständlich entscheidet auch die Generalversammlung über Statutsänderungen (§ 16 Abs. 1 GenG).

Die Generalversammlung wählt die Aufsichtsratsmitglieder

Änderung des Statuts

§ 16 GenG

(1) Eine Abänderung des Statuts oder die Fortsetzung einer auf bestimmte Zeit beschränkten Genossenschaft kann nur durch die Generalversammlung beschlossen werden.

Die Generalversammlung wird in der Regel vom Vorstand einberufen (§ 44 Abs. 1 GenG). Den Zeitpunkt der Einberufung bestimmt das Statut (§ 44 Abs. 2 GenG). In der Praxis findet einmal im Jahr eine ordentliche Versammlung statt. Eine außerordentliche Mitgliederver-

Einberufung der Generalversammlung

sammlung kann, wenn dies im Interesse der Gesellschaft ist, jederzeit einberufen werden.

§ 44 GenG

Berufung der Generalversammlung

(1) Die Generalversammlung wird durch den Vorstand berufen, soweit nicht nach dem Statut oder diesem Gesetze auch andere Personen dazu befugt sind.

(2) Eine Generalversammlung ist außer den im Statut oder in diesem Gesetz ausdrücklich bestimmten Fällen zu berufen, wenn dies im Interesse der Genossenschaft erforderlich erscheint.

Beschlussfassung der Generalversammlung

Die Beschlussfassung der Generalversammlung erfolgt mit einfacher Mehrheit § 43 Abs. 2 Satz 1 GenG).

§ 43 GenG

Generalversammlung; Stimmrecht der Genossen

(2) Die Generalversammlung beschließt mit der Mehrheit der abgegebenen Stimmen (einfache Stimmenmehrheit), soweit nicht Gesetz oder Statut eine größere Mehrheit oder weitere Erfordernisse bestimmen. Für Wahlen kann das Statut eine abweichende Regelung treffen.

In besonderen Fällen, z. B. bei bestimmten Satzungsänderungen (§ 16 Abs. 1 GenG), ist eine 3/4-Mehrheit erforderlich.

§ 16 GenG

Änderung des Statuts

(2) Für folgende Änderungen des Statuts bedarf es einer Mehrheit, die mindestens drei Viertel der abgegebenen Stimmen umfaßt:

1. Änderung des Gegenstandes des Unternehmens,
2. Erhöhung des Geschäftsanteils,
3. Einführung oder Erweiterung einer Pflichtbeteiligung mit mehreren Geschäftsanteilen,
4. Einführung oder Erweiterung der Verpflichtung der Genossen zur Leistung von Nachschüssen,
5. Verlängerung der Kündigungsfrist auf eine längere Frist als zwei Jahre,
6. Einführung oder Erweiterung der Beteiligung ausscheidender Genossen an der Ergebnisrücklage nach § 73 Abs. 3,
7. Einführung oder Erweiterung von Mehrstimmrechten,
8. Zerlegung von Geschäftsanteilen.

Stimmrechte der Genossen

Jeder Genosse hat nur eine Stimme (§ 43 Abs. 3 Satz 1 GenG). Das Statut kann Mehrstimmrechte vorsehen (§ 43 Abs. 3 Satz 2 GenG). Die Obergrenze bilden aber drei Stimmen (§ 43 Abs. 3 Satz 5). Bei

Beschlüssen, die eine 3/4-Mehrheit erfordern, hat jeder Genosse aber immer nur eine Stimme (§ 43 Abs. 3 Satz 6 GenG).

Stimmrecht der Genossen

§ 43 GenG

(3) Jeder Genosse hat eine Stimme. Das Statut kann die Gewährung von Mehrstimmrechten vorsehen. Mehrstimmrechte sollen nur für Genossen begründet werden, die den Geschäftsbetrieb der Genossenschaft besonders fördern. Die Voraussetzungen für die Gewährung von Mehrstimmrechten müssen im Statut festgesetzt werden. Keinem Genossen können mehr als drei Stimmen gewährt werden. Bei Beschlüssen, die nach dem Gesetz einer Mehrheit von drei Vierteln der abgegebenen Stimmen oder einer größeren Mehrheit bedürfen und für die das Statut eine geringere als die gesetzlich vorgeschriebene Mehrheit nicht bestimmen kann, sowie bei Beschlüssen über die Aufhebung oder Einschränkung der Bestimmungen des Statuts über Mehrstimmrechte hat ein Genosse, auch wenn ihm ein Mehrstimmrecht gewährt ist, nur eine Stimme. […]

Nach § 47 GenG sind die Beschlüsse in einer bestimmten Form festzuhalten.

Anfertigung einer Niederschrift über die gefassten Beschlüsse

Niederschrift über die Beschlüsse der Generalversammlung

§ 47 GenG

(1) Über die Beschlüsse der Generalversammlung ist eine Niederschrift anzufertigen. Sie soll den Ort und den Tag der Versammlung, den Namen des Vorsitzenden sowie Art und Ergebnis der Abstimmung und die Feststellung des Vorsitzenden über die Beschlussfassung enthalten.

(2) Die Niederschrift ist vom Vorsitzenden und den anwesenden Mitgliedern des Vorstands zu unterschreiben. Ihr sind die Belege über die Einberufung als Anlagen beizufügen.

Beschlüsse der Generalversammlung können angefochten werden. Die Anfechtung richtet sich nach § 51 GenG.

Anfechtung von Beschlüssen

Anfechtung von Beschlüssen der Generalversammlung

§ 51 GenG

(1) Ein Beschluß der Generalversammlung kann wegen Verletzung des Gesetzes oder Statuts im Wege der Klage angefochten werden. Die Klage muß binnen einem Monat erhoben werden.

Bei Genossenschaften mit mehr als 1.500 Mitgliedern kann gemäß § 43a Abs. 1 GenG eine Vertreterversammlung die Aufgaben der Generalversammlung übernehmen.

Bildung einer Vertreterversammlung ab 1.500 Mitgliedern

§ 43a GenG

Vertreterversammlung

(1) Bei Genossenschaften mit mehr als 1 500 Mitgliedern kann das Statut bestimmen, daß die Generalversammlung aus Vertretern der Genossen (Vertreterversammlung) besteht.

5.4. Erhaltung des Kapitals

Unterscheidung zwischen
Geschäftsanteil und
Geschäftsguthaben

In der Satzung wird der Höchstbetrag der möglichen Beteiligung (Einlage) festgelegt. Der Fachbegriff hierfür lautet »**Geschäftsanteil**«. Von diesem ist das »**Geschäftsguthaben**« strikt zu unterscheiden. Das Geschäftsguthaben ist der Betrag, mit dem ein Genosse tatsächlich an der eG beteiligt ist. Er ist nicht konstant. Er setzt sich zusammen aus den Einlagen zuzüglich der Gewinnzuweisungen abzüglich der Verlustzuweisungen. Dieser Wert erscheint, anders als der Geschäftsanteil, in der Bilanz. Das Geschäftsguthaben darf an den Genossen nicht zurückbezahlt werden (§ 22 Abs. 4 Satz 1 GenG).

Keine Rückerstattung des
Geschäftsguthabens an die
Genossen

§ 22 GenG

Verbot der Auszahlung des Geschäftsguthabens

(4) Das Geschäftsguthaben eines Genossen darf, solange er nicht ausgeschieden ist, von der Genossenschaft nicht ausgezahlt oder im geschäftlichen Betrieb zum Pfand genommen, eine geschuldete Einzahlung darf nicht erlassen werden. Die Genossenschaft darf den Genossen keinen Kredit zum Zweck der Leistung von Einzahlungen auf den Geschäftsanteil gewähren.

Wie bei den anderen Körperschaften umfasst dieses Verbot offene und verdeckte Zahlungen.

5.5. Haftung

Die Haftung für Verbindlichkeiten ist auf das Gesellschaftsvermögen der eG beschränkt. Eine Haftung der Genossen ist nicht vorgesehen.

§ 2 GenG

Haftung für Verbindlichkeiten

Für die Verbindlichkeiten der Genossenschaft haftet den Gläubigern nur das Vermögen der Genossenschaft.

Zurechung schuldhaften
Verhaltens

Das schuldhafte Verhalten von Vorstandsmitgliedern und anderen Repräsentanten wird der eG nach § 31 BGB zugerechnet. Im Hinblick auf andere Personen finden § 278 und § 831 BGB Anwendung.

Persönliche Haftung von
Vorstandsmitgliedern

Eine persönliche Haftung der Vorstandsmitglieder kommt in erster Linie aufgrund von deliktischen Vorschriften (§§ 823 ff. BGB) in

Frage. Wie bei der AG besteht aber eine Besonderheit bei Pflicht-verletzungen gegenüber der eG. Liegt eine der in § 34 Abs. 3 GenG ausdrücklich genannten Pflichtverletzungen vor, können ausnahms-weise auch die Gläubiger der eG einen Ersatzanspruch gegen den Vorstand richten (§ 34 Abs. 5 Satz 1). Keine Auswirkungen auf den Ersatzanspruch hat eine Einigung zwischen der eG und dem Vorstand im Hinblick auf die Pflichtverletzung. Eine derartige Vereinbarung lässt die Ersatzpflicht unberührt (§ 34 Abs. 5 Satz 2 GenG).

Dritte können Ausnahms-weise einen Schadens-ersatzanspruch gegen Vorstandsmitglieder auf-grund der Verletzung von Vorstandspflichten geltend machen

Sorgfaltspflicht und Verantwortlichkeit der Vorstands-mitglieder

§ 34 GenG

(5) In den Fällen des Absatzes 3 kann der Ersatzanspruch auch von den <u>Gläubigern der Genossenschaft</u> geltend gemacht werden, soweit sie von dieser keine Befriedigung erlangen können. Den Gläubigern gegenüber wird die Ersatzpflicht weder durch einen Verzicht oder Vergleich der Genossenschaft noch dadurch aufgehoben, daß die Handlung auf einem Beschluss der Generalversammlung beruht. Ist über das Vermögen der Genossenschaft das Insolvenzverfahren er-öffnet, so übt während dessen Dauer der Insolvenzverwalter oder Sach-walter das Recht der Gläubiger gegen die Vorstandsmitglieder aus.

5.6. Rechte und Pflichten der Gesellschafter

Die Rechte und Pflichten der Genossen ergeben sich in erster Linie aus dem Statut.

Rechtsverhältnis zwischen Genossenschaft und Genossen

§ 18 GenG

Das Rechtsverhältnis der Genossenschaft und der Genossen richtet sich zunächst nach dem Statut. Letzteres darf von den Bestimmungen dieses Gesetzes nur insoweit abweichen, als dies ausdrücklich für zulässig erklärt ist.

Eines der wichtigsten Vermögensrechte der Genossen ist das Recht auf Förderung entsprechend dem Statut. Dieses Recht ist auf die Nutzung der genossenschaftlichen Einrichtungen und Leistungen gerichtet.

Recht auf Förderung

Beispiel: Handelt es sich um eine landwirtschaftliche Werkgenossen-schaft, ist ein Genosse berechtigt, die von der eG gekaufte Saat-maschine zu nutzen.

DIE LANDWIRTSCHAFTSGENOSSENSCHAFT

Rechtliche Ausgestaltung der Förderung

Die Nutzung der genossenschaftlichen Einrichtungen und Leistungen kann auf genossenschaftlicher oder auf vertraglicher Basis erbracht werden. Bei der ersten Alternative ist das Gesellschaftsrecht maßgeblich.

Beispiel: Die Gesellschafterversammlung der landwirtschaftlichen Werkgenossenschaft beschließt eine Nutzungsordnung, in der die Nutzungsbedingungen festgelegt sind.

Bei der zweiten Alternative werden entsprechende Verträge zwischen dem Genossen und der eG geschlossen, nach denen meistens ein Entgelt für die Nutzung zu zahlen ist.

Beispiel: Bei der Überlassung der Saatmaschine aus dem obigen Beispiel wird zwischen dem Genossen und der eG ein Mietvertrag abgeschlossen.

Gleichbehandlung aller Genossen

Unabhängig wie die Nutzung ausgestaltet ist, muss die eG im Rahmen der Förderung alle Genossen gleich behandeln und auf die Belange einzelner Genossen Rücksicht nehmen.

Recht auf Verteilung des festgestellten Gewinns

Ein weiteres Vermögensrecht ist das Recht auf Verteilung des festgestellten Gewinns. Allerdings ist gegebenenfalls ein Verlust zu tragen. Die Generalversammlung beschließt nach § 48 Abs. 1 GenG über die Verwendung des Jahresüberschusses. Beschließt die Generalversammlung eine Gewinnauszahlung, hat jeder Genosse einen Anspruch auf Gewinnverteilung gemäß § 19 GenG.

Gewinn- und Verlustverteilung

§ 19 GenG

(1) Der bei Feststellung des Jahresabschlusses für die Genossen sich ergebende Gewinn oder Verlust des Geschäftsjahres ist auf diese zu verteilen. Die Verteilung geschieht für das erste Geschäftsjahr nach dem Verhältnis ihrer auf den Geschäftsanteil geleisteten Einzahlungen, für jedes folgende nach dem Verhältnis ihrer durch die Zuschreibung von Gewinn oder die Abschreibung von Verlust zum Schluß des vorhergegangenen Geschäftsjahres ermittelten Geschäftsguthaben. Die Zuschreibung des Gewinns erfolgt so lange, als nicht der Geschäftsanteil erreicht ist.

(2) Das Statut kann einen anderen Maßstab für die Verteilung von Gewinn und Verlust aufstellen, sowie Bestimmung darüber treffen, inwieweit der Gewinn vor Erreichung des Geschäftsanteils an die Genossen auszuzahlen ist. Bis zur Wiederergänzung eines durch Verlust verminderten Guthabens findet eine Auszahlung des Gewinns nicht statt.

Ein Genosse kann mehrere Mitverwaltungsrechte geltend machen. Zu nennen sind hier:

Mitverwaltungsrechte der Genossen

- Das Teilnahmerecht an der Generalversammlung
- Das Rede- und Antragsrecht in der Generalversammlung
- Das Stimmrecht

Den Rechten der Genossen stehen auch mitgliedschaftliche Pflichten gegenüber.

Wichtigste Leistungspflicht ist die Zahlung der Mindesteinlage nach § 7 Nr. 1 GenG (siehe Abschnitt »Die Körperschaften, 5.2. Entstehung und Wirksamkeit«). Daneben besteht die Pflicht zur Deckung eines Fehlbetrages beim Ausscheiden (siehe Abschnitt »Die Körperschaften, 5.7. Gesellschafterwechsel), zu weiterer Einzahlung bei finanziellen Schwierigkeiten (§ 87a Abs. 1 Satz 1 GenG) und gemäß § 105 Abs. 1 GenG die Pflicht zur Zahlung von Nachschüssen im Fall einer Insolvenz (Abschnitt »Die Körperschaften, 5.8. Beendigung der Gesellschaft«).

Pflicht zur Leistung

Eine Nebenpflicht für die Mitglieder ist auch hier die Treuepflicht. Vom Genossen erfordert sie, die Interessen der eG zu wahren und ein schädigendes Verhalten zu unterlassen. Daraus können sich sowohl Handlungs- als auch Unterlassungspflichten ergeben.

Treuepflicht der Mitglieder

Beispiel: Genossen können verpflichtet sein, in der Generalversammlung in einer bestimmten Weise abzustimmen oder ein schädigendes Konkurrenzverhalten zu unterlassen.

Die Verletzung der Treuepflicht kann auch einen Schadensersatzanspruch gemäß § 280 BGB nach sich ziehen.

Keine Pflicht der Genossen Ämter übernehmen zu müssen

Eine Pflicht der Genossen an der Generalversammlung teilzunehmen oder ein Amt im Vorstand oder Aufsichtsrat zu übernehmen, besteht nicht.

5.7. Gesellschafterwechsel

Neben der Mitunterzeichnung des Status bei der Gründung kann eine Person noch in zwei anderen Fällen Mitglied der eG werden:

- Durch einen späteren Eintritt
- Durch den Erbfall

Der Eintritt neuer Mitglieder

Der Eintritt erfolgt durch eine Beitrittserklärung und die Zulassung des Beitritts durch die eG (§ 15 Abs. 1GenG).

§ 15 GenG

Beitrittserklärung

(1) Nach der Anmeldung des Statuts zum Genossenschaftsregister wird die Mitgliedschaft durch eine schriftliche, unbedingte Beitrittserklärung und die Zulassung des Beitritts durch die Genossenschaft erworben.

Schriftliche Beitrittserklärung ist erforderlich

Die schriftliche Beitrittserklärung muss einen bestimmten Inhalt aufweisen. Genauere Vorgaben enthält § 15a GenG.

§ 15a GenG

Inhalt der Beitrittserklärung

Die Beitrittserklärung muß die ausdrückliche Verpflichtung des Genossen enthalten, die nach Gesetz und Statut geschuldeten Einzahlungen auf den Geschäftsanteil zu leisten. Bestimmt das Statut, dass die Genossen unbeschränkt oder beschränkt auf eine Haftsumme Nachschüsse zu leisten haben, so muß die Beitrittserklärung ferner die ausdrückliche Verpflichtung enthalten, die zur Befriedigung der Gläubiger erforderlichen Nachschüsse unbeschränkt oder bis zu der im Statut bestimmten Haftsumme zu zahlen.

Der Vorstand entscheidet über den Beitritt

Zuständig für die Zulassung ist der Vorstand, es sei denn, das Statut erklärt ein anderes Organ für zuständig.

Wird die Beitrittserklärung angenommen oder abgelehnt, legt § 15 Abs. 2 GenG das weitere Prozedere fest.

Beitrittserklärung

§ 15 GenG

(2) Der Genosse ist unverzüglich in die Mitgliederliste einzutragen und hiervon unverzüglich zu benachrichtigen. Lehnt die Genossenschaft die Zulassung ab, hat sie dies dem Antragsteller unverzüglich unter Rückgabe seiner Beitrittserklärung mitzuteilen.

Im Fall des Todes enthält § 77 Abs. 1 GenG eine Sonderregelung für die Erben.

Begrenzte Mitgliedschaft durch Erbfall

Tod eines Genossen

§ 77 GenG

(1) Mit dem Tode des Genossen geht die Mitgliedschaft auf den Erben über. Sie endet mit dem Schluß des Geschäftsjahres, in dem der Erbfall eingetreten ist. Mehrere Erben können das Stimmrecht in der Generalversammlung nur durch einen gemeinschaftlichen Vertreter ausüben.

(2) Das Statut kann bestimmen, dass im Falle des Todes eines Genossen dessen Mitgliedschaft in der Genossenschaft durch dessen Erben fortgesetzt wird. Das Statut kann die Fortsetzung der Mitgliedschaft von persönlichen Voraussetzungen des Rechtsnachfolgers abhängig machen. Für den Fall der Beerbung des Erblassers durch mehrere Erben kann auch bestimmt werden, daß die Mitgliedschaft endet, wenn sie nicht innerhalb einer im Statut festgesetzten Frist einem Miterben allein überlassen worden ist. […]

Die Mitgliedschaft in einer eG kann nicht übertragen werden. Dies ist in keinem Fall zulässig. Möglich ist aber die Übertragung des Geschäftsguthabens (§ 76 GenG).

Keine Übertragung der Mitgliedschaft; Übertragung des Geschäftsguthabens möglich

Übertragung des Geschäftsguthabens

§ 76 GenG

(1) Ein Genosse kann zu jeder Zeit, auch im Laufe des Geschäftsjahres, sein Geschäftsguthaben mittels schriftlicher Übereinkunft einem anderen übertragen und hierdurch aus der Genossenschaft ohne Auseinandersetzung mit ihr austreten, sofern der Erwerber an seiner Stelle Genosse wird oder sofern derselbe schon Genosse ist und dessen bisheriges Guthaben mit dem ihm zuzuschreibenden Betrag den Geschäftsanteil nicht übersteigt. Das Statut kann eine solche Übertragung ausschließen oder an weitere Voraussetzungen knüpfen.

(2) Das Ausscheiden des übertragenden Genossen ist unverzüglich in die Mitgliederliste einzutragen; der Genosse ist hiervon unverzüglich zu benachrichtigen.

(3) […]

(4) Darf sich nach dem Statut ein Genosse mit mehr als einem Geschäftsanteil beteiligen, so gelten diese Vorschriften mit der Maßgabe, dass die Übertragung des Geschäftsguthabens auf einen anderen

Genossen zulässig ist, sofern das Geschäftsguthaben des Erwerbers nach Zuschreibung des Geschäftsguthabens des Veräußerers den Gesamtbetrag der Geschäftsanteile, mit denen der Erwerber beteiligt ist oder sich beteiligt, nicht übersteigt.

Verfahren der Übertragung des Geschäftsguthabens

Die Übertragung erfolgt durch einen schriftlichen Vertrag. Die Übertragung ist ein Verfügungsgeschäft nach §§ 413, 398 BGB. Ist der Erwerber bereits Mitglied, verschmelzen sein Guthaben und das erworbene zu einem. Dessen Höhe darf den zulässigen Geschäftsanteil nicht übersteigen (§ 76 Abs. 4 GenG). Ist der Erwerber noch kein Mitglied so muss er eine Beitrittserklärung gemäß § 15 GenG abgeben. Der Beitritt unterliegt den allgemeinen Regeln und kann folglich auch abgelehnt werden.

Beendigung der Mitgliedschaft

Die Mitgliedschaft endet durch:

- Den Tod eines Genossen (siehe oben)
- Die Übertragung des Geschäftsguthabens (siehe oben)
- Die Kündigung eines Genossen
- Die Ausschließung eines Genossen

Kündigung durch Genossen

Die § 65 ff. GenG regeln die ordentliche Kündigung und teilweise die außerordentliche Kündigung durch einen Genossen oder dessen Gläubiger. Nachfolgend wird nur auf die ordentliche Kündigung gemäß § 65 GenG durch einen Genossen eingegangen.

Die ordentliche Kündigung eines Genossen ist nur zum Ende eines Geschäftsjahres mit einer dreimonatigen Kündigungsfrist in schriftlicher Form zulässig (§ 65 Abs. 2 Satz 1, 2 GenG). Das Statut kann längere Kündigungsfristen vorsehen (§ 65 Abs. 2 Satz 3 GenG). Allerdings sind bei der Gestaltung des Statuts bestimmte Vorschriften zu beachten, die vor allem in § 65 Abs. 2 Satz 3-5 GenG niedergelegt sind, zwingend zu beachten.

§ 65 GenG

Kündigung durch einen Genossen

(1) Jeder Genosse hat das Recht, mittels Aufkündigung seinen Austritt aus der Genossenschaft zu erklären.

(2) Die Aufkündigung findet nur zum Schluß eines Geschäftsjahres statt. Sie muß mindestens drei Monate vorher schriftlich erfolgen. Durch das Statut kann eine längere, jedoch höchstens fünfjährige Kündigungsfrist festgesetzt werden. Ist in dem Statut eine längere als eine zweijährige Kündigungsfrist festgesetzt worden, so kann jeder Genosse, der wenigstens ein volles Geschäftsjahr der Genossenschaft angehört hat, mit einer Frist von drei Monaten zum Schluß eines Geschäftsjahres, zu dem er nach dem Statut noch nicht kündigen kann, kündigen, wenn ihm nach seinen persönlichen oder wirtschaftlichen

Verhältnissen nicht zugemutet werden kann, dass er bis zum Ablauf der im Statut festgesetzten Kündigungsfrist in der Genossenschaft verbleibt. Satz 4 gilt nicht, wenn die Genossenschaft ausschließlich oder überwiegend aus eingetragenen Genossenschaften besteht.

Die Ausschließung von Mitgliedern regelt § 68 GenG.

Ausschließung von Genossen

Ausschließung eines Genossen § 68 GenG

(1) Ein Genosse kann wegen der Mitgliedschaft in einer anderen Genossenschaft, welche an demselben Ort ein gleichartiges Geschäft betreibt, zum Schluß des Geschäftsjahres aus der Genossenschaft ausgeschlossen werden. Aus Vorschuß- und Kreditvereinen kann die Ausschließung wegen der Mitgliedschaft in einer anderen solchen Genossenschaft auch dann erfolgen, wenn die letztere ihr Geschäft nicht an demselben Ort betreibt.

(2) Durch das Statut können sonstige Gründe der Ausschließung festgesetzt werden.

(3) Der Beschluß, durch welchen der Genosse ausgeschlossen wird, ist diesem von dem Vorstand ohne Verzug mittels eingeschriebenen Briefes mitzuteilen.

Die eG muss sich mit dem aufgrund einer Kündigung oder eines Ausschlusses ausgeschiedenen Mitglied auseinandersetzen.

Rechtsfolgen des Ausscheidens

Auseinandersetzung mit dem ausgeschiedenen Mitglied § 73 GenG

(1) Die Auseinandersetzung des Ausgeschiedenen mit der Genossenschaft bestimmt sich nach der Vermögenslage derselben und dem Bestand der Mitglieder zur Zeit seines Ausscheidens.

(2) Die Auseinandersetzung erfolgt auf Grund der Bilanz. Das Geschäftsguthaben des Genossen ist binnen sechs Monaten nach dem Ausscheiden auszuzahlen; auf die Rücklagen und das sonstige Vermögen der Genossenschaft hat er vorbehaltlich des Absatzes 3 keinen Anspruch. Reicht das Vermögen einschließlich der Rücklagen und aller Geschäftsguthaben zur Deckung der Schulden nicht aus, so hat der Ausgeschiedene von dem Fehlbetrag den ihn treffenden Anteil an die Genossenschaft zu zahlen, wenn und soweit er im Falle des Insolvenzverfahrens Nachschüsse an sie zu leisten gehabt hätte; der Anteil wird in Ermangelung einer anderen Bestimmung des Statuts nach der Kopfzahl der Mitglieder berechnet. [...]

Der Ausgeschiedene hat Anspruch darauf, dass ihm spätestens sechs Monate nach seinem Ausscheiden sein Geschäftsguthaben ausgezahlt wird (§ 73 Abs. 2 Satz 2, 1. Halbsatz GenG). Er hat keinen Anspruch darauf, an den Rücklagen und Gesellschaftsvermögen beteiligt zu werden (§ 73 Abs. 2 Satz 2, 2. Halbsatz GenG). Ergibt sich ein Fehlbetrag, ist dieser vom Ausgeschiedenen auszugleichen (§ 73 Abs. 2 Satz 3 GenG).

5.8. Beendigung der Gesellschaft

Auflösungsgründe

In den §§ 78 ff. GenG sind zahlreiche Auflösungsgründe aufgeführt. Eine Auflösung kann danach durch folgende Ereignisse eintreten:

- Beschluss der Generalversammlung
- Zeitablauf
- Beschluss des Registergerichts
- Behördliche Entscheidung wegen gesetzwidriger Handlungen
- Nichtanschluss an einen Prüfungsverband
- Eröffnung des Insolvenzverfahrens
- Ablehnung des Insolvenzverfahrens mangels Masse
- Löschung wegen Vermögenslosigkeit

Auflösung durch Beschluss

Nach § 78 Abs. 1 GenG kann die Generalversammlung die eG jederzeit durch Beschluss auflösen.

§ 78 GenG

Auflösung durch Beschluss der Generalversammlung

(1) Die Genossenschaft kann durch Beschluß der Generalversammlung jederzeit aufgelöst werden; der Beschluß bedarf einer Mehrheit, die mindestens drei Viertel der abgegebenen Stimmen umfaßt. Das Statut kann außer dieser Mehrheit noch andere Erfordernisse aufstellen.

In Auflösung durch Zeitablauf ist möglich, wenn dies im Statut festgelegt ist.

Auflösung durch Zeitablauf

§ 79 GenG

Auflösung durch Zeitablauf

(1) In dem Falle, daß durch das Statut die Zeitdauer der Genossenschaft beschränkt ist, tritt die Auflösung derselben durch Ablauf der bestimmten Zeit ein.

Auflösung bei weniger als sieben Mitgliedern

Das Registergericht kann die eG durch einen Beschluss auflösen, wenn die Zahl der Genossen weniger als sieben beträgt.

Auflösung durch das Gericht

§ 80 GenG

(1) Beträgt die Zahl der Genossen weniger als sieben, so hat das Gericht (§ 10) auf Antrag des Vorstands und, wenn der Antrag nicht binnen sechs Monaten erfolgt, von Amts wegen nach Anhörung des Vorstands die Auflösung der Genossenschaft auszusprechen.

Ferner kann die eG durch eine behördliche Entscheidung aufgelöst werden. Eine derartige Entscheidung ist möglich, wenn die eG sich gesetzwidriger Handlungen und Unterlassungen schuldig macht.

Auflösung aufgrund von Gesetzesverstößen

Auflösung wegen gesetzwidriger Handlungen

§ 81 GenG

(1) Wenn eine Genossenschaft sich gesetzwidriger Handlungen oder Unterlassungen schuldig macht, durch welche das Gemeinwohl gefährdet wird, oder wenn sie andere als die in diesem Gesetz (§ 1) bezeichneten geschäftlichen Zwecke verfolgt, so kann sie aufgelöst werden, ohne dass deshalb ein Anspruch auf Entschädigung stattfindet.

(2) Das Verfahren und die Zuständigkeit der Behörden richtet sich nach den für streitige Verwaltungssachen geltenden Vorschriften.

Wie bereits erwähnt, muss eine Genossenschaft in einem Prüfungsverband sein. Scheidet sie aus diesem aus, muss sie Mitglied in einem anderen Verband werden. Andernfalls droht die Auflösung.

Auflösung wegen Ausscheidens aus dem Prüfungsverband

Verbandswechsel

§ 54a GenG

(1) Scheidet eine Genossenschaft aus dem Verband aus, so hat der Verband das Gericht (§ 10) unverzüglich zu benachrichtigen. Das Gericht hat eine Frist zu bestimmen, innerhalb derer die Genossenschaft die Mitgliedschaft bei einem Verband zu erwerben hat.

(2) Weist die Genossenschaft nicht innerhalb der gesetzten Frist dem Gericht nach, dass sie die Mitgliedschaft erworben hat, so hat das Gericht von Amts wegen nach Anhörung des Vorstands die Auflösung der Genossenschaft auszusprechen. § 80 Abs. 2 findet Anwendung.

Wird ein Insolvenzverfahren gegenüber der eG eröffnet, wird die Gesellschaft aufgelöst.

Auflösung wegen Eröffnung des Insolvenzverfahrens

Wirkung des Insolvenzverfahrens

§ 101 GenG

Durch die Eröffnung des Insolvenzverfahrens wird die Genossenschaft aufgelöst.

Zu bedenken ist aber, dass gegebenenfalls eine Nachschusspflicht der Genossen im Statut festgelegt ist. Eine unbeschränkte Nachschusspflicht gewährleistet eine ausreichende Befriedigung der Gläubiger. Daher greift der Insolvenzgrund der Überschuldung nur in den in § 98 GenG aufgezählten Fällen ein.

§ 98 GenG	**Eröffnung des Insolvenzverfahrens**

Abweichend von § 19 Abs. 1 der Insolvenzordnung ist bei einer Genossenschaft die Überschuldung nur dann Grund für die Eröffnung des Insolvenzverfahrens, wenn

1. die Genossen Nachschüsse bis zu einer Haftsumme zu leisten haben und die Überschuldung ein Viertel des Gesamtbetrages der Haftsummen aller Genossen übersteigt,
2. die Genossen keine Nachschüsse zu leisten haben oder
3. die Genossenschaft aufgelöst ist.

Wird das Insolvenzverfahren eröffnet und es können nicht alle Forderungen befriedigt werden, sind in dem Statut festgesetzte Nachschüsse von den Genossen zu leisten (§ 105 Abs. 1 GenG). Die Nachschüsse sind nach Köpfen zu leisten (§ 105 Abs. 2 GenG). Zusätzlich besteht eine Ausfallhaftung der übrigen Genossen für die nicht zahlungsfähigen (§ 105 Abs. 3 GenG).

§ 105 GenG	**Nachschusspflicht der Genossen**

(1) Soweit die Ansprüche der Massegläubiger oder die bei der Schlußverteilung (§ 196 der Insolvenzordnung) berücksichtigten Forderungen der Insolvenzgläubiger aus dem vorhandenen Vermögen der Genossenschaft nicht befriedigt werden, sind die Genossen verpflichtet, Nachschüsse zur Insolvenzmasse zu leisten, es sei denn, daß das Statut die Nachschußpflicht ausschließt. Im Falle eines rechtskräftig bestätigten Insolvenzplans besteht die Nachschußpflicht insoweit, als sie im gestaltenden Teil des Plans vorgesehen ist.

(2) Die Nachschüsse sind von den Genossen, wenn nicht das Statut ein anderes Beitragsverhältnis festsetzt, nach Köpfen zu leisten.

(3) Beiträge, zu deren Leistung einzelne Genossen unvermögend sind, werden auf die übrigen verteilt.

Auflösung wegen Ablehnung des Insolvenzverfahrens mangels Masse oder Vermögenslosigkeit

Wird das Insolvenzverfahren mangels Masse abgelehnt, führt dies ebenfalls zur Auflösung der eG, genauso wie die Vermögenslosigkeit.

§ 81 GenG	**Auflösung bei Insolvenzverfahren**

Die Genossenschaft wird aufgelöst

1. mit der Rechtskraft des Beschlusses, durch den die Eröffnung des Insolvenzverfahrens mangels Masse abgelehnt worden ist;
2. durch die Löschung wegen Vermögenslosigkeit nach § 141a des Gesetzes über die Angelegenheiten der freiwilligen Gerichtsbarkeit.

In den genannten Fällen führt die Auflösung zur Liquidation. Diese ist in §§ 83 ff. GenG geregelt. Die Liquidation erfolgt durch den Vorstand nach dem bereits bei den anderen Körperschaften bekannten Muster. Auf weitergehende Ausführungen wird daher verzichtet.

Auflösung führt zur Liquidation

6. Wiederholungsfragen

1. Was ist ein Verein? Lösung S. 137

2. Wie erlangt ein Verein seine Rechtsfähigkeit? Lösung S. 137

3. Wie viele Personen sind mindestens notwendig, um einen Verein zu gründen? Lösung S. 138

4. Welche Form ist zu beachten, wenn der Vorstand den Verein bei dem zuständigen Vereinsregister anmelden will? Lösung S. 140

5. Über welche Organe verfügt der Verein? Lösung S. 141 ff.

6. Wann wird eine Mitgliederversammlung einberufen? Lösung S. 142

7. Wie erfolgt die Willensbildung der Mitgliederversammlung des eingetragenen Vereins? Lösung S. 142

8. Wer vertritt den Verein gegenüber Außenstehenden? Lösung S. 145

9. Haften die Vereinsmitglieder für die Verbindlichkeiten des Vereins? Lösung S. 149

10. Haften die Mitglieder eines nicht rechtsfähigen Vereins persönlich für Vereinsverbindlichkeiten? Lösung S. 158

11. Zu welchem Zweck kann eine GmbH gegründet werden? Lösung S. 159

12. Welche Gründungsphasen durchläuft eine GmbH? Lösung S. 160

13. Wie hoch muss das Stammkapital einer GmbH mindestens sein? Lösung S. 162

14. In welchen Formen kann die Einlage erbracht werden? Lösung S. 162

15. In welcher Art und Weise haften die Gesellschafter einer Vor-GmbH für die Gesellschaftsverbindlichkeiten? Lösung S. 166

16. Über welche Organe verfügt die GmbH? Lösung S. 168 ff.

17. Welche Aufgaben hat die Gesellschafterversammlung? Lösung S. 169

18. Kann die Vertretungsmacht eines GmbH-Geschäftsführers im Außenverhältnis wirksam beschränkt werden? Lösung S. 173

19. Was versteht man unter einem eigenkapitalersetzenden Darlehen bei der GmbH? Lösung S. 177

20. Wie kann sich ein GmbH-Gesellschafter über die Angelegenheiten der Gesellschaft informieren? Lösung S. 183

21. Welche Bedeutungen hat die Aktie? Lösung S. 194 f.

22. Was ist eine Namens- und was eine Inhaberaktie? Lösung S. 195

23. Welche Gründungsphasen durchläuft eine AG? Lösung S. 196

24. Was ist ein Gründungsbericht und wer muss diesen erstellen? Lösung S. 200

25. Welche Organe sind bei der AG zwingend vorgeschrieben? Lösung S. 204

26. Aus wie vielen Mitgliedern muss der Vorstand einer AG bestehen? Lösung S. 204

27. Welche Auswirkungen hat die Arbeitnehmermitbestimmung auf die AG? Lösung S. 208 ff.

28. Wer leitet die Hauptversammlung der Aktionäre? Lösung S. 216

29. Wann sind Beschlüsse der Hauptversammlung nichtig und wann anfechtbar? Lösung S. 217 ff.

30. Was versteht man unter einem »Squeeze-Out«? Lösung S. 229

Die Mischformen

1. Die GmbH & Co. KG

Die Bezeichnungen »Mischform« oder »Typenvermischung« für die Kombination von zwei Gesellschaftsformen ist nicht ganz zutreffend. In Wirklichkeit handelt es sich nämlich nicht um eine Vermischung von zwei Gesellschaftstypen. Vielmehr lassen sich auch diese Formen einer der bereits behandelten Gesellschaften zuordnen. Gleichwohl weisen diese Gesellschaftsformen zahlreiche Besonderheiten auf, die eine separate Darstellung rechtfertigen.

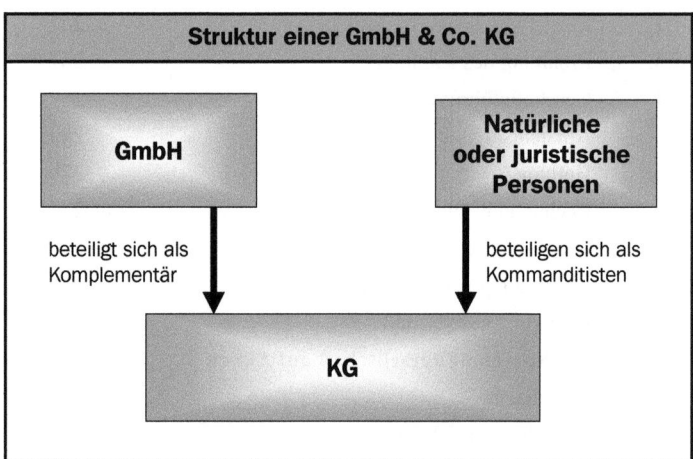

1.1. Grundlagen

Bei der GmbH & Co. KG werden eine KG und eine GmbH mit einander verbunden

Die GmbH & Co. KG ist eine KG, deren (in der Praxis meistens einziger) Komplementär eine GmbH ist. Trägerin des Geschäftes ist also die KG. Die GmbH fungiert lediglich als Gesellschafterin der KG.

Da es sich grundsätzlich um eine KG handelt, ist eine GmbH & Co. KG nur zulässig, wenn die in §§ 161 Abs. 2, 105 Abs. 2 HGB erwähnten Voraussetzungen vorliegen (Abschnitt »Die Kommanditgesellschaft, 2.2 Entstehung und Wirksamkeit«). Sie ist daher auch immer Formkaufmann nach § 6 HGB.

Mögliche Erscheinungsformen

Bei der GmbH & Co. KG gibt es in der Praxis zahlreiche Erscheinungsformen. Am Bekanntesten sind:

*   Die personengleiche GmbH & Co. KG
*   Die personenverschiedene GmbH & Co. KG
*   Die wechselseitig beteiligte GmbH & Co. KG
*   Die doppelstöckige GmbH & Co. KG
*   Die Publikumsgesellschaft

Bei der personengleichen GmbH & Co. KG sind die Gesellschafter der GmbH und die Kommanditisten der KG identisch. Häufig wird sogar in den Gesellschaftsverträgen vereinbart, dass die Höhe der Beteiligung bei beiden Gesellschaften im gleichen Verhältnis stehen muss.

Die personengleiche GmbH & Co. KG

Bei der personenverschiedenen GmbH & Co. KG sind die Gesellschafter der GmbH und die Kommanditisten nicht identisch.

Die personenverschiedene GmbH & Co. KG

Besonderheit der wechselseitig beteiligten GmbH & Co. KG (auch Einheitsgesellschaft genannt) ist, dass die Kommanditisten als Einlage an der KG ihre GmbH-Anteile an die KG abtreten. Von dieser Form ist aber abzuraten, da § 172 Abs. 6 HGB festlegt, dass in diesem Fall die Kommanditeinlage als nicht geleistet gilt, so dass eine Haftung nach § 171 Abs. 1, 1. Halbsatz HGB besteht.

Die wechselseitig beteiligte GmbH & Co. KG

Umfang der Haftung

§ 172 HGB

(6) Gegenüber den Gläubigern einer Gesellschaft, bei der kein persönlich haftender Gesellschafter eine natürliche Person ist, gilt die Einlage eines Kommanditisten als nicht geleistet, soweit sie in Anteilen an den persönlich haftenden Gesellschaftern bewirkt ist. Dies gilt nicht, wenn zu den persönlich haftenden Gesellschaftern eine offene Handelsgesellschaft oder Kommanditgesellschaft gehört, bei der ein persönlich haftender Gesellschafter eine natürliche Person ist.

Unter einer doppelstöckigen GmbH & Co. KG versteht man die Beteiligung eine GmbH & Co. KG als Komplementär an einer KG.

Die doppelstöckige GmbH & Co. KG

Die Publikumsgesellschaft ist eine Anlageform für Kapitalgeber. Iniatoren gründen und beherrschen eine Komplementär-GmbH. Eine Vielzahl von Kapitalanlegern beteiligt sich dann als Kommanditisten an der KG. Typisch ist diese Form der Kapitalaufbringung für Großprojekte im Baubereich. Die Publikumsgesellschaft wird wegen ihrer Besonderheiten gesondert behandelt (Abschnitt »Die Mischformen, 1.10. Publikumsgesellschaft«).

Die Publikumsgesellschaft

Wie festgestellt, ist die GmbH & Co. KG ihrem Wesen nach eine KG. Für diese gilt daher in erster Linie das Recht der Personengesellschaften. Für die GmbH als Komplementär findet das GmbHG Anwendung. Zum Leidwesen zahlreicher Geschäftsführer gilt der eben dargelegte Grundsatz nicht immer. Das beruht zum einen darauf, dass der Gesetzgeber Vorschriften im HGB geschaffen hat, die bei einer GmbH & Co. KG auch bei der KG auf das Recht der GmbH verweisen (§§ 172 a, 177 a HGB). Zum anderen wendet die Rechtsprechung im

Anzuwendende Rechtsvorschriften

zunehmenden Maße GmbH-Vorschriften analog auf die GmbH & Co. KG an.

Für die Firma der GmbH & Co. KG existiert mit § 19 Abs. 2 eine eigene Regelung. Durch die Beteiligung einer GmbH als Komplementär ist die eigentlich unbeschränkte Haftung des Komplementärs wegen § 13 Abs. 2 GmbHG letztlich doch auf das Gesellschaftsvermögens beschränkt. Diesem Umstand trägt § 19 Abs. 2 HGB Rechnung und verlangt einen entsprechenden Zusatz für die Firma.

§ 19 HGB

Bezeichnung als eingetragener Kaufmann, OHG oder KG

(2) Wenn in einer offenen Handelsgesellschaft oder Kommanditgesellschaft keine natürliche Person persönlich haftet, muß die Firma, auch wenn sie nach den §§ 21, 22, 24 oder nach anderen gesetzlichen Vorschriften fortgeführt wird, eine Bezeichnung enthalten, welche die Haftungsbeschränkung kennzeichnet.

Die GmbH & Co. KG ist als Gesellschaftsform in der Praxis ausgesprochen beliebt. Ihre Zahl nimmt ständig zu. Grund hierfür sind die Vorteile, die sich aus dem Vergleich mit den bisher behandelten Gesellschaftsformen ergeben.

Ein Vorzug gegenüber der KG ist die Haftungsbegrenzung aller natürlichen Personen. Persönlich haftender Gesellschafter ist ja eine GmbH, die nur mit ihrem Gesellschaftsvermögen haftet.

Ein weiterer Vorteil gegenüber der KG ist die Möglichkeit der Fremdorganschaft. In der KG werden die Geschäfte von den Komplementären geführt (§§ 161 Abs. 2, 114 HGB). Ist eine GmbH Komplementär, hat diese die Geschäfte zu führen. Dafür muss sich die GmbH ihrer Geschäftsführer bedienen, da die selbst handlungsunfähig ist. Diese Geschäftsführer müssen nicht Gesellschafter der GmbH sein (Prinzip der Fremdorganschaft). Dies eröffnet die Möglichkeit, leichter Führungskräfte zu finden, die die Geschäfte der Gesellschaft führen. Bei der KG müssten sich diese als Komplementär beteiligen, was die Suche erschwert.

Ein anderer Vorzug gegenüber der GmbH ist die größere Flexibilität bei der Erstellung und Änderung des Gesellschaftsvertrages. Das betrifft zum einen die Form. Lediglich der Gesellschaftsvertrag der GmbH bedarf der Beurkundung, der oftmals wesentlich wichtigere KG-Vertrag kann formfrei abgeschlossen werden. Das gilt nicht bei personengleichen Gesellschaften. In diesem Fall enthält der KG-Vertrag regelmäßig die Verpflichtung, auch GmbH-Anteile zu erwerben. Eine solche Verpflichtung bedarf der notariellen Beurkundung. Zum anderen bieten sich auch inhaltlich mehr Gestaltungsspielräume bei einem KG-Vertrag. Des Weiteren gestaltet sich die Beteiligung von Kapitalgebern für die GmbH & Co. KG einfacher als im Fall der GmbH. Die Geldgeber können als Kommanditisten formlos ein- und austreten.

Die früher im Verhältnis zur GmbH bestehenden steuer- und bilanzrechtlichen Vorteile sind inzwischen fast vollständig entfallen und spielen heute bei der Rechtswahl praktisch keine Rolle mehr.

Nennenswerte steuerliche Vorteile existieren nicht mehr

1.2. Entstehung und Wirksamkeit

Zur Neugründung einer GmbH & Co. KG ist die Errichtung einer GmbH und einer KG notwendig. Zunächst sollte die GmbH errichtet werden. Die Gründung verläuft nach dem bei der GmbH dargelegten Verfahren. Nach Eintragung der GmbH ist die KG zu errichten. Zwar ist es möglich bereits die Vor-GmbH als Komplementär zu beteiligen, wegen der unbeschränkten Innenhaftung der Vor-GmbH besteht aber ein erhebliches Haftungsrisiko, das vermieden werden sollte. Die Gründung der KG unterscheidet sich nicht von der einer »reinen« KG.

Die Gründung der GmbH sollte abgeschlossen sein, bevor die KG errichtet wird

1.3. Erhaltung des Kapitals

Die Kapitalausstattung der GmbH & Co. KG richtet sich nach dem Gesellschaftsvertrag. Sie setzt sich aus den Einlagen der Komplementär-GmbH und der Kommanditisten zusammen. Die GmbH ist als Komplementär nicht verpflichtet, eine Einlage zu erbringen. Bei dem Gesellschaftsvermögen handelt es sich um ein Gesamthandsvermögen (§§ 161 Abs. 2, 105 Abs. 3, HGB i.V. m. 718, 719 BGB).

Das Gesellschaftsvermögen wird in der KG durch die bereits bekannte Vorschrift § 172 Abs. 4 HGB geschützt. Die Einlage gilt gegenüber den Gläubigern als nicht geleistet, wenn sie an den Kommanditisten zurückbezahlt wird.

Schutz des Gesellschaftsvermögens durch § 174 Abs. 4 HGB

Das Vermögen wird darüber hinaus durch § 172 a HGB geschützt.

Schutz des Gesellschaftsvermögens durch § 172 a HGB

Rückgewähr von Darlehen

§ 172a HGB

Bei einer Kommanditgesellschaft, bei der kein persönlich haftender Gesellschafter eine natürliche Person ist, gelten die §§ 32a, 32b des Gesetzes betreffend die Gesellschaften mit beschränkter Haftung sinngemäß mit der Maßgabe, daß an die Stelle der Gesellschafter der Gesellschaft mit beschränkter Haftung die Gesellschafter oder Mit-

glieder der persönlich haftenden Gesellschafter der Kommanditgesellschaft sowie die Kommanditisten treten. Dies gilt nicht, wenn zu
den persönlich haftenden Gesellschaftern eine offene Handelsgesellschaft oder Kommanditgesellschaft gehört, bei der ein persönlich
haftender Gesellschafter eine natürliche Person ist.

Entsprechende Anwendung der §§ 32a, 32b GmbHG

Nach der 1980 eingefügten Vorschrift gelten die Vorschriften über
eigenkapitalersetzende Darlehen (§§ 32a, 32b GmbHG) entsprechend.
Gewährt also ein Gesellschafter der GmbH & Co. KG dieser in der
Krise ein Darlehen (oder nimmt eine wirtschaftlich entsprechende
Handlung vor) kann er die daraus resultierenden Ansprüche in der
Insolvenz nur nachrangig geltend machen (Abschnitt »Die Körper-
schaften, 3.4. Erhaltung des Stammkapitals«).

Entsprechende Anwendung der §§ 30, 31 GmbHG

Zu beachten sind aber auch die §§ 30, 31 GmbHG (Abschnitt »Die
Körperschaften, 3.4. Erhaltung des Stammkapitals«). Diese greifen unmittelbar ein, wenn ein Kommanditist, der zugleich Gesellschafter der
GmbH ist, Zahlungen aus dem Vermögen der KG erhält, die gleichzeitig mittelbar zu einer Unterbilanz bei der GmbH führen. Dies hat
einen Rückzahlungsanspruch zur Folge. Nach der Rechtsprechung
steht der Anspruch auf Rückzahlung aber nicht, wie man glauben
könnte, der GmbH sondern der GmbH & Co. KG zu.

*Beispiel: Die Beteiligungs-GmbH ist mit einer Einlage von 25.000,– €
an der F-GmbH & Co. KG beteiligt. U ist sowohl als Kommanditist an
der F-GmbH & Co. KG als auch an der Beteiligungs-GmbH als
Gesellschafter beteiligt. T, Geschäftsführer der Beteiligungs-GmbH
zahlt an U ohne eine wirtschaftliche Gegenleistung 5.000,– € aus. Mit
dieser Auszahlung der F-GmbH & Co. KG an U vermindert sich
mittelbar auch das Stammkapital der F-GmbH. Es entsteht eine
Unterbilanz. Die F-GmbH & Co. KG kann gemäß §§ 30, 31 GmbHG
die Zahlung von 5.000,– € von U verlangen.*

Die Rechtsprechung ist aber noch einen Schritt weiter gegangen und
wendet die §§ 30, 31 GmbHG analog auf die GmbH & Co. KG an,
wenn ein Kommanditist, der nicht zugleich Gesellschafter der GmbH
ist, Zahlungen erhält, die mittelbar zu einer Unterbilanz bei der GmbH
führen (BGHZ 110, 342). Der GmbH & Co. KG steht also auch in
diesem Fall ein Rückzahlungsanspruch zu.

Aufgrund gesetzlicher Anordnung und einer ausgeweiteten Rechtsprechung gelten für die GmbH & Co. KG daher im Wesentlichen die
gleichen Kapitalerhaltungsgrundsätze wie für die GmbH.

1.4. Geschäftsführung und Vertretung

Entsprechend den KG-Regeln ist die Komplementär-GmbH zur Geschäftsführung und Vertretung der Gesellschaft berechtigt und verpflichtet. Für diese handelt wiederum deren Geschäftsführer. Der Geschäftsführer wird folglich auch von der GmbH bestellt und abberufen. Ein Dienstvertrag wird somit in der Regel zwischen dem Geschäftsführer und der GmbH geschlossen. Weisungsberechtigt gegenüber dem Geschäftsführer ist nur die Gesellschafterversammlung der GmbH. Es ist aber möglich, durch den Gesellschaftsvertrag der KG etwas anderes zu bestimmen.

Der Geschäftsführer der GmbH führt die Geschäfte der GmbH & Co. KG

Für die Einzelheiten der Geschäftsführung und Vertretung wird auf die Ausführungen zur KG verwiesen (Abschnitt »Die Personengesellschaften, 2.4. Geschäftsführung und Vertretung«. Nachfolgend werden nur noch die Besonderheiten der GmbH & Co. KG behandelt.

Probleme für die Vertretung der GmbH & Co. KG können sich aus § 181 BGB ergeben.

Problem § 181 BGB

Insichgeschäft

Ein Vertreter kann, soweit nicht ein anderes ihm gestattet ist, im Namen des Vertretenen mit sich im eigenen Namen oder als Vertreter eines Dritten ein Rechtsgeschäft nicht vornehmen, es sei denn, dass das Rechtsgeschäft ausschließlich in der Erfüllung einer Verbindlichkeit besteht.

§ 181 BGB

Regelmäßig wird der Geschäftsführer der Komplementär-GmbH aber Geschäfte zwischen der GmbH und der KG oder zwischen beiden Gesellschaft und seiner eigenen Person abschließen. Es ist daher zu empfehlen, in den Gesellschaftsvertrag eine Regelung aufzunehmen, nach der die Geschäftsführer vom Verbot des Insichgeschäfts befreit ist oder durch einen Gesellschafterbeschluss befreit werden kann.

Der Geschäftsführer der GmbH haftet auch der GmbH & Co. KG für Pflichtverletzungen analog § 43 Abs. 2 GmbHG (BGHZ 100, 193).

Der Geschäftsführer der GmbH haftet auch der GmbH & Co. KG für Pflichtverletzungen

1.5. Aufsichtsorgane

Eine Verpflichtung zur Errichtung eines Beirates oder eines Aufsichtsrates besteht aufgrund gesellschaftsrechtlicher Vorschriften nicht. Die Pflicht einen Aufsichtsrat zu bilden kann sich aber im Anwendungsbereich des MitbestG ergeben. Zwar ist das MitbestG auf Personengesellschaften nicht anwendbar, hat die Mehrheit der

Pflicht zur Bildung eines Aufsichtsrates kann sich durch die Arbeitnehmermitbestimmung ergeben

Kommanditisten aber auch die Mehrheit der Stimmen in der GmbH, wird die Zahl der Arbeitnehmer gemäß § 4 MitbestG der GmbH zugerechnet. Beschäftigt diese dann insgesamt mehr als 2.000 Arbeitnehmer ist die GmbH verpflichtet, einen Aufsichtsrat entsprechend dem MitbestG zu bilden.

Bezüglich des Aufsichtsrates nach § 77 BetrVG 1952 i. V. m. § 129 BetrVG 1972 stellt sich die rechtliche Situation anders dar. Hier fehlt eine dem § 4 MitbestG entsprechende Vorschrift, so dass Mitarbeiter der KG nicht der GmbH zugerechnet werden. Da die Komplementär-GmbH selten mehr als 500 Mitarbeiter beschäftigen wird, besteht in den meisten Fällen keine Pflicht zur Bildung eines Aufsichtsrates.

1.6. Haftung

Für die Verbindlichkeiten der Gesellschaft haftet die Gesellschaft in erster Linie selbst (§§ 161 Abs. 2, 124 Abs. 1 HGB). Des Weiteren haftet auch die GmbH als Komplementär für die Verbindlichkeiten (§§ 161 Abs. 2, 128 Satz 1 HGB). Die Haftung des Kommanditisten richtet sich ebenfalls nach den bei der KG dargelegten Grundsätzen (Abschnitt »Die Personengesellschaften, 2.5. Haftung«). Es besteht indes eine Besonderheit bei der Haftung des Kommanditisten nach § 176 Abs. 1 HGB. Danach haftet ein Kommanditist vor der Eintragung in das Handelsregister, wenn er dem Geschäftsbeginn zugestimmt hat, für die bis zur Eintragung begründeten Verbindlichkeiten der Gesellschaft gleich einem persönlich haftenden Gesellschafter, <u>es sei denn, dass seine Beteiligung als Kommanditist dem Gläubiger bekannt war</u>. Im Hinblick auf das letzte Tatbestandsmerkmal herrscht Streit.

Bei einer GmbH & Co. KG könnte man nämlich annehmen, dass dem Gläubiger aufgrund der verwendeten Bezeichnung »GmbH & Co. KG« immer bekannt ist, dass er es mit einem Kommanditisten zu tun hat. In der Folge wäre die Haftung aus § 176 Abs. 1 HGB bei einer GmbH & Co. KG praktisch ausgeschlossen. Der BGH hat in seinem letzten Urteil auf diese Möglichkeit hingewiesen, aber keine endgültige Stellungnahme hierzu abgegeben (BGH NJW 1983, 2258).

Haftung des
Kommanditisten

1.7. Rechte und Pflichten der Gesellschafter

Die Rechte und Pflichten der Mitglieder sind die gleichen wie in einer KG. Eine Besonderheit ergibt sich lediglich bei dem Kontrollrecht. Einem Kommanditisten steht das wenig ergiebige Kontrollrecht des § 166 HGB zu. Der Gesellschafter der GmbH verfügt nach § 51 a GmbHG über ein weiter gehendes Kontrollrecht für die Angelegenheiten der Komplementär-GmbH. Dies hat in der Praxis meistens keinen großen Nutzen, da die Gesellschaft keinen eigenen Geschäftsbetrieb unterhält. Die Rechtsprechung räumt einem GmbH-Gesellschafter einer Komplementär-GmbH daher die Rechte aus § 51a GmbHG auch im Hinblick auf die Angelegenheiten der GmbH & Co. KG ein. Das führt zu dem Ergebnis, dass einem Nur-Kommanditisten das Recht aus § 166 HGB zusteht und dem GmbH-Gesellschafter unabhängig davon, ob er Kommanditist ist oder nicht, das Recht aus § 51 a GmbHG.

Informationsrechte der Gesellschafter

Gesellschafter der GmbH kann sich auch bei der GmbH & Co. KG nach § 51a GmbHG informieren

1.8. Gesellschafterwechsel

Der Gesellschafterwechsel in einer KG richtet sich nach den HGB-Vorschriften. Sollte es sich um eine personengleiche GmbH & Co. KG handeln, gelten für den Gesellschafterwechsel in der Komplementär-GmbH die entsprechenden Bestimmungen des GmbHG.

Unterscheidung zwischen dem Gesellschafterwechsel in der KG und der GmbH

1.9. Beendigung der Gesellschaft

Die in § 131 Abs. 1 HGB genannten Auflösungsgründe gelten auch für die GmbH & Co. KG. Die Auflösung führt nur zur Liquidation der KG. Die Komplementär-GmbH ist hiervon nicht betroffen. Bei ihr gelten die GmbH-Vorschriften für die Auflösung.

1.10. Die Publikumsgesellschaft

Die Publikumsgesellschaft
ist eine Anlageform

Charakteristisch für die Publikumsgesellschaft ist die Gründung einer GmbH & Co. KG durch wenige Personen. Es könnte auch eine andere Gesellschaftsform gewählt werden, die GmbH & Co. KG ist aber in der Praxis die Regel. In der Folgezeit sollen durch Öffentlichkeitsarbeit eine Vielzahl von Kommanditisten geworben werden. Für sie gilt grundsätzlich das Recht der Personengesellschaften. Das Recht der Personengesellschaften ist aber auf die Kapitalbeteiligung einer Vielzahl von Personen nicht zugeschnitten. Die »richtige« Gesellschaftsform hierfür ist an und für sich die Aktiengesellschaft. Da der Anlegerschutz bei Personengesellschaften in der Folge nur unzureichend ausgeprägt ist, hat die Rechtsprechung zum Schutz der Anleger ein Sonderrecht entwickelt, auf das nachfolgend einzugehen ist.

Anlegerschutz bei der
Publikumsgesellschaft

Aufgrund dieses Schutzgedankens sind die Gesellschaftsverträge der Publikumsgesellschaft immer schriftlich abzufassen und objektiv auszulegen. Maßgeblich ist alleine, was sich aus der Vertragsurkunde ergibt. Mündliche Nebenabreden und der Gründerwille sind ohne Bedeutung.

Schriftformerfordernis für
den Gesellschaftsvertrag

Objektive Auslegung des
Gesellschaftsvertrages

Inhaltskontrolle des
Gesellschaftsvertrages

Die Gesellschaftsverträge unterliegen ferner einer Inhaltskontrolle nach § 242 BGB. Die Rechtsprechung orientiert sich bei dieser Inhaltskontrolle an anderen gesetzlichen Regelungen. So zieht sie die Rechtsgedanken der §§ 305 ff BGB (Vorschriften über allgemeine Geschäftsbedingungen) heran. Eine direkte Anwendung scheidet aber aus, weil die Vorschriften gemäß § 310 Abs. 4 BGB nicht auf Gesellschaftsverträge anwendbar sind.

Zum Beispiel hat die Rechtsprechung eine Vertragsklausel verworfen, weil diese entsprechend § 305 c Abs. 1 BGB einen überraschenden Inhalt hatte. Nach dieser war ein unbeteiligter Dritter berechtigt, einen Nachschuss für die Kommanditeinlage festzulegen.

Des Weiteren orientiert sich die Rechtsprechung an den Grundsätzen des Gesellschaftsrechts. Dies soll verhindern, dass der Gestaltungsspielraum beim Abschluss von Gesellschaftsverträgen von Personengesellschaften zu Lasten der Anleger ausgenutzt wird.

Beispiel: Klauseln, nach denen Mitglieder von Publikumsgesellschaften durch einfachen Beschluss ausgeschlossen werden können, entsprechen nicht den bei Personengesellschaften geltenden Grundsätzen und sind daher unwirksam.

Entwicklung der
Prospekthaftung

Für die Beteiligung an der Gesellschaft wird regelmäßig mit Verkaufsprospekten geworben. Bei der Emission von Wertpapieren und Investmentanteilen verlangt § 20 Kapitalanlagegesetz die Richtigkeit und

Vollständigkeit dieser Prospekte. Da die Publikumsgesellschaften selten in den Anwendungsbereich dieser Vorschrift fallen, hat die Rechtsprechung auf der Grundlage von §§ 311 Abs. 2, 241 Abs. 2 BGB – ehemals c.i.c. – die Grundsätze der Prospekthaftung zum Schutz der Anleger entwickelt.

Der herausgegebene Prospekt muss richtig und vollständig sein. Er muss die Chancen und Risiken des Projektes realistisch darstellen. Ein Anleger muss ein zutreffendes Bild über das Beteiligungsobjekt erhalten, der Prospekt muss ihn über alle Umstände, die für seine Entschließung von wesentlicher Bedeutung sind oder sein können – das betrifft insbesondere die Tatsachen, die den Vertragszweck vereiteln können – sachlich richtig und vollständig unterrichtet werden (BGHZ 116, 7). Eine Verletzung dieser Pflicht führt zu einem Schadensersatzanspruch des Anlegers.

Anforderungen an den Prospekt

Anspruchsgegner sind alle, die die Irreführung hervorgerufen haben. Das können z. B. die Gründer oder der Geschäftsführer der Komplementär-GmbH sein. Das können aber auch Personen sein, die aufgrund ihrer beruflichen Stellung und Sachkunde für die Richtigkeit und Vollständigkeit der Prospektangaben garantieren und im Prospekt ausdrücklich genannt sind. Derartige Personen sind z. B. Steuerberater, Rechtsanwälte und Wirtschaftsprüfer.

Haftende Personen

Wird der Gesellschafter aufgrund einer vorsätzlichen Täuschung Mitglied in der Gesellschaft, ist er zur außerordentlichen Kündigung berechtigt. Rechtsfolge ist, dass er sofort ausscheidet, die KG aber weiterbesteht.

Außerordentliches Kündigungsrecht des getäuschten Gesellschafters

Häufig ist in dem Gesellschaftsvertrag einer Publikumsgesellschaft ein Aufsichtsorgan vorgesehen. Bezeichnet werden sie häufig als Aufsichtsrat, Beirat oder Verwaltungsrat. Zum Schutz der Anleger hat die Rechtsprechung festgelegt, dass die Mitglieder dieser Gremien entsprechend den Aufsichtsräten einer AG haften. Auf § 708 BGB können sie sich nicht berufen.

Haftung der Aufsichtsratsmitglieder

2. Die Kommanditgesellschaft auf Aktien

2.1. Grundlagen

Die Kommanditgesellschaft auf Aktien (KGaA) ist geregelt in den § 278 ff. AktG. Ihr Wesen ist in § 278 Abs. 1 AktG definiert.

§ 278 AktG

Wesen der Kommanditgesellschaft auf Aktien

(1) Die Kommanditgesellschaft auf Aktien ist eine Gesellschaft mit eigener Rechtspersönlichkeit, bei der mindestens ein Gesellschafter den Gesellschaftsgläubigern unbeschränkt haftet (persönlich haftender Gesellschafter) und die übrigen an dem in Aktien zerlegten Grundkapital beteiligt sind, ohne persönlich für die Verbindlichkeiten der Gesellschaft zu haften (Kommanditaktionäre).

Charakter der KGaA

Die KGaA ist eine Verbindung zwischen AG und KG. Sie ist sowohl eine eigenständige Rechtsform als auch juristische Person. Bei ihr haftet mindestens ein Gesellschafter persönlich und unbeschränkt (Komplementär). Die übrigen sind als Aktionäre am Grundkapital beteiligt und haften nicht persönlich (Kommanditaktionäre).

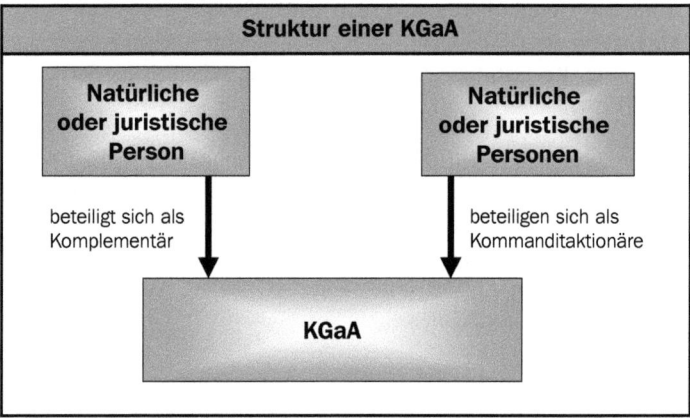

Anzuwendende Rechtsvorschriften

Für das Rechtsverhältnis der Komplementäre untereinander und gegenüber der Gesamtheit der Kommanditaktionäre und gegenüber Dritten finden die Vorschriften des HGB über die KG Anwendung (§ 278 Abs. 2 AktG). Im Übrigen gelten die Vorschriften über die Aktiengesellschaft sinngemäß.

Wesen der Kommanditgesellschaft auf Aktien

§ 278 AktG

(2) Das Rechtsverhältnis der persönlich haftenden Gesellschafter untereinander und gegenüber der Gesamtheit der Kommanditaktionäre sowie gegenüber Dritten, namentlich die Befugnis der persönlich haftenden Gesellschafter zur Geschäftsführung und zur Vertretung der Gesellschaft, bestimmt sich nach den Vorschriften des Handelsgesetzbuchs über die Kommanditgesellschaft.

(3) Im übrigen gelten für die Kommanditgesellschaft auf Aktien, soweit sich aus den folgenden Vorschriften oder aus dem Fehlen eines Vorstands nichts anderes ergibt, die Vorschriften des Ersten Buchs über die Aktiengesellschaft sinngemäß.

Nach allgemeiner Auffassung steht die KGaA aufgrund ihrer Struktur und der gesetzlichen Verweisungen der AG deutlich näher als der KG. Sie wird auch als Variante der AG gesehen.

Die KGaA steht der AG näher als der KG

Sie ist stets Formkaufmann. Ihre Firma muss einen Namenszusatz führen der auf die Rechtsform hindeutet.

Namenszusatz der KGaA

Firma

§ 279 AktG

(1) Die Firma der Kommanditgesellschaft auf Aktien muß, auch wenn sie nach § 22 des Handelsgesetzbuchs oder nach anderen gesetzlichen Vorschriften fortgeführt wird, die Bezeichnung »Kommanditgesellschaft auf Aktien« oder eine allgemein verständliche Abkürzung dieser Bezeichnung enthalten.

Die Bedeutung der KGaA ist gering. In der Bundesrepublik Deutschland soll es etwa 40 Gesellschaften dieses Typs geben. Allerdings gab es in den letzten Jahren einige Neugründungen. Dies dürfte vor allem auf ein Urteil des BGH zurückzuführen sein, nachdem auch eine GmbH Komplementär einer KGaA sein kann (BGH NJW 1997, 1923). Zwei Fußballvereine, Borussia Dortmund und DSC Arminia Bielefeld, haben diese neue Möglichkeit genutzt und eine GmbH & Co. KGaA gegründet. Die Gesetzgebung hat auf die veränderte Rechtsprechung reagiert und § 279 Abs. 2 AktG neu gefasst.

Firma

§ 279 AktG

(2) Wenn in der Gesellschaft keine natürliche Person persönlich haftet, muss die Firma, auch wenn sie nach § 22 des Handelsgesetzbuchs oder nach anderen gesetzlichen Vorschriften fortgeführt wird, eine Bezeichnung enthalten, welche die Haftungsbeschränkung kennzeichnet.

2.2. Entstehung und Wirksamkeit

§ 280 AktG legt die Modalitäten der Gründung fest.

§ 280 AktG

Feststellung der Satzung. Gründer

(1) Die Satzung muß von mindestens fünf Personen durch notarielle Beurkundung festgestellt werden. In der Urkunde sind bei Nennbetragsaktien der Nennbetrag, bei Stückaktien die Zahl, der Ausgabebetrag und, wenn mehrere Gattungen bestehen, die Gattung der Aktien anzugeben, die jeder Beteiligte übernimmt. Bevollmächtigte bedürfen einer notariell beglaubigten Vollmacht.

(2) Alle persönlich haftenden Gesellschafter müssen sich bei der Feststellung der Satzung beteiligen. Außer ihnen müssen die Personen mitwirken, die als Kommanditaktionäre Aktien gegen Einlagen übernehmen.

(3) Die Gesellschafter, die die Satzung festgestellt haben, sind die Gründer der Gesellschaft.

Gründungsverfahren

Zur Gründung einer KGaA sind danach mindestens fünf Personen erforderlich (§ 280 Abs. 1 Satz 1 AktG). Von diesen muss mindestens einer Komplementär sein, der persönlich für die Gesellschaftsschulden haftet. Selbstverständlich können sich auch weitere Komplementäre und Kommanditaktionäre beteiligen. Die Gründung erfolgt durch Feststellung der Satzung, die notariell zu beurkunden ist (§ 280 Abs. 1 Satz 1 AktG). Alle persönlich haftenden Gesellschafter und Kommanditaktionäre müssen sich an der Feststellung der Satzung beteiligen (§ 280 Abs. 2 AktG). Sie sind die Gründer der Gesellschaft (§ 280 Abs. 3 AktG).

Komplementäre müssen sich nicht mit einer Einlage beteiligen

In der Satzung sind für die Nennbetragsaktien der Nennbetrag, bei Stückaktien die Zahl, der Ausgabebetrag und, wenn mehrere Gattungen bestehen, die Gattung der Aktien anzugeben, die jeder Beteiligte übernimmt (§ 280 Abs. 1 Satz 2 AktG). Ferner sind die persönlichen Daten der Komplementäre aufzunehmen (§ 281 Abs. 1 AktG). Komplementäre können, sie müssen sich nicht mit einer Einlage beteiligen. Die Höhe einer Beteiligung ist in die Satzung aufzunehmen (§ 281 Abs. 2 AktG).

§ 281 AktG

Inhalt der Satzung

(1) Die Satzung muß außer den Festsetzungen nach § 23 Abs. 3 und 4 den Namen, Vornamen und Wohnort jedes persönlich haftenden Gesellschafters enthalten.

(2) Vermögenseinlagen der persönlich haftenden Gesellschafter müssen, wenn sie nicht auf das Grundkapital geleistet werden, nach Höhe und Art in der Satzung festgesetzt werden.

Anschließend haben die Komplementäre die Anmeldung zur Eintragung der Gesellschaft vorzunehmen (§ 283 Nr. 1 AktG). Dies resultiert daraus, dass die Komplementäre der KGaA an die Stelle des Vorstandes bei einer AG treten. Daher sind bei der Eintragung statt der Vorstandsmitglieder die Komplementäre anzugeben (§ 282 Satz 1).

Anmeldung zur Eintragung in das Handelsregister

Eintragung der persönlich haftenden Gesellschafter

Bei der Eintragung der Gesellschaft in das Handelsregister sind statt der Vorstandsmitglieder die persönlich haftenden Gesellschafter anzugeben. Ferner ist einzutragen, welche Vertretungsbefugnis die persönlich haftenden Gesellschafter haben.

§ 282 AktG

Handeln Personen im Namen der KGaA vor der Eintragung, haften sie nach h. M. persönlich und unbeschränkt für die daraus resultierenden Verbindlichkeiten. Für die Komplementäre hat dies keine große Bedeutung, da sie aufgrund ihrer Stellung bereits im gleichen Umfang haften. Anders ist es für die Kommanditaktionären, deren Haftung auf ihre Einlage beschränkt ist.

Haftung der handelnden Personen vor der Eintragung

2.3. Organe

2.3.1. Der Komplementär

Der Komplementär der KGaA ist in einer KGaA auch zugleich Organ der Gesellschaft. Wie erwähnt, tritt der Komplementär an die Stelle des Vorstandes einer AG. Daher ist der Komplementär auch zuständig für die Geschäftsführung und die Vertretung der Gesellschaft. Nach § 278 Abs. 2 AktG sind die Vorschriften über die Kommanditgesellschaft anzuwenden. Da der Komplementär an die Stelle des Vorstandes einer AG tritt, gelten zahlreiche Vorschriften, die den Vorstand der AG betreffen gemäß § 283 AktG auch für ihn.

Als Organ der Gesellschaft übt der Komplementär die Geschäftsführung und Vertretung der KGaA aus

Persönlich haftende Gesellschafter

Für die persönlich haftenden Gesellschafter gelten sinngemäß die für den Vorstand der Aktiengesellschaft geltenden Vorschriften über

1. die Anmeldungen, Einreichungen, Erklärungen und Nachweise zum Handelsregister sowie über Bekanntmachungen;
2. die Gründungsprüfung;

§ 283 AktG

3. die Sorgfaltspflicht und Verantwortlichkeit;

4. die Pflichten gegenüber dem Aufsichtsrat;

5. die Zulässigkeit einer Kreditgewährung;

6. die Einberufung der Hauptversammlung;

7. die Sonderprüfung;

8. die Geltendmachung von Ersatzansprüchen wegen der Geschäftsführung;

9. die Aufstellung und Vorlegung des Jahresabschlusses, des Lageberichts und des Vorschlags für die Verwendung des Bilanzgewinns;

10. die Prüfung des Jahresabschlusses;

11. die Rechnungslegung im Konzern;

12. die Ausgabe von Aktien bei bedingter Kapitalerhöhung, bei genehmigtem Kapital und bei Kapitalerhöhung aus Gesellschaftsmitteln;

13. die Nichtigkeit und Anfechtung von Hauptversammlungsbeschlüssen;

14. den Antrag auf Eröffnung des Insolvenzverfahrens.

Haftung des Komplementärs für Pflichtverletzungen gegenüber der KGaA

Herauszuheben ist vor allem § 283 Nr. 3 AktG. Damit bestehen für den Komplementär die gleichen Sorgfaltspflichten und Verantwortlichkeiten wie für den Vorstand einer AG (§ 93 AktG). Er kann sich damit gegenüber der KGaA wegen seiner pflichtwidrigen Geschäftsführung schadensersatzpflichtig machen.

2.3.2. Der Aufsichtsrat

Der Aufsichtsrat der KGaA übt zwei Funktionen aus

Aufgrund von § 278 Abs. 3 AktG muss eine KGaA über einen Aufsichtsrat verfügen. Der Aufsichtsrat in der KGaA übt eine doppelte Funktion aus. Zum einen ist er ein Überwachungsorgan. Das ergibt sich aus der Anwendung der §§ 95 ff. i.V.m. § 278 Abs. 3 AktG. Für ihn gelten die gleichen Bestimmungen wie für den Aufsichtsrat einer AG. Er prüft und überwacht den Komplementär. Der Aufsichtsrat hat aber nicht die Kompetenz, den Komplementär zu bestellen oder abzuberufen, da dieser seine Stellung aufgrund der Satzung innehat.

Daneben ist der Aufsichtsrat aber auch ein Organ der Kommanditaktionäre und führt deren Beschlüsse aus (§ 287 Abs. 1 AktG) und vertritt diese gegenüber den Komplementären (§ 287 Abs. 2 Satz 1 AktG).

§ 287 AktG

Aufsichtsrat

(1) Die Beschlüsse der Kommanditaktionäre führt der Aufsichtsrat aus, wenn die Satzung nichts anderes bestimmt.

(2) In Rechtsstreitigkeiten, die die Gesamtheit der Kommanditaktionäre gegen die persönlich haftenden Gesellschafter oder diese gegen die Gesamtheit der Kommanditaktionäre führen, vertritt der Aufsichtsrat die Kommanditaktionäre, wenn die Hauptversammlung keine besonderen Vertreter gewählt hat. Für die Kosten des Rechtsstreits, die den Kommanditaktionären zur Last fallen, haftet die Gesellschaft unbeschadet ihres Rückgriffs gegen die Kommanditaktionäre.

(3) [...]

Für die KGaA gelten grundsätzlich das Betriebsverfassungsgesetz von 1952 und auch das Mitbestimmungsgesetz. Abweichend von den Ausführungen zur AG ist darauf hinzuweisen, dass die Regelung, dass ein Arbeitsdirektor gemäß § 33 Abs. 1 Satz 1 MitbestG als Vorstandsmitglied zu bestellen ist entfällt. Nicht auf die KGaA anwendbar ist das Montan-MitbestG.

Auswirkungen der Arbeitnehmermitbestimmung

2.3.3. Die Hauptversammlung

Die Kommanditaktionäre üben ihre Rechte in der Hauptversammlung aus. Die Vorschriften über die KGaA enthalten nur wenige spezielle Vorschriften über die Hauptversammlung. Im Übrigen gelten die Bestimmungen der Aktiengesellschaft entsprechend (§ 278 Abs. 3 AktG).

Da auf die Hauptversammlung auch die §§ 119 ff. AktG Anwendung finden, gilt grundsätzlich das bei der AG gesagte. § 285 Abs. 1 AktG ergänzt die Regelungen über die Hauptversammlung im Hinblick auf die Komplementäre. Diese besitzen kein Stimmrecht, wenn sie nicht zugleich Kommanditaktionär sind. Verfügen sie auch über Kommanditanteile, sind sie bei bestimmten Beschlussfassungen vom Stimmrecht ausgeschlossen, um eine Interessenkollision zu vermeiden (§ 285 Abs. 1 AktG). Wiederum bedürfen Beschlüsse der Zustimmung des Komplementärs, wenn dies auch in einer KG der Fall wäre (§ 285 Abs. 2 Satz 1 AktG).

Die Funktion der Hauptversammlung der KGaA ist im Wesentlichen identisch mit der der AG

Hauptversammlung   **§ 285 AktG**

(1) In der Hauptversammlung haben die persönlich haftenden Gesellschafter nur ein Stimmrecht für ihre Aktien. Sie können das Stimmrecht weder für sich noch für einen anderen ausüben bei Beschlußfassungen über

1. die Wahl und Abberufung des Aufsichtsrats;

2. die Entlastung der persönlich haftenden Gesellschafter und der Mitglieder des Aufsichtsrats;

3. die Bestellung von Sonderprüfern;

4. die Geltendmachung von Ersatzansprüchen;

5. den Verzicht auf Ersatzansprüche;

6. die Wahl von Abschlußprüfern.

Bei diesen Beschlussfassungen kann ihr Stimmrecht auch nicht durch einen anderen ausgeübt werden.

(2) Die Beschlüsse der Hauptversammlung bedürfen der Zustimmung der persönlich haftenden Gesellschafter, soweit sie Angelegenheiten betreffen, für die bei einer Kommanditgesellschaft das Einverständnis der persönlich haftenden Gesellschafter und der Kommanditisten erforderlich ist. Die Ausübung der Befugnisse, die der Hauptversammlung oder einer Minderheit von Kommanditaktionären bei der Bestellung von Prüfern und der Geltendmachung von Ansprüchen der Gesellschaft aus der Gründung oder der Geschäftsführung zustehen, bedarf nicht der Zustimmung der persönlich haftenden Gesellschafter. [...]

Auch beschließt die Hauptversammlung, im Gegensatz zur AG, immer über den Jahresabschluss.

§ 286 AktG

Jahresabschluss

(1) Die Hauptversammlung beschließt über die Feststellung des Jahresabschlusses. Der Beschluß bedarf der Zustimmung der persönlich haftenden Gesellschafter.

Widerspruchsrecht der Kommanditisten bei außergewöhnlichen Geschäften

Eine weitere Abweichung von der AG ergibt sich dadurch, dass nach §§ 278 Abs. 2 AktG für die Geschäftsführung die Vorschriften der KG gelten. Den Kommanditaktionären steht folglich bei außergewöhnlichen Geschäften ein Widerspruchsrecht zu (§ 164 HGB). Auch ist es möglich, dem Komplementär nach §§ 117, 127 HGB die Geschäftsführungs- und Vertretungsbefugnis zu entziehen.

2.4. Erhaltung des Kapitals

Auch das Gesellschaftsvermögen der KGaA bedarf des Schutzes. Nach § 122 HGB ist jeder Komplementär berechtigt, 4 % seines letztjährigen Kapitalanteils zu entnehmen. § 288 AktG schränkt diese Entnahme ein.

Einschränkung der Entnahmen

Entnahmen der persönlich haftenden Gesellschafter. Kreditgewährung

§ 288 AktG

(1) Entfällt auf einen persönlich haftenden Gesellschafter ein Verlust, der seinen Kapitalanteil übersteigt, so darf er keinen Gewinn auf seinen Kapitalanteil entnehmen. Er darf ferner keinen solchen Gewinnanteil und kein Geld auf seinen Kapitalanteil entnehmen, solange die Summe aus Bilanzverlust, Einzahlungsverpflichtungen, Verlustanteilen persönlich haftender Gesellschafter und Forderungen aus Krediten an persönlich haftende Gesellschafter und deren Angehörige die Summe aus Gewinnvortrag, Kapital- und Gewinnrücklagen sowie Kapitalanteilen der persönlich haftenden Gesellschafter übersteigt.

(2) Solange die Voraussetzung von Absatz 1 Satz 2 vorliegt, darf die Gesellschaft keinen unter § 286 Abs. 2 Satz 4 fallenden Kredit gewähren. Ein trotzdem gewährter Kredit ist ohne Rücksicht auf entgegenstehende Vereinbarungen sofort zurückzugewähren.

(3) [...]

Nach § 288 Abs. 1 Satz 1 AktG darf ein Komplementär nur Gewinne entnehmen, solange sein Kapitalanteil nicht durch Verluste oder Einnahmen aufgebraucht ist. Diese Bestimmung ist bindend und kann durch die Satzung nicht abbedungen werden. Die Vorschrift umfasst nach ihrem eindeutigen Wortlaut aber nur Gewinnentnahmen. Weitergehender ist § 288 Abs. 1 Satz 2 AktG. Diesem zufolge sind Kapitalentnahmen auch bei noch vorhandenem Kapitalanteil nicht zulässig, wenn die Kapitalbasis der Gesellschaft dadurch gefährdet würde. Gemäß § 288 Abs. 2 Satz 1 AktG i. V. m. § 286 Abs. 2 Satz 4 AktG dürfen in diesem Fall auch keine Kredite der Gesellschaft an die Komplementäre, deren Ehegatten, Lebenspartner, oder minderjährige Kinder oder Dritte, die für Rechnung dieser Personen handeln, gewährt werden.

2.5. Haftung

Als juristische Person haftet die KGaA für ihre Verbindlichkeiten selbst. Schuldhaftes Verhalten der Komplementäre wird der Gesellschaft analog § 31 BGB zugerechnet. Im Übrigen gelten § 278 und § 831 BGB. Daneben haftet der Komplementär unbeschränkt, unmittelbar und persönlich mit seinem gesamten Vermögen für die Verbindlichkeiten der KGaA (§ 278 Abs. 2 AktG i.V.m. § 161 Abs. 2, §§ 128 Satz 1 HGB). Mehrere Komplementäre haften als Gesamtschuldner.

Persönliche Haftung der Komplementäre für die Gesellschaftsverbindlichkeiten

2.6. Rechte und Pflichten der Gesellschafter

Bezüglich der Rechte und Pflichten der Mitglieder ist zwischen den Komplementären und den Kommanditaktionären zu unterscheiden.

Unterscheidung zwischen Komplementären und Kommanditaktionären

Der Komplementär hat zunächst das Recht und die Pflicht zur Geschäftsführung. Die weiteren Rechte und Pflichten ergeben sich aus dem schon erwähnten § 283 AktG. Es wird daher auf die Ausführungen zur Geschäftsführung und Vertretung verwiesen (Abschnitt »Die Körperschaften 4.3. Organe«).

Rechte und Pflichten des Komplementärs

Der Komplementär unterliegt der mehrfach erwähnten Treuepflicht. Eine Spezialregelung dazu stellt § 284 Abs. 1 AktG dar, der ein Wettbewerbsverbot normiert. Ein Verstoß dagegen führt zu einem Schadensersatzanspruch der Gesellschaft (§ 284 Abs. 2 Satz 1 AktG). Statt des Schadensersatzes kann sie auch ein Eintrittsrecht geltend machen (§ 284 Abs. 2 Satz 2 AktG).

§ 284 AktG

Wettbewerbsverbot

(1) Ein persönlich haftender Gesellschafter darf ohne ausdrückliche Einwilligung der übrigen persönlich haftenden Gesellschafter und des Aufsichtsrats weder im Geschäftszweig der Gesellschaft für eigene oder fremde Rechnung Geschäfte machen noch Mitglied des Vorstands oder Geschäftsführer oder persönlich haftender Gesellschafter einer anderen gleichartigen Handelsgesellschaft sein. Die Einwilligung kann nur für bestimmte Arten von Geschäften oder für bestimmte Handelsgesellschaften erteilt werden.

(2) Verstößt ein persönlich haftender Gesellschafter gegen dieses Verbot, so kann die Gesellschaft Schadenersatz fordern. Sie kann stattdessen von dem Gesellschafter verlangen, dass er die für eigene Rechnung gemachten Geschäfte als für Rechnung der Gesellschaft eingegangen gelten lässt und die aus Geschäften für fremde Rechnung

bezogene Vergütung herausgibt oder seinen Anspruch auf die Vergütung abtritt.

Ein Komplementär kann vom Wettbewerbsverbot befreit werden. Aus § 284 Abs. 1 Satz 2 AktG wird überwiegend geschlossen, dass hierfür die ausdrückliche Einwilligung der übrigen Komplementäre sowie des Aufsichtsrats erforderlich ist.

Für die Kommanditaktionäre enthalten die §§ 278 AktG keine besonderen Vorschriften. Ihre Rechte und Pflichten ergeben sich gemäß § 278 Abs. 3 AktG aus den Bestimmungen des Aktiengesetzes (Abschnitt »Die Körperschaften, 4.6. Rechte und Pflichten der Gesellschafter«). Sie verfügen daher über die gleichen Mitverwaltungsrechte wie die Aktionäre einer AG. Auch die Kommanditaktionäre unterliegen einer Treuepflicht, die der für Aktionäre geltenden entspricht.

Rechte und Pflichten der Kommanditaktionäre

Komplementären und Kommanditaktionären ist gemein, dass beide einen Anspruch auf Gewinnbeteiligung besitzen. Gemäß § 278 Abs. 2 AktG i.V.m. §§ 161 Abs. 2, 105 Abs. 2 HGB sind die Bestimmungen über die KG und OHG anzuwenden. Es empfiehlt sich, in der Satzung eine andere Regelung zu vereinbaren.

Komplementäre und Kommanditaktionäre haben Anspruch auf Gewinnbeteiligung

2.7. Gesellschafterwechsel

Bei dem Gesellschafterwechsel ist zwischen Komplementären und Kommanditaktionären zu unterscheiden.

Unterscheidung zwischen Komplementären und Kommanditaktionären

Der Eintritt eines Komplementärs ist nach der Gründung nur noch durch eine Änderung der Satzung möglich. Anders bei den Kommanditaktionären. Sie können Aktien entsprechend dem Aktienrecht erwerben (Abschnitt »Die Körperschaften, 4.7. Gesellschafterwechsel«).

Eintritt eines Komplementärs

Will ein Komplementär aus der KGaA freiwillig austreten, ist das, wenn in der Satzung nichts anderes vereinbart ist, ebenfalls nur durch eine Satzungsänderung möglich. Das betrifft auch die Übertragung der Komplementärbeteiligung. Um eine Satzungsänderung zu vermeiden ist es sinnvoll, dem Komplementär ein Kündigungsrecht oder das Recht auf Übertragung der Komplementärbeteiligung unter Zustimmung des Aufsichtsrates einzuräumen.

Austritt eines Komplementärs

Ein Ausschluss des Komplementärs ist nach § 289 Abs. 1 AktG i. V. m. §§ 161 Abs. 2, 140 HGB nur mit einer Ausschlussklage möglich. Vorsicht ist geboten, wenn der einzige Komplementär ausscheidet. Das

Ausschluss eines Komplementärs

führt grundsätzlich zur Auflösung der KGaA. Der ausgeschiedene Komplementär kann nach § 278 Abs. 2 AktG i. V. m. §§ 161 Abs. 2, 105 Abs. 2 HGB die Ansprüche das § 738 BGB gegenüber der KGaA geltend machen. Gegenüber Dritten haftet er nach § 278 Abs. 2 AktG i. V. m. §§ 161 Abs. 2, § 128 Satz 1, 160 HGB für während seiner Mitgliedschaft entstandene Verbindlichkeiten auch nach seinem Ausscheiden aus der KGaA.

Für Kommanditaktionäre gilt das Aktienrecht

Für Kommanditaktionäre gelten im Hinblick auf das Ausscheiden die aktienrechtlichen Bestimmungen (Abschnitt »Die Körperschaften, 4.7. Gesellschafterwechsel«).

2.8. Beendigung der Gesellschaft

Für die Auflösung gilt grundsätzlich § 131 Abs. 1 HGB

Für die Auflösung der KGaA gelten nach § 289 Abs. 1 AktG die KG-Vorschriften. Mithin gelten die Auflösungsgründe des § 131 Abs. 1 HGB (Abschnitt »Die Personengesellschaften, 1.8. Beendigung der Gesellschaft«). Es besteht aber die Besonderheit, dass die Eröffnung des Insolvenzverfahrens (§ 131 Abs. 1 Nr. HGB) gemäß § 289 Abs. 3 AktG bei der KGaA nicht zur Auflösung führt. Neben den Auflösungsgründen des § 131 Abs. 1 HGB nennt § 289 Abs. 2 AktG noch drei weitere Auflösungsgründe.

§ 289 AktG

Auflösung

(1) Die Gründe für die Auflösung der Kommanditgesellschaft auf Aktien und das Ausscheiden eines von mehreren persönlich haftenden Gesellschaftern aus der Gesellschaft richten sich, soweit in den Absätzen 2 bis 6 nichts anderes bestimmt ist, nach den Vorschriften des Handelsgesetzbuchs über die Kommanditgesellschaft.

(2) Die Kommanditgesellschaft auf Aktien wird auch aufgelöst

1. mit der Rechtskraft des Beschlusses, durch den die Eröffnung des Insolvenzverfahrens mangels Masse abgelehnt wird;

2. mit der Rechtskraft einer Verfügung des Registergerichts, durch welche nach § 144a des Gesetzes über die Angelegenheiten der freiwilligen Gerichtsbarkeit ein Mangel der Satzung festgestellt worden ist;

3. durch die Löschung der Gesellschaft wegen Vermögenslosigkeit nach § 141a des Gesetzes über die Angelegenheiten der freiwilligen Gerichtsbarkeit.

(3) Durch die Eröffnung des Insolvenzverfahrens über das Vermögen eines Kommanditaktionärs wird die Gesellschaft nicht aufgelöst. Die Gläubiger eines Kommanditaktionärs sind nicht berechtigt, die Gesellschaft zu kündigen. [...]

Ein nicht im Gesetz genannter Auflösungsgrund ist, wie soeben erwähnt, das Ausscheiden des einzigen Komplementärs.

Das Ausscheiden des einzigen Komplementärs führt zur Auflösung der KGaA

Die Abwicklung der Gesellschaft erfolgt durch die Komplementäre oder von der Hauptversammlung gewählte Personen (§ 290 Abs. 1 AktG).

Abwicklung

§ 290 AktG

(1) Die Abwicklung besorgen alle persönlich haftenden Gesellschafter und eine oder mehrere von der Hauptversammlung gewählte Personen als Abwickler, wenn die Satzung nichts anderes bestimmt. [...]

3. Wiederholungsfragen

1.   Welche beiden Gesellschaftsformen werden bei der GmbH &
Co. KG miteinander verbunden? Lösung S. 264

2.   Was ist eine personengleiche GmbH & Co. KG? Lösung S. 265

3.   Welche Rechtsvorschriften sind auf die GmbH & Co. KG anzuwenden? Lösung S. 265 f.

4.   Welche Vorteile bietet die GmbH & Co. KG? Lösung S. 266

5.   Wie wird das Gesellschaftsvermögen in einer GmbH & Co. KG
geschützt? Lösung S. 267

6.   Wer übt die Geschäftsführung der GmbH & Co. KG aus?
Lösung S. 269

7.   Welche Informationsrechte haben die GmbH-Gesellschafter im
Hinblick auf die GmbH & Co. KG? Lösung S. 271

8.   Was ist eine Publikumsgesellschaft? Lösung S. 272

9.   Was ist unter einer Prospekthaftung zu verstehen? Lösung
S. 273

10.   Welche Rechtsvorschriften sind auf die KGaA anzuwenden?
Lösung S. 274

11.   Müssen sich die Komplementäre einer KGaA mit einer Einlage
an der Gesellschaft beteiligen? Lösung S. 276

12.   Welche Funktionen nimmt der Aufsichtsrat der KGaA wahr?
Lösung S. 278

13.   Welchen Einfluss kann die Hauptversammlung einer KGaA auf
die Geschäftsführung der Komplementäre ausüben? Lösung
S. 279

14.   Kann ein Komplementär aus einer KGaA ausgeschlossen
werden? Lösung S. 283

15.   Welche Gründe führen zur Auflösung der KGaA? Lösung
S. 284 f.

Klausurfälle

1. »Die voreiligen Gesellschafter«

S und U wollen zusammen die S Installations-KG gründen. Zu diesem Zweck schließen sie einen entsprechenden Gesellschaftsvertrag ab. S soll Komplementär und U Kommanditist mit einer Einlage und Haftsumme von 10.000,– € sein. U zahlt umgehend das Geld in die KG ein. Vor der Eintragung der KG und der Kommanditistenstellung des U in das Handelsregister, nimmt die Gesellschaft bereits die Geschäfte auf. S stellt mit Zustimmung des U Personal ein, mietet Räume und besucht den Großhändler R. U erblickt im Lager des R zahlreiche ältere Waren und bietet dem R an, diese für insgesamt 20.000,– € für die KG zu kaufen. R willigt ein. Wenige Tage später werden die Waren an die S Installations-KG geliefert. Kurze Zeit später erfolgen die Eintragungen in das Handelsregister. Als die Waren nach einigen Wochen und mehreren Mahnungen noch nicht bezahlt sind, stellt R Nachforschungen an. Leider muss er feststellen, dass die KG fast mittellos ist und den Kaufpreis nicht bezahlen kann. R fragt daher seinen Anwalt, wen er noch in Höhe von 20.000,– € in Anspruch nehmen kann.

Vorüberlegungen

Eine Haftung für den Kaufpreis könnte sich aus der Gesellschafterstellung von S und U ergeben. Eine KG verfügt über persönlich haftende Gesellschafter (Komplementäre) und Gesellschafter deren Haftung auf die Einlage beschränkt ist (Kommanditisten). Somit ist die Wahrscheinlichkeit höher den vollen Anspruch auf Kaufpreiszahlung gegen den Komplementär geltend machen zu können. Aus diesem Grund wird zunächst die Haftung des S geprüft.

Lösungsvorschlag

1. Anspruch des R gegen S

Ein Anspruch des R auf Zahlung der 20.000,– € gegen S könnte sich aus §§ 161 Abs. 2, 128 Satz 1 HGB i. V. m. § 433 Abs. 2 BGB ergeben.

Das setzt gemäß §§ 161 Abs. 2, 128 Satz 1 HGB voraus, dass eine Verbindlichkeit der Gesellschaft gegenüber R besteht und S zum Zeitpunkt der Begründung der Verbindlichkeit Gesellschafter war.

Die Verbindlichkeit könnte sich aus § 433 Abs. 2 BGB ergeben, wenn zwischen der S Installations-KG und R ein Kaufvertrag zustande gekommen ist.

Das setzt zunächst voraus, dass die S Installations-KG Trägerin von Rechten und Pflichten sein kann, andernfalls kann diese gar nicht Vertragspartnerin sein. §§ 161 Abs. 2, 124 Abs. 1 HGB legt fest, dass eine bestehende KG Trägerin von Rechten und Pflichten sein kann. Nach §§ 161 Abs. 2, 123 Abs. 1 HGB entsteht eine KG mit der Eintragung in das Handelsregister. Eine Handelsregistereintragung ist ab dem Zeitpunkt, an dem möglicherweise ein Kaufvertrag geschlossen wurde, nicht erfolgt. Die S Installations-KG kann daher nur nach §§ 161 Abs. 2, 123 Abs. 2 HGB im Außenverhältnis wirksam entstanden sein. Das erfordert die Geschäftsaufnahme eines Gewerbes, wobei es sich nicht um ein Kleingewerbe im Sinne von § 2 HGB handeln darf. Durch den Abschluss diverser Verträge, wie den Arbeitsverträgen und dem Mietvertrag, liegt eine Geschäftsaufnahme vor. Aufgrund des Umfanges der Geschäftsaufnahme kann auch nicht von einem Kleingewerbe ausgegangen werden. Somit ist die Gesellschaft im Außenverhältnis wirksam geworden und kann Trägerin von Rechten und Pflichten sein.

Ein Anspruch auf Zahlung des Kaufpreises besteht nur, wenn ein wirksamer Kaufvertrag zwischen R und der S Installations-KG abgeschlossen wurde. Das setzt zwei übereinstimmende Willenserklärungen voraus. Eine Partei muss ein Angebot gemacht haben, und die andere Partei muss es angenommen haben.

Das Angebot auf Abschluss eines Kaufvertrages könnte von der S Installations-KG ausgegangen sein. Die KG kann allerdings selbst keine Willenserklärung abgeben. Natürliche Personen müssen für sie stellvertretend handeln. Der S könnte stellvertretend für die S Installations-KG eine Willenserklärung über den Kauf diverser Waren im Wert von 20.000,– € abgegeben haben. Dazu müssen die Voraussetzungen der Stellvertretung erfüllt sein. Gemäß § 164 Abs. 1 Satz 1 BGB muss ein Vertreter eine eigene Willenserklärung im fremden Namen mit Vertretungsmacht abgegeben haben. S hat eine eigene Willenserklärung im Namen der S Installations-KG abgegeben. Fraglich ist aber, ob er auch mit Vertretungsmacht handelte. Nach §§ 161 Abs. 2, 125 Abs. 1 HGB ist jeder Gesellschafter zur Vertretung berechtigt. Gemäß §§ 161 Abs. 2, 126 Abs. 1 HGB ist die Vertretungsmacht nicht beschränkt. S besaß als Komplementär der KG somit Vertretungsmacht bezüglich der abgegebenen Erklärung. S hat stellvertretend für die S Installations-KG ein Angebot zum Kauf von Waren im Gesamtwert von 20.000,– € abgegeben.

R hat mit seiner Erklärung das Angebot angenommen.

Es besteht in der Folge eine Verbindlichkeit der S Installations-KG auf Zahlung des Kaufpreises in Höhe von 20.000,– € aus § 433 Abs. 2 BGB.

Des Weiteren müsste S zum Zeitpunkt der Begründung der Verbindlichkeit persönlich haftender Gesellschafter der S Installations-KG gewesen sein. Gemäß § 161 Abs. 1 HGB besteht eine KG aus einem persönlich haftenden Gesellschafter und einem Kommanditisten der nur auf seine Einlage beschränkt haftet. S war persönlich haftender Gesellschafter der S Installations-KG. Dies gilt auch für den Zeitpunkt, als die Verbindlichkeit durch den Vertragsschluss begründet wurde.

Ergebnis ist damit, dass ein Anspruch des S auf Zahlung der 20.000,– € gegen S aus §§ 161 Abs. 2, 128 Satz 1 HGB i. V. m. § 433 Abs. 2 BGB besteht.

2. Anspruch des R gegen U

Ein Anspruch des R auf Zahlung der € 20.000,00 gegen U könnte sich aus §§ 161 Abs. 2, 128 Satz 1, 176 Abs. 1 HGB i. V. m. § 433 Abs. 2 BGB ergeben.

Es müssen die gleichen Voraussetzungen wie bei S vorliegen. U muss zum Zeitpunkt der Begründung der Verbindlichkeit, persönlich haftender Gesellschafter gewesen sein.

Wie bei der Prüfung von S bereits festgestellt wurde, besteht eine Kaufpreisverbindlichkeit der S Installations-KG.

Fraglich ist aber, ob U auch bei Begründung der Verbindlichkeit persönlich haftender Gesellschafter war. Als Kommanditist haftet U eigentlich nur nach § 171 Abs. 1 HGB. Seine Haftung ist beschränkt auf die Einlage. Nach Leistung der Einlage kann er unmittelbar nicht in Anspruch genommen werden. Etwas anderes könnte sich aber aus § 176 Abs. 1 HGB ergeben, der eine persönliche Haftung des Kommanditisten vorsieht, wenn eine KG vor Eintragung in das Handelsregister ihre Geschäfte beginnt.

§ 176 Abs. 1 HGB setzt zunächst voraus, dass eine KG wirksam entstanden ist. Wie bereits festgestellt, ist die S Installations-KG wirksam entstanden.

Ferner muss die S Installations-KG die Geschäfte bereits vor der Handelsregistereintragung aufgenommen haben, was der Fall war.

Der Kommanditist muss der Geschäftsaufnahme zugestimmt haben. U hat der Geschäftsaufnahme vor Abschluss sämtlicher Verträge ausdrücklich zugestimmt.

Die Begründung der Verbindlichkeit fiel auch in den Zeitraum, in dem die S Installations-KG und die Kommanditistenstellung des U, noch nicht in das Handelsregister eingetragen war.

Weiterhin darf dem R die Beteiligung des U als Kommanditist nicht bekannt gewesen sein. Es gibt keine Anhaltspunkte dafür, dass R wusste, dass U Kommanditist ist. Unerheblich ist, ob R überhaupt Kenntnis von der Person des U hatte. Der Anspruch ist nur ausgeschlossen, wenn R die Kommanditistenstellung des U kannte.

Die Voraussetzungen des § 176 Abs. 1 HGB liegen vor. U war zum Zeitpunkt der Begründung der Verbindlichkeit persönlich haftender

Gesellschafter.

Daher besteht ein Anspruch des R auf Zahlung der 20.000,– € gegen U aus §§ 161 Abs. 2, 128 Satz 1, 176 Abs. 1 HGB i. V. m. § 433 Abs. 2 BGB.

2. »Der widerspenstige Gesellschafter«

Die T-GmbH verfügt über ein Stammkapital von 50.000,– €. A verfügt über eine Stammeinlage von 1.000,– €, B über 24.000,– € und C über 25.000,– €. A ärgert sich seit Jahren über den alleinigen Geschäftsführer H. Da er aufgrund seiner nur geringen Kapitalbeteiligung keine Möglichkeit sieht, die Bestellung von H aufgrund eines Beschlusses der Gesellschafterversammlung zu widerrufen, will er diesen dazu bringen, die GmbH von selbst zu verlassen. Zu diesem Zweck verlangt er immer wieder Einblick in die Bücher und Schriften der T-GmbH. In seinem letzten Schreiben an den H begehrt er vollständige schriftliche Auskunft über den Stand der Verhandlungen mit einem anderen Unternehmen, über die Gründung einer gemeinsamen Einkaufsgesellschaft. H ist erbost, die schriftliche Auskunft über die schwierigen und komplexen Verhandlungen würde ihn mehrere Tage beschäftigen. Er möchte dem A daher die Auskunft verweigern oder aber nur eine kurze mündliche Auskunft erteilen. Wie ist die Rechtslage?

Lösungsvorschlag

Das Auskunftsrecht des A gegenüber dem H könnte sich aus § 51 a Abs. 1 GmbHG ergeben.

1. Dies setzt zunächst voraus, dass A Gesellschafter der T-GmbH ist. A ist mit einer Stammeinlage von 1.000,– € an der T-GmbH beteiligt. Auf die Höhe der Beteiligung kommt es nicht an. Das A Inhaber einer Stammeinlage ist macht ihn zum Gesellschafter der T-GmbH.

2. Wie dem Wortlaut von § 51a Abs.1 GmbHG zu entnehmen ist, muss sich das Auskunftsverlangen auf eine Angelegenheit der Gesellschaft beziehen. Angelegenheiten der Gesellschaft sind alle die Unternehmensführung betreffenden und für die Gewinnermittlung und -verwendung wesentlichen Tatsachen und Daten. Die Kooperation im Einkauf ist ein wesentliches Zukunftsprojekt für das Unternehmen, das die Unternehmensführung betrifft. Das Auskunftsbegehren bezieht sich auf eine Angelegenheit der Gesellschaft.

Es besteht somit grundsätzlich ein Auskunftsrecht des A gegenüber H.

3. Fraglich ist aber, ob die Beantwortung durch H, wie von A gefordert, in vollem Umfang erfolgen muss. Eine ausdrückliche gesetzliche Regel existiert nicht. Die Rechtsprechung geht davon aus, dass die Auskunft vollständig und zutreffend sein muss. H hat daher über alle

bedeutsamen Tatsachen Auskunft zu erteilen.

4. Zu klären ist ferner, in wie weit A eine schriftliche Beantwortung verlangen kann. Auch in dieser Frage gibt das Gesetz keine Auskunft. Nach herrschender Meinung steht es dem Geschäftsführer frei, in welcher Form er Auskunft erteilt. Die Rechtsprechung schränkt diesen Grundsatz in bestimmten Fällen aber ein. Handelt es sich um eine komplexe Angelegenheit ist eine schriftliche Auskunft zu erteilen, wenn eine mündliche Auskunft nicht ausreichend ist. Die Verhandlungen über die Gründung einer gemeinsamen Einkaufsgesellschaft sind schwierig und kompliziert. Das Aufbereiten der Fakten würde mehrere Tage in Anspruch nehmen. Es ist daher davon auszugehen, dass eine mündliche Antwort nicht ausreichend wäre. Eine schriftliche Beantwortung ist daher notwendig.

5. Möglicherweise kann H dem A aber die Auskunft verweigern. Nach § 51 a Abs. 2 Satz 1 GmbHG kann die Auskunft verweigert werden, wenn zu besorgen ist, dass der Gesellschafter die Informationen zu gesellschaftsfremden Zwecken verwenden und dadurch der Gesellschaft oder einem verbundenen Unternehmen einen nicht unerheblichen Nachteil zufügen wird. Hierfür gibt es aber keine Anhaltspunkte. Eine Verweigerung der Auskunft nach § 51 a Abs. 2 Satz 1 GmbHG kommt daher nicht in Betracht.

6. H könnte dem A die Auskunft auch verweigern, wenn sein Auskunftsbegehren rechtsmissbräuchlich oder treuewidrig ist. Dies liegt vor, wenn die fortdauernde Belästigung der Geschäftsführung mit Auskunfts- und Einsichtsverlangen nur den Zweck hat, die Geschäftsführung zu behindern oder einen Geschäftsführer zu veranlassen seine Organstellung aufzugeben. Ziel von A ist es mit dem fortwährenden Informationsverlangen den Geschäftsführer zur Aufgabe seiner Tätigkeit zu bewegen. Sein Auskunftsverlangen ist damit rechtsmissbräuchlich und treuewidrig. H kann dem A die Auskunft verweigern.

Es stellt sich noch die Frage, ob für die Verweigerung der Auskunft ein Gesellschafterbeschluss notwendig ist. Dies könnte notwendig sein, weil § 51 a Abs. 2 Satz 2 GmbHG selbiges im Fall der Auskunftsverweigerung nach § 51a Abs. 2 Satz 1 GmbHG vorsieht. Man kann sich daher auf den Standpunkt stellen, dass auch in den nicht gesetzlich geregelten Fällen der Auskunftsverweigerung ein Gesellschafterbeschluss notwendig ist. Die wohl herrschende Meinung sieht diese Notwendigkeit nicht. H könnte die Auskunft auch ohne Gesellschafterbeschluss verweigern. Es ist dem H aber zu empfehlen aus Sicherheitsgründen einen Gesellschafterbeschluss herbeizuführen. Bei der Beschlussfassung ist A nicht stimmberechtigt.

Register

Abwicklung, auch Liquidation oder Auseinandersetzung genannt; Auflösung des Gesellschaftsvermögens. ⇨
S. 80, 110, 133, 155, 191 f., 230

Aktien. Wertpapier, das die durch die Übernahme eines
Anteils am Grundkapital erworbenen Rechte verbrieft. ⇨
S. 193 ff., 274 ff.

Aktiengesellschaft. Gesellschaft mit eigener
Rechtspersönlichkeit; für die Verbindlichkeiten der
Gesellschaft haftet den Gläubigern nur das Gesellschaftsvermögen, sie hat ein in Aktien zerlegtes Grundkapital (§ 1 AktG). ⇨ S. 193 ff.

Amortisation. Zwangsweise Einziehung eines
Gesellschaftsanteils durch die Gesellschaft. ⇨ S. 188

Aufsichtsrat. Organ der Aktiengesellschaft und der
Genossenschaft, das das geschäftsführende Organ (Vorstand) überwacht. Für andere Gesellschaftsformen kann
sich die Pflicht einen Aufsichtsrat zu bilden aus arbeits-
rechtlichen Vorschriften ergeben (siehe Mitbestimmung).
⇨ S. 175, 204 ff., 238, 243 ff., 278 f.

Auseinandersetzung, auch Abwicklung oder
Liquidation genannt, Auflösung des Gesellschaftsvermögens. ⇨ siehe Abwicklung

Auskunftsrecht. Recht eines Gesellschafters Auskunft über die Angelegenheiten der Gesellschaft zu verlangen. ⇨ S. 225 f.

Außengesellschaft. Gesellschaft, die gegenüber
Dritten (Außenstehenden) auftritt. ⇨ S. 7

Beirat. Zusätzliches Gesellschaftsgremium das aufgrund des Gesellschaftsvertrages vorgesehen ist; es
besteht bei keiner Gesellschaftsform die gesetzliche
Pflicht einen Beirat zu bilden. ⇨ S. 175

Differenzhaftung. Pflicht der Gesellschafter, zum
Zeitpunkt der Eintragung der Gesellschaft fehlendes oder
nicht mehr vorhandenes Stammkapital auszugleichen. ⇨
S. 168

Einmann-GmbH. Gesellschaft mit beschränkter
Haftung, deren Gesellschafter nur eine natürliche oder
juristische Person ist. ⇨ S. 159 f.

Eintrittsklausel. Klausel im Gesellschaftsvertrag
einer Gesellschaft, nach der beim Tod eines Gesellschafters eine Person das Recht erhält, an dessen Stelle
Gesellschafter zu werden. ⇨ S. 75

Einwendung. Verhindert die Durchsetzung des
Rechts eines anderen (Gegenrecht). ⇨ S. 41 f.

Enthaftung. Beendigung der persönlichen Haftung
eines Gesellschafters nach seinem Ausscheiden aus einer
Personengesellschaft für die Verbindlichkeiten der
Gesellschaft. ⇨ S. 69 ff.

Haftung. Einstehenmüssen für Verbindlichkeiten aus einen vertraglichen oder gesetzlichen Schuldverhältnis. ⇨ S. 37 ff., 45 ff., 87 ff., 106, 115 f., 126, 148 f., 159, 179 ff., 222 ff., 248, 270, 282

Handelsgesellschaften. Gesellschaften, die ein Handelsgewerbe im Sinne des Handelsgesetzbuches betreiben. ⇨ S. 15, 19 ff., 159

Handelsregister. Register, in dem ein Kaufmann die wesentlichen Tatsachen seines Handelsgeschäftes bekannt machen muss. ⇨ S. 17, 21 ff., 43, 65 f., 82 ff., 97 ff., 123, 160

Hauptversammlung. Organ der Aktiengesellschaft, in dem die Aktionäre ihre Rechte ausüben. ⇨ S. 209 f., 212 ff., 277 ff.

Informationsrecht. Recht einer Person, sich Informationen über einen bestimmten Sachverhalt zu verschaffen. Im Gesellschaftsrecht verfügen die Mitglieder einer Gesellschaft aufgrund gesetzlicher Vorschriften in der Regel über ein Informationsrecht. Der Umfang des Informationsrechts ist abhängig von der jeweiligen Gesellschaftsform. Im Gesellschaftsrecht bezieht sich das Informationsrecht der Mitglieder auf die Angelegenheiten der Gesellschaft. ⇨ S. 183

Inhaberaktie. Der Inhaber der Aktie ist der Aktiengesellschaft gegenüber als Aktionär legitimiert. ⇨ S. 195

Innengesellschaft. Gesellschaft, die nicht gegenüber Dritten (Außenstehenden) auftritt. ⇨ S. 7

Insichgeschäft. Abschluss eines Rechtsgeschäftes durch einen Vertreter mit sich selbst oder eines gleichfalls vom ihm Vertretenen (§ 181 BGB) ⇨ S. 173 f., 269

Insolvenz. Gerichtliches Verfahren, in dem durch Vollstreckung in das Vermögen des Schuldners, alle Gläubiger gleichmäßig befriedigt werden sollen. ⇨ S. 67, 70 f., 79, 111, 154, 160, 177 ff., 190 f., 203, 256 ff.

Jahresabschluss. Eine nach § 242 HGB anzufertigende Aufstellung, die Bestandteil der zu führenden Handelsbücher ist. Besteht aus einer Bilanz und einer Gewinn- und Verlustrechnung. ⇨ S. 169, 172 f., 225 f., 244 f., 278 ff.

Kaduzierung. Einziehung einer Stammeinlage durch die Gesellschaft wegen Säumigkeit bei der Einzahlung auf die Einlage. ⇨ S. 188

KGaA. Kommanditgesellschaft auf Aktien. ⇨ S. 274 ff.

Kommanditgesellschaft. Handelsgesellschaft, bei der bei einem oder bei einigen von den Gesellschaftern die Haftung gegenüber den Gesellschaftsgläubigern auf den Betrag einer bestimmten Vermögenseinlage beschränkt ist (Kommanditisten), während bei dem anderen Teile der Gesellschafter eine Beschränkung der Haftung nicht stattfindet (persönlich haftende Gesellschafter), § 161 Abs. 1 HGB. ⇨ S. 83 ff., 264

Kommanditist. Gesellschafter einer Kommanditgesellschaft, dessen Haftung für die Verbindlichkeiten der Gesellschaft auf eine Vermögenseinlage beschränkt ist. ⇨ S. 53, 76 f., 83 ff., 264 ff.

Komplementär. Gesellschafter einer Kommanditgesellschaft, dessen Haftung für die Verbindlichkeiten der Gesellschaft nicht beschränkt ist. ⇨ S. 83 ff., 264 ff.

Körperschaft. Juristische Person, die in vollem Umfang rechtsfähig ist. ⇨ S. 4 f., 137 ff.

Kündigung. Einseitige empfangsbedürftige Willenserklärung, die zur Beendigung eines Dauerschuldverhältnisses führt. Im Gesellschaftsrecht kann eine Kündigung die Beendigung der Gesellschaft oder die Beendigung der Mitgliedschaft in der Gesellschaft nach sich ziehen. ⇨ S. 27, 50, 67 f., 71 f., 76 ff., 109, 130, 153, 172, 187 f., 254, 273

Liquidation. Auch Abwicklung oder Auseinandersetzung genannt; Auflösung des Gesellschaftsvermögens. ⇨ siehe Abwicklung

Liquidator. Person, die die Liquidation (Abwicklung, Auseinandersetzung) durchführt. ⇨ S. 82, 133, 140, 155, 163, 191 f., 232

Mischformen. Gesellschaften, die eine Kombination aus mehreren Gesellschaftsformen darstellen. ⇨ S. 263 ff.

Mitbestimmung. Mitwirkung und Mitentscheidung der Arbeitnehmer in allen Bereichen eines Unternehmens, hat im Gesellschaftsrecht vor allem Auswirkungen auf die Installierung und Besetzung eines Aufsichtsrates. ⇨ S. 171, 175, 208 ff.

Mitgliederversammlung. Organ des Vereins, in dem die Mitglieder ihre Rechte ausüben. ⇨ S. 141 f.

Nachhaftung. Haftung des Gesellschafters für die Verbindlichkeiten der Gesellschaft nach seinem Ausscheiden. ⇨ S. 69, 118

Namensaktie. Aktie die auf einen bestimmten Namen lautet. ⇨ S. 195, 228

Namenszusatz, auch Firmenzusatz, Anhang an den Namen der Gesellschaft, der verdeutlicht, um welche Gesellschaftsform es sich handelt. ⇨ S. 141

OHG. Offene Handelsgesellschaft. ⇨ S. 15, 19 ff., 161

Parteifähigkeit. Fähigkeit, in einem Rechtsstreit Partei zu sein. ⇨ S. 157 f.

Partnerschaftsgesellschaft. Personengesellschaft, die nur den freien Berufen offen steht. ⇨ S. 111 ff.

Passivvertretung. In Empfangnahme einer Willenserklärung im Namen eines anderen. ⇨ S. 145

Personengesellschaft. Privatrechtlicher Zusammenschluss von mindestens zwei Personen zur Verfolgung eines gemeinsamen Zwecks bei dem die Mitgliedschaft zu einer verstärkten Einbindung des Gesellschafters, aufgrund der Mitwirkung bei der Geschäftsführung und der persönlichen Haftung für die Verbindlichkeiten der Gesellschaft, führt. ⇨ S. 4, 15 ff.

Privatautonomie. Selbstverantwortliche Gestaltung der Lebensverhältnisse durch den einzelnen. Wesentlicher Bestandteil ist die Freiheit einer Person, bestimmen zu können, mit wem sie Verträge schließt. ⇨ S. 8

Publikumsgesellschaft. Personengesellschaft an der sich eine Vielzahl von Gesellschaftern nur mit Kapital beteiligen. ⇨ S. 272

Rechtsfähigkeit. Fähigkeit, selbständiger Träger von Rechten und Pflichten sein zu können. Alle natürlichen und juristischen Personen besitzen eine Rechtsfähigkeit, Personengesellschaften sind teilrechtsfähig. ⇨ S. 15, 19, 137, 154 f.

Rechtsform. Gesellschaftstyp, z.B. GbR oder AG ⇨ S. 8

Sonderrechte. Rechte, die über die normalen Mitgliedschaftsrechte hinausgehen und einzelnen Mitgliedern einer Gesellschaft eingeräumt werden. ⇨ S. 150 f.

Sozialansprüche. Ansprüche der Gesellschaft gegen die Gesellschafter. ⇨ S. 49 ff.

Sozialverpflichtungen. Ansprüche der Gesellschafter gegen die Gesellschaft. ⇨ S. 55 ff.

Stammkapital. Geldbetrag, der von den Gesellschaftern aufzubringen ist; besteht aus den Stammeinlagen der Gesellschafter. ⇨ S. 161, 175 f.

Stiftung. Juristische Person des privat- oder öffentlichen Rechts, besteht aus einem rechtlich verselbständigten Vermögen, das einem bestimmten Zweck dienen soll. ⇨ S. 3

Stille Gesellschaft. Gesellschaft, bei der sich jemand am Handelsgewerbe eines Kaufmanns mit einer Einlage beteiligt (§ 230 HGB). ⇨ S. 101 ff.

anderen Gesellschafter oder einen Außenstehenden der Genehmigung der Gesellschaft bedarf. ⇨ S. 186, 228

Treuepflicht. Zwischen Gesellschaft und Gesellschaft besteht eine Sonderrechtsbeziehung, auch Treuverhältnis genannt, aus dem sich bestimmte Rechte und (Treue-) Pflichten ergeben können, eine besondere Ausprägung ist das Wettbewerbsverbot der Gesellschafter. ⇨ S. 51 f., 63, 94, 106, 128, 152, 184, 252

Vor-AG. Gesellschaft eigener Art, die der Aktiengesellschaft angenähert ist; entsteht mit Abschluss des notariell beurkundeten Gesellschaftsvertrages und endet mit der Eintragung der Aktiengesellschaft in das Handelsregister ⇨ S. 196 ff.

Vor-GmbH. Gesellschaft eigener Art, die der GmbH angenähert ist; entsteht mit Abschluss des notariell beurkundeten Gesellschaftsvertrages und endet mit der Eintragung der GmbH in das Handelsregister. ⇨ S. 160 ff., 166

Vorstand. Geschäftsführendes Organ der Genossenschaft und Aktiengesellschaft. ⇨ S. 204, 249

Verein. Körperschaftlicher, vertraglicher Zusammenschluss mehrerer Personen, der einen einheitlichen Namen führt und vom Mitgliederwechsel unabhängig ist, der Verein ist die Basisform der Körperschaften. ⇨ S. 137 ff.

Vereinssatzung. Gründungsvertrag, der zur Verfassung des Vereins geworden ist. ⇨ S. 139 ff., 170

Verluste. Wenn die Aufwendungen (Kosten) höher sind als die Einnahmen (steuerlich: negative Einkünfte) ⇨ S. 60

Vertrauensschutz. Schutz davor, dass eine materielle Rechtsposition rückwirkend für die Vergangenheit beseitigt wird. ⇨ S. 65

Vertretung, gleichbedeutend mit Stellvertretung, Abgabe einer Willenserklärung im Namen eines anderen mit Vertretungsmacht (§§ 164 ff. BGB). ⇨ S. 24 ff., 85, 105, 115, 124, 143 ff., 158, 168 f., 172 f., 205 f., 239 ff.

Vinkulierung. Wenn die Übertragung von Geschäftsanteilen einer GmbH von einem Gesellschafter auf einen

Wettbewerbsverbot. Beschränkung einer Person in der Ausübung einer (Berufs-) Tätigkeit zu eigenen Gunsten oder für andere Unternehmen, um eine Konkurrenzsituation zu vermeiden. ⇨ S. 51 ff., 94, 282

Widerspruchsrecht. Recht, der Handlung eines anderen entgegenzutreten; betrifft im Gesellschaftsrecht Handlungen der Geschäftsführung. ⇨ S. 26

Zwangsvollstreckung. Durchsetzung privater Ansprüche mit staatlichen Mitteln. ⇨ S. 37